Realer Humanismus. Begriff und Geschichte

Konrad Lotter

Realer Humanismus. Begriff und Geschichte

Erste Auflage
Konrad Lotter
Realer Humanismus. Begriff und Geschichte
Redaktion: Ulrich Jeschke
Duck: CPI buchbücher.de GmbH
Umschlag: Niki Bong
Titelbild: shutterstock/skocko
www.mangroven-verlag.de
info@mangroven-verlag.de
ISBN: 978-3-946-94630-4

Inhalt

1. Einführung: Klassische Definitionen des Humanismus, Abgrenzungen zum Anti- und Transhumanismus

Humanismus als Menschenliebe. Die ursprüngliche Bedeutung des lateinischen Begriffs der *humanitas*, von dem sich die deutschen Begriffe des Humanismus oder der Humanität herleiten, ist Barmherzigkeit, Mitgefühl, Wohlwollen oder Mildtätigkeit. Seinerseits ist der lateinische Begriff die Übersetzung des griechischen Begriffs der φιλανθρωπία, der Philanthropie oder Menschenliebe.[1] Man betrachtete die *humanitas* oder Philanthropie als einen auf Sprache und Vernunft gegründeten Wesenszug des Menschen, der ihn von der Wildheit und Grausamkeit des Tiers unterschied und auszeichnete. Was als Anlage vorhanden war, sollte durch Erziehung (lat. *e-ruditio*: Entrohung) gefördert und gefestigt werden. Dagegen wäre freilich einzuwenden, dass sich Tiere in aller Regel nur gegenüber den Individuen anderer Tiergattungen, die ihnen als Nahrung dienen, wild und (nach menschlichem Urteil) grausam verhalten, gegenüber Ihresgleichen dagegen nur in abgeschwächter Form, wie z.B. bei Revierkämpfen. Innerhalb der eigenen Gattung und insbesondere der eigenen Horde, Schar oder Familie zeichnet sich ihr Verhalten durch „gegenseitige Hilfe" (Kropotkin) aus. Insofern könnte man die Humanität des Menschen auf evolutionäre Wurzeln zurückführen: Als soziale, sich wechselseitig unterstützende Gruppe wäre auch die menschliche Spezies widerstands- und überlebensfähiger.

Ein klassischer Beleg für die ursprüngliche Bedeutung der *humanitas* als Menschenliebe findet sich bei Cicero (106–43 v.u.Z.). In seiner *Oratio pro P.*

1 Hubert Cancik: Entrohung und Barmherzigkeit, Herrschaft und Würde. Antike Grundlagen von Humanismus, in Richard Faber (Hg.): Streit um den Humanismus, Würzburg 2003, S.23–S.41. Ders.: Humanismus, in Hubert Cancik, Horst Groschopp, Otto Frieder Wolf (Hg.): Humanismus. Grundbegriffe, Berlin 2016, S.9ff. Wilfried Stroh: Der Ursprung des Humanitätsdenkens in der Römischen Antike, (https://epub.ub.uni-muenchen.de/1273/1/senior_stud_2006_11_01.pdf).

Quinctio, seiner „Prozessrede für P. Quinctius", spricht er davon, dass man seine Mitmenschen „communis humanitatis causa"[2], also „um des gemeinsamen Mensch-Seins willen" achten und schonen sollte. Dagegen differenziert er in seiner Schrift *De re publica*, „Über den Staat", zwischen den „wirklichen Menschen", die sich „auf Grund der ihnen als Menschen eigenen Fähigkeiten zu einer feineren Form entwickelt haben"[3] und den Menschen, die nur dem Namen nach Menschen sind. Wenn es aber kein gemeinsames Mensch-Sein gibt, wie im Falle des Gegensatzes von Griechen (bzw. Römern) und Barbaren, so muss auch die Art, wie mit Menschen umgegangen wird, verschiedene Formen annehmen. In diesem Sinne äußert sich Cicero im Brief an seinen Bruder Quintus, dem er Ratschläge erteilt, wie er sein Amt als Provinzstatthalter in Griechenland verwalten sollte: „Hätte dich das Schicksal zum Herrn über Afrikaner oder Spanier oder Gallier gemacht, also ungebildete und barbarische Völker, so wäre es doch Aufgabe deiner humanitas für ihre Vorteile zu sorgen und ihrem Nutzen zu dienen. Da wir nun aber über eine Art von Menschen regieren [nämlich die Griechen], die nicht nur selber humanitas haben, sondern von denen sie auch, wie man glaubt, zu anderen gekommen ist, müssen wir sie doch vor allem denen zukommen lassen, von denen wir sie empfangen haben."[4] Weil Griechenland das Mutterland aller humanitas ist, so Ciceros Argument, darum müssen seine Einwohner mit besonderer Menschlichkeit behandelt werden.

Mit seinem Ausspruchen „der Mensch [ist] ein zu gegenseitigem Guten geborenes Gesellungswesen"[5] oder „homo, res sacra homini"[6], „der Mensch ist dem Menschen etwas Heiliges", weitet Seneca (ca. 1–65 u.Z.), der Repräsentant der stoischen Philosophie, den Begriff der Humanität dagegen auf *alle Menschen* aus, unabhängig von ihrem Geschlecht, ihrer Hautfarbe oder ihrer ethnischen Zugehörigkeit. Nicht weil sie gebildet sind oder selbst die Men-

2 Cicero: Pro P. Quinctius, in Die Prozeßreden, Lateinisch-deutsch, hg. und übersetzt von Manfred Fuhrmann, Darmstadt 1997. Bd.1, S.50.

3 Cicero: Über den Staat, übersetzt von Walter Sontheimer, Stuttgart o.J., S.33, 1. Buch, 28. Abschnitt.

4 Cicero: Brief an den Bruder (EP 148,1) § 27. Der Brief stammt aus dem Winter 60/59 v.u.Z.

5 Seneca: De clementia, Über die Güte, Stuttgart 1970, I, S.3.

6 Seneca: Epistulae morales ad Lucilium, Nr.95, Abschnitt 33. http://www.gottwein.de/Lat/sen/epist.095.php. Im Zusammenhang lautet der zitierte Brief: „Der Mensch, das Wesen, das dem Menschen heilig ist, wird nun aus Lust und Laune umgebracht", er wird „nackt und ohne Waffen in die Arena gebracht", sein Tod von Menschenhand wird „zum hinreißend spannenden Schauspiel".

schen lieben, sind die Menschen etwas „Heiliges", sondern weil sie Menschen sind. Speziell klagt Seneca die *humanitas* für Sklaven und Kriegsgefangene ein, die in menschenverachtenden Gladiatorenkämpfen zum Vergnügen des römischen Publikums abgeschlachtet werden.

Wenige Jahre nach Senecas Brief legt der Evangelist Lukas (zwischen 70 und 90 u.Z.), ganz im Sinne der ursprünglichen Bedeutung von *humanitas*, Jesus das Gebot „Liebe deinen Nächsten wie dich selbst" in den Mund.[7] Auf die Frage wer dieser Nächste sei, erzählt Jesus das Gleichnis vom barmherzigen Samariter, der auf seinem Weg von Jerusalem nach Jericho auf einen schwer Verwundeten stößt, der einem Mörder in die Hände gefallen war. Er verbindet ihm die Wunden, bringt ihn in eine Herberge und sorgt für seine Pflege, nicht weil er der gleichen Religion oder dem eigenen Stamm wie er selbst angehört, sondern weil er ein hilfsbedürftiger Mensch ist. Zwischen der griechisch-römischen und der jüdisch-christlichen Auffassung der *humanitas* oder Menschenliebe besteht allerdinge ein grundlegender Unterschied. Im einen Fall ist sie Teil des „guten Lebens" unter zivilisierten Menschen, im anderen Fall die Antwort auf die Frage „was muss ich tun, dass ich das ewige Leben ererbe?"[8] und somit auf das Jenseits bezogen.

Noch Herder spricht in seinen *Briefen zur Beförderung der Humanität* (1793/97) vor der *humanitas* als „Menschlichkeit" und dem „erbarmenden Mitgefühl" mit dem „Leiden seiner Nebenmenschen"[9]. Abgesehen davon, dass die spontane Humanität *allen* Menschen ohne Ansehen der Bildung, des sozialen Standes, der Religion oder der Nationalität zuteilwird, besitzt noch ein anderer Punkt eine zentrale Bedeutung: dass nämlich nicht nach der Ursache der Hilfsbedürftigkeit gefragt wird. Ob ein Mensch aus natürlichen (durch Krankheit oder als Opfer einer Naturkatastrophe) oder sozialen Gründen (Armut, Einsamkeit etc.) hilfsbedürftig geworden ist, ob seine Hilfsbedürftigkeit durch einen Zufall, durch eigene Schuld oder die Schuld Anderer verursacht ist, spielt keine Rolle. Ohne lange Überlegung, ohne Frage nach den Ursachen der Hilfsbedürftigkeit, allein durch Mitgefühl motiviert bezeichnet Humanität die spontane Praxis der Linderung und Abhilfe.

7 Luk. 10, 27.
8 Luk. 10, 25.
9 J. G. Herder: Briefen zur Beförderung der Humanität, Brief 28, in Werke, hg. von H. D. Irmscher, Bd.7, Frankfurt/M. 1991, S.149.

Humanismus als Bildung. Neben der Definition der Humanität als φιλανθρωπία (Philanthropie, Menschenliebe) steht der Begriff der Humanität als παιδεία (Paidaia oder Bildung). Zuerst geprägt wurde er zur Zeit der Renaissance, die sich an griechischen und römischen Vorbildern orientierte. Über die schulische oder akademische Bildung, die Aneignung der Sprachen, der Philosophie und Kultur hinaus, war dabei an die Menschen- oder Persönlichkeitsbildung gedacht, die durch diese Aneignung bewirkt werden sollte. In diesem Sinne wird der Begriff auch von Wilhelm von Humboldt verwendet, der das alte Griechenland als den Ort bezeichnete, der die allseitige Entwicklung des Individuums (d. h. der „Freien") hervorgebracht hat, das von der „einseitigen Übung des Körpers und des Geistes" gleichermaßen freigestellt war.[10] An diesem Leitbild sollte sich auch die gegenwärtige Bildung, d. h. die Bildung innerhalb der arbeitsteiligen Gesellschaft des beginnenden 19. Jahrhunderts, noch orientieren. Denn: „Es gibt schlechterdings gewisse Kenntnisse, die allgemein sein müssen, und noch mehr eine gewisse Bildung der Gesinnungen und des Charakters, die keinem fehlen darf. Jeder ist offenbar nur dann guter Handwerker, Kaufmann, Soldat und Geschäftsmann, wenn er an sich und ohne Hinsicht auf seinen besonderen Beruf ein guter, anständiger, seinem Stande nach aufgeklärter Mensch und Bürger ist. Gibt ihm der Schulunterricht, was hierfür erforderlich ist, so erwirbt er die besondere Fähigkeit seines Berufs nachher so leicht und behält immer die Freiheit, wie im Leben so oft geschieht, von einem zum anderen überzugehen."[11]

Gegen den alten Humanismus gerichtet, der das geschichtliche Menschenbild der Antike zu einem übergeschichtlichen Ideal erhebt, wird hier ein neuer, zeitgemäßer Humanismus gestellt, der die Offenheit, die unendliche Wandlungs- und Entwicklungsfähigkeit des Menschen zu seinem Prinzip erklärt. An die Stelle einer durch Erziehung und Übung vermittelten *Bewegung hin* zu einem vorgegebenen Ziel der Vollkommenheit tritt damit die *Bewegung weg* von einem unvollkommenen Ausgangspunkt, einer Bewegung, deren Ziel noch gar nicht abzusehen ist. In diesem Sinne kann der neue Humanismus als *negativ* definiert werden: nicht als Annäherung an ein übergeschicht-

10 Wilhelm von Humboldt: Über das Studium des Altertums und des griechischen insbesondere (1793), § 26, in: Werke in 5 Bd.en, hg. von A. Flitner / K. Giel , Darmstadt-Stuttgart 1960–1981, Band II.

11 Wilhelm von Humboldt: Rechenschaftsbericht an den König (1809), in: Werke, a.a.O., Band IV, S.218.

liches Ideal, sondern als fortwährende Überschreitung von Grenzen. Grenzen aber werden dort überschritten, wo Zwänge, Fremdbestimmungen, Not und Unrecht beseitigt und neue physische, psychische oder geistige Spielräume eröffnet werden.

Dieses Überschreiten ist nicht voraussetzungslos; es ist als reale Möglichkeit in den geschichtlichen Rahmenbedingungen angelegt. Jede Stufe der Geschichte lässt sich als ein Nebeneinander und eine Gleichzeitigkeit von einer bereits verwirklichten Humanität und noch bestehender Schranken begreifen, die erst auf dieser Stufe wahrgenommen, kritisiert und beseitigt werden können. Die Humanität etwa, die mit der Proklamation der Menschenrechte ins Leben gerufen wurde, setzte die wirtschaftliche und politische Stärke des Bürgertums voraus. Die Humanität, die sich auf der Grundlage der Sozialgesetzgebung und des Sozialstaats entwickeln konnte, hatte das allgemeine Wahlrecht sowie eine bestimmte Höhe der Produktivkraftentwicklung und damit des gesellschaftlichen Reichtums zur Bedingung. Vor dem *Zugewinn* neuer Bewegungsfreiheit und Entfaltungsmöglichkeiten steht allerdings der *Erhalt* und die *Bewahrung* der alten: eine Aufgabe, an der das 20. Jahrhundert mit seinen Diktaturen und Weltkriegen auf katastrophale Weise gescheitert ist. Noch keine befriedigende Antwort gibt es auf die Frage, wie jene Humanität bewahrt (oder eigentlich zurückgewonnen) werden kann, die z. B. auf dem ökologischen Gleichgewicht bzw. dem Frieden des Menschen mit der Natur beruht.

War der Humanismus (als Menschenliebe) vor allem auf das Wohl des Einzelnen (des „Nächsten") gerichtet, so geht es ihm (in seiner neuen Form) um das Wohl ganzer Klassen, letztlich der ganzen Menschheit. Sprang er den In-Not-Geratenen ursprünglich aus spontaner Hilfsbereitschaft und Barmherzigkeit bei, so zielt er nun darauf, die *Ursachen* der Not und Selbstentfremdung zu erkennen und zu beseitigen. Orientierte sich der Humanismus (als Bildung) an antiken Vorbildern und damit an einer (idealisierten) Vergangenheit, so ist der neue Humanismus mit seiner Verwirklichung realer Möglichkeiten auf eine offene Zukunft gerichtet. Der kategorische Imperativ der Moral wird durch einen Imperativ der Politik ergänzt, der auf die gesellschaftlichen Verhältnisse gerichtet ist.

Humanismus als menschliches Maß aller Dinge. Neben der Menschenliebe oder der (Menschen-) Bildung steht eine dritte Definition des Humanismus, die ebenfalls auf antike Quellen zurückgeht, nämlich auf den dem Protagoras zugeschriebene Satz „Der Mensch ist das Maß aller Dinge". Deutet man diesen Satz im Sinne des realen Humanismus, so sagt er allen Verhältnissen und Institutionen dem Kampf an, in denen der Mensch *nicht* das Maß der Dinge ist und infolgedessen einem fremden, nicht-menschlichen Maß untergeordnet ist. Solche nicht-menschlichen Maße sind etwa die Religionen (sofern sie den Menschen als prädestiniertes Wesen betrachten, göttlichen Gesetzen unterstellen und auf ein irreales Jenseits hin orientieren), die Eigentumsverhältnisse (sofern sie den Menschen unterschiedliche Maße an Entwicklungschancen zuerkennen) oder das kapitalistischen Wirtschaften (sofern es die Menschen der Maßlosigkeit des Profitstrebens und dem Fetisch des Wachstums unterwirft). Neben der Arbeit, die dem arbeitenden Menschen (durch Teilung ihrer Abläufe oder die Vorgabe des Takts und der Geschwindigkeit durch die Maschine) ein fremdes Maß anlegen, wären auch die Masse (die Massengesellschaft) oder der Konsum (der „Konsumismus") zu nennen. Beide beruhen, wie es den Anschein hat, zum großen Teil auf der „Außenlenkung" des Menschen, die seine Selbstbestimmung mehr oder weniger ausschaltet. Wie die Arbeit müssen aber auch diese „Umstände" in ihrer Doppeldeutigkeit oder Dialektik begriffen werden, zugleich als Hindernisse und Bedingung bzw. (möglicherweise) Erweiterung des Humanismus. Ziel ist nicht einfach, sie zu *beseitigen*, sondern sie *aufzuheben*, d.h. zu zeigen, wie sich das Streben nach Humanität und Selbstbestimmung auch innerhalb der genannten Beschränkungen Bahn bricht.

Humanismus als „Entwilderung des Menschen". Eine spezielle Variante der Definition des Humanismus als (Menschen-) Bildung – eine doppelte Negation ihrer Definition als Bildung – lautet: Entwilderung des Menschen. Durch Friedrich Nietzsche hat diese Definition, für die sich (mit Seneca) ebenfalls antike Vorbilder benennen lassen, allerdings eine völlig neue Bedeutung erhalten, die in einem direkten Gegensatz zum realen Humanismus steht. „Entwilderung" nämlich setzt Nietzsche mit „Zähmung" oder „Dressur" gleich und wertet sie damit ab. Zielt der reale Humanismus auf *Wachstum, Erweiterung* und *Erhöhung* des Mensch-Seins, so setzt Nietzsche den Humanismus mit *Schrumpfung, Beschränkung* und *Erniedrigung* gleich. Durch „Entwilderung" nämlich, so seine fragwürdige Begründung, verliert der Mensch seine ursprüngliche Größe, Freiheit, Schönheit und Würde und wird zum Massenmenschen und „Hausthier" domestiziert.

In Anlehnung an Nietzsche (und Heidegger) formuliert Peter Sloterdijk seine Behauptung vom *Scheitern des Humanismus*. Man könnte vermuten, mit dieser Behauptung solle folgendes gesagt werden: Der Humanismus ist gescheitert, weil er die Verbrechen der faschistischen Diktaturen, der Weltkriege oder der Konzentrationslager nicht verhindern konnte; er ist gescheitert, weil ihm die „Entwilderung" der Menschen nicht gelungen ist, weil die humanistische Bildung die Menschen z. B. nicht davon abgehalten hat, sich in die NSDAP einzureihen und ihre Politik mitzutragen Genau das aber meint Sloterdijk nicht. Für ihn ist der Humanismus, den er als „Schule der Menschenzüchtung" bezeichnet, nicht an seinem Misserfolg, sondern an seinem Erfolg gescheitert. Der Erfolg des Humanismus – für Nietzsche und Sloterdijk ein Misserfolg ganz anderer Art – liegt daran, dass er „*Alles* klein", den wilden Menschen zum „letzten Menschen" gemacht und den Menschen „zu des Menschen bestem Hausthiere" herabgewürdigt hat. Es sind diese Worte aus dem *Zarathustra*, die Sloterdijk zustimmend zitiert.[12] Bedenklich ist bereits, dass Sloterdijk den Begriff des Humanismus mit dem Nazi-Begriff der (Menschen-) Züchtung zusammenbringt. Noch bedenklicher ist, dass er den Begriff der Züchtung positiv wertet und daran festhält. Er kritisiert die (Menschen-) Züchtung dabei nicht prinzipiell, er kritisiert nur deren humanistische Orientierung. Nach seinen Vorstellungen sollen die „Kleinzüchter", d. h. die Humanisten, die die Menschen kleingezüchtet haben, durch „Großzüchter" ersetzt werden, d. h. durch „Superhumanisten", genauer: durch Post- oder Antihumanisten, die die Menschen zu „Übermenschen" großzüchten.[13] Priester und Lehrer, die bisherigen „Inhaber der Züchtungsmonopole", werden dann von anderen Züchtern oder „Anthropotechnikern" abgelöst, die mit den Mitteln genetischer „Merkmalsplanung" oder der „pränatalen Selektion" arbeiten.

Vom Antihumanismus zum Transhumanismus. Mit seinen *Regeln für den Menschenpark* nimmt Sloterdijk den Faden von Heideggers (im *Brief über den Humanismus* entwickelten) Antihumanismus auf und verbindet ihn mit Julian

12 Friedrich Nietzsche: Also sprach Zarathustra, KSA 4, S.211, S.214. Peter Sloterdijk: Regeln für den Menschenpark. Ein Antwortschreiben zu Heideggers Brief über den Humanismus, Frankfurt/M. 2008, S.37f.

13 Peter Sloterdijk: Regeln für den Menschenpark, a.a.O., S.37f.

Huxleys Post- oder Transhumanismus.[14] Nach ihrer biologischen Evolution ist die Menschheit nach Huxleys Theorie seit der Mitte des 20. Jahrhunderts ins Stadium der „psychosozialen Evolution" eingetreten, in deren Verlauf sie ihre intellektuellen, emotionalen und kreativen Fähigkeiten *in eigener Regie* vervollkommnet. Gründet der reale Humanismus auf dem „kategorischen Imperativ" der Ethik und Politik, so greift der Transhumanismus zu den Mitteln der Wissenschaft und Technik. Ist der reale Humanismus darauf gerichtet, die Autonomie des Einzelnen zu erweitern und seine Anlagen im Umgang mit seinen Mitmenschen nach allen Seiten hin auszubilden, so möchte ihn der Transhumanismus durch medizinisch-genetische Manipulationen perfektionieren. Haben der alte wie der neue, reale Humanismus das Ziel, die Menschlichkeit des Menschen zu fördern und zu stärken, so strebt der Transhumanismus die „Vergöttlichung der Existenz" und die Erschaffung eines Cyber-Menschen an.

Biotechnologie, KI-Forschung, Robotik, Nanomedizin, Computer- und oder Informationstechnik haben Huxleys Ansatz aufgenommen und weitergeführt.[15] Ihr Ideal des zukünftigen Menschen geht inzwischen über seine intellektuelle, emotionale und kreative Vervollkommnung hinaus und hat zwei weitere Ziele ins Visier genommen: erstens die (durch Biotechnologien oder die Verschmelzung von Mensch und Maschine bewerkstelligte) Überwindung des Alterungsprozesses, verbunden mit dem Erhalt ewiger Jugend und der Erringung der Unsterblichkeit; zweitens die (durch Infotech und Big-Data, die uns besser kennen, als wir uns selbst und uns bei allen Lebensentscheidungen den richtigen Weg weisen) garantierte Unmöglichkeit des Scheiterns, verbunden mit der Garantie eines glücklichen Leben.

14 Julian Huxley (Hg.): The Humanistic Frame (1961), dt. Der evolutionäre Humanismus, München 1964. Ders.: Essays of a Humanist (1964), dt. Ich sehe den zukünftigen Menschen. Natur und neuer Humanismus, München 1966. Huxley, der als der Begründer des Transhumanismus gilt, spricht selbst von „evolutionärem" Humanismus bei dem Religion und Wissenschaft eine Synthese eingehen. Michael Schmidt-Salomon (Manifest des evolutionären Humanismus, Aschaffenburg 2005) übernimmt zwar Huxleys Begrifft, definiert ihn aber, im Gegensatz zu Huxley, als Gegenbegriff zur Religion.

15 Zu nennen sind etwa Robert Ettinger (1918–2011), der Schriftsteller und Philosoph Fereidoun Esfandiary, der sich „FM-2030" nannte (1930–2000), der Pionier der künstlichen Intelligenz Marvin Minski (1927–2016), der Roboter-Entwickler Hans Moravec (geb 1948), der geniale Programmierer Ray Kurzweil (geb. 1948), die Visionäre der Nanotechnik Richard Feynman (1918–1988) und Eric Drexler (geb. 1955), Nick Bostrom (geb. 1973), Max More (geb. 1964) oder der Historiker und Philosoph Yuval Noah Harari (geb. 1976). Vgl. dazu mein Buch *(Alb-)Träume vom ewigen Leben. Das Versprechen der Unsterblichkeit*, Baden-Baden 2017, S.250ff.

Dem realen Humanismus eröffnet sich hier ein weites Feld, nicht nur der Kritik von Illusionen, von interessierten Übertreibungen oder bewussten Falschmeldungen zur Werbung in eigener Sache, sondern auch der Kritik an inhumanen Wissenschafts- und Technikprojekten. Seit seinen Anfängen hatte der Humanismus ein Bündnis mit der Wissenschaft und der Technik geschlossen. Durch sie sollten (religiöse) Vorurteile beseitigt, das Leben erleichtert, die Produktivität der Arbeit gesteigert und Raum geschaffen werden für Muße und Selbstentfaltung. Daran hat sich bis heute im Prinzip nichts geändert. Yuval Noah Harari ist dagegen vom Gegenteil überzeugt: Wissenschaft und Technik, speziell in Form der Bio- und der Informationstechnologie, hätten sich verselbständigt, seien von einem Mittel zu einem Selbstzweck geworden, hätten den Menschen von seinem Thron gestoßen und ihn zum Objekt ihrer Manipulationen gemacht. Seine These, der zufolge die Verwirklichung des humanistischen Traums durch die Fortschritte der Wissenschaft und der Technik „wahrscheinlich zu dessen Zerfall führen wird“[16], ist sehr vorsichtig formuliert. Trotzdem kann sie nicht überzeugen. Zum einen ist der humanistische Traum nicht, wie Harari unterstellt, auf Unsterblichkeit, immerwährendes Glück und Göttlichkeit, sondern auf die gegenwärtige reiche und vielseitige Ausbildung menschlicher Potenzen innerhalb einer solidarischen und friedfertigen Gesellschaft gerichtet. Zum anderen sind es nicht die Fortschritte der Wissenschaft und der Technik, durch die der Pakt mit dem Humanismus gelockert wird; vielmehr orientieren sich diese Fortschritte in wachsendem Maße – z. B. in der Entwicklung immer neuer Waffen- oder Überwachungssysteme – nicht mehr an den Bedürfnissen der Menschen, sondern (ohne ausreichende Berücksichtigung ihrer ökologischen Auswirkungen) an den Bedürfnissen der Kapitalverwertung und der Erwirtschaftung von Unternehmensgewinnen. Erst dadurch laufen sie dem Humanismus zuwider. Wurde im Zug der kapitalistischen Entwicklung „die persönliche Würde in den Tauschwert aufgelöst“[17], so verfolgt der reale Humanismus das Ziel, diese durch praktische Kritik zurück zu erobern.

Humanismus der gesellschaftlichen Verhältnisse. Am Ende dieser Einführung mit ihren begrifflichen Annäherungen und Abgrenzungen noch eine letzte Definition des Humanismus, wie sie in den bisherigen Ausführungen

16 Yuval Noah Harari: Homo deus. Eine Geschichte von morgen, München 2016, S.95.
17 Marx/Engels: Das Kommunistische Manifest, MEW 4, S.465.

schon angedeutet war: Sie wurzelt in der *Ethik* und *Politik* des Aristoteles und beruht auf drei Kernaussagen. Erstens ist der Mensch ein *zóon politikón*[18], d.h. ein Wesen, das nicht nur in Gemeinschaft mit Anderen lebt, sondern sich auch nur in Gemeinschaft mit Anderen selbst verwirklichen und seine Fähigkeiten, die als Potenzen in ihm schlummern, tatsächlich ausbilden kann. Zweitens ist alles menschliche Leben auf das Ziel eines „vollendeten" oder „guten Lebens" hin ausgerichtet[19], d.h. auf ein Leben in Selbstgenügsamkeit (*autarkeia*) und Glückseligkeit (*eudaimonia*), das in dem Maße erreicht wird, in dem die Menschen ihre Fähigkeiten frei entwickeln können. Drittens wird der Humanismus oder das „gute Leben" in Abhängigkeit von den gesellschaftlichen Verhältnissen gesehen. Der Politik oder dem Staat als einer „Gemeinschaft von Ähnlichkeiten … zum Zwecke des möglichst besten Lebens"[20] wird dabei die Aufgabe zugesprochen, die entsprechenden materiellen, rechtlichen und sozialen Bedingungen zu schaffen, die die Menschen in die Lage versetzen, ihre Potenzen tatsächlich entwickeln und ausüben zu können.

Aristoteles' Konzeption der Politik ist, wie Martha Nussbaum schreibt, „sowohl auf *Breite* als auch auf *Tiefe*" hin angelegt.[21] Auf Breite, weil sie die Humanität des guten Lebens nicht einzelnen Menschen vorbehält, sondern alle Menschen (d.h. für ihn in seiner Zeit natürlich alle „freien Bürger") der Gemeinschaft daran teilhaben lässt; auf Tiefe, weil sie nicht einseitig auf Geld, Eigentum oder Ehre, sondern auf die „Totalität der Fähigkeiten und Tätigkeiten" (*capabilities*) und ihrer Entwicklung hin ausgerichtet ist. Zu dieser Totalität von Fähigkeiten, die zugleich als Bedürfnisse existieren, die nach Erfüllung streben und einer vielfältigen Unterstützung durch den Staat bedürfen, zählt Nussbaum nicht nur Nahrung, Wohnen, Gesundheit und Sexualität, sondern auch die Fähigkeit, seine fünf Sinne, seinen Verstand, seine Urteilskraft und seine Kreativität zu gebrauchen; die Fähigkeit, menschliche Beziehungen einzugehen und zu kultivieren; die Fähigkeit, mit Pflanzen und Tieren sich in einer heilen Natur einzurichten; die Fähigkeit „zu lachen, zu spielen und Freude an erholsamen Tätigkeiten zu haben"[22], an politischen

18 Aristoteles: Politik, 1.Buch, 2.Kapital, 1253a2ff.
19 Ebd., 1252b30. Aristoteles: Nikomachische Ethik 1.Buch, 5.Kapitel, 1097a30ff.
20 Politik, 7.Buch, 8.Kapitel, 1328a37f.
21 Martha Nussbaum: Gerechtigkeit oder Das gute Leben, hg. von H. Pauer-Studer, Frankfurt/M. 1999, S.33, auch S.91.
22 Ebd., S.57f., S.65f.

Entscheidungen zu partizipieren. Vor allem aber wird das gute Leben als ein Leben verstanden, das „durch die Tätigkeit der praktischen Vernunft geleitet wird“[23], die das Leben strukturiert und die verschiedenen Tätigkeiten mit der Fähigkeit der freien Entscheidung durchdringt.

Der *kategorische Imperativ*, unmenschliche Verhältnisse zu verändern. Es kann kein selbstbestimmtes, gutes, menschenwürdiges Leben entstehen, wo es am Nötigsten fehlt, wo keine medizinische Grundversorgung existiert, wo Analphabetismus verbreitet ist und keine Bildungssystem zur Verfügung steht, wo große ökonomische Ungleichheit herrscht und soziale Konflikte das Leben bestimmen, wo Unrecht und Gewalt an der Tagesordnung sind, Meinungsfreiheit unterdrückt oder politische Mitbestimmung verwehrt wird. Gemeinsam ist diesen Missständen, dass ihnen keine naturgesetzliche Notwendigkeit zugrunde liegt. Sie sind von Menschen gemacht und können daher von Menschen beseitigt werden. Der reale Humanismus schließt daher auch, wie es Marx formulierte, den *„kategorischen Imperativ“* mit ein, *„alle Verhältnisse umzuwerfen*, in denen der Mensch ein erniedrigtes, ein geknechtetes, ein verlassenes, ein verächtliches Wesen ist“[24].

Die Frage ist freilich, ob die Humanisierung der Verhältnisse *durch den Staat* verwirklicht wird, wie Aristoteles und später Hegel oder Martha Nussbaum annehmen, oder ob sie *gegen den Staat* durchgesetzt werden muss, wie es die Anarchisten oder Marx lehren. Sie steht im Zentrum der Diskussion um den realen Humanismus, wie sie zur Zeit des Vormärz geführt wird. Den Einen gilt der Staat als Repräsentant des Allgemeinen (aller Bürger) und als Garant der Gerechtigkeit, den Anderen als Interessenvertreter des Besonderen (der herrschenden Klasse), der die bestehende Ungleichheit aufrecht erhält.

23 Ebd., S.127 mit Verweis auf die Nikomachische Ethik, 1098a3.
24 Marx: Zur Kritik der Hegelschen Rechtsphilosophie. Einleitung, MEW 1, S.385.

2. Religionskritik: Die Vorgeschichte des realen Humanismus zur Zeit der Renaissance und der Aufklärung

Gegen die Religion ist bereits der zitierte Satz gerichtet, der den Menschen zum „Maß aller Dinge" erhebt. Von Protagoras überliefert ist nämlich auch der Satz, dass die Götter nicht zu erkennen seien, „weder ob sie sind, noch ob sie nicht sind"[1]. Weshalb sollten die Menschen jemanden verehren, sich von jemandem etwas vorschreiben lassen, dessen Existenz noch nicht einmal zweifelsfrei feststeht? Sie selbst sind es, die sich ihr Maß vorgeben. Ebenfalls gegen die Religion gerichtet ist der Humanismus des Sokrates, der den „Dämon", eine Art von innerem Orakel, zum Ratgeber (oder besser Warner) des Menschen erhebt und als der Begründer der Ethik gilt. Hegel hat ihn aus diesem Grund zur „weltgeschichtlichen Person" erklärt: Sokrates hat die Griechen aus „sittlichen" zu „moralischen" Menschen gemacht. Als sittliche Menschen hatten sie „ohne Reflexion, ohne zu wissen, daß sie vortreffliche Menschen waren" den „ewigen Gesetzen der Götter" gehorcht, von denen (wie Sophokles seine Antigone sagen lässt) „niemand weiß, woher sie kommen"[2]. Als moralische Menschen suchen sie die Entscheidung darüber, was gut oder böse ist und wie sie handeln sollen, in sich selbst. Dadurch werden sie zu mündigen und autonomen Wesen, die der Bevormundung durch Religion und Priester entwachsen sind.

Gleichheit und Vereinzelung der Menschen in der christlichen Lehre. Nicht zu verkennen ist allerdings, dass die Religion, speziell die christliche Religion, auch einen grundlegenden Gedanken des Humanismus formuliert und in die

1 Diogenes Laertius: Leben und Meinungen berühmter Philosophen, übersetzt von O. Apelt, Hamburg ²1967, IX, § 51.

2 G. W. F. Hegel: Vorlesungen über die Geschichte der Philosophie, in Werke, Frankfurt/M. 1970, Bd.18, S.441–S.445.

Welt gebracht hat: den Gedanken nämlich, dass jeder ein Mensch ist, der ein menschliches Antlitz trägt und (zumindest vor Gott) alle Menschen gleich sind. Dieser Gedanke war revolutionär und stand im Widerspruch zu den bis dahin herrschenden Vorstellungen. Die Griechen etwa zogen eine klare Grenze zwischen sich und den „Barbaren". Als Menschen im eigentlichen Sinne erkannte Aristoteles nur den „freien Menschen" an, der „um seiner selbst und nicht um eines anderen willen lebt"[3], der nicht nur Sprache und Vernunft, sondern vor allem auch die Fähigkeit des „Regierens" besitzt. Zu den „Sklaven von Natur" zählte er dagegen diejenigen, die „einem anderen angehören", „an der Vernunft nur soweit" teilhaben, um die Befehle ihres Herrn zu verstehen, den „Haustieren" näher stehen als den Menschen und nur den Status eines „dienenden Werkzeugs" besitzen.[4] Dazu gehörte innerhalb der griechischen Gesellschaft der Sklavenhalter freilich die überwiegende Mehrheit der Bevölkerung. Auch die Juden zogen eine klare Grenze zwischen den Angehörigen des eigenen Stammes, also denjenigen, die sie aufgrund des Bundes zwischen Jehova und Abraham, Isaak und Jakob zum „ausgewählten Volk"[5] rechneten und den Anderen. Durch diesen Bund nämlich waren die „Kinder Israels", solange sie die Gebote Jehovas einhielten, sein *„Eigentum … vor allen Völkern"*[6]. Jehova selbst, ihr Stammesgott, erhob sie über alle anderen Völker. Wo man aber „auf einer natürlichen oder göttlichen Grundlage" Unterschiede zwischen den Menschen macht, schreibt Alain Finkielkraut, da *„erkennt man Mitmenschen nur in den Mitgliedern der eigenen Kaste"*[7].

Dazu im Gegensatz begriff Paulus den christlichen Gott als den Gott *aller* Menschen, wodurch er die Grenzen zwischen den Menschen aufhob. In seinem Brief an die Galater schrieb er: „Hier ist kein Jude noch Grieche, hier ist kein Knecht noch Freier, hier ist kein Mann noch Weib; denn ihr seid allzumal *einer* in Christo Jesu"[8]. Mit der Anerkennung der Gleichheit der Menschen

3 Aristoteles: Metaphysik, Stuttgart 1970 u.ö., S.22, 982b25.

4 Aristoteles: Politik, München [8]1998 u.ö., S.14, S.16, 1254a15 und 1254b20ff. Auch die Frau stuft Aristoteles als „geringer" als den Mann ein, da sie „regiert wird" und nicht selbst regiert.

5 2.Mose 6, 6–8.

6 2.Mose 19, 5; 5.Moses 7, 6; 5.Moses 14, 2.

7 Alain Finkielkraut: Verlust der Menschlichkeit. Versuch über das 20. Jahrhundert, Stuttgart 1998, S.21.

8 Galater 3, 28. In ähnlichen Worten auch im Römerbrief 10, 12 und im 1.Korintherbrief 12, 12ff. Den Paulusbriefen zum Trotz hat freilich auch das christliche Europa des Mittelalters und der Neuzeit nichts von der Gleichheit der Menschen wissen wollen. Seine

hat das Christentum einen großen Schritt über die griechische und jüdische Auffassung des Menschen hinaus getan. Zugleich allerdings ist es, in anderer Hinsicht, in doppelter Weise hinter deren Auffassung zurückgefallen. Erstens dadurch, dass es das Leben der Menschen auf Gott und das ewige Leben nach dem Tod bezieht und damit die Lebensimmanenz der griechischen und ursprünglich auch der jüdischen Auffassung aufgegeben hat. Es ist dieser Rückschritt, den die Humanisten seit der Renaissance – zunächst noch unter dem Deckmantel der christlichen Lehre, später in offener Feindschaft gegen sie – bekämpft haben, um das Leben *aller* Menschen in *dieser* Welt selbstbestimmter und reicher zu machen. Zweitens lehrt das Christentum (im Gegensatz insbesondere zum Judentum) eine direkte und *persönliche* Beziehung der Individuen zu Gott, wodurch die Bande, die sie untereinander und mit der Gattung verbinden, gelockert bzw. relativiert werden. „Nur unter der Herrschaft des Christentums, welches *alle* nationalen, natürlichen, sittlichen, theoretischen Verhältnisse den Menschen *äußerlich* macht", heißt es in Marx' Behandlung der *Judenfrage,* konnte „die bürgerliche Gesellschaft sich vollständig vom Staatsleben trennen, alle Gattungsbande des Menschen zerreißen" und „den Egoismus, das eigennützige Bedürfnis an die Stelle dieser Gattungsbande setzen"[9]. Auf diese Weise leistete das Christentum Vorschub zur Entstehung einer Gesellschaft aus atomistisch-vereinzelten Individuen.

Der Humanismus der italienischen Renaissance. Die Freiheit des Willens gegen die Prädestination des Menschen. Die Renaissance, die im 15. Jahrhundert von Italien aus auf ganz Europa ausstrahlte, war, wie schon ihr Name sagt, der Versuch einer „Wiedergeburt": eine Wiedergeburt der Antike. Was die Humanisten an der Antike faszinierte, war die Schönheit des klassischen

„Kreuzzüge" führte es gegen die „Ungläubigen", die die „heiligen Stätten" bewohnten. Im Spanien des Jahres 1550 berief Karl V. namhafte Juristen und Theologen zur Klärung der Frage, ob die Indianer der Neuen Welt „Anspruch auf die Bezeichnung Mensch" (Finkielkraut, a.a.O., S.22) hätten, was ihm nicht nur eindeutig positiv beschieden wurde. Die rassistische Unterscheidung von Menschen erster und zweiter Ordnung („Untermenschen") wurde zur Rechtfertigung des Kolonialismus und Imperialismus. Auf ihrer Grundlage fand die Vernichtung von „lebensunwertem" oder „minderwertigem" Lebens im „Dritten Reich" statt. – Ohne Bezug auf die von Paulus behauptete Gotteskindschaft der Menschen wird dagegen die *Gleichheit, Freiheit* und *Brüderlichkeit* aller Menschen zur Parole der Französischen Revolution. „Seid umschlungen Millionen!/Diesen Kuss der ganzen Welt" heißt es in Schillers Gedicht *An die Freude,* das Beethoven im Schlusschor seiner 9.Symphonie vertont hat.

9 Marx; Zur Judenfrage, MEW 1, S.376.

Lateins und des Griechischen, die antike Bildung und der Republikanismus des römischen Weltreichs. Nicht zuletzt bewunderte sie aber auch die antike Lebensimmanenz und das antike Heidentum, das sie der Scholastik und dem scholastischen Christentum entgegenstellten.[10] Als Historiker und Philologe erkannte und überführte Lorenzo Valla (1407–1457) die sog. „Konstantinische Schenkung", das Dokument, das die Existenz des Kirchenstaats begründete und rechtfertigte, als eine Fälschung. Als Philosoph bestand er auf der „Freiheit des Willens", die die Voraussetzung menschlicher Selbstbestimmung darstellt. Wäre, wie die christliche Dogmatik seit Augustinus lehrt, Gott allwissend, dann wüsste er auch, was in aller Zukunft geschehen wird. Er wüsste im Voraus, wie die Menschen handeln, ob sie sich von guten oder bösen Motiven leiten lassen und ob sie am Ende erlöst und ins Paradies eingehen werden oder nicht. Das Leben des Einzelnen wäre quasi vorherbestimmt, prädestiniert durch göttlichen Willen und göttliche Vorsehung, von seinem eigenen Willen nicht beeinflussbar. Hätte Gott also z.B. vorhergesehen, dass Judas zum Verräter werde, so bliebe Judas gar keine andere Wahl als der Vollzug dessen, was ihm vorherbestimmt sei. Das aber wäre, wie Valla schreibt, „das Gegenteil von Gerechtigkeit"[11] und könne deshalb von Gott nicht so gewollt sein. Seine Rechtfertigung des freien Willens begründet Valla mit dem Argument, dass „das Vorherwissen kein Hindernis für den freien Willen" und „die Voraussicht nicht die Ursache der Notwendigkeit" sei.[12] So erscheint das Vorher*wissen* von der Vorher*bestimmung* getrennt, Gottes Allwissenheit mit der Freiheit des Willens kompatibel, die Möglichkeit der Selbstbestimmung des Menschen gut begründet.

Kontinuität des diesseitigen mit dem jenseitigen Glück. Erstaunlicher noch ist Vallas Abhandlung *Vom wahren und falschen Guten*. Während Dantes *Divina Comedia* den materialistischen Philosophen Epikur in den sechsten Kreis der Hölle verbannt[13], stellt Valla die epikuräische Ethik der christlichen zur Seite. Ihre Verwandtschaft besteht seiner Ansicht nach darin, dass beide in

10 Ursprünglich wurden die Lehrer und Schüler der „studia humanitatis", d.h. der antiken Grammatik, Rhetorik, Poesie, Historie und Moralphilosophie als Humanisten bezeichnet. Vgl. P. O. Kristeller: Acht Philosophen der italienischen Renaissance (1964), Weinheim 1986, S.3.

11 Lorenzo Valla: De libero arbitrio. Über den freien Willen, hg., übersetzt und eingeleitet von Eckhard Keßler, München 1987, S.79.

12 Ebd., S.101 und S.117.

13 10.Gesang, Zeile 13ff.

der Lust oder im Glück das höchste Gut erkennen. Vallas Buch hat die Form eines Dreiergesprächs zwischen Catone (Stoiker), Vegio (Epikuräer) und Raudense (Christ). Indem sich Vegio und Raudense gleichermaßen gegen das „Scheinbild der Tugend", den „eitlen Wahn" und die „Verlogenheit" der Stoa aussprechen[14], finden sie zu einer Übereinstimmung, die Raudense folgendermaßen formuliert: „Lust ist nämlich zweifach: die eine ist hier auf Erden, die andere danach in den Himmeln."[15] Durch Raudenses Mund argumentiert Valla für eine Aufwertung des Diesseits, für Weltoffenheit und versucht, auf dem gemeinsamen Nenner der Lust einen Ausgleich zwischen Diesseits und Jenseits zu finden. So lehnt er menschliche Handlungen nur dann ab, wenn sie „ohne Hoffnung auf jene spätere Lust" und also unter *Verabsolutierung* der diesseitigen Lust unternommen werden. Grundsätzlich beruht seine Verbindung von Epikur und Christentum auf dem Dogma der „Auferstehung des Leibes" und somit der „Rückgewinnung unserer Körper" im Paradies, so dass wir „die leiblichen Sinnesgenüsse ... wie jetzt auch dort besitzen"[16]. Im Paradies werden die leiblichen Genüsse nicht nur optimiert, sondern, darüber hinaus, auch noch durch geistige Genüsse ergänzt.

Würde als Freiheit und Selbstbestimmung des Menschen. Giovanni Pico della Mirandola (1463–1494) gründet den Humanismus auf die Würde des Menschen, die er als die Freiheit definiert, sich selbst zu bestimmen, d. h. als die Freiheit, aus eigener Kraft und eigenem Entschluss seine Lebensform zu wählen und seine Persönlichkeit auszubilden. Der Mensch, so schreibt er, hat „nichts Eigenes" und doch „Anteil ... an allem"; er ist ein „Geschöpf von unbestimmter Gestalt", das in der „Mitte der Welt" steht, ohne darin einen „festen Wohnsitz" zu haben und, da er nicht festgelegt ist, sich nach eigenem „Ermessen ... selber [zu] bestimmen"[17]. Er ist „weder ... himmlisch noch irdisch, weder sterblich noch unsterblich", trägt „Samen und Keime für jede Lebensform" in sich und kann sich infolgedessen zu einem Tier oder zu einem zweiten Gott formen. Wie Valla dem Dogma der Prädestination, so widerspricht

14 Lorenzo Valla: Vom wahren und falschen Guten, Übersetzung und Anmerkungen von Otto und Eva Schönberger, Würzburg 2004, S.23, S.144.
15 Ebd., S.145.
16 Ebd., S.163. Vgl. S.171, S.176.
17 Pico della Mirandola: De hominis dignitate. Über die Würde des Menschen, übersetzt von N. Baumgarten, hg. und eingeleitet von A. Buck, Hamburg 1990, S.7.

Pico dem Dogma der Erbsünde, dem zufolge die Menschen den Ungehorsam Adams abbüßen müssen und allein durch die Gnade Gottes erlöst werden können. Nicht Glaube, Demut und Gehorsam führen demnach zur Erlösung, sondern die eigene Entscheidung und die eigene Tat.

Zwar ist der Renaissance-Humanismus gegen Religion und (scholastische) Theologie, aber nicht auf deren Zerstörung und Überwindung gerichtet. Seine Abkehr von der Theologie vollzieht sich vielmehr *innerhalb* der Theologie. Valla begründet die Willensfreiheit des Menschen (die gegen das Dogma der Prädestination gerichtet ist) mit der Güte und der Gerechtigkeit Gottes: Gott wäre nicht gut und gerecht, „wenn er den freien Willen nimmt“[18]. Pico legt die Verkündung der Würde und Autonomie des Menschen (die dem Dogma der Erbsünde und der Gnadenlehre widerspricht) Gott selbst in den Mund, der so zu Adam spricht. Die Hüter des Glaubens im Vatikan ließen sich von solchem „Versteckspiel“ freilich nicht täuschen. Gegen Valla wurden 1444, gegen Pico 1486/87 Häresie-Verfahren der Inquisition eröffnet. Valla wurde aufgrund seiner geschickten Verteidigung zwar nicht verurteilt, aber auch nicht rehabilitiert. Pico entkam der Inquisition durch Flucht und die Protektion durch den französischen König Karl VIII. und Lorenzo di Medici.

Der Humanismus der französischen Materialisten. Skeptische Wendung gegen Religion. Entschiedener und wirklich radikal formulierten die französischen Materialisten des 18. Jahrhunderts ihr humanistisches Anliegen: gegen die Macht der Religion mit ihrer Herabwürdigung des Wissens, ihrer Entmündigung des Menschen und ihrer Verachtung seiner körperlichen Bedürfnisse. An erster Stelle (und Vorläufer) ist dabei Pierre Bayle (1647–1706) zu nennen, der strikt zwischen Glauben (Religion) und Wissen (Philosophie) unterscheidet: „Man muß sich unvermeidlich zwischen der Philosophie und dem Evangelium entscheiden“, schreibt er in seinem *Historischen und kritischem Wörterbuch.* „Wenn ihr nur das glauben wollt, was evident und in Einklang mit den Gemeinbegriffen ist, so ergreift die Philosophie und laßt das Christentum fahren; wenn ihr die unbegreiflichen Mysterien der Religion glauben wollt, so ergreift das Christentum und laßt die Philosophie fahren.“[19]

18 Lorenzo Valla: De libero arbitrio. Über den freien Willen, a.a.O., S.127.

19 Pierre Bayle: Historisches und kritisches Wörterbuch. Eine Auswahl, übersetzt und hg. von Günter Gawlick und Lothar Kreimendahl, Hamburg 2003, S.631.

Skepsis gegenüber der Religion bedeutet nicht nur, dass es für die Existenz Gottes keinen allgemein akzeptierten Beweis gibt. Skepsis gegenüber der Religion bedeutet auch, dass die aus der Religion abgeleitete Moral keine Voraussetzung und Garantie für das friedliche Zusammenleben der Menschen darstellt. Der religiöse Fanatismus bezeugt allzu oft das gerade Gegenteil. Uneingeschränkte Gewissensfreiheit und die *Toleranz* gegenüber Anders- oder Nicht-Gläubigen werden damit zur Grundbedingung des Humanismus.

Marx und Engels würdigen Bayle als einen Vorläufer von Ludwig Feuerbach: Wie Feuerbach wurde Bayle ihrer Ansicht nach durch die Waffe des Skeptizismus von der „Bekämpfung der spekulativen Theologie zur Bekämpfung der *spekulativen Philosophie* fortgetrieben". Auf diese Weise bereitete er in Frankreich die Aufnahme des Materialismus und einer „Philosophie des gesunden Menschenverstandes" vor.[20] Hatte sich Feuerbach vom Kritiker des Christentums zum Kritiker des Hegelschen Idealismus (in dem die christliche Lehre in philosophischer Form fortexistiert) entwickelt, so war es 150 Jahre vorher der „religiöse Zweifel", der Bayle „zum Zweifel an der Metaphysik", speziell an der Metaphysik von Spinoza, Leibniz und Descartes, inspirierte, in der er eine Stütze der Theologie erkannte. Für Bayle und Feuerbach wurde der Atheismus und Materialismus gleichermaßen zur Grundlage des Humanismus.

Bestand die Würde des Menschen für Pico darin, sich selbst frei bestimmen und damit aus eigener Kraft Anspruch auf ein Weiterleben im Paradies erheben zu können, so besteht sie für Bayle darin, überhaupt ohne Religion ein guter oder ehrbarer Mensch zu werden und eine friedfertige Gesellschaft aufbauen zu können. Der Atheismus ihrer Mitglieder gefährdet die Würde und das friedliche Zusammenleben der Menschen nicht, im Gegenteil: Er ermöglicht die Entstehung einer humanen Gesellschaft zuallererst. In der Folge von Bayle waren es vor allem Condillac (1714–1780) und die französischen Materialisten, die John Lockes Sensualismus und seine „Philosophie des gesunden Menschenverstandes" aufnahmen, in Beziehung zum gesellschaftlichen Leben stellten und einen Humanismus begründeten, der die Sinnlichkeit, die Selbstliebe, den Genuss und das wohlverstandene Eigeninteresse anerkannte und zur Grundlage der Moral machte.

20 Marx / Engels: Die heilige Familie, MEW 2, S.134.

Ausweitung der Religionskritik auf die Kritik der Kirche. Von Seiten der französischen Materialisten La Mettrie (1709–1751), Helvetius (1715–1771) und Holbach (1723–1789) wehrt ein schärferer Wind in Richtung Religion und speziell gegen die (katholische, „papistische") Kirche. An die Stelle des „Versteckspiels" während der Renaissance treten offene Kritik und entschiedene Ablehnung. Die Religion wird als „Vorurteil" und „Aberglaube", als ein durch die Wissenschaft überholter Anachronismus, zudem als Legitimation absolutistischer Herrschaft abgetan, die Priesterschaft als eine Organisation von „Betrügern" dargestellt, die die Leichtgläubigkeit der Menschen zu ihren Gunsten ausnutzen, „überall den Fanatismus schüren" und „nach Menschenblut dürsten"[21]. Mit ihrer Religionskritik und ihrem materialistischen Menschenbild erweitern die französischen Materialisten des 18. Jahrhunderts zugleich den Begriff des Humanismus. Über die Willensfreiheit und das Recht auf Selbstbestimmung hinaus wird die Sinnlichkeit als ein Teil des Menschen und seiner Selbstentfaltung anerkannt. Nicht nur der Geist, die Seele oder der Kopf, sondern auch die Natur, der Körper und das Herz gehören wesentlich und sogar vorrangig zum Mensch-Sein. Körper und Sinnlichkeit gelten nicht mehr als Einfallstor des „Bösen", als Ort der Verführung und der Sünde, sondern als Ort von Glückserfahrungen. In ihnen liegt nicht nur der Ursprung der Erkenntnis, sondern auch der Ursprung der Leidenschaften, aus denen die menschlichen Handlungen erwachsen.

Kirche und Staat, zur Zeit des Absolutismus eng miteinander liiert, konterten mit Härte. Wohl hatte die Inquisition bereits an Macht verloren; auch war einigen Philosophen durch ihre Zugehörigkeit zum Adel oder zur Hofgesellschaft nicht so leicht beizukommen, wie den aufbegehrenden Humanisten der Renaissance. Trotzdem: La Mettrie floh nach der Veröffentlichung seiner *Histoire de l'âme*, seiner „Naturgeschichte der Seele" (1745), die die Abhängigkeit des Geistes (der Seele) vom Körper, die psychischen Prozesse als Ausdruck und Folge physischer Prozesse und die Unsterblichkeit der Seele als eine unbeweisbare und unnötige Hypothese darstellte, ins liberale Holland. Dort veröffentlichte er auch sein Hauptwerk *L'Homme machine*, „Der Mensch

21 Claude-Adrien Helvétius: Vom Geist, übersetzt von Theodor Lücke, Berlin-Weimar 1973, S.223. Stärker noch fällt Helvetius' Kritik an Religion und Kirche in seinem zweiten großen Werk aus: *Vom Menschen, seinen geistigen Fähigkeiten und seiner Erziehung*, hg. und übersetzt von Günther Mensching, Frankfurt/M. 1972, S.64, S.73ff., S.82f., S.139f., S.158ff., S.240f.

als Maschine" (1748). Helvetius' *De l'esprit*, „Vom Geist" (1758) wurde nicht nur vom französischen Parlament und der Sorbonne, sondern auch vom Erzbischof von Paris und dem Papst als religions- und staatsgefährdend verurteilt und öffentlich verbrannt. Das gleiche Schicksal widerfuhr Holbachs *Système de la nature*, „System der Natur" (1770), noch im Jahr seines Erscheinens.

Selbstliebe und das Streben nach Glück. Stand der Renaissance-Humanismus unter den Zentralbegriffen der Willensfreiheit und der Selbstbestimmung, so steht der Aufklärungs-Humanismus unter denen der Selbstliebe und des Strebens nach Glück. Für Helvetius war der Sensualismus John Lockes der Ausgangspunkt, den er zugleich in doppelter Richtung korrigierte. Zum einen entwickelte er Lockes Sensualismus zum Materialismus weiter. In seinem *Essay concerning human understanding* (1690) hatte Locke zwar Descartes' Theorie der eingeborenen Ideen entschieden abgelehnt und alle Ideen auf äußere oder innere Wahrnehmung zurückgeführt. Dann aber hatte er, diesem materialistischen Ansatz untreu werdend, zwischen primären und sekundären Sinnesqualitäten unterschieden. Erstere (Ausdehnung, Gestalt, Festigkeit, Beweglichkeit, Zahl) begriff er noch als Qualitäten, die *den Dingen selbst* zukommen und also *objektiv* sind. Letztere (Farben, Töne, Düfte, Geschmack) beruhen seiner Ansicht nach hingegen auf einem Zusammenspiel von objektiven und subjektiven Eigenschaften: Das Subjekt fügt der Wahrnehmung etwas hinzu, was nicht in den Dingen selbst liegt, wodurch dann doch eine „ideelle" Voraussetzungen anerkannt wird. Helvetius überwindet diese Inkonsequenz. Für ihn bringt die sinnliche Erkenntnis oder „das Empfindungsvermögen allein … alle unsere Ideen hervor"[22]. Zum anderen bezieht Helvetius den Sensualismus auf die Moral und das gesellschaftliche Leben. Deren Ausgangspunkt und Grundprinzip ist das menschliche Individuum mit seiner Selbstliebe und seinem Eigeninteresse. Selbstliebe ist, wie er schreibt, „ein Gefühl, das uns die Natur eingegeben hat" und, wie er unter Berufung auf den Moralisten La Rochefoucault formuliert, das „Prinzip aller unserer Handlungen"[23]. Ihr Ziel ist das Glück, letztlich die sinnliche Lust,

22 Helvetius: Vom Geist, a.a.O., S.82. „Materie" definiert Helvetius als „den Inbegriff der Eigentümlichkeiten , die allen Körpern gemeinsam sind" (S.96).

23 Ebd., S.97. Zum Begriff der Selbstliebe vgl. *Vom Menschen, seinen geistigen Fähigkeiten und seiner Erziehung*, a.a.O., S.199f.

die aus der Befriedigung körperlicher Bedürfnisse erwächst bzw. die Vermeidung von Unlust. Die Sinnlichkeit in ihrer doppelten Gestalt als sinnlicher Wahrnehmung und sinnlicher Empfindung liegt also sowohl der höheren Erkenntnis (Entstehung von Ideen aus sinnlicher Wahrnehmung) als auch den Handlungen (Entstehung von Leidenschaften aus sinnlicher Empfindung und Streben nach Glück) zugrunde.

Verbindung von individuellem und gesellschaftlichem Glück. Dass das Glück das letzte Ziel menschlichen Strebens ist, ist keine neue Erkenntnis, dafür lassen sich, von Aristoteles bis Epikur, viele Zeugnisse der antiken Moralphilosophie anführen. Neu dagegen ist, dass dieses in der Natur begründete Streben gegen die spirituelle, körperfeindliche Ethik der christlichen Religion ins Feld geführt wird. Ein in der Natur des Menschen liegendes „Böses" gibt es für Helvetius ebenso wenig wie die Hypothek der Erbsünde, die die Menschen durch ein arbeitsames und gottgefälliges Leben abzutragen haben. Im Gegensatz zur asketischen, christlichen Ethik rechtfertigt Helvetius auch den Luxus, der das Leben angenehm macht und bereichert, insbesondere dann, wenn er allen Menschen gleichermaßen zugutekommt und „die Verteilung des Reichtums nicht allzu ungleich ist"[24]. Nur der übertriebene Luxus weniger Reicher und Privilegierter führt zum Niedergang des Staatswesens, zu Despotismus und Tyrannei. Eine humane Gesellschaft beruht für ihn nicht nur auf der Gleichheit der Menschen vor dem Gesetz, sondern auch auf der (relativen) Gleichheit des Eigentums.

Mit der Anerkennung der sinnlichen Bedürfnisse und des Strebens nach Glück, das natürlich auch die Sexualität mit einbezieht und nicht (als zeitlich begrenztes, diesseitiges Glück) einem ewigen Glück im Jenseits untergeordnet, sondern als End- und Selbstzweck begriffen wird, wird in der Geschichte des neuzeitlichen Humanismus ein neues Kapitel aufgeschlagen. Über die Anerkennung sinnlicher Bedürfnisse und Leidenschaften hinaus wird der christlichen Religion oder Theologie aber auch in einer anderen Hinsicht widersprochen. Darin nämlich, dass Helvetius das nach Glück strebende Individuum nicht in einer (isolierten, irrealen) Beziehung zu Gott, sondern in seiner (sozialen, realen) Beziehung zu seinen Mitmenschen und zum Staat betrachtet. Ob

24 Ebd., S.90, vgl. S.94.

sein Streben nach Glück tugend- oder lasterhaft ist, darüber entscheidet kein ewiges göttliches Gebot, sondern der Nutzen oder Schaden, den dieses Streben für die Gemeinschaft in einer bestimmten Geschichtsepoche hat. Es ist, wie Helvetius schreibt, „das allgemeine Interesse", das darüber entscheidet, ob individuelle Handlungen „tugendhaft, lasterhaft oder erlaubt" sind, „je nachdem ob sie für die Öffentlichkeit nützlich, schädlich oder gleichgültig sind"[25]. *Expressis verbis* bemerkt Helvetius in einer Anmerkung dazu: „Man sieht ein, daß ich hier als Politiker und nicht als Theologe spreche."[26]

Das Verhältnis zwischen Individuum und Gesellschaft hat für Helvetius allerdings noch eine andere, entgegengesetzte Seite. Wenn der gesellschaftliche Nutzen oder das öffentliche Interesse das Kriterium darstellt, nach dem die individuellen Handlungen beurteilt werden, so sind umgekehrt aber auch die Selbstliebe und das individuelle Streben nach Glück das Kriterium, das die Gesellschaft anerkennen und der Staat zum Kriterium seiner Gesetzgebung machen muss. „Alle Menschen streben nur nach ihrem Glück, und niemand kann sie von diesem Streben abhalten. Es wäre sinnlos dies zu versuchen ... Folglich kann man die Menschen nur dadurch tugendhaft machen, daß man das persönliche Interesse an das allgemeine knüpft."[27] Nicht durch die Androhung ewiger Verdammnis in der Hölle kann man tugendhafte Menschen hervorbringen, sondern „einzig und allein durch gute Gesetze"[28]. Von Natur aus sind die Menschen „keineswegs böse, sondern nur ihren Interessen unterworfen. (...) Man muß sich also nicht über die Bosheit der Menschen beklagen, sondern vielmehr über die Unwissenheit der Gesetzgeber, die das besondere Interesse immer in Gegensatz zum allgemeinen Interesse gebracht haben"[29]. Letztes Ziel ist die Verbindung oder die Einheit von individuellem und gesellschaftlichem Glück. Je humaner ein Staatswesen ist, desto leichter wird diese Verbindung gelingen. „Die freien und glücklichen Bürger gehorchen dort den Gesetzen, die sie sich selbst gegeben haben"[30]: also nicht unter

25 Ebd., S.117.
26 Ebd., S.231.
27 Ebd., S.182.
28 Ebd., S.224.
29 Ebd., S.235. An späterer Stelle ergänzt Helvetius: „Die Menschen sind selbst nicht böse, sondern die Gesellschaft macht sie böse", dann nämlich, wenn sie denjenigen bestraft, der „Gutes tut und die Wahrheit sagt" (S.406).
30 Helvetius: Vom Menschen, seinen geistigen Fähigkeiten und seiner Erziehung, a.a.O., S.218.

einer despotischen oder oligarchischen Regierung, sondern in einem demokratischen Staatswesen. „Gerechte Gesetze", heißt es an späterer Stelle, sind allmächtig über den Menschen", sie „regieren ihren Willen" und „machen sie ehrlich, human und wohlhabend"[31]. Gerechte Gesetze und Gleichheit des Eigentums sind die beiden Kriterien, nach denen Helvetius die Humanität einer Gesellschaft bemisst.

Das probate Mittel, um die gesellschaftliche Humanität dem Individuum mitzuteilen, ist für Helvetius die Erziehung, die das doppelte Ziel hat, das „wohlverstandene Eigeninteresse" zu erkennen, das das eigene mit dem allgemeinen Interesse verbindet und die entsprechenden Gewohnheiten auszubilden und zu befestigen. Zu den Erziehern zählen dabei nicht nur Eltern, Lehrer oder Freunde, sondern auch die Gesamtheit der „Verhältnisse", unter denen ein Mensch aufwächst und lebt. Die Humanität des Einzelnen und die der Verhältnisse bedingen sich wechselseitig. „Human ist der Mensch, für den der Anblick fremden Unglücks unerträglich ist und der sich sozusagen gezwungen sieht, dem Unglücklichen zu helfen."[32] Analog dazu hätte Helvetius ergänzen können: Human ist die *Gesellschaft* bzw. der *Staat*, für die der Anblick von Unglück unerträglich ist und der es als seine Aufgabe ansieht, das Unglück soweit es ihm möglich ist, abzuwehren. Wo aber liegen die Ursachen des Unglücks, wenn nicht in den Verhältnissen, die die Selbstbestimmung der Menschen und ihr natürliches Streben nach Glück behindern?

Parallelen zwischen Helvetius und Holbach. In seiner Lehre von der Natur, die seit Ewigkeit aus Materie und Bewegung und einer unendlichen Kette von Ursachen und Wirkungen besteht, ist Holbach grundsätzlicher und konsequenter als Helvetius. In seiner Lehre vom Menschen stimmt er dagegen weitgehend mit Helvetius überein. Auch er beruft sich auf den Sensualismus von John Locke, der „zum großen Verdruß der Theologen ... die Unsinnigkeit des Systems der *angeborenen Ideen* erkannt"[33] hat. Auch er entwickelt den noch inkonsequenten Sensualismus Lockes sowohl in Richtung eines konsequenten materialistischen Sensualismus als auch in Richtung einer materialis-

31 Ebd., S.360.
32 Ebd., S.232.
33 Paul Thiry d'Holbach: System der Natur, übersetzt von Fritz-Georg Voigt, Frankfurt/M. 1978, S.140.

tischen Moral- und Gesellschaftstheorie weiter. In der Folge weist auch Holbachs Humanismus große Ähnlichkeit mit dem Humanismus von Helvetius auf. Um diese Ähnlichkeit zu belegen, genügt es, einige Thesen und Zitate anzuführen.

Zuallererst ist der Mensch für Holbach ein sinnliches, körperliches, d.h. ein wahrnehmendes, fühlendes und leidenschaftliches Wesen. Aus diesen „grundlegenden Fähigkeiten" leiten sich „alle anderen [Fähigkeiten]" wie das Denken, die Erinnerung, die Einbildungskraft, die Urteilskraft oder der Willen ab.[34] Wie Helvetius überschreitet auch Holbach die Schranke des italienischen Humanismus dadurch, dass er das Selbstbestimmungsrecht des Menschen in seiner sinnlich-körperlichen Form anerkennt und darin sogar die ursprüngliche Form der Freiheit erkennt. Selbstliebe und Streben nach Glück sind angeborene Eigenschaften des Menschen. In Anspielung auf Newtons Mechanik nennt Holbach die Selbstliebe die „*Gravitation* [des Menschen] *auf sich selbst*"[35]. Sie ist die Triebkraft menschlicher Handlungen und liegt dem „Streben nach Selbsterhaltung" ebenso zugrunde wie dem Streben nach Wohlbefinden, Freude, Vergnügen und letztlich nach Glück bzw. der Vermeidung von Unglück. Vor allen Dingen ist dieses Streben auf das wirkliche Leben nicht – wie etwa bei Lorenzo Valla, durch dieses hindurch – auf das Leben nach dem Tod gerichtet. Es besitzt den Charakter eines Selbst- oder Endzwecks.

Aufgrund ihrer Selbstliebe und ihres Strebens nach Glück sind die Menschen „von Natur aus ... weder gut noch böse". Darüber, ob aus diesen natürlichen Anlagen gute oder böse Handlungen entstehen, entscheiden keine asketischen (körperfeindlichen) Ideale, wie sie die christliche Religion ausgebildet hat, sondern die Gesellschaft. Kein Mensch „kann für sich allein glücklich sein"[36]; es kommt darauf an, das eigene Glück mit dem der anderen zu verbinden. Ein „nützliches" oder „tugendhaftes" Glied der Gesellschaft zu sein heißt, „zum Glück seiner Mitmenschen bei[zu]tragen"[37]. Für das Zusammenfallen von individuellem und gesellschaftlichem Glück (Interesse), also dafür, dass sich das Streben nach individuellem Vorteil zugleich als allgemein

34 Ebd., S.92, S.98.
35 Ebd., S.52.
36 Ebd., S.256.
37 Ebd., S.250. Vgl. S.273.

„nützlich“ erweist und das Wohl aller Menschen befördert, hat die Gesellschaft bzw. die Regierung Sorge zu tragen. Eine „gut eingerichtete Gesellschaft“ zeichnet sich für Holbach dadurch aus, dass „Regierung, Erziehung, Gesetze, Beispiel und Unterricht zusammenwirken, um jedem Staatsbürger deutlich zu zeigen … daß das Wohlergehen der Teile [der Individuen] nur aus dem Wohlergehen des ganzen Körpers [der Gesellschaft] hervorgeht“[38]. Nicht zum Wohlergeben des Ganzen tragen folglich die aristokratischen Landbesitzer bei, die den „Zehnten“ von ihren leibeigenen Bauern kassieren, ohne dafür einen Beitrag zum Glück der Allgemeinheit zu leisten. Sehr wohl zum Wohlergeben des Ganzen tragen, Holbach zufolge, hingegen die bürgerlichen Fabrikanten und Kaufleute bei, die sich individuell bereichern, indem sie auch Anderen zu Brot und Arbeit verhelfen. Es ist eine (im Vergleich mit der Renaissance) zugleich materialistisch-erweiterte und *bürgerliche* Form der Humanität, der Helvetius und Holbach das Wort reden.

Wie Helvetius erkennt auch Holbach die Verschiedenheit dessen an, was als allgemeiner „Nutzen“ gilt. Die allgemeinen Ziele, die die Richtung für die individuelle Tugend vorgeben, differieren von Staat zu Staat und von Zeitalter zu Zeitalter, je nachdem, ob ein Staat eher kriegerisch oder friedlich, agrarisch oder handwerklich organisiert ist. Daraus resultiert die Verschiedenheit der Sitten und der Tugenden, die in der Verschiedenheit der Staaten zu beobachten ist. Stellten die Renaissance-Humanisten die Antike als überzeitlich gültiges Ideal hin, das sie dann allerdings mit dem Christentum in Einklang zu bringen versuchten, so erkennen die französischen Humanisten sowohl eine kulturelle, von Gewohnheiten und Lebensweise abhängige Vielfalt als auch eine geschichtliche Entwicklung des Humanismus an.

Selbstbestimmung auch im Hinblick auf den Zeitpunkt des eigenen Todes. Im Gegensatz zu Helvetius spricht Holbach den Individuen auch das Recht der Entscheidung über den Zeitpunkt ihres eigenen Todes zu. Der Selbstmord wird nicht verurteilt, sondern als Teil des Humanismus anerkannt. Für Holbach ist der Tod, mit dem alles Fühlen, alle Leidenschaft und alles Denken endet, „das einzige [sichere] Heilmittel gegen die Verzweiflung“. Hält das Leben kein anderes Heilmittel gegen die Verzweiflung bereit, so erscheint der

38 Ebd., S.258. Vgl. S.287.

Tod als ein willkommener Ausweg. Dagegen kann, so Holbach, kein vernünftiger Einwand erhoben werden. Nur der religiöse Aberglaube befiehlt dem Menschen, „sich weiterhin zu quälen" und verbietet ihm, „zum Tode seine Zuflucht zu nehmen"[39].

Eine dritte Form der Überführung der Religion in Humanismus. Konstituierte sich der Renaissance-Humanismus *gegen* die Religion und Theologie, so respektierte er doch auch deren Vorgaben. Bei den materialistischen Philosophen des 18. Jahrhunderts ist dieser Respekt völlig verschwunden. Für sie ist die entschiedene Ablehnung der Religion und Kirche die Voraussetzung für die Errichtung einer humanen Gesellschaft. Feuerbachs Humanismus verkörpert gegenüber beiden Richtungen eine dritte Position, die weder auf der Anerkennung noch auf der abstrakten Negation religiöser Vorgaben, sondern auf deren dialektischer Aufhebung beruht. Seine „Verwandlung und Auflösung der Theologie in Anthropologie"[40], d.h. der Lehre von Gott in die Lehre vom Menschen, ist zugleich die Verwandlung und Auflösung der Theologie in Humanismus. Gott wird nicht nur als Erfindung und Werk menschlicher Phantasie, sondern auch als Projektion des Menschen begriffen, der sich im „göttlichen Wesen" das Idealbild vorstellt, das er sich von seinem „menschlichen Wesen" macht. „Gott *ist*, was der Mensch sein *will* – sein eignes Wesen, sein eignes Ziel, vorgestellt als wirkliches Wesen."[41] In der Verehrung Gottes verehrt sich der Mensch somit selbst, im Gottesdienst feiert er seine eigenen Möglichkeiten. *Religion ist Humanismus, nur in entfremdeter Form.* Zu Feuerbach im Zusammenhang mit der Entwicklung des realen Humanismus zur Zeit des Vormärz und der junghegelianischen Bewegung gleich Näheres.

39 Ebd., S.246.
40 Ludwig Feuerbach: Grundsätze der Philosophie der Zukunft (1843), § 1, in Kleine Schriften, hg. von Karl Löwith, Frankfurt/M. 1966, S.145.
41 Ebd., § 29, S.192.

3. Der Begriff des realen Humanismus und seine fortschreitende Präzisierung im deutschen Vormärz

Geschichtliche Voraussetzungen. Die Jahre zwischen 1830 und 1848 sind die Hochzeit des *realen Humanismus,* der über die bisher vorgestellten Formen des Humanismus hinaus geht: nicht im Sinne seiner praktischen Verwirklichung, sondern im Sinne seiner theoretischen Begründung und Ausarbeitung. Mit der Julirevolution 1830, die von Paris auf ganz Europa ausstrahlt, endete die Epoche der Restauration und ihrem Versuch, den Feudalismus des *ancien régime* wieder herzustellen. Der Prozess der Veränderung der politischen und sozialen Verhältnisse, der 1789 begonnen hatte, nimmt wieder an Fahrt auf. Mit dem Sieg des Bürgertums erlebt die kapitalistische Produktionsweise ihre erste Blüte. Fabrikanten, Unternehmer und Bankiers, die Eigentümer der Produktionsmittel, stehen einem wachsenden Heer von Arbeitern gegenüber, die kein Eigentum besitzen und gezwungen sind, ihre Arbeitskraft zu verkaufen. Vom Land, das sie nicht mehr ernährt, flüchten die Menschen in die Stadt. Dort erwartet sie zumeist ein Leben in Not und Armut, in Abhängigkeit, Unsicherheit und Erniedrigung. Nicht nur in Liverpool oder Manchester sprechen ihre Lebensbedingungen allen Ansprüchen auf Humanität und menschliche Würde Hohn. Aus Verzweiflung zerstören manche Arbeiter die Maschinen, die ihnen scheinbar die Arbeit wegnehmen und sie überflüssig machen. Schon lange vor den Aufständen der Schlesischen Weber (1844) setzten sich die Arbeiter in Solingen (1826), Krefeld (1828) oder Aachen (1830) gegen die Unmenschlichkeit ihrer Arbeits- und Lebensbedingungen zur Wehr.[1]

1 „Bislang sind für Deutschland zwischen 1800 und 1840 21 Streiks und 6 Aufstände, zwischen 1841 und 1850 76 Streiks und 33 Aufstände (hauptsächlich 1848) bekannt geworden." Diese Daten sind, wie Florian Tennstedt (*Sozialgeschichte und Sozialpolitik in Deutschland*, Göttingen 1981, S.36 ff.) schreibt, „aber noch als sehr unvollständig anzusehen". Zuerst fanden diese Revolten im Bau- und Druckgewerbe statt, später – nach dem Einsatz von Dampfmaschinen (der in Preußen zwischen 1837 und 1849 von 419 auf 1444

Zum physischen Elend kommt die politische Unterdrückung: das Rechtssystem, das die materielle Ungleichheit der Menschen sanktioniert, die freie Meinung unterdrückt, die Presse unter Zensur stellt und die leisesten Regungen oppositioneller Bewegungen verfolgt.

Es ist der schreiende Verlust an wirklicher Humanität, der den theoretischen Humanismus beflügelt, immer radikalere Formen anzunehmen. Schon vor 1830 hatten Fourier oder Saint-Simon ihre Sozialutopien entworfen: Vorstellungen gesellschaftlicher Organisationen, die am Maß und an den Bedürfnissen der Menschen orientiert waren, nicht in der Weise der Rückkehr zu einer früheren und den Menschen (angeblich) gemäßeren Lebensform, sondern in der Weise des Fortschritts, über die Gegenwart hinaus. Die Versuche, dem Pauperismus und der Massenverelendung Herr zu werden, nehmen in den verschiedenen Ländern Europas (ihren Voraussetzungen und Traditionen entsprechend) verschiedene Formen an. In England, dem Land der *industriellen Revolution*, besitzen sie einen ausgesprochen pragmatischen Charakter und haben das Ziel, den *politischen* Einfluss des „Volks", d.h. der arbeitenden Klassen der Bevölkerung, zu vergrößern, um deren Lebensverhältnisse zu verbessern, Die *People's Charta*, von der sich der Name der Chartisten herleitet, erhebt (zunächst) sechs Forderungen: das allgemeine Wahlrecht (für Männer ab 21), jährliche Parlamentswahlen, geheime Abstimmungen, Ausgleichung der Wahlbezirke, Abschaffung des Vermögenszensus und Diäten für Abgeordnete, so dass sich auch Nicht-Vermögende zur Wahl stellen und der Arbeit als Volksvertreter nachgehen können. Später radikalisierten sich die Forderungen (Beschränkung der Arbeitszeit, Abschaffung der Armengesetze u.a.), denen durch Petitionen, politische Kundgebungen, Streiks, vereinzelt auch durch Aufstände Nachdruck verliehen wurde. Insgesamt standen weniger soziale als politische Reformen auf dem Programm, keine Übernahme der Macht durch das „Volk", sondern dessen Beteiligung. Die prinzipielle Frage nach dem „System" der Eigentums- und Produktionsverhältnisse wurde nicht gestellt.

zugenommen hat) – auch in den Webereien. Es handelte sich dabei noch um „Hungerrevolten" (bei denen Bäckereien und Metzgereien gestürmt wurden) oder um „Maschinenstürmereien". Die Fortschritte des Kapitalismus zeigten sich auch im Anwachsen der Städte. Zwischen 1816 und 1849 verdoppelt sich die Einwohnerzahl in Berlin, Bochum, Hannover, Mühlheim/Ruhr u.a. (S.61).

Das ändert sich in Frankreich, dem Land der *politischen Revolution*, das sich zu einer *sozialen* Reform aufmacht. An die Stelle einer auf wenige Punkte konzentrierten politischen Agenda treten schon bei den genannten Utopisten, und stärker noch bei den späterem Sozialisten und Kommunisten (Étienne Capet, Théodore Dézamy, Pierre-Joseph Proudhon, Louis Blanc u. a.) umfassende Sozialtheorien, die einem radikaleren Humanismus das Wort reden. „Radikaler" insofern, als sie nach den Wurzeln der bestehenden Inhumanität forschen, diese Wurzeln im Privateigentum an den Produktionsmitteln bzw. dessen ungleicher Verteilung ausmachen und eine Neuordnung der gesamten Gesellschaft anstreben, auf der Grundlage veränderter Eigentumsverhältnisse. Diese Radikalität verbindet die Franzosen mit verschiedenen Theoretikern aus Deutschland, dem Land der *philosophischen Revolution*. Der Ausgangspunkt dieser Revolution ist die Philosophie Hegels, mit der der „Kreislauf der Philosophie", wie es zunächst schien, geschlossen war, d. h. mit dessen Philosophie die Philosophie überhaupt zu ihrem (scheinbaren) Abschluss gekommen ist. Unter dem Eindruck der sozialen Missstände, des Pauperismus, der Unterdrückung der Meinungs- und Pressefreiheit, der Verfolgung der oppositionellen Kräfte etc. öffnet sich dieser Kreis allerdings wieder. Was als Abschluss gegolten hatte, wird bei den Junghegelianern zu einem Neubeginn.

Der Staat als Garant der Humanität inmitten der Inhumanität der bürgerlichen Gesellschaft. Hegel definiert die Philosophie als das *„Ergründen des Vernünftigen"* und als das *„Erfassen des Gegenwärtigen und Wirklichen"*. Er grenzt sich mit dieser Definition gegen die Auffassung ab, die Philosophie habe auch das *„Jenseitige"* oder *Zukünftige* zu begreifen.[2] Philosophie richtet sich auf die Wirklichkeit der Idee und erfasst „ihre Zeit in Gedanken". Blickt sie darüber hinaus, so verlässt die den Bereich der Wahrheit und begibt sich auf das schwankende Feld des „Meinens" und der „Beliebigkeit". Ihre schärfste Formulierung findet Hegels Position in dem Satz „Was vernünftig ist, das ist wirklich; und was wirklich ist, das ist vernünftig"[3]. In der Versöhnung beider Seiten findet Hegels System seinen Abschluss.

2 G. W. F. Hegel: Grundlinien der Philosophie des Rechts, Vorrede, in Werke, Frankfurt/M. 1970 u.ö., Bd.7, S.24.
3 Ebd., S.24 und S.26.

Als Konsequenz ergibt sich: Seine größtmögliche Verwirklichung findet der Humanismus im Staat, denn der Staat ist die „Wirklichkeit der sittlichen Idee"[4]. Diese aber beinhaltet, dass „das Allgemeine verbunden sei mit der vollen Freiheit der Besonderheit und dem Wohlergehen der Individuen"[5]. Humanität beruht auf der „Übereinkunft" der einzelnen Willen; nicht zum „gemeinschaftlichen Willen", der (wie bei Rousseau) durch einen Vertrag besiegelt wird, sondern zum „allgemeinen Willen", der durch die Vernunft vermittelt und im Staat realisiert ist.

Die Menschenrechte, wie sie 1776 in der *Virginia Bill of Rights* oder 1789 in der *Déclaration des droits de l'homme et du citoyen* proklamiert wurden, sind *Abwehrrechte*, durch die sich das politisch erstarkte Bürgertum gegen die Willkür des absolutistischen, autoritären Staats zur Wehr gesetzt hat. Als Abwehrrechte enthalten sie keine positive Bestimmung des Humanismus; sehr wohl aber stecken sie Grenzen ab und garantieren damit einen politischen Rahmen, in dem sich die Menschen frei entfalten können. Wenn Hegel keine explizite Theorie der Menschen- und Bürgerrechte entwickelt hat, so liegt das daran, dass diese (für ihn) ihren Charakter als Abwehrrechte inzwischen verloren haben oder anders ausgedrückt: weil diese Rechte im modernen, aufgeklärten Staat aufgehoben und zur Selbstverständlichkeit geworden sind. „Was jetzt gelten soll, gilt nicht mehr durch Gewalt, ... wohl aber durch Einsicht und Gründe."[6]Auch in dieser Hinsicht ist der Staat für Hegel der Garant der Humanität und der menschlichen Würde. Zusammen mit Hegels *Philosophie der Geschichte* gelesen, die den Fortschritt als „Fortschritt im Bewußtsein der Freiheit" definiert, in dem im Orient nur *einer*, in der Antike *einige* frei waren, im Abendland dagegen *alle* frei sind, war der allgemeine Begriff des Staat allerdings leicht mit dem besonderen preußischen Staat unter Friedrich Wilhelm III. gleichzusetzen.

Aus diesem idealisierten Staatsverständnis folgt nicht, dass Hegel blind für die real-existierende Inhumanität war und sie nicht wahrhaben wollte. Im Gegenteil. Allerdings ordnet er diese der bürgerlichen Gesellschaft zu, in der der Egoismus der Individuen vorherrscht und auf Kosten der Allgemeinheit ausgelebt wird. Die Menschen der bürgerlichen Gesellschaft agieren nicht

4 Ebd., § 257, S.398.
5 Ebd., § 260 Zusatz, S.407.
6 Ebd., § 316 Zusatz, S.483.

mit-, sondern gegeneinander. Sie erkennen nur sich selbst als „Zweck" an und bringen das „Recht ihrer Besonderheit" zur Geltung, indem sie den Anderen dieses Recht streitig machen. Auf diese Weise ist die bürgerliche Gesellschaft „der Kampfplatz des individuellen Privatinteresses". Thomas Hobbes hatte den (durch Vertrag zustande gekommenen) Übertritt aus dem Naturzustand in die bürgerliche Gesellschaft als die entscheidende Wende in der Geschichte der Menschheit gefasst. Hegel stellt die bürgerliche Gesellschaft hingegen als Kontinuität des Naturzustands dar, als „Kampfplatz des individuellen Privatinteresses aller gegen alle"[7], auf dem der Stärkere den Sieg davonträgt. Fundamental macht sich dieser Naturzustand auf dem Gebiet der Ökonomie bemerkbar, wo „bei dem *Übermaße des Reichtums* die bürgerliche Gesellschaft *nicht reich genug* ist, [um] … dem Übermaße der Armut und der Erzeugung des Pöbels zu steuern". „Unverhältnismäßige Reichtümer" sind in „wenigen Händen" konzentriert, während die große Masse der Menschen „unter das Maß einer gewissen Subsistenzweise" herabsinkt und „das Gefühl des Rechts, der Rechtlichkeit und der Ehre, durch eigene Tätigkeit und Arbeit bestehen zu können", verliert.[8] Auf diese Weise bietet die bürgerliche Gesellschaft „das Schauspiel ebenso der Ausschweifung, des Elends und des beiden gemeinschaftlichen physischen und sittlichen Verderbens"[9].

Durch die Vielzahl der „selbstsüchtigen Zwecke" erzeugt die bürgerliche Gesellschaft ein „System allseitiger Abhängigkeit". Indem jeder arbeitsteilig „für sich erwirbt, produziert und genießt", erwirbt und produziert er zugleich auch „für den Genuß der Übrigen"[10]. Unter Bezugnahme auf die klassische Nationalökonomie schätzt Hegel zwar die fortschreitende Teilung der Arbeit, da sie die „Geschicklichkeit" der Arbeiter fördert und die Produktivität der Arbeit steigert. Er hält aber dagegen, dass durch sie die Arbeit immer einseitiger, abstrakter, „immer mehr *mechanisch*" und maschinenähnlich wird.[11] In ihrer Arbeit entwickeln sich die Menschen also nicht mehr, fördern keine neuen Fähigkeiten zutage, sondern stumpfen (wie schon Adam Smith ausführlich bemängelt hat) ihren Geist, ihre Phantasie und ihre Gefühle ab und verlieren langsam die Fähigkeit zwischenmenschlicher Kommunikation.

7 Ebd., § 289, S.458.
8 Ebd., § 245, S.390; §§ 243 und 244, S.389.
9 Ebd., § 289, S.458; § 185, S.341.
10 Ebd., § 199, S.353.
11 Ebd., § 198, S.352f.

Kampf aller gegen alle, ungleiche Verteilung des Reichtums und der damit verbundenen Entwicklungsmöglichkeiten, physisches und sittliches Verderben, Verlust der Arbeit (in der sich die Menschen selbst erkennen und entwickeln), Verelendung der an Arbeit gebundenen Klasse: lauter Merkmale, die die bürgerliche Gesellschaft zu einem Ort des Zwiespalts, der Friedlosigkeit, der Entfremdung und Inhumanität machen. Der Staat ist nach Hegels Theorie dagegen die „Wirklichkeit der sittlichen Idee". In ihm sind die Widersprüche der bürgerlichen Gesellschaft aufgehoben und miteinander versöhnt. Sein „Wesen" ist, dass er „das Allgemeine … mit der vollen Freiheit der Besonderheit und dem Wohlergehen der Individuen" verbindet.[12] Seine Substanz ist „die Erhaltung der besonderen Interessen"[13]; diese werden mit dem „allgemeinen Zweck" des Staats zusammengebracht. Dem Staat gelingt es, zumindest seinem Hegelschen Begriffe nach, die aufgezeigten Missstände zu beheben, Eintracht und Harmonie zu stiften und eine Humanität zu realisieren, die in der bürgerlichen Gesellschaft nicht vorhanden ist.

Zwischen realer Verschärfung der gesellschaftlichen Konflikte und ihrer philosophischen Versöhnung. Die Situation der deutschen Philosophie um 1830. Nach Hegels Tod im Jahre 1831 sah sich die Philosophie vor folgendes Dilemma gestellt: auf der einen Seite die realen Fortschritte der bürgerlichen Gesellschaft und der Verschärfung ihrer humanen Defizite, auf der anderen Seite Hegels Idealisierung des Staats, der diese Defizite (angeblich) kompensiert und die Wirklichkeit mit der Idee versöhnt; auf der einen Seite die reale Inhumanität der Verhältnisse, auf der anderen Seite die Versicherung, im Staat besäße die Humanität ihre institutionelle Garantie. Gesellschaftliche Praxis und philosophische Theorie hatten sich weit voneinander entfernt.

Dass sich die Junghegelianer diesem Dilemma gestellt haben, ihre Theorien mit der veränderten Praxis vermittelt, sich auf die Suche nach einem Humanismus gemacht haben, der über die Bildung des Individuums hinaus auf die Organisation einer freien und den Menschen angemessenen Gesellschaft gerichtet ist: Darin besteht ihr bleibender Verdienst. Zum Kreis der Junghegelianer gehören David Friedrich Strauß und Anton von Cieszkowski (als Initiatoren oder Anreger), Arnold Ruge (als Vermittler und publizistischer

12 Ebd., § 260, Zusatz, S.407; § 261, Zusatz, S.410.
13 Ebd., § 270, S.415.

Organisator), Bruno und Edgar Bauer, Max Stirner u. a. (als Vertreter des sog. „Doktorklubs" bzw. der späteren Gruppe der „Freien" in Berlin), Ludwig Feuerbach (der über seine Religionskritik und seinen Materialismus einen starken Einfluss ausübt und eine Wende in der Geschichte des Junghegelianismus herbeiführt), Heinrich Heine und Moses Heß (die eher am Rand der junghegelschen Bewegung stehen, in vielfältigen Beziehungen aber damit verbunden sind) und schließlich Marx und Engels, deren Zugehörigkeit zum Junghegelianismus aber nur eine Etappe ihrer eigenen Entwicklung darstellt. Durch dessen Kritik nimmt ihre eigene Theorie Gestalt an.[14]

Verblieben die sog. Althegelianer (die Herausgeber der Hegelschen Vorlesungen aus dem Nachlass), von den realen Konflikten weitgehend unbe-

14 Einige Anmerkungen zur Sekundärliteratur. Karl Löwith behandelt die Junghegelianer als eine Stufe des „revolutionären Bruchs im Denken des 19. Jahrhunderts", der sich im Übergang *Von Hegel zu Nietzsche* (so der Titel seiner 1941 erschienen Abhandlung, die auch im 4. Band seiner *Sämtlichen Schriften*, Stuttgart 1988 enthalten ist) vollzieht. Innerhalb dieses Übergangs unterscheidet er drei Phasen. (1) „*Feuerbach* und *Ruge* haben es unternommen, Hegels Philosophie im Geiste der anders gewordenen Zeit zu *verändern*"; (2) „*B. Bauer* und *Stirner* ließen die Philosophie in einem radikalen Kritizismus und Nihilismus *verenden*"; (3) „*Marx* und *Kierkegaard* haben aus dem veränderten Zustand *extreme Konsequenzen* gezogen: Marx destruierte die bürgerlich-kapitalistische und Kierkegaard die bürgerlich-christliche Welt" (Karl Löwith (Hg.): Die Hegelsche Linke. Einleitung, Stuttgart-Bad Cannstadt 1962, S.16.). Auguste Cornu (*Karl Marx und Friedrich Engels. Leben und Werk*, Bd. 1, Berlin 1954, S.123–S.548) stellt den Junghegelianismus in seinen Vertretern, seinen Entwicklungen und sozialen Bedingungen ungleich detaillierter dar. Nicht aus der Perspektive des Übergangs von Hegel zu Nietzsche, sondern aus der Perspektive von Marx und Engels. Über (zeitweilige) Freundschaften und Koalitionen bzw. (spätere) Abgrenzungen und Kritiken wird der Prozess der Ausbildung der eigenen Theorien verfolgt. Nicht auf den Verlauf der Philosophiegeschichte, sondern auf das Verhältnis von Theorie und Praxis ist die (nur im Internet unter http://docplayer.org/61861609-Elmar-treptow-theorie-und-praxis-bei-hegel-und-den-junghegelianern.html) zugängliche Habilitationsschrift von Elmar Treptow über *Theorie und Praxis bei Hegel und den Junghegelianern* (1971) gerichtet. Im Anschluss an Hegels Versöhnung der Theorie mit der Praxis werden die verschiedenen Ansätze vorgeführt, die die Theorie (als Anleitung zur „Tat", als aus der autonomen Vernunft abgeleitetes „Sollen") zur Richtschnur der Praxis (bei Cieszkowski, Bauer u. a.) bzw. die Praxis zum Kriterium der Theorie (bei Marx) erhebt. Ingrid Pepperle (*Junghegelianische Geschichtstheorie und Kunsttheorie*, Berlin 1978) ist eine eher geschichtliche Arbeit, die ganz auf die Entwicklung der junghegelianischen Bewegung konzentriert ist und speziell deren Geschichtstheorie (Ruge) und Kunsttheorie (R. E. Prutz) behandelt. David McLellans *Die Junghegelianer und Karl Marx* (München 1974) ist von der Philosophie der Frankfurter Schule inspiriert. Friedrich Engels kommt darin nicht vor. Dafür steht Bruno Bauer und seine „negative Dialektik" im Vordergrund, in der wohl eine Parallele zur „negativen Dialektik" Adornos gesehen wird. Zuletzt porträtierten Josef Rattner und Gerhard Danzer *Die Jungehegelianer* (Würzburg 2005) als eine „progressive Intellektuellengruppe", die in ihren Lebensläufen und philosophischen Theorien vorgestellt werden: nicht in ihrer Beziehung auf Marx, sondern als eigenständige (wenn auch in sich widersprüchliche) Gruppe. Vorbehalte gegen Marx stehen darin Sympathien für Max Stirner gegenüber.

rührt und im Kreis der Hegelschen Philosophie befangen, durchbrechen die Junghegelianer diesen Kreis und gehen *mit Hegel über Hegel hinaus*. Waren die Althegelianer Diener des preußischen Staats, die auf den Lehrstühlen der Universitäten saßen, gehören die Junghegelianer zur politischen Opposition, denen die akademische Karriere versperrt bleibt, die durch Zensur und Verbot ihrer Schriften verfolgt werden, ein Leben unter prekären Umständen führen (wie Feuerbach, Stirner, Bruno Bauer) oder in die Emigration getrieben werden (wie schon früher Heinrich Heine und später Arnold Ruge oder Marx).

In den wenigen Jahren seiner Entwicklung (1835 bis 1844) nimmt der junghegelianische Humanismus zunehmend schärfere Formen an. Er beginnt damit, dass der wirkliche Staat an Hegels Begriff des Staats und dem darin enthaltenen Versprechen der Humanität gemessen und der Kritik unterzogen wird. Ihm folgt die Kritik der Hegelschen Philosophie selbst, die Kritik an ihrem immanenten Widerspruch zwischen dem Abschluss des Systems und der unabgeschlossenen Bewegung der Dialektik und ihrer bloß behaupteten Versöhnung von Vernunft und Wirklichkeit. Über die Kritik an der kontemplativen Abgehobenheit der Hegelschen Philosophie und ihrer Weigerung, über die Gegenwart hinaus zu blicken, gelangt der junghegelianische Humanismus zur „Philosophie der Tat“, die auf die Zukunft einer dem Menschen angemesseneren Welt gerichtet ist. Schließlich, am Ende der junghegelianischen Bewegung, erfolgt der Übergang zur politischen Aktion. Sie beginnt, wo die Verhältnisse am drückendsten sind, wo das „Selbstgefühl“ die größte Beleidigung erfährt, die Brutalität des entfremdeten Lebens die tiefsten Wunden schlägt: am unteren Rand der Gesellschaft.

Ihren Ausgang hat die Ausbildung des junghegelianischen Humanismus allerdings nicht in der Kritik des bestehenden (preußischen) Staats, sondern in der Kritik der Religion. Sie bildet die Grundlage und die Voraussetzung aller weiteren Kritik. Erst wenn die Illusion einer ausgleichenden Gerechtigkeit und der Glaube an ein Weltgericht am Ende der Tage aufgegeben ist, beginnt der Kampf um mehr Gerechtigkeit in diesem Leben. Wer sich Hoffnungen auf eine Belohnung seiner Entbehrungen und seiner Knechtschaft im Jenseits macht, ist wenig motiviert, seine Emanzipation im Diesseits voranzutreiben. Wer sich mit Vertröstungen abspeisen lässt, verzichtet auf die tatsächliche Entwicklung seiner Potenzen.

In den folgenden Abschnitten wird die junghegelianische Philosophie in ihrer Entwicklung unter dem Aspekt der Radikalisierung des Humanismus dargestellt.

Christliche Humanitätsreligion statt religiösem Wunderglauben. Am Anfang des Aufstands gegen Hegel und die Religion steht *Das Leben Jesu* (1835) von David Friedrich Strauß. Dieses Buch wendet sich gegen Hegels Gleichsetzung von Religion und Philosophie (als Formen des „absoluten Geistes"), es unterwirft den Glauben der Vernunft und sagt dem „Wunderwahn" der biblischen Überlieferung den Kampf an. Jesus wird darin „vom Throne des Gottessohnes und Erlösers" gestoßen und gezwungen, neben Sokrates, Napoleon, Goethe und anderen „auf der Bank menschlicher Genies Platz [zu] nehmen"[15]. Nur insofern wird ihm unter diesen Genies eine herausragende Stellung zuerkannt, als er durch „seine Reden, sein sittliches Handeln und Dulden"[16] oder die Kraft seiner Persönlichkeit zum Vorbild einer neuen Form einer ausschließlich auf das Diesseits gerichteten Humanität geworden ist. Strauß' geschichtliche Relativierung des Christentums führte zur Spaltung der Hegelschen Schule. Wer ihm folgte, seine Gedanken weiterentwickelte und radikalisierte, gehörte zu den Junghegelianern, wer ihn ablehnte oder als Ketzer verurteilte gehörte zu den Althegelianern.

Vor dem *Leben Jesu* allerdings hatte schon Heinrich Heine den Absolutheitsanspruch der christlichen Religion bestritten und sie im Namen des Humanismus geschichtlich relativiert. Er begrüßte ihr Aufkommen und ihre Verbreitung als eine „heilsame Reaktion gegen den grauenhaft kolossalen Materialismus" des spätrömischen Reiches, der „alle geistige Herrlichkeit des Menschen zu vernichten drohte". Nachdem sie allerdings als Staatsreligion etabliert war, hatte sie diese Bedeutung mehr und mehr verloren. Als „Lehre von der Verwerflichkeit aller irdischer Güter", mit ihrer Einübung in „Hundedemut" und „Engelsgeduld" ist sie zuletzt die „erprobteste Stütze des Despotismus" geworden.[17] Mit dem Verzicht, sich selbst zu bestimmen und sich die wirkliche Welt zur Heimat zu machen, hat sie zur Entmündigung des Menschen beigetragen.

War Heines kritischer Blick auf die Religion – darin dem der französischen Aufklärer gleich – noch ein Blick von außen, so richtet sich der Blick von

15 D. F. Strauß: Vergängliches und Bleibendes in Christentum. Selbstgespräche (1838), in: Heinz und Ingrid Pepperle (Hg.): Die Hegelsche Linke. Dokumente zu Philosophie und Politik im deutschen Vormärz, Frankfurt/M. 1986, S.87.

16 Ebd., S.97.

17 Heinrich Heine: Die romantische Schule, in Werke in 5 Bd., Berlin-Weimar 1976, Bd.4, S.196f.

Strauß auf deren Innenseite: die biblische Überlieferung der vier Evangelisten. Er sieht in Jesus kein „Symbol" der Vermittlung zwischen Gott und Welt (wie Hegel), sondern eine historische Figur. Erzählungen über sein Leben und Wirken wurden zunächst nur in mündlicher Form weitergegeben. Als sich die Evangelisten viele Jahrzehnte nach Jesus Tod daran machten, diese Erzählungen zu sammeln und niederzuschreiben, hatten sich bereits vielerlei „messianischen Zeitideen", Ängste und Hoffnungen, um seine Person gerankt, die in diese Berichte eingeflossen sind und ihren hauptsächlichen Inhalt darstellen. Aus dem historischen Jesus ist auf diese Weise ein Mythos geworden, der denjenigen Mythen gleicht, die sich um Pythagoras oder Sokrates gerankt haben. Unter „Mythos" versteht Strauß „jede unhistorische Erzählung ..., in welcher eine religiöse Gemeinschaft einen Bestandtheil ihrer heiligen Grundlage, weil einen absoluten Ausdruck ihrer constitutiven Empfindungen und Vorstellungen erkennt"[18]. Zum christlichen Mythos gehört etwa, dass in der Phantasie der Menschen aus dem historischen Jesus der Sohn Gottes und der Messias, der Erlöser, geworden ist, dem allerlei göttliche Attribute (Jungfrauengeburt, Auferstehung) und die Fähigkeit, Wunder (wie die die Verwandlung von Wasser in Wein auf der Hochzeit zu Kanaa, die Auferweckung des Lazarus, die Speisung der 5000 etc.) zu vollbringen angedichtet worden sind.

Strauß' erklärte Absicht ist es, eine „Grenzlinie" zu ziehen, um „die bleibenden Bestandtheile des Christenthums von den vergänglichen, die ächten Heilswahrheiten von den bloßen Zeitmeinungen" zu scheiden.[19] Zu den Zeitmeinungen zählt Strauß, der als Pantheist das göttliche Wirken mit dem Wirken der Naturgesetze gleichsetzt, allen „Wunderwahn", alles „Uebernatürliche" und Geheimnisvolle. Alles, was sich rational nicht erklären lässt, wird aus den Berichten der Evangelisten eliminiert, wie etwa die Legenden um die Geburt und den Tod oder die Jesus zugeschriebene Fähigkeit, Wunder zu vollbringen und sich dadurch über die Naturgesetze hinwegzusetzen. Indem Strauß den Glauben der Vernunft unterordnet, setzt er sich von allen „Pfaffen" und „Altgläubigen" ab, deren Glaube gerade in dieser Irrationalität begründet ist: „*Wer die Pfaffen aus der Kirche schaffen will, der muß erst das*

18 D. F. Strauß: Das Leben Jesu, Leipzig 1864, Bd.1, S.80. Diese spätere Ausgabe des Buches stellt eine Bearbeitung des 1835 veröffentlichten Textes „für das deutsche Volk", d. h. „für Nichttheologen" dar, ohne Veränderung der „Grundgedanken", wie Strauß ausdrücklich versichert.

19 Ebd., Einleitung, S.VI.

Wunder aus der Religion schaffen". Zu den echten, unverlierbaren Heilswahrheiten zählt Strauß dagegen das, was das Christentum von der sinnlichen Religion der alten Griechen und der Gesetzesreligion der Juden unterscheidet. Im Christentum nämlich, so Strauß' Interpretation, ist „die Menschheit ... ihrer selbst tiefer als bis dahin sich bewußt geworden". Jesus ist „derjenige Mensch ..., in welchem dieses tiefere Bewußtsein zuerst als eine sein ganzes Leben und Wesen bestimmende Macht aufgegangen ist"[20]. Strauß destruiert die Glaubensinhalte nicht, um die Religion zu vernichten und, wie später Bruno Bauer oder Feuerbach, dem Atheismus das Wort zu reden. Er destruiert sie vielmehr, um einen vernünftigen Glauben zu begründen, der der wissenschaftlichen Überprüfung standhält. Indem er in Jesus die „Idee der Menschheit" verwirklicht sieht, die er zum Leitbild eines jeden Einzelnen erklärt, bildet er, unter Verzicht auf alle transzendentalen Bezüge, die „Christus-" oder „Erlöserreligion" in eine „Humanitätsreligion" um, d. h. in einen Kompass für das innerweltliche Leben.

In seinem späten Buch über den *Alten und den neuen Glauben* (1872), das die Vorlage zu Nietzsches Polemik gegen den „Bildungsphilister" Strauß in seiner ersten *Unzeitgemäßen Betrachtung* (1873) darstellt, kommt Strauß auf den Begriff der Humanitätsreligion zurück. Ganz im Sinne seines früheren Buches definiert er ihn darin als sittliche Selbstbestimmung des Menschen am Maßstab der Gattung, die im Leben Jesu zur Idee geronnen ist. „Alles sittliche Handeln des Menschen ... ist ein Sich-Bestimmen des einzelnen nach der Idee der Gattung. Diese fürs erste in sich selbst zu verwirklichen, sich, den einzelnen, dem Begriff und der Bestimmung der Menschheit gemäß zu machen und zu erhalten, ist der Inbegriff der Pflichten des Menschen gegen sich selbst. Die in sich gleiche Gattung aber, fürs zweite, auch in allen andern tatsächlich anzuerkennen und zu fördern, ist der Inbegriff unserer Pflichten gegen andere."[21]Jesus wird gewissermaßen zum Appell an die Menschen, mit der eigenen Humanität die Humanität der ganzen Gattung zu entwickeln bzw. zu fördern.

Der zukünftige Humanismus als *Philosophie der Tat*. Die zweite Attacke gegen Hegels Philosophie reitet August von Cieszkowski mit seinen *Prolegomena zur Historiosophie* (1838). Sie richten sich nicht gegen Hegels Reli-

20 Ebd.
21 D. F. Strauß: Der alte und der neue Glaube, Leipzig o.J., S.215f.

gionsphilosophie, wie das *Leben Jesu* von Strauß, sondern gegen Hegels Geschichtsphilosophie. Ihre humanistische Botschaft lautet: Die fortschreitende Selbstbestimmung des Menschen geht über das Bewusstsein, d.h. den „Fortschritt im Bewußtsein der Freiheit" hinaus. Sie ist eine Sache des Willens und der Tat, die auf die Zukunft einer freieren und gerechteren Gesellschaft gerichtet ist. Hegels „Ergründung der Geschichte", so Cieszkowskis Vorwurf, befasst sich ausschließlich mit der Vergangenheit; sein System schließt mit der (angeblichen) Versöhnung von Idee und Wirklichkeit in der Gegenwart ab. Die „Realisation der Bestimmung der Menschheit", die Verwirklichung eines menschenwürdigen Weltzustandes aber wird erst in der Zukunft stattfinden. Diese kann man als Prophet oder Seher erahnen und erfühlen, als Philosoph (wie etwa Fourier oder St.-Simon) in Form eines Projekts entwerfen oder als politisch Handelnder in „freier Determination" tatsächlich in die Tat umsetzen.[22] Hegel, so Cieszkowskis zweiter Vorwurf, hat den Willen „nur als eine besondere Weise des Denkens"[23] gefasst. Tatsächlich aber führt der Wille über das Denken hinaus. Er drängt zur Tat, zur „Praxis", und auf die Verwirklichung dessen, was als richtig, vernünftig und dem Menschen angemessen erkannt ist.

Mit seinem Brückenschlag von der deutschen Theorie (Fichte, Hegel) zur französischen Praxis (der beiden Revolutionen von 1789 und 1830) beschreitet Cieszkowski den gleichen Weg, den bereits Heine in seiner Abhandlung *Zur Geschichte der Religion und Philosophie in Deutschland* (1835) vorgezeichnet hatte. Mit seiner „Philosophie der Tat" gibt er, wie Horst Struke ausgeführt hat[24], vielen Junghegelianern, „wahren Sozialisten" (Moses Heß u.a.) und Anarchisten (Bakunin) die Richtung vor.

Entwicklungsstufen des bürgerlich-liberalen Humanismus. Arnold Ruge spielt innerhalb der junghegelianischen Bewegung eine doppelte Rolle. Als umtriebiger Herausgeber der *Hallischen Jahrbücher für deutsche Wissenschaft und Kunst* (1837 bis 1841), die er nach ihrem Verbot in *Deutsche Jahrbücher für Wissenschaft und Kunst* (1841 bis 1843) umbenennt und von Halle (Preußen)

22 A. v. Cieszkowski: Prolegomena zur Historiosophie, Berlin 1838, S.8f.
23 Ebd., S.120.
24 Horst Struke: Philosophie der Tat. Studien zur „Verwirklichung der Philosophie" bei den Junghegelianern und den wahren Sozialisten, Stuttgart 1963.

nach Dresden (Sachsen) verlegt, gibt er den Junghegelianern eine theoretische Plattform und ein Sprachrohr. Diese Tätigkeit setzt er, nach einem weiteren Verbot, von Zürich aus, in den *Anecdota zur neuesten deutschen Philosophie und Publizistik* (1843) und, zusammen mit Marx von Paris aus, in den *Deutsch-französischen Jahrbüchern* (1844) fort. Als Philosoph und (Jung-) Hegelianer, der sich sofort auf die Seite von Strauß stellt, nimmt er zugleich an den Diskussionen und Entwicklungen der Junghegelianer teil, wobei er sich für einen im Prinzip des Protestantismus und der Geistesfreiheit wurzelnden Liberalismus und Humanismus stark macht.

Im Gegensatz zu Strauß kritisiert Ruge nicht die Religion (und ihre biblische Überlieferung) im allgemeinen, sondern die katholische Religion im Besonderen. Sein Interesse ist nicht die Religionskritik, sondern die Ideologiekritik, d. h. die Verbindung der Religion mit der Politik und ihre Einflüsse auf den Staat. Dabei stellt er zwei Entwicklungslinien einander gegenüber: die protestantische Linie, die von der Reformation ausgeht und über die Aufklärung und die Französische Revolution in die Zukunft einer zunehmenden (Geistes-) Freiheit führt; und die katholische Linie, die von der Gegenreformation und der „politischen Romantik" ausgeht und den Weg zurück zum *Ancien régime* , d. h. zum Absolutismus, eingeschlagen hat. In seinem Artikel *Die Denunziation der Hallischen Jahrbücher* (1839), in dem er seine Zeitschrift (oder besser Zeitung, da die „Jahrbücher" täglich erscheinen) gegen die Verleumdungen durch Heinrich Leo verteidigt, stellt Ruge die Junghegelianer in die Tradition des fortschrittlichen Protestantismus. Gleichzeitig grenzt er sich gegen die feudal-klerikale Reaktion ab, die er vor allem in der katholischen Romantik (Joseph Görres) am Werk sieht, allerdings auch im evangelischen Pietismus (Heinrich Leo) oder der protestantischen Orthodoxie (Ernst Wilhelm Hengstenberg), die der katholischen Romantik an Engstirnigkeit nicht nachstehen.

Bemerkenswert an diesem frühen Artikel ist zweierlei. Erstens die noch (nahezu) vollständige Übereinstimmung Ruges mit Preußen, das er als das Land des „Protestantismus", der „freien Wissenschaftlichkeit" und der „freien Diskussion"[25] feiert: als das *„erste Beispiel in der Geschichte"*, wo ein Volk seine

25 Arnold Ruge: Die Denunziation der Hallischen Jahrbücher, Nr.179 und 180 vom 27. und 28.Juli 1838, zitiert nach Heinz und Ingrid Pepperle (Hg.): Die Hegelsche Linke. Dokumente zu Philosophie und Politik im deutschen Vormärz, Frankfurt/M. 1986, S.76.

„verlorene welthistorische Geltung [unter dem aufgeklärten König Friedrich II.] *aus seiner inneren Regeneration* [infolge der Stein-Hardenbergschen Reformen 1808] *heraus wieder erobert"*[26] und eine bürgerliche Freiheit und Humanität verwirklicht hat. Zweitens die noch (nahezu) vollständige Übereinstimmung mit Hegel, der Preußen unter Friedrich-Wilhelm III. in eben dieser Tradition der Reformation, der Aufklärung und der Französischen Revolution als „welthistorisches" Ereignis rühmt, in dem der „Fortschritt im Bewußtsein der Freiheit" zu seinem Abschluss gekommen ist.

Von beiden Übereinstimmungen verabschiedet sich Ruge in den folgenden vier Jahren. Zuerst von der Übereinstimmung mit Preußen, das – anstatt seine Lobeshymne zu akzeptieren und dem Ideal nachzueifern, das ihm darin unterstellt wird – die *Hallischen Jahrbücher* mit Zensur belegt und schließlich verbietet. Schon in seiner Rezension des Buches *Über die Garantien der preußischen Zustände* des reaktionären Oberregierungsrates Karl Streckfuß (1839) vollzieht Ruge die erste Wende. Statt mit Hegel *für Preußen*, argumentiert er darin mit Hegel *gegen Preußen*. Das Land, in dem der „Orthodoxismus", der „religiöse Obskurantismus" und das „politische Restaurationsräsonnement" ihren Sitz aufgeschlagen haben[27], hat die „welthistorische Mission" und „Größe"[28], die ihm Hegel attestiert hatte, verloren. Seit den Karlsbader Beschlüssen (1819) wurde der freie Geist geknebelt, heißt es nun, die politische Opposition verfolgt, die Selbstverwaltung der Städte unterbunden, die Gewerbefreiheit eingeschränkt, die Humanität, die „nur dem selbstbewußten und auf vernünftiges Wissen und Wollen ausgehenden Menschen gegeben ist", der „bloßen Sicherung (Garantie) des äußeren Lebens und Behagens" aufgeopfert.[29]

In einer zweiten Wende kündigt Ruge auch die (weitgehende) Übereinstimmung mit Hegel auf, wobei sich seine Kritik auf zwei Punkte konzentriert. Erstens, im *Vorwort zum Jahrgang 1841* der *Deutschen Jahrbücher*, auf den Widerspruch zwischen System und Dialektik. Hegel wie die Althegelianer,

26 Ebd., S.81.
27 Arnold Ruge/Theodor Echtermeyer: Karl Streckfuß und das Preußentum, in Hallische Jahrbücher Nr. 262 bis 264 vom 1. bis zum 4. November 1839, zitiert nach H. und I. Pepperle: Die Hegelsche Linke, a.a.O., S.112.
28 Ebd., S.123.
29 Ebd., S.126. In der Folge der Streckfuß-Rezension veröffentlichte Ruge noch eine ganze Reihe anderer politischer Artikel (*Europa im Jahr 1840, Zur Kritik des gegenwärtigen Staats- und Völkerrechts* u. a.), die sich ebenfalls kritisch auf Preußen beziehen, vgl. Ingrid Pepperle: Junghegelianische Geschichtsphilosophie und Kunsttheorie, Berlin 1978, S.54.

die ihm darin folgen, setzen das philosophische „System als absolut" voraus und bringen damit die Dialektik, die die bewegliche, „treibende Kraft" in Hegels Philosophie darstellt, zum Erliegen. Die Junghegelianer schließen sich stattdessen an die Dialektik an, die sie als „zukunftbildende Kraft und Aufgabe" begreifen, die über den Abschluss des Systems hinausweist.[30] Dieses Absolutsetzen des System kritisiert Ruge insbesondere an Hegels Rechtsphilosophie, in der „die *Existenzen* oder die *historischen* Bestimmtheiten [der Staatsverfassung] zu *logischen* Bestimmtheiten"[31] erhoben und damit aus dem Prozess der geschichtlichen Veränderung herausgenommen werden. Im Gegensatz zu Hegels Ansicht aber liegen „das Heil und die Zukunft, die Größe und das Glück unseres Vaterlandes" nicht im gegenwärtig *existierenden* Staat, sondern „in den Händen der Opposition". Und weiter: „Alle Verwaltungsveränderungen, auch die besten, führen zu nichts – es bedarf einer völligen *Systemänderung*"[32]. Damit ist jedoch nicht der Wechsel vom bürgerlichen zum sozialistischen System, sondern der vom restaurativen Überwachungsstaat zum liberalen, auf Meinungs- und Pressefreiheit gegründeten bürgerlichen Staat gemeint, wie ihn die Julirevolution in Paris vollzogen hat. Seit 1830 ist Frankreich das Land der „welthistorischen Mission", das Preußen „in praktischer Freiheit und Humanität unendlich vorausgeeilt" ist.[33]

Zweitens richtet sich Ruges Kritik gegen die „Beschaulichkeit" der Hegelschen Philosophie, die sich der politischen Praxis fernhält. In seinem (ebenfalls mit Echtermeyer verfassten) Manifest *Der Protestantismus und die Romantik* (1840) wird nicht nur Protestantismus mit Geistesfreiheit und Katholizismus bzw. politische Romantik mit Autoritätshörigkeit und Unmündigkeit gleichgesetzt. Darüber hinaus geht das Manifest mit den Althegelianern ins Gericht, die „die Philosophie in dem von Hegel ihr gegebenen Bestand" nur erhalten und in „verknöcherten Phrasen" wiederkäuen und keinen Schritt über den

30 Ruge: Vorwort zum Jahrgang 1841 der Deutschen Jahrbücher, Nr.1 und 2 vom 2. und 3.Juli 1841, zitiert nach H. und I. Pepperle: Die Hegelsche Linke, a.a.O., S.226.

31 Ruge: Die Hegelsche Rechtsphilosophie und die Politik unserer Zeit, in Deutsche Jahrbücher Nr. 189 bis 192 vom 10. bis 13.August 1842, zitiert nach H. und I. Pepperle: Die Hegelsche Linke, a.a.O., S.461.

32 Ruge: Die Leipziger Allgemeine Zeitung und die öffentliche Meinung, in Hallische Jahrbücher Nr.38 bis 40 vom 13. Bis 16.Februar 1841, zitiert nach H. und I. Pepperle: Die Hegelsche Linke, a.a.O., S.218f.

33 Ruge: Die Zeit und die Zeitschrift. Zur Einleitung, in Deutsche Jahrbücher Nr.1 vom 3.Januar 1842, zitiert nach H. und I. Pepperle: Die Hegelsche Linke, a.a.O., S.389.

„beschaulichen“ Humanismus Hegels hinaus wagen. Der „freie Geist“ der Junghegelianer begnügt sich dagegen „nicht mit der Hegelschen Beschaulichkeit, welche in theoretischer Selbstzufriedenheit dem [Geschichts-] Prozesse bloß zusieht“, er „handelt, fordert, gestaltet“[34] und verhilft der Vernunft zum Durchbruch. Er muss sich, wie schon Cieszkowski gefordert hat, zu einer Philosophie der Tat weiterentwickeln.[35]

Vom liberalen zum demokratischen und sozialistischen Humanismus. Nach dem Erscheinen von Feuerbachs *Wesen des Christentums* (1841) und Bruno Bauers *Die Posaune des jüngsten Gerichts über Hegel, den Atheisten und Antichristen* (1841) waren, wie Friedrich Engels berichtet, „die Junghegelianer von 1842 … erklärte Atheisten und Republikaner“[36]. Für Ruge beginnt damit die Epoche der „Selbstkritik des Liberalismus“ bzw. der „*Auflösung des Liberalismus in Demokratismus*“[37]. Zum einen verliert der Gegensatz von Protestantismus und Katholizismus, der für ihn eine so wichtige Rolle gespielt hat, an Bedeutung; an seine Stelle tritt die (mehr an Feuerbach als an Bauer ausgerichtete) Propaganda für die „neue Religion“ der Politik. Zum anderen wird der gegen Hegel und die Althegelianer vorgebrachte Vorwurf der Praxisferne noch verstärkt. „Liberalismus“ definiert Ruge nun (abwertend) als „die Freiheit eines Volkes, welches in der Theorie steckengeblieben“ ist, welches „ein rein theoretisches und passives Verhalten in der Politik“ an den Tag legt und „die Phantasie der Freiheit“ mit der wirklichen Freiheit verwechselt.[38] An die Stelle des Liberalismus tritt nun der „Demokratismus“ oder die „neue Religion“: der Kampf um die Verwirklichung politischer Freiheit und Humanität.

34 Ruge/Echtermeyer: Der Protestantismus und die Romantik, in Hallische Jahrbücher vom 2.März 1840, S.417f., zitiert nach Auguste Cornu: Karl Marx und Friedrich Engels. Leben und Werk, Berlin 1954, Bd.1, S.149.

35 Stephan Walters Buch *Demokratisches Denken zwischen Hegel und Marx. Die politische Philosophie Arnold Ruges*, Düsseldorf 1995 (S.149ff.) nimmt Marx' Kritik an den Junghegelianern auf und weist darauf hin, dass „Kritik“ für Ruge selbst schon als „Antrieb der Geschichte“ begriffen wird. Wie bei Bruno Bauer und anderen Junghegelianern ersetzt die „Kritik“ somit die wirkliche politische Praxis. Gleichzeitig verflacht die Dialektik tendenziell zur bloßen Antithetik: der schlechten Wirklichkeit (These) wird in der Kritik die gute, vernünftige Wirklichkeit als Antithese entgegengestellt.

36 Engels: Fortschritte der Sozialreform auf dem Kontinent, MEW 1, S.493.

37 Ruge: Vorwort. Eine Selbstkritik des Liberalismus, in: Deutsche Jahrbücher Nr.1 bis 3 vom 2. bis 4.Januar 1843, zitiert nach H. und I. Pepperle: Die Hegelsche Linke, a.a.O., S.573.

38 Ebd., S.554.

Feuerbach hatte die Religion als das „Band der Menschen", als „Ausdruck einer gemeinschaftlichen menschlichen Gesinnung" bezeichnet und die neue Religion, die die christliche ersetzen soll, mit dem Staat und der Politik gleichgesetzt: „die Politik muß unsere Religion werden"[39]. Ruge definiert sie als den „Fortschritt aus der Liebe zur Freiheit ... in die wirkliche Freiheit", vom „guten Willen" zur politischen Tat, von der Theorie zur Praxis, vom Liberalismus zum Demokratismus, der mit der Freiheit „die ganze Idealwelt des Humanismus" verwirklicht.[40] Beide Begriffe werden nahezu synonym verwendet. Freiheit heißt: „alle Menschen [Individuen] zur Würde des Menschen [der menschlichen Gattung] zu erheben"[41]. War der Liberalismus auf die Freiheit und das Wohl des Bürgertums gerichtet, so bezieht sich der Demokratismus auf die Freiheit und das Wohl aller Menschen.

Ruges Entwicklung vom Hegelianer zum Junghegelianer und vom Liberalen zum Demokraten oder Republikaner bleibt allerdings insofern auf halbem Wege stehen, als er bei aller Kritik an Hegel doch in Hegels Idealismus befangen bleibt und bis zuletzt politische Freiheit mit dem „Prinzip des freien Geistes" gleichsetzt. „Wie wir gezeigt haben", schreibt er, „liegt die Macht der Zeit und Zukunft lediglich (!) im Prinzip des freien Geistes, der Staat also, welcher diese Macht zu seiner Seele erhebt, gewinnt die Initiative der Geschichte"[42]. Nur dadurch löst sich der „abstrakte theoretische Geist" auf, dass er sich und die Philosophie „in das politische Leben verwickelt" und sich eine „radikale Reform des Bewußtseins" zur Aufgabe macht. Die abstrakte philosophische Theorie geht nicht in sinnlich-körperliche Praxis über. Aus der abstrakten philosophischen Theorie wird nur eine konkrete politische Theorie. Der Bereich der Theorie wird letztlich nicht überschritten. Praxis bleibt Denk-Praxis. Darüber hinaus ist Ruge der Auffassung, eine veränderte Denk-Praxis bewirke unmittelbar eine veränderte politische Praxis. „Von der Reform der politischen Formen das Heil der Welt zu erwarten, ist der Fehler des Liberalismus; alles liegt an der Reform des Bewußtseins. Die Reform des Bewußtseins ist die Reform der Welt (...)."[43]

39 Feuerbach: Notwendigkeit einer Veränderung (1842/43), in: Kleine Schriften, hg. von Karl Löwith, Frankfurt/M. 1966, S.225, S.227,

40 Ruge: Vorwort. Eine Selbstkritik des Liberalismus, in: Deutsche Jahrbücher, zitiert nach H. und I. Pepperle: Die Hegelsche Linke, a.a.O., S.561, S.562, S.563.

41 Ebd., S.573.

42 Ruge: Vorwort zum Jahrgang 1841 der Hallischen Jahrbücher, zitiert nach H. und I. Pepperle: Die Hegelsche Linke, a.a.O., S.208.

43 Ruge: Vorwort. Eine Selbstkritik des Liberalismus, a.a.O., S.569, S.570.

Marx in den Jahren seines Junghegelianismus'. Noch während seines Studiums verkehrt Marx (ab 1837) im „Doktorklub" der Junghegelianer. Von den dortigen Diskussionen angeregt, studiert er die Philosophie Hegels. Neben Bruno Bauer, mit dem er sich anfreundet, wird Ludwig Feuerbach sein Lehrer, der in Ruges *Hallischen Jahrbüchern* seine ersten Aufsätze zur Kritik Hegels veröffentlicht hat.[44] 1839/40 schreibt er seine Dissertation über die *Differenz der demokritischen und epikureischen Naturphilosophie*, mit der er im April 1841 sein Studium beendet. Es folgt ein Jahr enger Zusammenarbeit mit Bauer (zur Zeit, als Bauer die *Posaune des jüngsten Gerichts* und seine Abhandlung über *Hegels Lehre von der Religion und Kunst* schreibt, an deren Entstehung Marx noch mitgewirkt hat) und die Veröffentlichung der ersten eigenen publizistischen Arbeiten in Ruges *Anecdota* und in der *Rheinischen Zeitung*, deren Chefredakteur er im Oktober 1842 wird und bis zu ihrem Verbot im März 1843 bleibt. In diesem Jahr schreibt Marx seinen langen Kommentar zu *Hegels Staatsrecht* und (mit Abgrenzung gegen Bauer) die Abhandlung *Zur Judenfrage*.

Unter dem Blickwinkel des Humanismus weist Marx' Entwicklung der Jahre 1841 bis 1843 eine gewisse Parallele zur Entwicklung von Ruge auf. Auch er beginnt als Junghegelianer, der Hegels humane Mission des Staats hochhält und sich polemisch gegen die Realität des preußischen Staats wendet. Noch im Idealismus der Hegelschen Philosophie befangen, heißt es in seiner Dissertation: „Die *Praxis* der Philosophie ist selbst *theoretisch*. Es ist die *Kritik*, die die einzelne Existenz am Wesen, die besondere Wirklichkeit an der Idee mißt."[45] Wie weit aber Existenz (Wirklichkeit) und Wesen (Idee) im gegenwärtigen Preußen auseinanderklaffen, zeigt er zuerst (wie Ruge) am Beispiel der Geistes- oder Pressefreiheit, die die Grundlage jeder Freiheit darstellt. Ebenfalls auf Hegelschem Boden argumentiert Marx, wenn er die Freiheit als „das Wesen den Menschen" oder das Gesetzbuch als „die Freiheitsbibel eines Volkes"[46] bezeichnet. In diesem Sinne unterscheidet er zwi-

44 *Zur Kritik der positiven Philosophie* (1838), *Zur Kritik der Hegelschen Philosophie* (1839) u. a.

45 Marx: Anmerkungen zur Doktordissertation, MEW EB 1, S.327f. Indem die Philosophie die unvernünftige (dem menschlichen Maß widersprechende) Wirklichkeit kritisiert – so die Vorstellung von Marx, der 1840 noch mit der junghegelianischen „Philosophie der Tat" übereinstimmt – trägt sie unmittelbar zur Verwirklichung der Vernunft und damit zur Humanisierung der Welt bei.

46 Marx: Debatten über die Preßfreiheit, MEW 1, S.51, S.58.

schen Presse- und Zensurgesetzen: Pressegesetze bestrafen den Missbrauch der Freiheit, Zensurgesetze, wie sie in Preußen erlassen wurden, betrachten dagegen schon „die Freiheit [selbst] als Mißbrauch“[47]. Gesetze im Hegelschen Sinne beurteilen die *Handlungen* der Menschen, die „Tendenzgesetze“ der Zensur hingegen stellen bereits die falsche Gesinnung unter Strafandrohung. Dass der preußische Staat nicht, wie es seinem Hegelschen Begriff entspräche, „*über den Parteien*“ steht, Konflikte ausgleicht, harmonisierend wirkt, zeigt sich darin, dass er, in Form der Zensur-Ausübung, „selbst eine Partei“[48] ist und das Recht der Kritik als „Monopol der Regierung“ in Anspruch nimmt.

In den Artikeln, die die *Debatten über das Holzdiebstahlsgesetz* zum Thema haben, misst Marx wiederum die Wirklichkeit des Staats mit seinem (Hegelschen) Begriff und kommt zum gleichen Ergebnis. Statt auszugleichen, statt „die *Gewohnheitsrechte der Armut*“[49] anzuerkennen und die herrschende Not zu lindern, ergreift der Staat selbst Partei und vertritt das Interesse der (Wald-)Eigentümer. Statt der „Logik“ der Humanität, folgt er der „Logik des Eigennutzes“ und des „Privatinteresses“[50]. Im Gegensatz zu Ruge, der das Hegelsche Freiheits-Versprechen des Staats nur im Hinblick auf die Meinungs- und Pressefreiheit in Erinnerung ruft, klagt Marx dieses Versprechen auch in Bezug auf die Armen und Notleidenden ein, sowohl der „Holzdiebe“ als auch der Winzer an der Mosel. Als Aufgabe der freien Presse sieht es Marx an, „den *Notstand* … zum Gegenstand der allgemeinen Aufmerksamkeit und der allgemeinen Sympathie“ zu erheben[51], d. h. auf die humanen Defizite der bürgerlichen Gesellschaft aufmerksam zu machen, den Staat (der dem Notschrei der Winzer die Berechtigung abstreitet) an seine schändlich vernachlässigten Pflichten zu erinnern.

Nachdem Marx die politische Praxis im Namen der (Hegelschen) Theorie kritisiert hat, wendet er sich 1843 der Hegelschen Theorie selbst, genauer der *Kritik des Hegelschen Staatsrechts* zu. Und auch in diesem Schritt ist eine Parallele zu Ruges Entwicklung zu erkennen, wobei Marx' Kritik ungleich grundsätzlicher ausfällt. Nur zwei Zitate, um die Richtung dieser Kritik anzudeuten: (1) „Familie und bürgerliche Gesellschaft sind die Voraussetzungen

47 Ebd., S.57.
48 Ebd., S.55.
49 Marx: Debatten über das Holzdiebstahlsgesetz, MEW 1, S.117.
50 Ebd., S.130, S.134.
51 Marx: Rechtfertigung des ++-Korrespondenten von der Mosel, MEW 1, S.190.

des Staats, sie sind die eigentlich Tätigen; aber in der Spekulation wird es umgekehrt (…) die Bedingung wird … als das Bedingte, das Bestimmende wird als das Bestimmte, das Produzierende wird als das Produkt seines Produkts gesetzt."[52] (2) „Das Tiefere bei Hegel liegt darin, daß er die Trennung der bürgerlichen Gesellschaft und der politischen als einen *Widerspruch* empfindet. Aber das Falsche ist, daß er sich mit dem Schein dieser Auflösung begnügt und ihn für die Sache selbst ausgibt."[53] Nur infolge der spekulativen Verdrehung kann die Inhumanität der bürgerlichen Gesellschaft im Staat als „aufgelöst" erscheinen. In Wirklichkeit sind Familie und bürgerliche Gesellschaft „das Treibende", das „*sich selbst* zum Staat" macht[54], was so viel heißt wie: Die Inhumanität der bürgerlichen Gesellschaft wird, wie im Falle des Gesetzes gegen den Holzdiebstahl oder der verweigerten Hilfe für die Moselbauern zu ersehen ist, vom Staat legitimiert, da sie dem Interesse der herrschenden Klasse nützt. Wäre der Staat wirklich daran interessiert, die Inhumanität der bürgerlichen Gesellschaft zu überwinden, die auf der ungleichen Verteilung des Eigentums beruht. so wäre, wie Marx anmerkt, „die *Humanisierung*, die Vermenschlichung des Privateigentums"[55] seine erste Aufgabe. Statt es aufzuheben oder zu „humanisieren", schützt er es. Kommt von Seiten des Staats aber keine Hilfe, so müssen die Menschen selbst den Kampf um ihre Emanzipation und ihre menschliche Würde in die Hand nehmen. Dabei ist nicht die Emanzipation einer Klasse auf Kosten einer anderen Klasse das Ziel, sondern die Emanzipation der ganzen Gesellschaft. Ihren Ausgangspunkt aber nimmt sie bei der Klasse, die den „*völligen Verlust*" an Menschlichkeit erlitten hat.

Marx' Bruch mit Ruge und dem Junghegelianismus. Noch arbeiten Marx und Ruge zusammen. In Paris geben sie die *Deutsch-Französischen Jahrbücher* heraus, mit denen sie versuchen, eine Allianz nicht nur zwischen deutschen

52 Marx: Kritik des Hegelschen Staatsrechts, MEW 1, S.206, S.207. In einer Kurzbiografie von Marx aus dem Jahr 1869 erinnert Engels an diese Stelle und schreibt: „Anknüpfend an Hegels Rechtsphilosophie kam Marx zu der Einsicht, daß die von ihm [Hegel] so stiefmütterlich behandelte ‚bürgerliche Gesellschaft' diejenige Sphäre sei, in der der Schlüssel zum Verständnis des geschichtlichen Entwicklungsprozesses der Menschheit zu suchen sei. Die Wissenschaft der bürgerlichen Gesellschaft aber ist die politische Ökonomie" (Engels: Karl Marx, MEW 16, S.362f.).

53 Ebd., S.279.

54 Ebd., S.207.

55 Ebd., S.306. Das Zitat bezieht sich speziell auf die Existenz des Majorats, des Erbrechts im Bereich des Bodens.

und französischen Intellektuellen, sondern auch zwischen Philosophie und Politik zu schmieden. Der Plan misslingt; auf französischer Seite besteht keine Bereitschaft zur Kooperation. Das erste und einzige Heft, das 1844 erscheint, enthält nur deutsche Beiträge (von Engels, Heß, Marx, Ruge u. a.). Über der Frage der sozialen Revolution und des Kommunismus kommt es zum Bruch zwischen Ruge und Marx.[56] Gemeinsam hatten sie den Humanismus gegen die Fremdbestimmung des Menschen durch die Religion und den preußischen Staat verteidigt, gemeinsam sind sie der Hegelschen Illusion entgegen getreten, der zufolge der Staat die Auswüchse der bürgerlichen Gesellschaft beheben sollte. Gemeinsam hatten sie ihre Hoffnungen auf die Demokratisierung gesetzt. Über der Frage des radikalen Humanismus, der sich auch gegen die Fremdbestimmung durch die sozialen Verhältnisse, gegen die ungleiche Verteilung des Eigentums und der Möglichkeiten der individuellen Entwicklung zur Wehr setzt, kommt es zur Entzweiung. Im Kampf um die Humanisierung der wirklichen Lebensverhältnisse überschreitet Marx (im Gegensatz zu Ruge) den Kreis der Theorie und schließt sich „an *wirkliche Kämpfe*“[57] an. Mit diesen wirklichen Kämpfen, nicht des „Volks“ oder des Feuerbachschen Gattungsmenschen, sondern derjenigen, die an den bestehenden Verhältnissen am meisten zu leiden haben, möchte er sich „identifizieren“ und den Kämpfenden das richtige Bewusstsein ihrer Lage vermitteln.

Diese (materialistische) Wende zur Praxis ist in doppelter Hinsicht bemerkenswert. Zum einen dadurch, dass sich Marx nicht an den bereits existierenden Lehren des Kommunismus (von Cabet, Dézamy oder Weitling) orientiert, die den Kommunismus zwar als ideale, aber noch mit seinem „Gegensatz, dem Privatwesen, infizierte Erscheinung des humanistischen Prinzips“[58] darstellen. Stattdessen definiert er die „soziale Wahrheit“, für die er später auch den Begriff des Kommunismus verwendet, als die „*wirkliche* Bewegung, welche den jetzigen Zustand aufhebt“[59]. Zum anderen gründen sich seine revolutionären Hoffnungen (im Mai 1843) noch nicht auf die Kämpfe des Proletariats. Als Subjekt des Kampfes um die Verwirklichung des realen Humanismus nennt er „alle denkenden und alle leidenden

56 Auch zum Bruch zwischen Ruge und Heß, der ebenfalls für den Kommunismus eintritt.
57 Marx: Briefe aus den *Deutsch-Französischen Jahrbüchern*, MEW 1, S.345.
58 Ebd., S.344.
59 Die deutsche Ideologie, MEW 3, S.35.

Menschen"[60]. Schon um die Wende 1843/44 allerdings spricht Marx vom Bündnis zwischen Philosophie und Proletariat: „Wie die Philosophie im Proletariat ihre *materiellen*, so findet das Proletariat in der Philosophie seine *geistigen* Waffen."[61]

Atheistischer Humanismus (1): Die Selbsterzeugung des Menschen als Entwicklung seines Selbstbewusstseins. Wie Ruge beginnt auch Bruno Bauer seine philosophische Laufbahn als überzeugter Anhänger Hegels. Noch ganz auf der Seite der Althegelianer arbeitet er mit an der Herausgabe von Hegels *Vorlesungen über die Philosophie der Religion* aus dem Nachlass und schreibt im Auftrag von Hengstenberg, dem orthodoxen Herausgeber der *Evangelischen Kirchenzeitung*, eine Rezension des *Leben Jesu*, in dem er gegen Strauß Stellung bezieht und den Wunderglauben der Evangelisten rechtfertigt. Der Bruch erfolgt erst 1839. In diesem Jahr schließt sich Bauer dem „Doktorklub" der Junghegelianer an und veröffentlicht die Abhandlung *Herr Dr. Hengstenberg. Kritische Briefe über den Gegensatz des Gesetzes und des Evangeliums*. Die darin entwickelte Kritik Hengstenbergs vom Standpunkt der Hegelschen Religionsphilosophie verursacht einen Skandal und führt dazu, dass Bauer von der Berliner an die Bonner Universität versetzt wird.

Die prominenteste Schrift, mit der sich Bauer (noch z.Z. seiner engen Freundschaft und Zusammenarbeit mit Marx) in die junghegelianische Opposition einreiht und zu einem ihrer führenden Köpfe wird, ist *Die Posaune des jüngsten Gerichts über Hegel den Atheisten und Antichristen* (1841). Das Bild, das er darin von Hegel und seiner Philosophie zeichnet, beruht auf einer doppelten Ironie. Mit diesem Begriff bezeichnet die antike Rhetorik eine Rede, die das gerade Gegenteil dessen sagt, was sie meint, so dass sich z.B. unter der Maske des Lobs Kritik oder umgekehrt unter der Maske der Kritik Lob und Anerkennung verbergen. Zuerst wird Hegel auf diese Weise (unter der Maske des Pietisten) „Atheismus", „Haß gegen Gott", „Haß gegen das Bestehende", „Bewunderung der Franzosen und Verachtung gegen die Deutschen", „Zerstörung der Religion", „Haß gegen die Kirche" u.a. vorgeworfen: Vorwürfe, die Hegel gar nicht treffen, durch eine geschickte Verdrehung von Hegel-Zitaten aber doch plausibel erscheinen. Dann aber wird, was (unter der Maske

60 Briefe aus den *Deutsch-Französischen Jahrbüchern*, MEW 1, S.342.
61 Zur Kritik der Hegelschen Rechtsphilosophie. Einleitung, MEW 1, S.391.

des Kritikers) verurteilt wird, doch als das Wahre und Richtige behauptet und anerkannt. Auf diese Weise unterscheidet Bauer zwischen der exoterischen und der esoterischen Seite der Hegelschen Philosophie: Was Hegel öffentlich gelehrt hatte, hätte – recht verstanden – eine entgegengesetzte Bedeutung und enthalte eine geheime Botschaft, die aber nur dem Kreis der „Eingeweihten“ verständlich sei. Diese „Eingeweihten“ aber sind die Junghegelianer, die „den durchsichtigen Schleier, in welchen der Meister zuweilen seine Behauptungen hüllte, hinweg genommen und die Blöße des Systems … aufgedeckt“ haben.[62] Die esoterische Philosophie aber, die Bauer als die „Philosophie des Selbstbewußtseyns“ darstellt, zeigt den preußischen Staatsphilosophen als einen subversiven Denker, der „seine Schüler … zur Revolution angeleitet“ hat.[63]

Der Kern dieser eigentlichen, esoterischen Philosophie ist die Rückführung der Substanz auf das Selbstbewusstsein oder, anders ausgedrückt, die Erklärung der Substanz (des objektiven und absoluten Geistes) als Produkt oder Objektivation des Selbstbewusstseins. Am Anfang der Philosophie steht das Selbstbewusstsein oder das „Ich denke“. Und „alle jene Mächte, die als Substanz oder als absolute Idee“ dem Selbstbewusstsein gegenüberstehen, sind „Nichts als die eigenen … objectivirten Momente desselben“[64]. Zwar spricht Hegel vom „Weltgeist“ (oder von Gott) und erzeugt damit die Vorstellung, es handle sich dabei um eine „wirkliche Macht“, die diese „Substanzialitätsverhältnisse“ der Religion, der politischen Geschichte, der Staatsverfassungen, der Künste und Wissenschaften hervorgebracht hätten. Das ist aber nur die exoterische, dem breiten Publikum und speziell den staatlichen Zensoren zugewandte Seite, die *Fassade* seiner Philosophie. Tatsächlich meint Hegel, dass der Weltgeist „seine Wirklichkeit im Menschengeiste“ hat und seine Taten und Werke nichts anderes sind, als die Taten und Werke „der einzelnen auf einander folgenden Generationen“ der Men-

62 Bruno Bauer: Die Posaune des jüngsten Gerichts über Hegel den Atheisten und Antichristen, zitiert nach Karl Löwith (Hg.): Die Hegelsche Linke, a.a.O., S.149. Die gleiche Unterscheidung von exoterischer und esoterischer Lehre bezeichnet Heine als das „Schulgeheimnis“ der Hegelschen Philosophie, das (wie er in einer fiktiven Anekdote erzählt) ihm der Maestro selbst anvertraut hätte, indem er den Satz „Alles, was ist, ist vernünftig“ in den Satz „Alles, was vernünftig ist, muß sein“ umgedeutet hat. (Jost Hermand (Hg.): Der deutsche Vormärz. Texte und Dokumente, Stuttgart 1967 u.ö., S.181f.

63 Ebd., S.176.

64 Ebd., S.151.

schen.[65] Während Hegel die Substanz also (exoterisch) als etwas Objektives, Festes darstellt, das dem Menschen als eine eigene Macht entgegensteht, meint er (esoterisch), dieses Objektive sei doch nur ein Werk des Menschen, mit dem er nach Belieben verfahren, es also nach seinen Wünschen gestalten oder beseitigen könne.

Auf die Religion bezogen, folgt aus Bauers Philosophie des Selbstbewusstseins erstens: Die vier Evangelien enthalten weder eine göttliche Botschaft, noch besitzen sie (wie Strauß meinte) einen identifizierbaren historischen Kern; sie sind vielmehr bloße (Phantasie-) Produkt des Menschen. Markus, Lukas, Matthäus und Johannes stehen auf einer Stufe mit Hesiod oder Homer, die nach der Aussage von Herodot, den Griechen ihre Götter erschaffen haben. Zweitens ist die christliche Religion ein geschichtliches Produkt des menschlichen Selbstbewusstseins, das sich verselbständigt, ein Eigenleben gewonnen, sich dem Menschen entfremdet, zuletzt seine Freiheit eingeschränkt hat. War sie z. Z. ihrer Entstehung ein Bedürfnis und eine Entwicklungsform des Selbstbewusstseins, so wird sie im Fortschritt der Geschichte zu einem Hindernis, das im Interesse des Humanismus und der Selbstbestimmung des Selbstbewusstseins beseitigt werden muss. Im Gegensatz zu Strauß, der Jesus als geschichtliche Figur begreift, alles Wunderwerk aus den Berichten über sein Leben streichen, aus der Christusreligion eine Humanitätsreligion machen möchte, begreift Bauer die Berichte über das Leben Jesu als bloße Fiktion. Für ihn ist die Überwindung der Religion, der Atheismus, die Bedingung für die weitere Entwicklung des Humanismus. Wie Feuerbach sieht Bauer in Gott und der Religion zwar ein Produkt des Menschen, im Unterschied zu ihm erkennt er in Gott aber nicht das Spiegelbild des Menschen, das personifizierte Ideal der menschlichen Gattung.

Ebenso wie die Religion (als geistige Substanz) fasst Bauer auch den Staat und seine Institutionen als Produkt des menschlichen Selbstbewusstseins und als geschichtliches „Moment der Bewegung“, nicht als etwas Positives, Gegebenes, sondern als eine Stufe der Entwicklung mit zeitlich begrenzter Geltung, die überwunden werden muss, sobald sie die Entwicklung des Menschen behindert. Die Geschichte der Menschheit ist für Bauer die Geschichte des Selbstbewusstseins: „Das Selbstbewußtseyn ist die einzige Macht der

65 Ebd., S.164.

Welt und der Geschichte und die Geschichte hat keinen andern Sinn als den des Werdens und der Entwicklung des Selbstbewußtseyns"[66]. Der Mensch erzeugt sich selbst, die Geschichte ist der Selbsterzeugungsakt des Menschen: Darin besteht die humanistische Grundüberzeugung Bauers, wobei der Mensch, ganz im Sinne Hegels, nicht als sinnlich-körperliches, sondern als geistiges Wesen aufgefasst wird.[67] Auf dem Weg seiner Selbsterzeugung bildet der Mensch geistige und institutionelle Substanzen aus, die diesen Prozess eine Zeitlang unterstützen, die Menschwerdung des Menschen fördern, die aber abgestoßen werden müssen, sobald sie diesen Prozess nicht mehr unterstützen.

Die Selbsterzeugung des Menschen wird dabei weniger als ein dialektischer und mehr als ein *Prozess fortwährender Negationen* begriffen. „Dialektik" bezeichnet bei Hegel den dreifachen Prozess des „Aufhebens": des Verneinens (*negare*), des Bewahrens (*conservare*) und des Auf-eine-höhere-Stufe-Hebens (*elevare*). Bei Bauer dominiert stattdessen das Negieren, worin er mit Bakunin übereinstimmt, der von der Dialektik als bloßer „Lust am Zerstören" spricht. Wie das Christentum die antike Welt negiert, so negiert die Philosophie des Selbstbewusstseins das Christentum. Für den Humanismus ergibt sich daraus die Konsequenz, dass er zwar das Schlechte, also die Schranken der menschlichen Selbstentfaltung, die auf jeder geschichtlichen Entwicklungsstufe existieren, eliminiert, das Gute aber, die realen Möglichkeiten der menschlichen Selbstentfaltung, die darin ebenfalls enthalten sind, nicht aufbewahrt. Die Geschichte wird auf diese Weise als eine Abfolge von Brüchen, Sprüngen und Neuanfängen, nicht zugleich auch als ein Kontinuum verstanden. Damit steht Bauer nicht nur im Gegensatz zu Hegels Philosophie der Geschichte und ihrem dialektischen Begriff des Fortschritts, sondern auch zu Feuerbach, dessen Negation des Christentums dessen humane Seite im Hegelschen Sinne zugleich aufbewahrt und die Liebe zu Gott in die Liebe zum Menschen verkehrt.

66 Ebd.

67 In diesem Sinne feiert Ruge in seinem Brief an Moritz Fleischer vom 13.Dezember 1841 die *Posaune des jüngsten Gerichts* als „ein höchst wichtiges, politisch wichtiges Buch": als Fortschritt der „Philosophie rein zum Humanismus", zitiert nach H. und I. Pepperle: Die Hegelsche Linke, a.a.O., S.834.

Subjektive und objektive Begründung des Humanismus. Das „Sollen" als Postulat der Vernunft oder als Tendenz des geschichtlichen Fortschritts. Dass Bauers Philosophie des Selbstbewusstseins nicht die esoterische Botschaft der Hegelschen Philosophie darstellt, wie sie behauptet, sondern auf deren Missverständnis beruht, liegt nicht nur im Falle des verkürzten, rein negativen Verständnisses der Dialektik auf der Hand. Weder ist Hegel Atheist, noch hat er das Spinozistische Prinzip der Substanz (den Pantheismus) zugunsten des Fichteschen Prinzips des Selbstbewusstseins aufgegeben. Mit seiner Rückführung der Substanz auf das Selbstbewusstsein gibt Bauer den objektiven Idealismus Hegels zugunsten des subjektiven Idealismus von Fichte preis, der das „Ich" zum Schöpfer des „Nicht-Ich", d. h. der Welt außerhalb des Ichs, erklärt. Für ihn wie für Fichtes „Ich" ist, wie schon zitiert, „das Selbstbewußtseyn ... die einzige Macht der Welt", die die Substanz ebenso produziert wie vernichtet. Für Hegel hingegen besitzt die Substanz (als Produkt des *absoluten* Geistes, des Weltgeistes) eine dem menschlichen Subjekt gegenüber *objektive* Realität, die ihm vorausgesetzt ist. Das Subjekt entwickelt sich, indem es sich mit dieser objektiven Realität auseinandersetzt. Bei Bauer und Fichte ist die Substanz nur ein Produkt des *menschlichen* Geistes, eine subjektive Realität, die nur eine relative Berechtigung besitzt und einfach negiert werden kann, sobald sie der Entwicklung des „Ich" im Weg steht.[68]

Durch Bauers Rückführung der Substanz auf das Selbstbewusstsein bekommt auch das „Sollen" eine von Hegel abweichende Bedeutung. Hegel begründet das Sollen im Sein, in der Objektivität der Substanz und deren Entwicklungstendenz, die dem individuellen Handeln vorausgeht. Bauer begründet das Sollen im Selbstbewusstsein, d. h. im Subjekt, das dem Sein bzw. dem Objekt gegenübersteht und am Maßstab einer autonomen Vernunft urteilt. In diesem Sinne schreibt er: „Die Philosophie ist ... Kritik des Bestehenden (...). Das, was da *ist* und was *seyn soll*, wird unterschieden. Das

68 In der *Phänomenologie des* Geistes fasst Hegel „das Wahre nicht als *Substanz*, sondern ebenso sehr als *Subjekt*", d. h. als „die Bewegung des sich Selbstsetzens oder die Vermittlung des Sichanderswerdens mit sich selbst" (Werke, a.a.O., Bd.3, S.23). „Subjekt" ist dabei der „Weltgeist", nicht das menschliche Subjekt, wie bei Bauer. Elmar Treptow: „Hegel nimmt die Substanz ins *absolute* Selbstbewußtsein hinein, Bauer ins *menschliche* allgemeine Bewußtsein. Im Gegensatz zu Bauer anerkennt Hegel gegenüber dem menschlichen Selbstbewußtsein durchaus die substantielle objektive Realität." (Theorie und Praxis bei Hegel und den Junghegelianern, München 1972 (http://docplayer.org/61861609-Elmar-treptow-theorie-und-praxis-bei-hegel-und-den-junghegelianern.html.), S.131.

Sollen aber ist allein das Wahre, Berechtigte und muß zur Geltung, Herrschaft und Gewalt gebracht werden“[69] Das Wahre liegt also nicht im Objekt, in den bestehenden Verhältnissen in ihrer geschichtlichen Entwicklung, sondern im Subjekt und dem, was es aus seiner Vernunft als Sollen deduziert und für richtig befindet. Dass Bauers Position (die er für die Hegelsche ausgibt) nicht die Hegelsche Position ist, macht Hegel bereits *avant la lettre*, in seiner Kritik des Verstandes und des auf ihn sich stützenden Sollens deutlich. Der Verstand, so schreibt er in der *Enzyklopädie*, trennt die „Wirklichkeit von der Idee“ ab und hält „die Träume seiner Abstraktionen für etwas Wahrhaftes“. Infolge dieser Abstraktion kommt er „vornehmlich auch im politischen Felde“ zu einem Sollen, „als ob die Welt auf ihn gewartet hätte, um zu erfahren, wie sie sein *solle*, aber nicht sei“[70].

Über die (idealistische) Lehre der Vorherrschaft des Sollens über das Sein, gelangt Bauer dann zu der Ansicht, das Denken, das der Wirklichkeit vorschreibt, wie sie sein soll, sei der *Zeugungsakt* der Wirklichkeit und damit der *Motor der Geschichte*. Es ist die für viele Junghegelianer bezeichnende Illusion, durch das Denken oder die Kritik, die mit dem Handeln gleichgesetzt wird, ließen sich die gesellschaftlichen Verhältnisse unmittelbar beeinflussen und die Geschichte in eine bestimmte Bahn lenken.

Der reale Humanismus als *menschliche Emanzipation* und als Aktion der *Masse*. Die Freundschaft und Kooperation von Marx mit Bauer endet, nach dem der Plan einer gemeinsamen Zeitschrift (*Archiv des Atheismus*) aufgegeben, Marx’ Hoffnung, sich in Bonn habilitieren zu können, gescheitert, Bauer nach Berlin zurückgekehrt ist und mit seinen Anhängern die *Allgemeine Literatur-Zeitung* (Monatsschrift von Dezember 1843 bis Oktober 1844), gewissermaßen eines Konkurrenzunternehmens zu Ruges und Marx’ *Deutsch-französischen Jahrbüchern*, gegründet hat. Bereits im Jahre 1842 kam es zwischen Marx und den Berliner „Freien“ (denen Bauer angehörte) zu einem Zerwürf-

69 Bauer: Die Posaune des jüngsten Gerichts, a.a.O., S.172. Weiter heißt es: „Auch im Politischen muß die Philosophie wirken und die bestehenden Verhältnisse, wenn sie ihrem Selbstbewußtseyn [und dem, was ihm gemäß sein *soll*] widersprechen, unumwunden angreifen und erschüttern.“ Denn Knechtschaft und Bevormundung sind „dem freien Geiste unerträglich“.

70 Hegel: Enzyklopädie der philosophischen Wissenschaften, § 6, a.a.O., S.48. Vgl. Auguste Cornu: Karl Marx und Friedrich Engels, a.a.O., 1.Band, S.247 bis S.249.

nis. Als Chefredakteur der *Rheinischen Zeitung* weigerte sich Marx die „gedankenleeren Sudeleien im saloppen Stil, mit etwas Atheismus und Kommunismus (den die Herren nie studiert haben)"[71] zu veröffentlichen. Kurze Zeit vorher noch hatte er auf Bauers Unterstützung und Vermittlung gehofft: „Es ist ein Glück, daß Bauer in Berlin ist. Er wird [die „Freien"] wenigstens keine ‚Dummheiten' begehen lassen."[72] Seine Hoffnung wurde enttäuscht; Bauer stellt sich an die Seite der „Freien". Seine Schrift *Die gute Sache der Freiheit und meine eigene Angelegenheit*, in der er sich gegen den Entzug seiner *venia legendi* zur Wehr setzte, lobt Marx noch im März 1843 mit den Worten: „Nach meiner Meinung hat er noch nie so gut geschrieben."[73] Im gleichen Jahr allerdings tritt er mit seiner Schrift *Zur Judenfrage* Bauers Schriften *Die Judenfrage* (1843) und *Die Fähigkeit der heutigen Juden und Christen, frei zu werden* (1843) entschieden entgegen. Bauers „Grundirrtum" – er verlangt, Juden und Christen sollten sich gleichermaßen von ihrem Glauben emanzipieren, um in Frieden zusammenleben zu können – sei, so Marx, „die Verwechslung der ‚politischen' mit der ‚menschlichen Emanzipation'"[74]. Wirklicher Humanismus lässt sich nicht in den Grenzen des Staats verwirklichen. Wirklicher Humanismus besteht nicht in der Emanzipation der Staatsbürger von der Religion, sondern in der Emanzipation der Menschheit von der „Unmenschlichkeit der heutigen Lebenspraxis, die im *Geldsystem* ihre Spitze" hat.[75]

Die Menschenrechte, die nur die Religionsfreiheit, nicht aber die Befreiung *von der Religion*, die Freiheit des Eigentums, nicht aber die Befreiung *vom Eigentum* enthielten, so argumentiert Marx weiter, führten *nicht* zur Humanisierung der Menschheit. In ihnen wird nur das „egoistische, bürgerliche Individuum" in seiner „*zügellosen* Bewegung"[76] anerkannt, mithin der Natur-

71 So Marx später, am 30. November 1842, an Ruge, MEW 27, S.411. Im Brief an Moritz Fleischer vom 12. Dezember 1842 gibt sich Ruge noch der Hoffnung hin, Bauer möge mit der „frivolen und blasierten Clique" der „Freien" brechen und an seine und Marx' Seite treten. (H. und I. Pepperle: Die Hegelsche Linke, a.a.O., S.855.).

72 Marx an Ruge am 9.Juli 1842, MEW 27, S.406.

73 Marx an Ruge am 13.März 1843, MEW 27, S.418.

74 In *Die heilige Familie oder Kritik der kritischen Kritik. Gegen Bruno Bauer & Consorten* (1845), MEW 2, S.112 fasst Marx seine Argumente aus *Zur Judenfrage*, die er bereits 1843 geschrieben hat, noch einmal zusammen. – Die Emanzipation von der Religion fällt nach Bauers Ansicht den „universellen" Christen leichter als den „egoistischen" Juden, die durch ihre rigide Bindung an das Mosaische Gesetz nicht (wie das Christentum) zum Fortschritt der Menschheit beigetragen haben.

75 Ebd., S.116.

76 Ebd., S.119.

zustand des *bellum omnium contra omnes.* Zur Verwirklichung einer „freien Menschlichkeit" reicht die Freiheit des Einzelnen nicht aus; ihr ist die Freiheit der Gesellschaft vorausgesetzt. Human aber ist eine Gesellschaft, wenn „jeder Mensch im andern Menschen ... die Verwirklichung" und nicht „die *Schranke* seiner Freiheit" findet.[77] Nur in Gemeinschaft mit Anderen hat der Mensch die Möglichkeit, seine Anlagen nach allen Seiten hin auszubilden.

Marx' endgültiger Bruch mit Bauer erfolgt 1845 mit der Veröffentlichung der *Heiligen Familie*, die Bauers *Allgemeine Literatur-Zeitung* aufs Korn nimmt und zugleich die erste gemeinsam mit Engels verfasste Schrift ist. Dieser (späte) Zeitpunkt des Bruchs ist umso erstaunlicher, als die Hauptvorwürfe, die darin gegen Bauer erhoben werden, schon gegen die *Posaune des jüngsten Gerichts* hätte erhoben werden können. Dass dies erst jetzt geschieht, zeugt von dem Entwicklungsschritt, den Marx inzwischen durch die Auseinandersetzung mit Feuerbachs Hegelkritik[78] gemacht hat. Bauer ist ihm darin nicht gefolgt; er hat sich vielmehr „mit einer Kanonade gegen Feuerbach"[79], speziell gegen seinen Materialismus, zur Wehr gesetzt. Zum einen hat Bauer in der *Posaune* (ebenso wie Hegel) den Menschen mit seinem „Selbstbewußtsein" gleichgesetzt, also nicht (im Feuerbachschen Sinne) als leib-geistiges Wesen, sondern „nur in der Gestalt des Geistes"[80] gefasst. Zum anderen hat er (ebenso wie Hegel) die Gegenständlichkeit nur als „vergegenständlichtes Selbstbewußtsein" begriffen, so dass „alle Entfremdung des menschlichen Wesens" für ihn nichts anderes als eine „*Entfremdung des Selbstbewußtseins*" darstellt. Aufhebung der Entfremdung bedeutet infolgedessen nichts anderes als die „Rückkehr des Gegenstandes in das Selbst"[81]. Fasst man die Vergegenständlichung und die Aufhebung der Vergegenständlichung als „Arbeit", als Prozess der „Selbsterzeugung des Menschen" durch Arbeit, so ist der darin enthaltene Humanismus freilich nur halb, als geistiger, nicht als ein den *ganzen Menschen* betreffender Prozess begriffen.

77 Marx: Zur Judenfrage, MEW 1, S.365,

78 Feuerbachs *Zur Kritik der ‚positiven Philosophie'* ist 1838, seine *Vorläufigen Thesen zur Reform der Philosophie* sind 1842, seine *Grundsätze der Philosophie der Zukunft* 1843 in Ruges *Hallischen* und *Deutschen Jahrbüchern* erschienen.

79 Marx/Engels: Die deutsche Ideologie, MEW 3, S.81.

80 Marx: Ökonomisch-philosophische Manuskripte (1844), MEW EB 1, S.573.

81 Ebd., S.576.

Bis hierher stimmt Marx' Kritik an Bauer mit seiner Kritik an Hegel überein. In der Frage des Verhältnisses der Gegenständlichkeit bzw. der Substanz zum Selbstbewusstsein stellt er sich dagegen auf die Seite von Hegels objektivem und gegen Bauers subjektiven Idealismus. Selbstverständlich begreift er die Substanz (also etwa den Staat oder die gesellschaftlichen Verhältnisse) nicht als das Werk des Weltgeistes, sondern materialistisch als das Werk, das als Resultat (oder Resultante) menschlicher Handlungen im Laufe ihrer Geschichte entstanden ist. Diese Substanz aber steht den (gegenwärtigen) Menschen als etwas *Objektives* gegenüber. Sie ist also nicht in das Belieben des Selbstbewusstseins gestellt, das sich, wie Bauer suggeriert, darüber hinwegsetzen, ihm ein subjektives „Sollen" entgegensetzen und im Namen dieses Sollens beliebig verändern kann. Diesem subjektiv-begründeten Sollen Bauers setzt Marx (mit Hegel) ein objektiv-begründetes Sollen entgegen. Der Kritiker, so schreibt er, muss „aus den *eigenen* Formen der existierenden Wirklichkeit die wahre Wirklichkeit als ihr Sollen" entwickeln. Es ist falsch, der Welt, wie es Bauer mit seinem Sollen tut, ein „neues Prinzip" entgegenzusetzen; es müssen stattdessen „aus den Prinzipien der Welt neue Prinzipien"[82] entwickelt werden. Wer die Welt humanisieren will, muss sich an deren realen Tendenzen orientieren und die Kämpfe für ein freieres und reicheres Leben unterstützen, die bereits ausgetragen werden. In diesem Sinne heißt es in der *Deutschen Ideologie*: „Der Kommunismus ist für uns nicht … ein *Ideal*, wonach die Wirklichkeit sich zu richten haben wird. Wir nennen Kommunismus die *wirkliche* Bewegung, welche den jetzigen Zustand aufhebt. Die Bedingungen dieser Bewegung ergeben sich aus der jetzt bestehenden Voraussetzung."[83] Oder später, im *Achtzehnten Brumaire des Louis Bonaparte* (1852): „Die Menschen machen ihre eigene Geschichte, aber sie machen sie nicht aus freien Stücken, nicht unter selbstgewählten, sondern unter unmittelbar vorgefundenen, gegebenen und überlieferten Umständen."[84]

Vor diesem Hintergrund ist der in der *Heiligen Familie* geäußerte Spott über die Überheblichkeit Bauers und der „kritischen Kritiker" zu verstehen, die nicht nur glauben, sich über die Objektivität hinwegsetzen und

82 Marx: Briefe aus den *Deutsch-Französischen Jahrbüchern*, MEW 1, S.345.

83 Marx/Engels: Die deutsche Ideologie, MEW 3, S.35.

84 MEW 8, S.115. Oder noch später, in Engels' Brief an W. Borgius vom 25. Januar 1894, MEW 39, S.206.

sich, quasi als Inkarnation des Weltgeistes, als Schöpfer dieser Verhältnisse, darstellen, sondern, in dieser Funktion, auch die „Masse" der anderen Menschen verachten zu können. In einem Brief an Feuerbach, in dem er über seine Arbeit an der *Heiligen Familie* berichtet, schreibt Marx: „Jene Berliner [um Bruno Bauer] halten sich nicht für *Menschen*, die *kritisieren*, sondern für *Kritiker*, die die *nebenbei* das Unglück haben, Mensch zu sein. (...) Diese Kritik hält sich ... für das einzige *aktive* Element der Geschichte. Ihr gegenüber steht die ganze Menschheit als *Masse*, als träge Masse, die nur durch den Gegensatz zum Geist Wert hat."[85] Der Gegensatz von Substanz und Selbstbewusstsein kehrt im Gegensatz von Masse und Kritik wieder. „Auf der einen Seite steht die Masse als das passive, geistlose, geschichtslose, *materielle* Element der Geschichte; auf der anderen Seite steht: *der* Geist, *die* Kritik, Herr Bruno & Comp. als das aktive Element, von welcher alle *geschichtliche* Handlung ausgeht. Der Umgestaltungsakt der Gesellschaft reduziert sich auf die *Hirntätigkeit* der kritischen Kritik."[86] Zum einen wird der Umgestaltungsakt, insbesondere der Akt der Humanisierung der Gesellschaft, damit als ein geistiger Akt dargestellt, als ein Akt veränderter Ideen; zum anderen wird die Fähigkeit, die Ideen zu verändern allein den „großen Männern" der Geschichte respektive den „kritischen Kritikern" zugeschrieben, die die Masse damit mobilisieren und zur Durchführung ihrer Ideen einspannen. Ideen aber, so antworten Marx und Engels, „können nie über einen alten Weltzustand, sondern immer nur über die Ideen des alten Weltzustandes hinausführen". Vor allem aber können Ideen „überhaupt nichts *ausführen*"; zur Ausführung oder Verwirklichung von Ideen „bedarf es der Menschen, welche eine praktische Gewalt aufbieten"[87], und diese Menschen sind die *Masse*, die selbst aktiv wird, für Freiheit und eine Verbesserung ihrer Lebensverhältnisse kämpft und der Geschichte die Entwicklungsrichtung vorgibt. An die Stelle der *Verachtung* tritt die *Achtung* der Masse und das Ziel, an ihrer Seite den Prozess der Humanisierung voranzutreiben.

85 Marx an Feuerbach am 11.August 1844, MEW 27, S.427. Vgl. MEW 2, S.89 „Die Masse ist nämlich nur als ‚Gegensatz' des Geistes bestimmt, als *Geistlosigkeit ... ‚Oberflächlichkeit'*, *‚Selbstzufriedenheit'*."

86 Marx / Engels: Die heilige Familie oder Kritik der kritischen Kritik, MEW 2, S.91.

87 Ebd., S.126.

Atheistischer Humanismus (2): Der Mensch als das höchste Wesen für den Menschen. Auf die beiden zentralen Fragen, die die Junghegelianer von Anfang an umtreiben, gibt Feuerbach neuartige Antworten, durch die er großen Einfluss ausübt. Die erste Frage betrifft das Verhältnis zu Hegel. Hatten sich die Junghegelianer darauf beschränkt, einzelne Seiten der Hegelschen Philosophie (wie z.B. den Widerspruch zwischen der unendlichen Bewegung der Dialektik und dem Abschluss des Systems oder die Weigerung, über die Gegenwart hinaus zu denken) kritisiert und korrigiert, so geht Feuerbach aufs Ganze: auf das idealistische oder spekulative Grundkonzept dieser Philosophie. Das „Geheimnis" der Hegelschen Philosophie, schreibt er, ist die Theologie[88], die Gleichsetzung von Gott und Welt, „die Aufhebung des Widerspruchs von Denken und Sein", aber nur *„innerhalb des Widerspruchs"* bzw. *„innerhalb des Denkens"*. Der Gedanke (das Subjekt) erzeugt das Sein (das Prädikat); das wirkliche Sein aber, das außerhalb des Denkens steht, bleibt davon unberührt. „Das *Sein mit welchem die* [Hegelsche] *Phänomenologie* beginnt, steht nicht minder als das *Sein, mit welchem die* [Hegelsche] *Logik* anhebt, *im direktesten Widerspruch mit dem wirklichen Sein.*"[89] An die Stelle der idealistischen, von der Theologie geprägten Philosophie setzt Feuerbach die materialistische. In ihr ist „das *Sein* ... *Subjekt,* das *Denken Prädikat*"; in ihr entsteht „das Denken ... aus dem Sein" und nicht, wie bei Hegel, „das Sein ... aus dem Denken"[90]. Das Sein ist somit selbständig, d.h. außerhalb und unabhängig von allem Bewusstsein.

Die zweite Frage betrifft das Verhältnis zur Religion bzw. die Kritik der Religion, die die Kritik, die seine Vorgänger geübt haben, an Radikalität übertrifft. Strauß hat, wie Feuerbach in der Vorrede zur zweiten Auflage von *Das Wesen des Christentum* schreibt, nur die „christliche Glaubenslehre", Bauer nur die „biblische Theologie" kritisiert.[91] Er selbst aber hat, indem er die Theologie in Anthropologie auflöste, im Wesen Gottes das Wesen der menschlichen Gattung erkannt und damit die Religion grundsätzlich destruiert. *„Das Bewußtsein Gottes ist das Selbstbewußtsein des Menschen, die Erkenntnis Gottes die Selbsterkenntnis des Menschen.* Aus seinem Gotte erkennst du den Menschen,

88 Feuerbach: Vorläufige Thesen zur Reform der Philosophie (1842), a.a.O., S.124.
89 Feuerbach: Grundsätze der Philosophie der Zukunft (1843), § 28, a.a.O., S.186.
90 Feuerbach: Vorläufige Thesen zur Reform der Philosophie, a.a.O., S.139.
91 Feuerbach: Das Wesen des Christentums (1841), a.a.O., S.26, S.30.

und wiederum aus dem Menschen seinen Gott; beides ist eins. (…) Gott ist das *offenbare* Innere, das *ausgesprochene* Selbst des Menschen."[92] Feuerbach entwickelt seine Philosophie in der Überzeugung, nicht nur ein neues Kapitel in der Geschichte der Philosophie aufzuschlagen, sondern „an der Türe einer neuen Zeit", „einer neuen Periode der Menschheit" und einem „Wendepunkt der Weltgeschichte"[93] zu stehen.

Mit seiner doppelten Destruktion des (Hegelschen) Idealismus und der (christlichen) Religion leitet Feuerbach auch eine neue Periode des Humanismus ein. Zuerst begreift er den Menschen nicht mehr als nur abstraktes, denkendes Wesen („ich bin, weil ich denke"), sondern als ein wirkliches, sinnliches Wesen („ich bin, weil ich fühle, Schmerzen und Freuden empfinde und weil ich liebe"). *„Der Leib* gehört *zu meinem Wesen"*, er ist *„in seiner Totalität … mein Ich, mein Wesen selber."*[94] Zweitens ist der Mensch kein isoliertes, einsames, für sich lebendes Wesen, als das ihn die Naturrechtslehrer, aber auch Descartes oder Kant begriffen haben, „das Wesen des Menschen ist nur in der Gemeinschaft, in der *Einheit des Menschen mit dem Menschen* enthalten"[95]. Fühlend, denkend und handelnd stützt sich das Ich auf das Du; an die Stelle des Monologs tritt der Dialog. Drittens wird die Liebe zu Gott auf die Liebe zum Menschen, zur gesamten Gattung des Menschen übertragen. *„Homo homini Deus est* [der Mensch ist dem Menschen ein Gott] – dies ist der oberste praktische Grundsatz – dies ist der Wendepunkt der Weltgeschichte."[96] Das Christentum hatte „das *Band* zwischen den Menschen"[97] zerrissen. Indem es jeden Einzelnen auf Gott hin orientierte, hat es die Verbindung der Einzelnen untereinander aufgelöst. Nun treten an die Stelle der Religion der Staat und die Politik. Die isolierte Beziehung des Menschen zu Gott verschwindet zugunsten der allseitigen Beziehung des Menschen zur Gemeinschaft; auf diese Weise erst kann der Mensch seine Anlagen entwickeln und vervollkommnen.

Die Rezeption Feuerbachs markiert eine Zäsur in der Entwicklung der junghegelianischen Bewegung. Die Begeisterung über *Das Wesen des Christen-*

92 Ebd., S.53.
93 Feuerbach: Notwendigkeit einer Veränderung, a.a.O., S.220f. Das Wesen des Christentums, a.a.O., S.401.
94 Grundsätze der Philosophie der Zukunft, § 36, a.a.O., S.199
95 Ebd., § 59, a.a.O., S.217.
96 Feuerbach: Das Wesen des Christentums, a.a.O., S.401.
97 Feuerbach: Notwendigkeit einer Veränderung, a.a.O., S.226.

tums war, wie Engels in der Rückschau aus dem Jahre 1888 festhält, allgemein: „Wir waren alle momentan Feuerbachianer."[98] Dabei wurde Feuerbach zumeist (von Ruge, Moses Heß oder Stirner) ausschließlich als Religionskritiker und (in diesem Sinne) als Humanist, nicht aber als Hegel-Kritiker und Materialist wahrgenommen. Diese Seite seiner Philosophie wurde erst von Marx und Engels aufgenommen und weiterentwickelt. Gemeinsam ist beiden Richtungen allerdings, dass Feuerbachs Religionskritik als ein *Abschluss* betrachtet wurde, nach dem man zur Kritik des Staats und der bürgerlichen Verhältnisse und damit zur Politik übergehen konnte. Feuerbach selbst hatte geschrieben „die Politik muß unsere Religion werden" oder „die Religion der Zukunft ist die Politik"[99]. Unter diesem Einfluss schreibt Ruge (wie schon gezeigt wurde) seine *Selbstkritik des Liberalismus* und plädiert für die „Auflösung des Liberalismus in Demokratismus", wobei er die Grundlage der bürgerlichen Gesellschaft, das Privateigentum, nicht in Frage stellt. Unter diesem Einfluss entwickeln Heß und Stirner ihre Utopien des Kommunismus und des Anarchismus, in denen das Privateigentum gleichermaßen aufgehoben ist.

Auch für Marx stellt Feuerbach einen Wendepunkt dar. Mit ihm ist „die *Kritik der Religion* im wesentlichen beendet"; sie ist der Ausgangspunkt und die Voraussetzung aller weiteren Kritik. „Die Kritik des Himmels verwandelt sich damit in die Kritik der Erde, die *Kritik der Religion* in die *Kritik des Rechts*, die *Kritik der Theologie* in die *Kritik der Politik.*"[100] Feuerbachs Religionskritik endet „mit der Lehre, daß der *Mensch das höchste Wesen für den Menschen* sei, also mit dem *kategorischen Imperativ, alle Verhältnisse umzuwerfen,* in denen der Mensch ein erniedrigtes, ein geknechtetes, ein verlassenes, ein verächtliches Wesen ist"[101]. Real wird der Humanismus aber erst dann, wenn er nicht bei der Kritik des Staats, der Politik oder der Verhältnisse stehenbleibt, sondern dazu übergeht, diese Schranken praktisch umzuwerfen und alle Fremdbestimmungen zu beseitigen.

Folgt man Marx' Definition des realen Humanismus (bzw. der umfassenden „Emanzipation" von Fremdbestimmungen) als *„Zurückführung* … der Verhältnisse auf den *Menschen selbst*", dann ist mit Feuerbachs Zurückführung

98 Engels: Ludwig Feuerbach und der Ausgang der klassischen deutschen Philosophie, MEW 21, S.272.
99 Notwendigkeit einer Veränderung, a.a.O., S.225, S.231.
100 Marx: Zur Kritik der Hegelschen Rechtsphilosophie. Einleitung, MEW 1, S.378.
101 Ebd., S.385.

der Theologie auf die Anthropologie nur ein erster, theoretischer Schritt getan. Nach der *theoretischen* Emanzipation wäre die *praktisch-politische* Emanzipation der zweite Schritt: die Verbannung der Religion „aus dem öffentlichen Recht in das Privatrecht". Dadurch würde sie zum „Geist der *bürgerlichen Gesellschaft*", zur Privatangelegenheit der egoistischen Individuen[102], wobei sie allerdings als Religion noch bestehen bliebe. Vollendet wäre die Entwicklung erst mit der *praktisch-menschlichen* Emanzipation: der Befreiung der Menschheit von der Religion bzw. der Entwicklung des egoistischen Individuums zum Gattungswesen, die in dem Maße fortschreitet, in dem „der Mensch seine ‚forces propres' [seine eigenen Kräfte] als *gesellschaftliche* Kräfte"[103] erkennt und organisiert. Die Voraussetzung dafür ist die Emanzipation der Menschheit vom Privateigentum, in dem die sozialen Gegensätze zwischen den Menschen ihre letzte Ursache haben. Solange das Privateigentum besteht, sehen die Menschen in ihren Mitmenschen nicht die Verwirklichung, sondern vor allem die Schranken ihrer Freiheit.

Es ist nicht nur die Religionskritik, die Kritik der religiösen Selbstentfremdung (wie bei Ruge, Heß oder Stirner), sondern speziell auch Feuerbachs Materialismus, der zur Wende in Marx' Entwicklung führt. Auch in dieser Hinsicht bleibt er nicht bei Feuerbach stehen, sondern bildet dessen anthropologischen Materialismus zu einem historischen Materialismus weiter. In konzentrierter Form ist Marx' Kritik in den *Thesen über Feuerbach* und den ersten Seiten der mit Engels gemeinsam geschriebenen *Deutschen Ideologie* enthalten. Sie lässt sich in vier Punkten zusammenfassen. Erstens hat Feuerbach, ebenso wie der französische Materialismus des 18. Jahrhunderts die Sinnlichkeit „nur unter der Form des *Objekts oder der Anschauung* gefaßt", nicht „als *sinnlich menschliche Tätigkeit*, Praxis"[104], d.h. als Arbeit oder politische Praxis. Zweitens hat Feuerbach zwar, ebenso wie die französischen Materialisten, den Menschen als Produkt der „Umstände", des Milieus und der Erziehung begriffen, dabei aber vernachlässigt, dass die Umstände selbst von den Menschen geschaffen werden und „der Erzieher selbst erzogen werden muß"[105]. Drittens löst Feuerbach zwar „das religiöse Wesen in das mensch-

102 Marx: Zur Judenfrage, MEW 1, S.356.
103 Ebd., S.370.
104 Marx/Engels: Die deutsche Ideologie, MEW 3, S.5.
105 Ebd., S.5f.

liche Wesen auf", betrachtet das menschliche Wesen aber als ein Abstraktum und nicht als das „ensemble der gesellschaftlichen Verhältnisse"; der Mensch aber ist „die *Welt des Menschen*, Staat, Sozietät" [106]. Viertens fallen für Feuerbach Materialismus und Geschichte auseinander. „Soweit Feuerbach Materialist ist, kommt die Geschichte bei ihm nicht vor, und soweit er die Geschichte in Betracht zieht, ist er kein Materialist."[107] Zusammengefasst werden die vier Kritikpunkte dann so: Der „Standpunkt des alten Materialismus" wie auch des alten Humanismus ist die „bürgerliche Gesellschaft"; der Standpunkt des neuen Materialismus und des erweiterten Humanismus ist die „menschliche Gesellschaft".

Feuerbachs wiederholte Aussage, in der er die Politik zur neuen Religion erklärt, muss zuletzt noch relativiert werden. Als Arnold Ruge Feuerbach einlädt, an der *Deutsch-französischen Jahrbüchern* mitzuarbeiten, die einen Schulterschluss zwischen deutschen Junghegelianern und französischen Sozialisten und Kommunisten bewerkstelligen sollten, bekommt er eine Absage. In seinem Brief vom 20. Juni 1843 begründet Feuerbach diese Absage folgendermaßen: „Wir [die Deutschen] sind noch nicht auf dem Übergang von der Theorie zur Praxis, denn es fehlt uns noch die Theorie, wenigstens in ausgebildeter und allseitig durchgeführter Gestalt. Die Doktrin ist noch immer die Hauptsache."[108] Am 3. Oktober 1843 und am 11. August 1844 unternimmt Marx zwei weitere Anläufe, Feuerbach zur Kooperation zu gewinnen. Er umwirbt ihn mit dem Vorschlag, eine Kritik an Schelling (der doch sein *„antizipiertes Zerrbild"* sei) zu schreiben, bewundert Feuerbachs Aufsatz über die *Philosophie der Zukunft* (die „dem Sozialismus eine philosophische Grundlage gegeben" und von den Kommunisten „sogleich in dieser Weise verstanden" wurde), erinnert Feuerbach daran, sich selbst für „die Notwendigkeit einer französisch-deutschen wissenschaftlichen Alliance" ausgesprochen zu haben.[109] Aber auch seine Einladung bleibt ohne Erfolg. Als Philosoph ist Feuerbach Materialist, als Politiker und Humanist hingegen bleibt er Idealist.

106 Ebd., S.6. Vgl. MEW 1, S.378.
107 Ebd., S.45.
108 In H. und I. Pepperle: Die Hegelsche Linke, a.a.O., S.877.
109 MEW 27, S.419, S.421, S.425.

Die Inhumanität der ökonomischen Verhältnisse. Schon vor Marx haben Friedrich Engels und Moses Heß die ökonomischen Verhältnisse als „Anatomie" der bürgerlichen Gesellschaft begriffen und als Ursache aller Beschädigungen der menschlichen Würde kritisiert. Die *Umrisse zu einer Kritik der Nationalökonomie* des Einen und die Abhandlung *Über das Geldwesen* des Anderen sind gleichermaßen um die Wende 1843 und 1844 entstanden. Angeregt wurden beide Arbeiten auch durch Hegel, der seine Theorie der bürgerlichen Gesellschaft (als eines „Systems der Bedürfnisse") auf die Ökonomie von Adam Smith, Jean Baptiste Say oder David Ricardo stützte. Schärfer noch als Hegel berufen sich Engels und Heß auf die Ökonomie, um die humanen Defizite der bürgerlichen Gesellschaft zu benennen und ihre Wurzeln aufzudecken. Vor allem aber unterscheiden sie sich von Hegel dadurch, dass sie die Hoffnung aufgegeben haben, der Staat könne diese Defizite kompensieren. Will man die Inhumanität der bürgerlichen Gesellschaft wirklich beseitigen, so bedarf es neuer Formen der Arbeit, der Verteilung der produzierten Güter und des Genießens. Eine Veränderung der Produktions- und Distributionsverhältnisse ist aber nicht von denjenigen zu erwarten, die von diesen Verhältnissen profitieren, sondern von denjenigen, die davon ausgeschlossen sind und die Lasten dieser Verhältnisse zu tragen haben. Eine Zeitlang organisierten Engels und Heß gemeinsame politische Veranstaltungen und agitierten für den Kommunismus.

„Heuchelei", „legalen Betrug" und „absolute Unsittlichkeit" wirft Engels der klassischen Ökonomie vor, die „auf allen Gebieten der freien Menschlichkeit gegenübersteht"[110] und ihr hohnspricht. „Unsittlich" ist der Tausch (Handel), bei dem die Partner versuchen, sich zu übervorteilen und den Preis der Waren für ihren tatsächlichen Wert ausgeben.[111] „Unsittlich" ist das Geldverleihen gegen Zinsen.[112] „Unsittlich" ist die Konkurrenz, bei der jeder Unternehmer versucht, das Monopol zu erringen und dabei Wirtschaftskrisen verursacht.[113] „Unsittlich" ist insbesondere die Börse, wo Spekulanten „ernten", wo sie nicht „gesäet" haben und sich am „Verlust anderer ... bereichern"[114].

110 Engels: Umrisse zu einer Kritik der Nationalökonomie, MEW 1, S.501, S.503, S.504, S.512.
111 Ebd., S.508.
112 Ebd., S.511.
113 Ebd., S.513ff.
114 Ebd., S.515. Marx nannte Engels' Schrift später eine „geniale Skizze" (MEW 13, 10) mit vielen Einblicken in die kapitalistische Produktionsweise. Noch im *Kapital* zitiert er

Als letzte Ursache aller Unsittlichkeiten nennt Engels das Privateigentum an den Produktionsmitteln, das die Ungleichheit unter den Menschen und ihre „tiefe Degradation“ erzeugt und immer weiter anwachsen lässt.

Die Gleichheit der Menschen durch Aufhebung des Privateigentums und Einführung der Gütergemeinschaft ist das Programm, das Heß in seinen Schriften aufstellt. Verschieden fällt allerdings seine Begründung dieses Programms aus. In seinem ersten Werk *Die heilige Geschichte der Menschheit* (1837) entwirft er eine messianische Geschichtsphilosophie, die die Geschichte als Heilsgeschichte, als Realisierung eines göttlichen Heilsplans darstellt, dem zufolge der (auf der Einheit und Gleichheit der Menschen beruhende) „alte Bund“ nach seiner Zerstörung (dem „Sündenfall“ des Privateigentums, das durch Erbschaft auf die nächste Generation übertragen wird und die zwischenmenschliche Harmonie auf Dauer zerstört) auf neuer, höherer Ebene erneuert wird. „Die bewußte, humane Freiheit mußte vermittelt werden durch den Verlust der ursprünglichen, bewußtlosen [Freiheit]. Die Menschheit mußte erst erkannt haben, worin ihre unendlichen Spaltungen, alle ihre innern Kriege …, jede Art von Sklaverei, jede Anmaßung, jede Ungleichheit … ihren Ursprung hatten.“[115] Als ersten Schritt in Richtung eines neuen Bundes (oder Kommunismus) propagiert Heß, die „Erblichkeit“ der materiellen Güter abzuschaffen. Was einer im Laufe seines Lebens erwirtschaftet hat, soll bei seinem Tode an die Gemeinschaft zurückgegeben werden. In seinem späteren Werk *Die europäische Triarchie* (1841) wird, unter dem Einfluss von Feuerbach, die religiöse Begründung des Kommunismus aufgegeben. Die im Kommunismus zur Realität werdende „Idee der Humanität“[116] erwartet Heß nun als zukünftige Synthese dreier Revolutionen: der sozial-geistigen Revolution in Deutschland (Reformation, klassische Philosophie) und der sozial-sittlichen Revolution in Frankreich (1789), die beide in die sozial-politische Revolution in England einmünden werden, dem industriell fortgeschrittensten Land, das

Engels' Arbeit wiederholt zustimmend. Was Engels im Laufe seiner weiteren Entwicklung allerdings überwindet, ist die moralische Argumentationsweise, die hier noch vorherrscht.

115 Moses Heß: Die heilige Geschichte der Menschheit, in Ausgewählte Schriften, hg. von Horst Lademacher, Köln 1962, S.72, S.75. Heß wird gewöhnlich (gemeinsam mit Karl Grün) den „wahren Sozialisten“ zugerechnet. Tatsächlich zählt er nicht zu dem Kreis um den „Doktorklub“ oder den „Freien“. Er steht aber doch mit Ruge, Engels, Marx und anderen Junghegelianern zeitweilig in enger Verbindung.

116 Heß: Die europäische Triarchie, in Ausgewählte Schriften, a.a.O., S.120.

den Gegensatz von „Pauperismus und Geldaristokratie" zuerst beseitigen wird. Von da aus, davon ist Heß überzeugt, wird sich der Kommunismus „auf friedlichem Wege" und durch „freie Tat" über ganz Europa und die Welt ausbreiten.

In der Folge seines Studiums der klassischen Ökonomie interpretiert Heß in seiner späteren Schrift *Über das Geldwesen* die Aufhebung des Privateigentums in Anlehnung an Feuerbachs Aufhebung der religiösen Selbstentfremdung als Aufhebung der ökonomischen Selbstentfremdung. Feuerbach hatte die Religion als Produkt des Menschen begriffen, das sich dem Menschen gegenüber verselbständigt und Macht über ihn gewonnen hat. Analog dazu stellt Heß das Geld als die verkörperte Arbeits- und Lebenstätigkeit dar, als Produkt des Menschen, das sich in Form des Privateigentums verselbständigt und den Menschen unterjocht. „Was Gott fürs *theoretische* Leben, das ist das Geld fürs *praktische* Leben der verkehrten Welt: das *entäußerte Vermögen* des Menschen."[117] Indem wir „unsere eigene, freie Lebenstätigkeit fortwährend *veräußern*, um unsere *elende Existenz* fristen zu können", produzieren wir jene Macht des Privateigentums, die unsere Freiheit und Selbstbestimmung einschränkt. Kommunismus oder Humanismus, beide Begriffe werden nahezu synonym verwendet und beinhalten die Aufhebung der Selbstentfremdung und (Wieder-) Aneignung der entäußerten Wesenskräfte des Menschen. Sie haben die Überwindung des Geld- und Lohnsystems zur Voraussetzung. Wie sehr sich Heß dabei auch an Proudhon orientiert, zeigt die Parallele, die er zwischen Feuerbach und Proudhon zieht. Feuerbach ist für ihn der „deutsche Proudhon"; was Feuerbach durch die Kritik der Religion, hat Proudhon durch die Kritik des Eigentums geleistet. „In der Tat ... braucht man nur den Feuerbachschen Humanismus auf das Sozialleben anzuwenden, um zu den Proudhonschen praktischen Resultaten zu gelangen."[118]

Engels' Bruch mit Heß bahnt sich 1845 an und wird im Oktober 1846 vollzogen. Dieser Bruch mit dem „wahren Sozialismus", dem auch Karl Grün (als Hauptvertreter) angehört, wird mit drei Argumenten begründet.[119] Erstens tritt der wahre Sozialismus (in einer Art von Liebeskommunismus) zwar

117 Heß: Über das Geldwesen, in Ausgewählte Schriften, a.a.O., S.163.

118 Heß: Über die sozialistische Bewegung in Deutschland (1844), in Ausgewählte Schriften, a.a.O., S.174f..

119 Engels' Brief an das kommunistische Korrespondenz-Komitee in Brüssel vom 23. Oktober 1846, MEW 27, S.61.

für das „Wohl der Menschheit" ein, missachtet aber den Klassenunterschied zwischen Bourgeoisie und Proletariat und verkennt, dass dieses Wohl zuallererst den Armen und Geknechteten zugutekommen muss. Zweitens verfolgt er eine falsche Aufhebung des Privateigentums, nämlich im Sinne Proudhons, der die Arbeiter in Kleinbürger und in Aktionäre ihrer eigenen Firmen verwandeln will. Drittens glaubt er, das Ziel des Kommunismus ließe sich durch Reform und Erziehung erreichen, so dass eine „gewaltsame, demokratische Revolution" von vorneherein ausgeschlossen wird. Zwischen 1846 und 1848 nimmt die Kritik des „wahren Sozialismus" in Engels' Werk einen breiten Raum ein.[120] Sie verschärft sich darüber hinaus fortwährend. Im *Manifest der Kommunistischen Partei* ist vom „deutschen" oder „wahren Sozialismus" nur mehr als dem „geistlosen Echo" des französischen Sozialismus, vom „liebesschwülem Gemütstau" und dem „reaktionären Interesse ... der deutschen Pfahlbürgerschaft" die Rede.[121] Späterhin wird Heß als Anhänger Lassalles kritisiert. Nicht bekannt wurde Marx und Engels der geheime Brief, den Heß im März 1859 ausgerechnet an Napoleon III. geschrieben hat, der 1851 durch einen Staatsstreich an die Macht gekommen ist. In ihm fordert er den selbsternannten französischen Kaiser auf, sich an die Spitze der demokratischen Bewegung zu stellen und durch eine soziale Reform den Weg zu einer sozial gerechten Gesellschaft einzuschlagen.[122] Wer will, kann darin eine Parallele zu Lassalles „Geheimdiplomatie" erkennen, mit der er sich, hinter dem Rücken der Arbeiterschaft, die er politisch vertrat, mit Bismarck ins Benehmen gesetzt hat. Heß und Lassalle streben keine Revolution *durch* das Proletariat, sondern eine Revolution *zugunsten* des Proletariats an, mithin soziale Reformen.

120 Vgl. die *Deutsche Ideologie*, MEW 3, S.441ff.; Deutscher Sozialismus in Versen und *Prosa*, MEW 4, S.207–S.247; *Die wahren Sozialisten*, MEW 4, S.248–S.290. Bemerkenswert ist, dass Heß über diese Kritik hinweggeht. In einem Brief nennt er sich weiterhin einen „Intimus" von Engels. Schon 1841 bezeichnete er Marx (gegenüber Berthold Auerbach) als seinen „Abgott", der „Rousseau, Voltaire, Holbach, Lessing, Heine und Hegel in einer Person vereinigt", und auch nach der Kritik an ihm nennt er Marx (gegenüber Alexander Herzen) den „unbestreitbar genialsten Mann unserer Partei". Er übernimmt sogar die Kritik, die Marx im *Elend der Philosophie* an Proudhon geübt hat und arbeitet später auch in der Ersten Internationalen mit.

121 Manifest der Kommunistischen Partei, MEW 4, S.487.

122 Der Beleg für dieses Faktum findet sich in Heß' Brief an F. H. Semmig vom 27. April 1859 (Ausgewählte Schriften, a.a.O., S.404). Semmig wird in der *Deutschen Ideologie* als typischer Vertreter des wahren Sozialismus mit den Worten zitiert: „Der *Kommunismus* ist *französisch*, der *Sozialismus deutsch* Beide lösen sich zuletzt in *Humanismus* auf. (...) Wir sind Menschen", es wird immer nur „der Mensch" befreit. (MEW 3, S.445, S.454)

Das Ende der junghegelianischen Bewegung. Allianz zwischen deutscher Philosophie und französischem Materialismus und Sozialismus, Das Zerwürfnis zwischen Marx und Ruge, das sich schon während der gemeinsamen Arbeit an den *Deutsch-Französischen Jahrbüchern* angebahnt hat[123], bezeichnet das Ende der junghegelianischen Bewegung. Endgültig vollzogen wird der Bruch durch Marx' *Kritische Randglossen* zu Ruges Artikel *Der König von Preußen und die Sozialreform,* die im August 1844 im *Vorwärts* erschienen sind. Es geht darin um den Aufstand der schlesischen Weber und Ruges (nach Marx' Urteil) verfehlte Einschätzung dieses Ereignisses. Ruge begreift den Aufstand als ein lokales Ereignis, das „in einem *unpolitischen* Lande, wie Deutschland" keine „allgemeine Angelegenheit" darstellt und nur den Charakter „irgendeiner *lokalen Wassers- oder Hungersnot*" besitzt. Der König begreift es daher (zurecht meint Ruge) als einen „*Verwaltungs- und Mildtätigkeitsmangel*". Marx hält dagegen: „Der Aufstand war nicht unmittelbar gegen den König von Preußen, er war gegen die Bourgeoisie gerichtet", d. h. gegen die „Gesellschaft des Privateigentums"[124]. Hatten sich die englischen und französischen Arbeiteraufstände noch vorwiegend gegen die Maschinen gerichtet, die sie als Rivalen und Ursache ihrer Not ansahen, zerstörten die schlesischen Weber die „*Kaufmannsbücher*", d. h. „die Titel des Eigentums". In diesem, über die Maschinenstürmerei hinausgehenden „Bewußtseins über das Wesen des Proletariats"[125] erkennt Marx eine neue Stufe im Kampf der Arbeiter um ihre Emanzipation.

Gegen Ruge gerichtet konkretisiert Marx darüber hinaus seinen Begriff der Revolution. „Jede Revolution löst die *alte Gesellschaft* auf; insofern ist sie *sozial.* Jede Revolution stürzt die *alte Gewalt;* insofern ist sie *politisch.*"[126] Im Weberaufstand erkennt er Ansätze zu einer sozialen Revolution, d. h. eines Aufstands gegen die bürgerliche Gesellschaft und ihre Eigentumsverhältnisse: „*eine Protestation des Menschen gegen das entmenschte Leben*"[127], eine Protestation, in der einzelne, wirkliche Individuen die Anerkennung ihres Mensch-Seins einfordern.

123 Zu den näheren Umständen des Bruchs und auch den Streit um den Charakter und den Lebenswandel Georg Herweghs, vgl. Auguste Cornu: Karl Marx und Friedrich Engels, a.a.O., Bd.1, S.523–S.527.

124 Marx: Randglossen zu dem Artikel „Der König von Preußen und die Sozialreform", MEW 1, S.393, S.404.

125 Ebd., S.404.

126 Ebd., S.409.

127 Ebd., S.408, Hervorh. von mir.

Das Projekt einer Synthese von deutscher Philosophie und französischem Sozialismus, das (zusammen mit Ruge) mit den *Deutsch-Französischen Jahrbüchern* geplant, infolge auch des Desinteresses auf französischer Seite aber gescheitert ist, führen Marx und Engels von 1844 bis 1848 in eigener Regie weiter. Nicht allerdings im Dialog mit den Franzosen, sondern in Form der Aneignung, Überprüfung und Aufhebung ihrer Lehren in die eigene Theorie. Diese Aneignung erfolgt zuerst in Bezug auf die französischen Materialisten des 18. Jahrhunderts. In der *Heiligen Familie* ist ausdrücklich vom „Zusammenfallen" von realem Humanismus und Materialismus die Rede. Damit stellen sich ihre Verfasser gleichermaßen in die Tradition Feuerbachs und die Tradition des französischen (und englischen) Materialismus. Letzterer hat in der Physik des Descartes seinen Anfang, die von den Ärzten Le Roy und Cabanis weiterentwickelt wird, nimmt die Anregungen von Bacon, Hobbes und Locke auf und findet bei LaMettrie, Holbach und Helvetius seine schärfste Ausprägung. Deren Materialismus interpretieren Marx und Engels als „Kampf gegen die bestehenden politischen Institutionen", als Kampf „gegen die bestehende Religion und Theologie", und gegen die *Metaphysik des siebzehnten Jahrhunderts* und gegen *alle Metaphysik*"[128]. Insbesondere aber sehen sie in ihm die Vorwegnahme wesentlicher Prinzipien des realen Humanismus, wie etwa die Lehren „von der ursprünglichen Güte und gleichen intelligenten Begabung der Menschen, der Allmacht der Erfahrung, Gewohnheit, Erziehung, dem Einflusse der äußern Umgebung auf den Menschen, der hohen Bedeutung der Industrie, der Berechtigung des Genusses etc."[129] Welche Konsequenzen sich aus dem Materialismus für den realen Humanismus ergeben, halten Marx und Engels in fünf Sätzen fest, die man als den Kern oder das Zentrum des realen Humanismus bezeichnen könnte:

„Wenn der Mensch aus der Sinnenwelt und der Erfahrung in der Sinnenwelt alle Kenntnis, Empfindung etc. sich bildet, so kommt es also darauf an, die empirische Welt so einzurichten, daß er das wahrhaft Menschliche in ihr erfährt, sich angewöhnt, daß er sich als Mensch erfährt."

„Wenn das wohlverstandne Interesse das Prinzip aller Moral ist, so kommt es darauf an, daß das Privatinteresse des Menschen mit dem menschlichen Interesse zusammenfällt."

128 Die Heilige Familie, MEW 2, S.132.
129 Ebd., S.138.

„Wenn der Mensch ... frei ist ... seine wahre Individualität geltend zu machen, so muß man nicht das Verbrechen am Einzelnen strafen, sondern die antisozialen Geburtsstätten des Verbrechens zerstören und jedem den sozialen Raum für seine wesentliche Lebensäußerung geben."

„Wenn der Mensch von den Umständen gebildet wird, so muß man die Umstände menschlich bilden." Schließlich sind die Umstände vom Menschen produziert.

„Wenn der Mensch von Natur gesellschaftlich ist, so entwickelt sich seine wahre Natur erst in der Gesellschaft, und man muß die Macht seiner Natur nicht an der Macht des einzelnen Individuums, sondern an der Macht der Gesellschaft messen."[130]

In der Nachfolge des Aufklärungs-Materialismus werden auch Babeuf, Fourier, Owen Dézamy, Gay, Cabet oder Bentham gewürdigt. Zwischen diesen Theoretikern, die in der *Heiligen Familie* (1844) noch nebeneinander stehen, wird späterhin genauer differenziert. Fourier, Owen und St.-Simon genießen auch im *Kommunistischen Manifest* (1848) noch große Wertschätzung. Ihr ganzes Bemühen, so heißt es, sei darauf gerichtet gewesen, die „Lebenslage aller Gesellschaftsmitglieder" zu verbessern, was naturgemäß in erster Linie die Lebenslage des Proletariats betraf. Allerdings sahen sie das Proletariat nur unter dem „Gesichtspunkt der leidendsten Klasse", der geholfen werden müsse, nicht unter dem der Möglichkeit ihrer Selbst-Befreiung aus eigener Kraft. Sie „appellierten daher fortwährend an die ganze Gesellschaft ... vorzugsweise an die herrschende Klasse"; zudem wollten sie „ihr Ziel auf friedlichem Wege erreichen"[131] und verurteilten alle Streiks und Aktionen, durch die die Arbeiter selbst versuchten, ihre Lage zu verbessern. Ihr Humanismus beschränkte sich damit auf die Utopie oder den Traum einer besseren Gesellschaft, den sie höchstens in der Gründung kleiner experimenteller Musterkolonien zu verwirklichen suchten.

Geringer fällt die Wertschätzung gegenüber der zweiten Generation der utopischen Sozialisten aus, etwa gegenüber Etienne Cabet und seinem utopischen Roman *Voyage en Icarie* (1842). Der Grund: Sie *träumten* noch immer von der Errichtung einer humanen Gesellschaft, obwohl die Organisierung der Arbeiter auf der Grundlage der industriellen und sozialen Entwicklung schon

130 Ebd.
131 Marx/Engels: Manifest der Kommunistischen Partei, MEW 4, S.490. Vgl. MEW 18, S.301.

fortgeschritten war und erste Schritte zur Selbstbefreiung auf der Tagesordnung standen. Am schärfsten fällt zuletzt das Urteil über Jeremy Bentham aus, den Marx nun ein „Genie der in der bürgerlichen Dummheit" nennt. Dessen Ideal, die Verwirklichung „des größten Glücks der größten Zahl" proklamiert einen Humanismus, der sich an der „Sphäre der Zirkulation", d.h. der nur abstrakten Gleichheit der Menschen und dem freien Kauf und Verkauf der Waren orientiert, wobei die meisten Menschen doch nur über ihre Arbeitskraft als Ware verfügen.[132] Benthams Prinzip der Nützlichkeit „reproduzierte nur geistlos, was Helvetius und andere Franzosen des 18. Jahrhunderts geistreich gesagt hatten".

Eine Sonderstellung nimmt in der Aneignung des französischen Sozialismus Pierre-Joseph Proudhon ein, dessen Theorie in der *Heiligen Familie* noch gegen die Missverständnisse der „kritischen Kritiker" verteidigt wird. Alle Nationalökonomie hat das Privateigentum zu ihrer unhinterfragten Voraussetzung. Indem Proudhon in seiner Abhandlung *Was ist das Eigentum?* diese Voraussetzung erstmals einer kritischen Prüfung unterzog, „revolutionierte" er die Nationalökonomie, machte eine „wirkliche Wissenschaft der Nationalökonomie erst möglich" und leitete damit einen „großen wissenschaftlichen Fortschritt" ein.[133] Er hat damit zugleich „den *menschlichen Schein* der nationalökonomischen Verhältnisse erst genommen und ihrer *unmenschlichen Wirklichkeit* schroff gegenübergestellt"[134]. Insbesondere hat er nachgewiesen, wie „die Bewegung des Kapitals" das Elend und die unmenschliche Wirklichkeit erzeugt. Allerdings – und darin besteht der prinzipielle Vorbehalt schon hier – hat Proudhon die „*Nationalökonomie* vom Standpunkt der Nationalökonomie aus"[135] kritisiert. Er hat das Privateigentum, das aller Nationalökonomie zugrunde liegt, nicht aufgehoben, sondern nur für eine andere („gerechtere") Verteilung plädiert. Sein Bestreben geht daher nicht in Richtung einer sozialistischen, sondern einer anarchistischen Gesellschaftsordnung, in der die Arbeiter in Kleinbürger, in selbständige Handwerker und Miteigentümer ihrer Genossenschaften verwandelt werden. Im Anschluss an diese Vorbehalte findet zwei Jahre später in Marx' *Das Elend der Philosophie* (1847) eine scharfe Abrechnung mit Proudhons Theorie statt.

132 Marx: Das Kapital, MEW 23, S.189f., S.636f., vgl. Grundrisse, a.a.O., S.912.
133 Marx/Engels: Die Heilige Familie, MEW 2, S.33.
134 Ebd., S.34.
135 Ebd., S.32.

Antihumanistisches Nachspiel. Solange Feuerbach die Religion destruiert, solange er die Glaubenswahrheiten als „fixe Ideen" abgetan hat, als Produkte des Menschen, die sich dem Menschen gegenüber verselbständigt und „den Menschen sich unterworfen" haben, solange folgt Max Stirner seiner Argumentation.[136] Mit seinem Begriff der fixen Idee benennt er genau diesen Vorgang der Verkehrung und Entfremdung. Doch schon die ersten Konsequenzen, die Feuerbach aus seiner Religionskritik zieht, rufen seinen erbitterten Widerstand hervor. Dass Feuerbach dem menschlichen Gattungswesen das Attribut der Göttlichkeit zuspricht, dass er es den Menschen zur Aufgabe macht, das Ideal, das er bisher auf Gott projiziert hat, in seinem Gattungswesen zu verwirklichen, dass er seine Liebe zu Gott nun auf die Menschen übertragen soll: Darin möchte Stirner ihm nicht folgen. Denn darin sieht er die „fixe Idee" nur von Gott auf das Gattungs-Ideal verschoben, dem der einzelne Mensch nun unterworfen wird. Nach der Liebe zu Gott ist die Liebe zu den Menschen zur neuen „fixen Idee" geworden, gewissermaßen zum Altar, auf dem die Interessen und das Selbstsein des „Einzigen" geopfert werden. „*Ein* Mensch sein", heißt für Stirner nicht, „das Ideal *des* Menschen [zu] erfüllen, sondern *sich*, den Einzelnen, dar[zu]stellen". Denn „nicht, wie Ich das *allgemein Menschliche* realisiere, braucht meine Aufgabe zu sein, sondern wie Ich Mir selbst genüge"[137]. Und die Liebe, wenn sie nicht zur „fixen Idee" ausarten soll, kann nur „mit dem Bewußtsein des Egoisten" akzeptiert werden: „Die Liebe des Egoisten quillt aus dem Eigennutz, flutet im Bette des Eigennutzes und mündet wieder in den Eigennutz."[138] Allein der *Einzige* und sein *Eigentum* sind keine fixen Ideen, sondern Positiva, d.h. Fakten, die zugleich gutgeheißen und zur Norm für individuelle Freiheit erhoben werden.

Von jeher war es den Menschen verwehrt, ihre Singularität auszuleben. Immer waren sie (in Schule, Lehre, Beruf, als Bürger) gezwungen, sich anzupassen, ihre Individualität preiszugeben, sich fremden Zwecken aufzuopfern. Nun soll er nur sich selbst Zweck sein, sich nach seinem Willen zur Geltung bringen, sein Eigentum genießen und alles dürfen, was in seiner Macht steht. „Was soll nicht alles Meine Sache sein! Vor allem die gute Sache, dann die Sache Gottes, die Sache der Menschheit, der Wahrheit, der Freiheit, der Hu-

136 Max Stirner: Der Einzige und sein Eigentum, Stuttgart 1972 u.ö., S.46.
137 Ebd., S.200.
138 Ebd., S.328.

manität, der Gerechtigkeit; ferner die Sache Meines Volkes, Meines Fürsten, Meines Vaterlandes; endlich gar die Sache des Geistes, und tausend andere Sachen. Nur *Meine* Sache soll niemals Meine Sache sein."[139] Freiheit als Aufhebung der Selbstentfremdung kann für Stirner nur in der Beseitigung aller Institutionen und Ideen bestehen, die „Mich" in ihren Dienst nehmen und mich von meinen eigenen Bedürfnissen und Interessen abbringen.

Die Möglichkeit, dass sich die Bedürfnisse und Interessen des Einzelnen mit denen Anderer oder sogar Aller decken könnten, schließt Stirner aus. Der *politische Liberalismus*, der in der Folge der Französischen Revolution aufgekommen ist, betrachtete den Staat als „eine Gemeinschaft von freien und gleichen Menschen", die sich gleichermaßen dem „Wohl des Ganzen" widmen. Doch der Staat war ein „*Bürgerstaat*", eine „Schutzmacht" der Besitzenden, der die „Kapitalisten" und die „Staats*diener*" privilegierte und durch seine Gesetze schützte, während „die Klasse der Arbeiter … ungeschützt" und der „*Sklaverei der Arbeit*" ausgesetzt blieben.[140]. Der *soziale Liberalismus*, wie er von den Sozialisten und Kommunisten (Weitling, Proudhon, Heß) erträumt wurde, korrigierte den politischen Liberalismus zwar, indem er die Gleichheit der Menschen auch auf das „*Besitztum*" ausdehnte, das „persönliche Eigentum" abschaffte und die Gesellschaft zum alleinigen Eigentümer erklärte. Dadurch aber, so kritisiert Stirner, wird „jeder von Uns ein *Arbeiter*", der seinen Wert und seine Würde nur dadurch besitzt, dass er „für den Andern" und „durch den Andern"[141], nicht dadurch, dass er für sich selbst existiert. Der *humane Liberalismus* schließlich begreift die Menschen nicht als Bürger des gleichen Staats oder der gleichen Gesellschaft, sondern als Angehörige der Menschheit, ohne Rücksicht auf ihre jeweiligen Berufe, Religionen etc. Damit aber wird der Einzelne zu einem Abstraktum; „was Einer oder der Andere ‚Besonderes' hat"[142], verliert seinen Wert und findet keine Anerkennung mehr.

Als Gegenentwurf zu den drei Formen des Liberalismus, die er aus den genannten Gründen ablehnt, entwickelt Stirner die Utopie des „Vereins der Egoisten". „Mir, dem Egoisten, liegt das Wohl dieser ‚menschlichen Gesellschaft' nicht am Herzen, Ich opfere ihr nichts, Ich benutze sie nur; um sie

139 Ebd., S.3.
140 Ebd., S.108, S.126f.
141 Ebd., S.130.
142 Ebd., S.140.

aber vollständig benutzen zu können, verwandle Ich sie vielmehr in mein Eigentum und mein Geschöpf, d. h. Ich vernichte sie und bilde an ihrer Stelle den *Verein von Egoisten.*"[143] Diese Bildung erwartet Stirner von einem Akt *anarchistischer Empörung,* den er penibel vom Vorgang *politischer* oder *sozialer Revolutionen* abgrenzt. Revolutionen zielen stets „auf neue *Einrichtungen*", d. h. auf neue und verbindliche Institutionen und Gesetze, die wiederum Einzelne (wenn auch andere Einzelne, wie vor der Revolution) in ihrer Freiheit einschränken. Empörungen hingegen sind darauf gerichtet, „Uns nicht mehr einrichten zu *lassen,* sondern Uns selbst einzurichten"[144], die bestehenden Institutionen also einfach links liegen zu lassen und nicht mehr anzuerkennen.

Stirners Utopie gleicht in ihrem Anti-Humanismus freilich der bürgerlichen Gesellschaft, die längst geschichtliche Realität ist. Auch in ihr ist (nach Hegels Wort) „jeder sich Zweck" und „alles andre ... nichts"; auch sie ist ein „Kampfplatz des individuellen Privatinteresses aller gegen alle"[145]. Auch das Privateigentum und das Prinzip der Verwertung des Kapitals wie der menschlichen Arbeitskraft bleibt in Stirners Verein der Egoisten bestehen. Es gilt die Maxime „Haltet ... auf den Wert eurer Gaben, haltet sie im Preise, laßt Euch nicht zwingen, unter dem Preise loszuschlagen". Über der Pforte des Vereins der Egoisten steht „nicht: Gebt euer Eigentum auf! Sondern *Verwertet* euer Eigentum! (...) *Verwerte Dich* [selbst]!"[146] Kaum verwunderlich ist es daher, dass Engels, der Marx brieflich von seinem ersten Eindruck berichtet, Stirners Egoismus „nur das zum Bewußtsein gebrachte Wesen der jetzigen [bürgerlichen] Gesellschaft und des jetzigen Menschen"[147] nennt. In der *Deutschen Ideologie* heißt es dann: Stirners Verein der Egoisten lasse „die alte Gesellschaft fortbestehen", indem er die gegenwärtige „Form des Grundbesitzes" ebenso beibehält, wie „die Teilung der Arbeit", die „Subsumtion der Individuen unter die Teilung der Arbeit", „das Gesetz von Nachfrage und Zufuhr", das „bürgerliche Eigentum" und das gesamte „Geldwesen"[148].

Der zweite (Haupt-) Vorwurf den Marx und Engels an die Adresse von Stirner richten, ist der Vorwurf der Ideologie: Der Glaube, der „Einzige" kön-

143 Ebd., S.196.
144 Ebd., S.354.
145 Hegel: Grundlinien der Philosophie des Rechts, a.a.O., § 182 Zusatz., S.339; § 289, S.458.
146 Der Einzige und sein Eigentum, a.a.O., S.352f.
147 Engels an Marx am 19. November 1844, MEW 27, S.11.
148 Marx / Engels: Die deutsche Ideologie, MEW 3, S.376, S.382, S.384, S.385, S.390.

ne sich von den Fremdbestimmungen durch die Religion, den Staat oder die „Verhältnisse" dadurch befreien, dass er sich *„diese Mächte* … aus dem Kopf schlägt"[149]. Der Handlungsspielraum und die Autonomie der Menschen werden erweitert, indem bestehende Schranken *tatsächlich* beseitigt werden, nicht, indem sie sich der Illusion hingeben, sie könnten sich über diese Schranken einfach hinwegsetzen.

Infolge seiner vielen Übereinstimmungen mit der bürgerlichen Gesellschaft teilt der Verein der Egoisten auch die Inhumanität, die der bürgerlichen Gesellschaft schon von Hegel attestiert wurde. Umso mehr, als es in Stirners Anarchie (im Gegensatz zu Hegel) keinen Staat gibt, dem die Aufgabe zugeschrieben wird, diese Inhumanität zu kompensieren. Wie aber löst der Verein der Egoisten das Problem des Pauperismus, nachdem die staatliche Fürsorge weggefallen ist? Stirner vertritt die Auffassung: „Die Armen sind [selbst] daran schuld, daß es Reiche gibt."[150] Sie bräuchten sich die Gesetze, die das Eigentum schützen, nur aus dem Kopf schlagen und den Reichen ihren Reichtum einfach wegnehmen. Erst „dann hört der Pöbel auf, Pöbel zu sein, wenn er *zugreift*", d. h. wenn er den „Respekt vor dem Eigentum" verliert und stiehlt.[151] Das Problem der ungleichen Verteilung des Eigentums löst sich für Stirner auf diese Weise ganz von selbst. Jeder kann nur so viel sein Eigentum nennen, wie er fähig ist, durch seine eigene Macht zu schützen und zu erhalten.

Resümee. Der Ausgangspunkt des realen Humanismus ist nicht die Theorie, die Bildung, das Studium der „Humaniora" (von dem der alte Humanismus die Veredelung des Menschen erwartete), sondern die Praxis, die „gegenständliche Tätigkeit", die Arbeit oder die Politik.[152] Weiterhin ist der reale Humanismus nicht (wie der Humanismus früherer Zeiten) auf die Vervollkommnung des Einzelnen gerichtet, sondern auf den Einzelnen als eines gesellschaftlichen Wesens. Da der Mensch von Natur ein gesellschaftliches Wesen ist, kann er seine wahre Natur nur in Gesellschaft, also in Gemeinschaft

149 Ebd., S.109. Vgl. S.268f, S.362f., S.416f.
150 Der Einzige und sein Eigentum, a,a.O., S.353.
151 Ebd., S.286, S.287.
152 Der Gedanke der Selbsterzeugung des Menschen durch seine Arbeit durchzieht das ganze Werk von Marx, von den *Ökonomisch-philosophischen Manuskripten* (MEW EB 1, S.574) bis zum *Kapital* (MEW 23, S.192f.). Engels hat ihm eine eigene Abhandlung gewidmet, die den schönen Titel *Der Anteil der Arbeit an der Menschwerdung des Affen* trägt.

mit seinen Mitmenschen entwickeln. Zu ergänzen ist allerdings (was Marx und Engels in der *Deutschen Ideologie,* speziell im Anschluss an ihre Kritik an Stirner tun), dass die gesellschaftliche Arbeit stets unter bestimmten Bedingungen verrichtet wird, zu denen die Natur (die natürlichen Lebensbedingungen), der Entwicklungsstand der Produktivkräfte (Arbeitsteilung, Werkzeugen etc.) sowie der institutionelle Rahmen (Familie, Staat etc.) gehören. Und auch diese Bedingungen spielen für die Ausbildung und die Grenzen des Humanismus eine bedeutende Rolle. Vor allem der Grad der Naturbeherrschung und der Reichtum einer Gesellschaft geben vor, welchen Klassen die Selbstverwirklichung offensteht und in welchem Umfang. Die antike Humanität der „Freien" etwa bildete sich auf dem Rücken der Sklavenarbeit aus, die bürgerliche Humanität auf dem Rücken der Lohnarbeit. Die Freiheit und Selbstbestimmung der Einen beruhte auf der Unfreiheit und Knechtschaft der Anderen und zwar (so die Erklärung von Marx und Engels) nicht aus Zufall oder Willkür, sondern aus der geschichtlicher Notwendigkeit eines noch beschränkten gesellschaftlichen Reichtums. „Allen bisherigen Befreiungen lagen ... beschränkte Produktivkräfte zugrunde, deren für die ganze Gesellschaft unzureichende Produktion nur dann eine Entwicklung möglich machte, wenn die Einen auf Kosten der Andern ihre Bedürfnisse befriedigten und dadurch die Einen – die Minorität – das Monopol der Entwicklung erhielten, während die Andern – die Majorität – durch den fortgesetzten Kampf um die Befriedigung der notwendigsten Bedürfnisse ... von aller Entwicklung ausgeschlossen wurden."[153] Das bestehende „Unmenschliche" war ebenso ein Produkt der Verhältnisse, wie das „Menschliche".

Im Zuge der Fortschritte der Produktivkräfte und des gesellschaftlichen Reichtums haben sich diese Vorgaben allerdings geändert. Von einer geschichtlichen Notwendigkeit, die einen großen Teil der Menschen von einem menschenwürdigen Leben ausschließt, kann nicht mehr die Rede sein. Der reale Humanismus fordert daher eine Ausweitung der Selbstbestimmung und der Entwicklung der individuellen Anlagen für alle Menschen. Mit ihrem großen Reichtum, ihren differenzierten Feldern der Betätigung, ihren technischen Hilfsmitteln, ihrer verkürzten Arbeitszeiten eröffnen die modernen Gesellschaften nicht nur eine Ausweitung, sondern auch eine Vertiefung der

153 Deutsche Ideologie, MEW 3, S.417.

Humanität. Über die Jagd, das Fischen und das Kritisieren hinaus (die ja nur als Metapher genannt werden) haben sich eine Unzahl weiterer Felder geöffnet, auf denen sich die Menschen betätigen, ihre Anlagen ausbilden und ihr Leben bereichern können.

Zwischen der Aufhebung des Privateigentums und der allseitigen Entwicklung der Individuen erkennen Marx und Engels dabei einen dialektischen Zusammenhang. Zum einen kann „das Privateigentum nur aufgehoben werden unter der Bedingung einer allseitigen Entwicklung der Individuen", die zur ersten Produktivkraft werden und die Fesseln des Privateigentums abstreifen. Zum anderen ist erst in der kommunistischen Gesellschaft, die mit der Aufhebung des Privateigentums entsteht, „die originelle und freie Entwicklung der Individuen keine Phrase" mehr, sondern auf die „Solidarität der freien Entwicklung Aller" und die „universelle Betätigungsweise der Individuen auf der Basis der vorhandenen Produktivkräfte"[154] gestützte Realität.

Materialistisch ist der reale Humanismus nicht nur dadurch, dass er die Ansprüche auf ein reiches und erfülltes Lebens nicht an das Jenseits verweist, sondern auf einer Einlösung in der Geschichte besteht. Materialistisch ist er auch darin, dass er die Ausbildung menschlicher Fähigkeiten nicht nur auf den Intellekt, sondern auf den ganzen Körper bezieht. Materialistisch ist er vor allem auch darin, dass er die Humanität nicht als ein Ideal propagiert, an dem die inhumane Wirklichkeit gemessen wird und auch nicht als ein *positives* (übergeschichtliches) Ziel, dem sich die Menschheit nähern sollte. Stattdessen definiert er sich *negativ*, als fortschreitende Überwindung von Fremdbestimmungen, die die Menschen daran hindern, so frei und selbstbestimmt zu leben, wie es aufgrund der Entwicklung der Produktivkräfte und des gesellschaftlichen Reichtums möglich wäre. Nicht das Verhältnis von Ideal und Wirklichkeit, sondern das von Möglichkeit und Wirklichkeit steht somit zur Diskussion. Und der reale Humanismus versteht sich als die fortschreitende Verwirklichung dieser Möglichkeiten, im Bündnis mit den Protest- und Widerstandsbewegungen, die für eine Erweiterung und Vertiefung der menschlichen Handlungs- und Selbstverwirklichungs-Spielräume kämpfen.

154 Ebd., S.424f.

4. Rückfall des Humanismus in Religion. Vor- und Verfallsstufe des realen Humanismus

Für die philosophische Entwicklung von Marx und Engels besitzt Feuerbach, wie gesehen, eine eminente Bedeutung, für Nietzsches Entwicklung hingegen, wie es scheint, keine. Während Marx und Engels sich speziell in ihrem Frühwerk oftmals, zustimmend wie ablehnend, auf Feuerbach berufen, taucht der Name Feuerbachs in den zu Lebzeiten veröffentlichten Werken Nietzsches fast gar nicht, in den aus dem Nachlass herausgegebenen Schriften nur selten auf. Für seinen Biographen Curt Paul Janz, der von der Feuerbach-Lektüre des 17-Jährigen berichtet, gehört Feuerbachs Philosophie zwar „auch, aber nicht in erheblichem Maße, zu Nietzsches Grundlagen“[1]. Domenico Losurdo, der vor allem den Gegensatz zwischen dem „aristokratischen Rebellen“ Nietzsche und dem proletarischen Revolutionär Marx herausarbeitet, schlägt Feuerbach ganz auf die Seite von Marx und der Sozialdemokratie und kappt damit alle Fäden, die Nietzsche mit Feuerbach verbinden.[2] Dagegen hat Alfred Schmidt schon vor längerer Zeit auf mehrere bemerkenswerte Übereinstimmungen aufmerksam gemacht: auf das „größte Mißtrauen“ beider Philosophen gegenüber Hegels Systemdenken, auf „Parallelen“ ihrer Erkenntnistheorie, auf die gemeinsame Orientierung „am Leitfaden des Leibes“ oder ihren „Existenzialismus … avant la lettre“[3]. Damit hat Schmidt den anthropologischen Materialismus Feuerbachs nicht nur als Schaltstelle zwischen Hegel und Marx, sondern auch, wenn auch nur in Andeutungen, als Voraussetzung Nietzsches gewürdigt.

1 Curt Paul Janz: Nietzsche. Biographie, München-Wien ²1993, Bd.2, S.346.

2 Vgl. Domenico Losurdo: Nietzsche der aristokratische Rebell, Berlin 2009, S.160ff., S.483, S.648.

3 Alfred Schmidt: Emanzipatorische Sinnlichkeit. Ludwig Feuerbachs anthropologischer Materialismus, München 1973, S.74. S.90, S.126, S.170f. „Die Parallelen der Feuerbachschen Erkenntnistheorie zu der des späten Nietzsche sind erstaunlich und wären einer besonderen Studie wert.“ (S.90)

Formale Übereinstimmungen in Bezug auf den Humanismus der Zukunft. Da sich der prägende Einfluss Feuerbachs auf Nietzsche (meine erste These) kaum auf „Geständnisse", d.h. direkte Bezugnahmen, stützen kann, ist er vor allem in Form eines „Indizienbeweises" nachzuvollziehen. Überzeugend kann dieser Beweis erbracht werden (zweite These), wenn er vom Begriff des Humanismus und dem Projekt eines *Humanismus' der Zukunft* ausgeht. Gleichermaßen nämlich stellt der Humanismus für Feuerbach und Nietzsche weder einen *Epochenbegriff* der europäischen Geistesgeschichte des 14. und 15. Jahrhunderts noch einen verstaubten (philisterhaften) *Bildungsbegriff* auf der Grundlage lateinischer und griechischer Sprachkenntnisse dar. Vielmehr besitzt der Humanismus für beide die brisante politische Bedeutung der Entfaltung menschlicher Potenzen, der Erweiterung und Bereicherung des menschlichen Lebens sowie des Kampfes gegen Zwänge, Einengungen und Fremdbestimmung. Gleichermaßen stellt der Humanismus für Feuerbach und Nietzsche auch einen polemischen Begriff dar, der insbesondere gegen das Christentum gerichtet ist. Feuerbachs „Verwandlung und Auflösung der Theologie in Anthropologie" mit seiner Aufhebung der religiösen Selbstentfremdung führen zu einer Ausweitung menschlicher Autonomie und der Erkenntnis, dass der Mensch das höchste Wesen für den Menschen ist. Nietzsches Kritik des Christentums als Nihilismus, Ressentimentbewegung, Propagierung asketischer Werte etc. ist dagegen vielfältig. Ihr Hauptvorwurf, dem sich die genannten Kritikpunkte als Spezialformen unterordnen lassen, ist jedoch seine Lebensfeindlichkeit: Mit seiner Mitleids- und Askese-Moral verursacht das Christentum eine „Verarmung", „Verneinung" und „Entartung des Lebens"; es führt einen „*Todkrieg*" gegen jeden „*höheren* Typus Mensch" und merzt alle Voraussetzungen „des *aufsteigenden* Lebens" aus.[4] Somit hat der Humanismus auch für Nietzsche die Überwindung des Christentums und die damit verbundene Bejahung des Lebens zur Voraussetzung.

Wenn Feuerbach und Nietzsche den Humanismus der Zukunft als Negation des Christentums begreifen, so bildet die Religion (bzw. die Theologie) nur den Überbegriff, der bei Feuerbach zugleich die idealistische Philosophie und insbesondere Hegel, bei Nietzsche die Metaphysik und insbesondere Platon umfasst. Für Feuerbach ist die gesamte neuere, speziell deutsche Philo-

4 Friedrich Nietzsche: Der Fall Wagner, KSA 6, S.12. Vgl. Zur Genealogie der Moral, KSA 5, S.250; Der Antichrist, KSA 6, S.171.

sophie nur „die *Negation der Theologie auf dem Standpunkte der Theologie*", die „*selbst wieder Theologie*" geworden ist.[5] Nietzsche dekretiert lapidar: „Christenthum ist Platonismus für's ‚Volk'"[6]. Die Zukunft des Humanismus hat für Feuerbach und Nietzsche aber nicht nur die Negation des Christentums und der traditionellen Philosophie zur Voraussetzung, sie wird übereinstimmend auch als die Aufgabe zukünftiger Politik gesehen. Der Humanismus als die „Religion der Zukunft" ist für Feuerbach „die Politik"[7]. Für Nietzsche kann die „große Politik", der „Kampf um die Erd-Herrschaft"[8] erst wirklich beginnen, wenn sich den Mensch von den Fesseln der Religion emanzipiert hat.

Gemeinsam ist Feuerbach und Nietzsche (auf dieser formalen Ebene) aber auch, dass sie sich eine Welt und eine Menschheit *ohne Religion* gar nicht vorstellen können. Die Kritik der christlichen Religion endet bei beiden mit der Inauguration einer *neuen Religion*: einer humanistischen Religion auf der Grundlage ihrer eigenen Philosophie. Feuerbach nennt seine „Philosophie der Zukunft" nicht nur eine „*Philosophie für den Menschen*", sondern erhebt sie zugleich in den Rang einer neuen Religion: Die „Philosophie der Zukunft" hat „das *Wesen* der Religion in sich", sie ist „in Wahrheit *selbst Religion*"[9]. Bei Nietzsche verhält es sich ebenso. Nachdem er die christliche Religion als Erfindung rachsüchtiger Priester, als Ideologie der Schwachen und Zu-kurz-Gekommenen, als „Sklaven-Moral" und „Verbrechen *am Leben*"[10] abgetan hat, bietet er, als Ersatz für die christlich-lebensverneinende, eine dionysisch-lebensbejahende Religion an: „Hat man mich verstanden? – *Dionysos gegen den Gekreuzigten*"[11], wobei der altgriechische Gott für „*Verheißung* ins Lebens" steht.

Drei Etappen der Feuerbach-Rezeption Nietzsches. Innerhalb der Beziehung Nietzsches zu Feuerbach lassen sich drei Etappen unterscheiden. Das starke Interesse des 17-Jährigen (1861), das sich an den *Gedanken über Tod und Unsterblichkeit* und dem *Wesen des Christentums* und der darin enthaltenen Re-

5 Feuerbach: Grundsätze der Philosophie der Zukunft § 21, a.a.O., S.174.
6 Nietzsche: Jenseits von Gut und Böse, KSA 5, S.12.
7 Feuerbach: Notwendigkeit einer Veränderung, in: Kleine Schriften, a.a.O., S.231.
8 Nietzsche: Jenseits von Gut und Böse, KSA 5, S.140.Vgl. KSA 6, S.84.
9 Feuerbach: Grundsätze der Philosophie der Zukunft § 64, a.a.O., S.218f.
10 Nietzsche: Zur Genealogie der Moral, KSA 5, S.267, S.270f. Vgl. KSA 6, S.371.
11 Nietzsche: Ecce homo, KSA 6, S.374. Vgl. KSA 13, S.266f.

ligionskritik entzündet, hält nicht unvermindert vor. Zum einen konzentriert sich der junge Nietzsche auf das Studium der Altphilologie, zum anderen begeistert er sich (ab Ende 1865) für Schopenhauer. Weit mehr noch als Hegel gilt Feuerbach, der Prominenteste unter den rebellierenden Junghegelianern, nach der gescheiterten Revolution von 1848/49 (zu deren geistigen Wegbereitern er zählt), als „toter Hund". Zu der Zeit, als ihn der junge Nietzsche studiert, ist er bereits weitgehend aus dem philosophischen Diskurs herausgefallen und wird als „überholt" betrachtet. Schopenhauer etwa erwähnt ihn nur in einer Fußnote zu § 11 seiner Preisschrift *Über die Grundlage der Moral* und kanzelt ihn mit dem Hinweis ab, er sei ein „Hegelianer (c'est tout dire)". Friedrich Albert Lange, der Historiker des Materialismus, rechnet ihm einen nicht überwundenen Hegelianismus vor.

Während der zweiten Etappe, die von 1866 bis 1877/78 währt, lernt Nietzsche Feuerbachs Philosophie über die Religionskritik hinaus von ihrer allgemein-materialistischen und auch ihrer ästhetischen Seite kennen: nicht direkt, sondern indirekt, d.h. vermittelt durch Langes *Geschichte des Materialismus* (die er 1866 studiert), durch Richard Wagner (den er 1868 kennenlernt und dessen biographischen Rückblick in der Einleitung zum 3. und 4. Band seiner *Gesammelten Schriften und Dichtungen* er 1871/73 liest)[12] und Eugen Dührings Buch über den *Werth des Lebens* aus dem Jahr 1865 (das er 1875 ausführlich exzerpiert). Wie bei Schopenhauer fällt das Urteil über Feuerbach auch bei dem Neukantianer Lange und dem nach 1848 zu Schopenhauer konvertierten Wagner überwiegend negativ aus. Lange lässt Feuerbach gar nicht als „eigentlichen" und „echten Materialisten" gelten, da seine Philosophie auf den Menschen (nicht die Natur), auf die Sinnlichkeit (nicht die Materie) und die Liebe (nicht das egoistische Interesse) ausgerichtet sei. Die Zentrierung seiner Gedanken auf die Anthropologie bewertet er als das schädliche Fortwirken seines nicht-überwundenen Hegelschen Erbes.[13] Wagner blickt in der genannten Einleitung auf Feuerbach, den er in den 30-er und 40-er Jahren ver-

12 Als Hinweis darauf, dass Nietzsche diese Einleitung kannte, führt der Kommentar zur Studienausgabe (KSA 14, S.85) Nietzsches Bezeichnung der Historie als einer „verkappten christlichen Theodicee" (in seiner Schrift über *Richard Wagner in Bayreuth*, KSA 1, S.445) an, die Feuerbachs Bezeichnung der Philosophie als „verkappter Theologie" variiert, die Nietzsche in Wagners Einleitung kennenlernte.

13 Friedrich Albert Lange: Geschichte des Materialismus und Kritik seiner Bedeutung in der Gegenwart, Leipzig 1866, ²1873, ⁹1914, 2.Band, S.71–S.78. Ein Neudruck erschien Frankfurt/M. 1974.

ehrt und in Anlehnung an dessen *Philosophie der Zukunft* er seine Programmschrift über das *Kunstwerk der Zukunft* entwickelt hat, als auf eine Periode seines Lebens zurück, die durch seine Wende zu Schopenhauer abgeschlossen, korrigiert und überwunden ist. Allerdings lernt Nietzsche durch diese Vermittlungen, in Ergänzung zu seiner Jugendlektüre, auch Neues und Positives kennen: von Lange etwa, der aus diesem Werk ausführlich zitiert, Feuerbachs *Grundsätze der Philosophie der Zukunft*; von Wagner Feuerbachs Wort von der „gesunden Sinnlichkeit", das einmal „wie das Wort der Erlösung" geklungen hat.[14] Aus Wagners biographischem Rückblick gewinnt Nietzsche auch Kenntnisse über die ästhetische Bedeutung der Feuerbachschen Philosophie: etwa, dass Feuerbachs Auffassung des „menschlichen Wesens" dem „künstlerischen Menschen" Wagners zugrunde lag; dass Wagner das „Volk" als das „allgemeinmenschliche Wesen der Zukunft" gleichermaßen als Produzent und Adressaten der zukünftigen Kunst betrachtete oder dass die Aufhebung der „egoistischen Zerstückelung" der Kunst in Einzelkünste – „nach den natürlichen Gesetzen der Liebe" – zum „Kommunismus" des Gesamtkunstwerks führte.[15]

In den Dühring-Exzerpten wird bereits ein Ton angeschlagen, der die dritte Epoche von Nietzsches Beziehung zu Feuerbach einläutet, die mit seinem Bruch mit Wagner und Schopenhauer beginnt. Kritisiert er Dührings Buch im Ganzen auch wegen seines „schlechten Stils" und seines „Mangels an Haltung und Höhe", so schätzt Nietzsche den Autor doch als „den *entschiedensten Antagonisten* Schopenhauer's", der ihm eine überraschende Einsicht vermittelt hat. Auf Feuerbach nämlich führt Dühring „die junge lebende kräftige Richtung zurück, die jetzt einen Theil der Würde der Philosophie zu wahren versteht, indem sie der Dunkelmacherei mit Energie und Erfolg entgegentritt"[16]. Wie sich Nietzsches Freundschaft mit Wagner auf der Basis gemeinsamer Schopenhauer-Verehrung anbahnte, so steht sein Bruch mit Wagner

14 Ein Nachhall davon findet sich noch in der späten Schrift *Nietzsche contra Wagner*, KSA 6, S.431.

15 Richard Wagner: Einleitung zum 3. und 4. Band der *Gesammelten Schriften und Dichtungen*, in: Dichtungen und Schriften, hg. von Dieter Borchmeyer, Frankfurt/M. 1983, Bd. VI, S.194, S.196.

16 Nietzsche: Nachlaß 1875–1879, KSA 8, S.131. Zu ergänzen wäre, dass Nietzsche späterhin seine Kritik an Dühring verschärft. 1887, in *Zur Genealogie der Moral*, nennt er ihn „das erste Moral-Grossmaul, das es jetzt giebt, selbst noch unter seines Gleichen, den Antisemiten" (KSA 5, S.370).

im Zeichen Feuerbachs. Nietzsche wirft dem Komponisten des *Parzifal* nun Verrat an den materialistischen und humanistischen Überzeugungen und Idealen seiner Jugend vor, die Unterwerfung unter die christliche Moral und den Nihilismus. Mit der Abkehr von Feuerbach sei bei Wagner der *„Hass auf das Leben"* Herr geworden; sein *Parzifal* sei ein Werk der „heimlichen Giftmischerei gegen die Voraussetzungen des Lebens"[17], mithin eine Absage an den Humanismus.

Für Nietzsche selbst führt der Bruch mit Wagner zu einer verstärkten Rückwendung zu Feuerbach, dem Philosophen seiner Jugend. Wie aus dem Nachlass hervorgeht, hatte er um die Wende 1886/87 ein Buch mit dem Titel *Herkunft der Werthe* geplant, Dieses Buch sollte auch ein Kapital über *„Feuerbach's* ‚gesunde und frische Sinnlichkeit'" enthalten[18], das unter Berufung auf die *Grundsätze der Philosophie der Zukunft* gegen die „abstrakte [idealistische] Philosophie" gerichtet sein sollte.

Bloße Parallelen oder untergründige Einflüsse? Auch ohne Hinweis auf dieses geplante Werk (und die entsprechenden Feuerbach-Zitate) finden sich so viele Parallelen, Anklänge und Übereinstimmungen im Spätwerk Nietzsches, dass es schwerfällt, nicht von einem direkten (untergründigen) Einfluss zu sprechen. Sicher übertrifft Nietzsches Religionskritik diejenige von Feuerbach an Radikalität, dennoch erscheint seine Aussage *„Gott* [ist] *todt*"[19] doch wie eine Umformulierung von Feuerbachs „Auflösung der Theologie in Anthropologie": Hat sich das göttliche Wesen ins menschliche Wesen aufgelöst, so ist es verschwunden und also gestorben. Feuerbachs These, dass die Menschen der Zukunft „nicht mehr gespalten sind … in Diesseits und Jenseits" und sich infolgedessen „mit ungeteilter Seele auf die Wirklichkeit werfen"[20], findet sich in Zarathustras Aufforderungen wieder: *„bleibt der Erde treu"*, misstraut den „überirdischen Hoffnungen"[21]. Feuerbachs Bekenntnis zum Leib, der am prägnantesten in der Formulierung zum Ausdruck kommt *„Ich bin ein wirkliches, ein sinnliches Wesen: der Leib gehört zu meinem Wesen; ja der Leib in seiner Totalität*

17 Nietzsche contra Wagner, KSA 6, S.431.
18 Nachlaß 1885–1887, KSA 12, S.261.
19 Nietzsche: Also sprach Zarathustra, KSA 4, S.14.
20 Feuerbach: Notwendigkeit einer Veränderung, in Kleine Schriften, a.a.O., S.224.
21 Also sprach Zarathustra, KSA 4, S.15.

ist mein Ich, mein Wesen selber"[22], wird in Nietzsches Philosophieren „am Leitfaden des Leibes"[23] aufgenommen. Feuerbachs materialistischer Grundsatz, dass „das Denken … aus dem Sein" und „nicht das Sein … aus dem Denken" entsteht und dass sich die Philosophie, nach der Auflösung ihrer Mesalliance mit der Theologie, „*wieder mit der Naturwissenschaft … verbinden*" sollte[24], kehrt in Nietzsches physiologischem Programm wieder, das er nach seinem Bruch mit Wagner verkündet. Demnach sollten alle geistigen Prozesse aus Körper- und Lebensvorgängen abgeleitet und eine „*Chemie* der moralischen, religiösen, ästhetischen Vorstellungen und Empfindungen"[25] entwickelt werden.

Bisweilen finden sich Parallelen bis in die Niederungen des vulgären Materialismus hinein, was wohl auch der gemeinsamen Lektüre Moleschotts geschuldet ist. Der niederländische Arzt und Physiologe Jacob Moleschott, der auf den Schultern Feuerbachs steht, stellte die Nahrung in einen unmittelbaren Zusammenhang mit dem Charakter des Menschen: „Wer kennt nicht die Vorzüge des Englischen Arbeiters, den sein Roastbeef kräftigt, vor dem Italienischen Lazzarone, dessen vorherrschende Pflanzenkost einen großen Theil seines Hanges zur Faulheit erklärt?"[26] Feuerbachs Rezension dieses Buches fasst dessen Inhalt in dem bekannten Satz zusammen „der Mensch ist, was er ißt"[27]. In ähnlich vulgär-materialistischer Weise erklärt Nietzsche die Verbreitung des Buddhismus durch die „übermässige und fast ausschliessliche Reiskost der Inder" und die „dadurch bedingte allgemeine Erschlaffung"[28] des Lebens.

22 Feuerbach: Grundsätze einer Philosophie der Zukunft § 36, a.a.O., S.199.

23 Nietzsche: Nachlaß 1884–1885, KSA 11, S.249, S.282, S.565 u.ö. Karen Joisten zufolge kommt Schopenhauers Philosophie „eine beachtliche Rolle für Nietzsches Sicht des Leibes" zu (Die Überwindung der Anthropozentrizität durch Friedrich Nietzsche, Würzburg 1994, S.106). Tatsächlich taucht die Formulierung „am Leitfaden des Leibes" in Nietzsches Nachlass (worauf Joisten selbst hinweist) erst 1884/85 auf, zu einer Zeit also, als sich Nietzsche längst von Schopenhauer verabschiedet hat. Feuerbachs „anthropologische Wende" wird in der Einleitung des Buches zwar als Voraussetzung für Nietzsches Philosophie angesprochen, es werden daraus aber keine Konsequenzen gezogen.

24 Feuerbach: Vorläufige Thesen zur Reform der Philosophie, in: Kleine Schriften, a.a.O., S.139, S.143.

25 Nietzsche: Menschliches, Allzumenschliches, KSA 2, S.23f.

26 Zitiert nach Jacob Moleschott: Lehre der Nahrungsmittel. Für das Volk, Erlangen [3]1858, S.94.

27 Rezension von Jacob Moleschotts *Lehre der Nahrungsmittel. Für das Volk* (erste Auflage 1850), in: Gesammelte Werke, hg. von Werner Schuffenhauer, Berlin 1971, Bd.10, S.367. Der sozialkritische Hintergrund dieses Satzes bei Feuerbach ist, dass der Hunger als der Nährboden des Verbrechens und der Immoralität dargestellt wird.

28 Nietzsche: Die fröhliche Wissenschaft, KSA 3, S.485.

Prinzipiell stimmt Nietzsche mit Feuerbach auch darin überein, dass er dem Menschen eine Stellung zwischen Tier und Gott bzw. einem gottähnlichen Übermenschen zuweist. Seiner Natur nach gehört der Mensch dem Tierreich an; seinem Wesen nach ist er göttlich. Zwischen beide Pole eingespannt, soll er sich bilden, entwickeln und sein übermenschliches Wesen, das er der Möglichkeit nach besitzt, auch praktisch verwirklichen. Bei Feuerbach liest sich das so: *„Der Mensch unterscheidet sich keineswegs nur durch das Denken von dem Tiere. Sein ganzes Wesen ist vielmehr sein Unterschied vom Tiere.* (…) Der Mensch ist kein partikulares Wesen, wie das Tier, sondern ein *universelles,* … uneingeschränktes, freies Wesen, denn Universalität, Unbeschränktheit, Freiheit sind unzertrennlich."[29] Schon vorher wurde klargestellt: Das „göttliche Wesen [ist] nichts anderes … als das Wesen des Menschen, befreit von der Schranke der Natur (…) Gott *ist,* was der Mensch sein *will*"[30]. Sich diesem Ideal zu nähern, ist das Ziel seines Humanismus. Bei Nietzsche heißt es: „Der Mensch ist ein Seil, geknüpft zwischen Thier und Übermensch, – ein Seil über dem Abgrunde."[31] Wohl hat er bereits „den Weg vom Wurme [oder dem Affen] zum Menschen" zurückgelegt, doch ist auch er „Etwas, das überwunden werden soll"[32]. Diese Überwindung findet in der Form des Übermenschen statt, der „Gott und das Nichts" besiegt hat. Hatte Feuerbach das Wesen Gottes in das Wesen des Menschen aufgelöst, so betrachtet Nietzsche (auf dieser Grundlage) den Menschen als das Wesen, das über sich selbst und die ihm von der Religion gesetzten Grenzen hinauswächst und so zum „Übermenschen" wird. Wie das Tier für den Menschen „ein Gelächter oder eine schmerzliche Scham" darstellt, so der Mensch für den „Übermenschen".

Von Feuerbachs Humanismus zu Nietzsches Posthumanismus. Gerade hier, wo die Nähe zwischen Nietzsche und Feuerbach am größten scheint, treten zugleich die Gegensätze am entschiedensten zutage. Feuerbachs Humanismus nämlich verwirklicht sich im Verhältnis des Menschen zu seinem Mitmenschen: *„die Einheit von Ich und Du ist Gott"*[33]. Wird, nach der Aufhe-

29 Feuerbach: Grundsätze der Philosophie der Zukunft § 53, a.a.O., S.214f.
30 Ebd., § 22 und § 29, a.a.O., S.177 und S.192.
31 Nietzsche: Also sprach Zarathustra, KSA 4, S.16.
32 Ebd., S.14.
33 Grundsätze der Philosophie der Zukunft § 60, a.a.O., S.217.

bung der religiösen Selbstentfremdung, der Mensch das höchste Wesen für den Menschen, so wird aus der Liebe zu Gott die Liebe zum Menschen, zur Gemeinschaft, zur Gattung. Die Religionskritik mündet (wie sie auch von den „wahren Sozialisten" Heß und Grün verstanden wurde) in die Utopie einer Art von Liebeskommunismus. Dagegen bezieht sich Nietzsches Humanismus auf das Individuum, das seine „höhere" Menschlichkeit einsam, zunächst im Rückzug, dann in zunehmender Feindschaft und mit „*Ekel* am Menschen, am ‚Gesindel'" ausbildet: „meine Humanität besteht *nicht* darin, mitzufühlen, wie der Mensch ist, sondern es *auszuhalten*, dass ich ihn mitfühle ... Meine Humanität ist eine beständige Selbstüberwindung ... ich habe *Einsamkeit* nöthig, will sagen, Genesung, Rückkehr zu mir"[34]. Wie Nietzsches „Humanismus" nicht auf die Gemeinschaft, sondern das Individuum, so ist er auch nicht auf Solidarität (Harmonie) sondern auf den Wettstreit (Kampf) ausgerichtet. Demokratie oder Sozialismus, die für Feuerbach Stufen einer fortschreitenden Humanität darstellen, werden als Hindernisse für die Lebens-Erweiterung und -Intensivierung einer Elite und die Ausbildung einer „höheren Art" von Menschsein diffamiert.

Der Liebe, die Feuerbachs Humanismus zugrundeliegt, entspricht bei Nietzsche dem „Hass" und der „Grausamkeit". Als wollte er sich von Feuerbach abgrenzen, schreibt er: „Wir sind keine Humanitarier ... wir lieben die Menschheit nicht"[35]. Dagegen schätzt er die Griechen, die doch „die humansten Menschen der alten Zeit" waren und zugleich einen starken „Zug von Grausamkeit" und „tigerartiger Vernichtungslust" aufwiesen.[36] Ohne Wettkampf, ohne Grausamkeit entsteht kein „höheres Menschtum", „jede Begabung muss sich kämpfend entfalten, so gebietet die hellenische Volkspädagogik"[37], der sich Nietzsche anschließt. Nur das „Böse", die rücksichtslose „Selbst- [und] *Lebens-Bejahung*"[38] treibt die Menschen an, sich zu vervollkommnen; es wird damit zum „Architekten und Wegebauer der Humanität"[39]. Wer sie auf das „Gute" verpflichtet, wie das Christentum, führt

34 Nietzsche: Ecce homo, KSA 6, S.276.
35 Nietzsche: Die Fröhliche Wissenschaft, KSA 3, S.630.
36 Nietzsche: Homer's Wettkampf, KSA 1, S.783.
37 Ebd., S.789.
38 Nietzsche: Der Antichrist, KSA 6, S.192.
39 Nietzsche: Menschliches, Allzumenschliches, KSA 2, S.205.

(wie schon zitiert) einen *„Todkrieg"* gegen jeden *„höheren* Typus Mensch"[40]. Er beschneidet und verkürzt das Leben, das *„wesentlich* Aneignung, Verletzung, Überwältigung des Fremden und Schwächeren, Unterdrückung, Härte, Aufzwängung eigner Formen, Einverleibung und mindestens, mildestens, Ausbeutung" ist.[41]

Im Frühwerk *Der griechische Staat* ist Nietzsches Elite-Humanismus noch kulturell motiviert: *„zum Wesen einer Kultur* [gehört] *das Sklaventhum"*; die ungeheure Mehrzahl der Menschen muss *„über* das Maaß ihrer individuellen Bedürftigkeit hinaus, der Lebensnoth sklavisch unterworfen sein", damit eine Minderzahl kulturelle Werte (wie z. B. Kunstwerke) produzieren kann, deren Existenz überhaupt das Leben und die menschliche Gattung rechtfertigen.[42] Im Spätwerk, etwa in *Zur Genealogie der Moral*, nimmt Nietzsches Elite-Humanismus dagegen rassistische Züge an: „Die Menschheit als Masse [muss] dem Gedeihen einer einzelnen *stärkeren* Species Mensch geopfert" werden.[43]

Als Erbschaft der Hegelschen Philosophie darf verstanden werden, dass Feuerbach die Humanität als einen Prozess der „Weltgeschichte"[44] und des Fortschritts begreift, der sich quantitativ als Ausdehnung vom Du auf die Gattung, qualitativ als Intensivierung und Realisierung der im Menschen angelegten Potenzen vollzieht. Solches Geschichtsdenken ist Nietzsche fremd. Für ihn befindet sich die Menschheit als Ganze *nicht* im Prozess der „Entwicklung zum Besseren oder Stärkeren oder Höheren"; für ihn gibt es keinen Fortschritt der Humanität. Der *„höhere Typus"*, der „im Verhältnis zur Gesammt-Menschheit eine Art Übermensch ist", stellt zu allen Zeiten nur eine Ausnahme dar, einen „Glücksfall" oder *„Treffer"*[45]. So etwa Alkibiades, Alexander der Große, Cesare Borgia oder Napoleon, die Nietzsche wiederholt als Paradigmen großer Menschen hinstellt.

40 Der Antichrist, KSA 6, S.171. Nietzsches Polemik gegen die „wattirte Humanität" (KSA 6, S.137), gegen die auf Anerkennung der „Menschenwürde" gegründete Humanität (KSA 3, S.474), gegen die Humanisten, die sich als „‚Verbesserer' der Menschheit" gerieren (KSA 6, S.98f.) oder die Humanität mit décadence-Instinkten verwechseln (KSA 13, S.451) folgt der gleichen Argumentation.

41 Nietzsche: Jenseits von Gut und Böse, KSA 5, S.207.

42 Nietzsche: Der griechische Staat, KSA 1, S.767. Vgl. KSA 3, S.629.

43 Nietzsche: Zur Genealogie der Moral, KSA 5, S.315.

44 Feuerbach: Grundsätze der Philosophie der Zukunft, § 12, a.a.O., S.158.

45 Nietzsche: Der Antichrist, KSA 6, S.171.

Ganz im Gegensatz zu Feuerbach ist die Höherentwicklung des Menschen (einzelner Menschen und Rassen) für Nietzsche auch weniger das Resultat (geistiger, moralischer) Bildung und Erziehung, als das Resultat (zoologischer) Zähmung oder Züchtung. Allein durch Menschenzüchtung kann jene „Ansammlung und Steigerung von Kräften und Aufgaben“ erreicht und die noch unausgeschöpften „grössten Möglichkeiten“ des Menschen realisiert werden, die dazu berufen sind, dem Niedergang und der „*Gesammt-Entartung des Menschen*“ Einhalt zu gebieten.[46] So weit geht Nietzsche, dass er um der Aufzucht des Übermenschen willen die „Vernichtung von Millionen Mißrathener“ rechtfertigt.[47]

Gegensätzlicher Bezug auf das Christentum. Feuerbach und Nietzsche entwickeln ihre Begriffe des Humanismus gleichermaßen in Frontstellung gegen das Christentum, allerdings (wie inzwischen deutlich geworden ist) in gegensätzlicher Weise. Feuerbachs Negation des Christentums ist *dialektisch*. Seine „neue Philosophie“ hebt, mit der Verneinung Gottes, der Verabsolutierung des Geistes (der Seele) oder der Jenseits-Orientierung des Menschen auch bestimmte Werte des Christentums wie etwa die Nächstenliebe, die Fürsorge oder das Mitleid auf. Auch seine Utopie des Liebeskommunismus hat in der Bibel und ihrem Bericht der urchristlichen Gemeinde[48] ein Vorbild. Nietzsches Negation des Christentums ist dagegen *abstrakt*. Sie kommt einem Vernichtungsfeldzug gleich, der alle christlichen Werte ausrotten will, da sie den Niedergang der Menschheit befördern. Gegenüber dem (Ur-) Christentum erscheint Feuerbachs Humanismus als eine um die Anerkennung der Diesseitigkeit, Sinnlichkeit, Leiblichkeit, Sexualität sowie die Selbstbestimmung des Menschen *erweiterte* Form des Humanismus. Nietzsches Humanismus erscheint dagegen als ein Bruch mit der Tradition und ein Neubeginn. Von daher ist verständlich, wenn Nietzsche die Formulierung Feuerbachs aufgreift, der zufolge die neuere deutsche Philosophie als „*Negation der Theologie auf dem Standpunkte der Theologie*“[49] und somit selbst noch der Theologie zugerechnet werden muss, – um sie dann gegen Feuerbach selbst zu wenden: „Fichte, Schelling, Hegel … Feuerbach … alles Theologen“[50].

46 Nietzsche: Jenseits von Gut und Böse, KSA 5, S.127.
47 Nietzsche: Nachlaß 1884–1885, KSA 11, S.98.
48 Apostelgeschichte 2, 44ff.
49 Feuerbach: Grundsätze der Philosophie der Zukunft § 21, S.174.
50 Nietzsche: Nachlaß 1884–1885, KSA 11, S.152.

Gerade die Gegensätze zu Feuerbach (der Elitarismus des Übermenschen, die Rechtfertigung der Grausamkeit, der Gedanke der Züchtung) lassen Nietzsches „Humanismus" als einen Antihumanismus erscheinen. Als ein solcher erscheint er zumindest nach dem Urteil derjenigen, die die Würde des Menschen als Prinzip auch des zukünftigen Humanismus anerkennen. Viele Interpreten sehen in Nietzsche daher einen der Gründungsväter des Post-, des Trans- oder gar des Antihumanismus, wie etwa Peter Sloterdijk, der den Übermenschen, die permanente Selbstüberschreitung, wie schon dargelegt, mit der „Anthropotechnik des Menschen" in Zusammenhang bringt. Stefan Lorenz Sorgner interpretiert Nietzsches Begriff der Züchtung als eine Vorform des biochemischen und genetischen Enhancements.[51] An Plausibilität gewinnen diese Deutungen insofern, als sich führende Vertreter des Transhumanismus selbst explizit auf Nietzsche berufen, wie z. B. Max More.[52] Michael Steinmann schreibt: „In vielen Punkten klingen transhumanistische Manifeste wie angewandter Nietzsche: Sie verneinen das sich kartesisch vom Körper unterscheidende Subjekt ebenso wie jede Sonderstellung des Menschen, lehnen religiöse Selbstbeschränkungen ab und vertreten eine Ethik der kreativen, an der Kunst angelehnten Selbstgestaltung."[53]

Im Anschluss an die bisher behandelte Theoriegeschichte werden in den folgenden Kapiteln eine Reihe gesellschaftlicher und politischer (Gegenwarts-) Probleme – Menschenrechte, Arbeitsteilung, Technik, Massengesellschaft, Konsum(ismus), Eigentum – unter dem Gesichtspunkt des realen Humanismus erörtert. Zentriert sind diese Erörterungen um die Frage, in welcher Beziehung (als Beförderung oder Hemmnis) diese Probleme zum realen Humanismus stehen.

51 Stefan Lorenz Sorgner: Nietzsche, the Overhuman, and Transhumanism, in: Journal of Evolution and Technology 21/1, (2009), S.29ff. Vgl. Michael Hauskeller: Nietzsche, Transhumanism, and the posthuman: A reply to Stefan Sorgner, ebd., 21/1 (Januar), S.5ff.

52 Max More: The Overhuman in the Transhumanism, in: Journal of Evolution and Technology, ebd., S.1ff.

53 Michael Steinmann: Die Auslegbarkeit des Menschen. Nietzsche und die Frage nach der Herkunft des Transhumanismus, in: *Aufklärung und Kritik*, 2015/3, S.79.

5. Die Ausweitung des realen Humanismus im Kampf um die Menschenrechte

Eine *politische* Qualität gewinnt der Humanismus im Zuge der europäischen Aufklärung. Erfolgte seine Proklamation zur Zeit der Renaissance im Namen der menschlichen Würde (Pico della Mirandola) und der Willensfreiheit (Lorenzo Valla u. a.), so erfolgt sie 1786 und 1789, in der *Virginia Bill of Rights* und der *Déclaration de droits de l'homme et du citoyen*, im Namen der natürlichen und unveräußerlichen Rechte des Menschen. War der Humanismus der Renaissance gegen die Kirche und die scholastische Theologie, so ist der Humanismus der Aufklärung gegen den absolutistischen Staat und jede Form staatlicher Willkür gerichtet. Gemeinsam ist ihnen der Kampf um eine Ausweitung menschlicher Handlungs- und Entfaltungsmöglichkeiten, d. h. einen Zugewinn an Autonomie. Im einen Fall waren diese durch die Prädestination und die Abhängigkeit des Menschen von der göttlichen Gnade beschränkt, im anderen Fall durch die Standesordnung der Feudalgesellschaft und die Ausübung von Macht, die nicht an Gesetze gebunden, also wie der Name schon sagt *legibus absolutus*, war.

Begreift man den Humanismus als eine Prozess, in dem der Mensch seine Freiheit erweitert, neue Potenzen entwickelt und ausbildet, so wird sein Zusammenhang mit der Erklärung und Durchsetzung der Menschenrechte in doppelter Weise sichtbar. Auf der einen Seite beinhalten die Menschenrechte *negative* Freiheits- oder Abwehrrechte, die die Macht des Staats beschränken und die Würde des Menschen vor staatlichen Übergriffen, Verletzungen und Beeinträchtigungen schützen. Dazu zählen etwa die Forderungen der Gewaltenteilung und der Rechtssicherheit, das Verbot der Folter, der Schutz vor (entschädigungsloser) Enteignung oder die Respektierung der Privatsphäre. Auf der anderen Seite beinhalten die Menschenrechte *positive* Freiheits- oder Teilhaberechte, die den Menschen das Recht auf politische Mitbestimmung einräumen, den Zutritt zu öffentlichen Ämtern öffnen, Versammlungs- und Vereinigungsrechte zubilligen, Gewissens-, Meinungs- und Pressefreiheit gewähren und (späterhin) den Staat sogar in die Pflicht nehmen, die Menschen in wirtschaftlicher, sozialer oder kultureller Hinsicht zu fördern. In einem Fall werden somit Grenzen gezogen, die dem Staat die Macht nehmen soll, die individuelle Selbstbestimmung zu beschneiden. Im anderen Fall werden Grenzen aufgehoben und dem Staat die Aufgabe zugeschrieben, bestehende Hindernisse abzubauen und die Teilhabe aller Menschen am gesellschaftlichen Leben zu ermöglichen.

Wegbereiter der Menschenrechte. Vorläufer oder Wegbereiter der Menschenrechte sind einerseits die historische Rechtsentwicklung, andrerseits die Naturrechtslehren der Aufklärung. Zu den historischen Vorläufern gehören bereits die mittelalterlichen Freiheitsbriefe, in denen Standesrechte festgeschrieben und königliche Hoheitsrechte beschnitten werden. Klassische Beispiele finden sich in England, wo die *Magna Charta Libertatis* (1215) König Johann Ohneland zwang, die erweiterten Lehensrechte und Privilegien der revoltierenden Barone anzuerkennen. Im § 46 heißt es: „Kein freier Mann soll verhaftet, gefangen gesetzt, seiner Güter beraubt, geächtet, verbannt oder sonst angegriffen werden; noch werden wir ihm anders etwas zufügen, oder ihn ins Gefängnis werfen lassen, als durch das gesetzliche Urteil von Seinesgleichen, oder durch das Landesgesetz."[1] Ursprünglich auf Barone beschränkt, wurde dieses Recht in der Endfassung auf alle „freien Männer" ausgeweitet. Die *Habeas Corpus Akte* (1679), die das Parlament König Karl I. abtrotzte, schützte insbesondere die „Bürger" vor willkürlichen Festnahmen. Sie machte der Gewohnheit des Königs ein Ende, reiche Bürger einzusperren und erst gegen Lösegeld-Zahlungen wieder freizulassen. Vor allem sprach sie jedem Inhaftierten das Recht zu, innerhalb weniger Tage einem Haftrichter vorgeführt zu werden. Die *Bill of Rights* (1689), die gegen William III. von Oranien und Mary II. durchgesetzt wurde, stärkte die Rechte des bürgerlichen Parlaments, machte die Erhebung von Steuern und Abgaben von seiner Zustimmung abhängig, begründete die Redefreiheit und schützte die Immunität der Abgeordneten. Ähnliche Freiheitsbriefe und -verträge sind auch aus anderen Ländern wie z. B. in Spanien (*Confirmatio Forum et Libertatum Aragonie*, 1283) oder Ungarn (*Goldene Bulle*, 1222) bekannt.

1 http://www.verfassungen.eu/gb/gb1215.htm.

Das Interesse der Abwehr staatlicher Willkür, das den genannten Verträgen gemeinsam ist, liegt auch den Naturrechtslehren mit ihren Vertragstheorien zugrunde. Deren gemeinsamer Nenner ist die Annahme eines Naturzustands, in dem der Mensch im Vollbesitz seiner natürlichen, angeborenen (also vor-staatlichen) Rechte lebt. Er hat, wie Hobbes formuliert, das Recht und die Freiheit, seine Kräfte „zur Erhaltung seiner selbst … [zu] gebrauchen und folglich alles, was dazu etwas beizutragen scheint", zu tun[2] bzw., wie es bei Locke heißt, die vollkommene „Freiheit, über seine Person und seinen Besitz zu verfügen"[3]. Bei Hobbes allerdings ist der Naturzustand ein Zustand prinzipieller Inhumanität, in dem das Eigeninteresse und das Recht des Stärkeren zu einem *Krieg aller gegen alle* führen. Locke hingegen sieht in ihm einen paradiesischen „Zustand des Friedens, des Wohlwollens, der gegenseitigen Hilfe und Erhaltung"[4], in dem es in Ermangelung von Gesetzen, Richtern und einer Exekutive aber auch zu Konflikten und zum Krieg kommen kann. Um den tatsächlichen oder doch möglichen Krieg auszuschließen und ein friedliches, sicheres und geregeltes Leben zu etablieren, schließen sich die Individuen zu Gesellschaften zusammen, beenden den Naturzustand und treten einen Teil ihrer natürlichen Rechte an den Staat bzw. die Regierung ab. Aus der natürlichen Ungleichheit der Individuen wird damit die soziale Gleichheit der Bürger eines Gemeinwesens, womit zugleich ein anderer Teil der Naturrechte erhalten bleibt und durch die staatliche Autorität abgesichert wird. Durch den Gesellschaftsvertrag, so Rousseau, tritt „an die Stelle der physischen Ungleichheit … eine sittliche und gesetzliche Gleichheit, so daß die Menschen, wenn sie auch an körperlicher und geistiger Kraft ungleich sein können, durch Übereinkunft und Recht alle gleich werden"[5]. Der Staat, auf den nun die abgetretenen Rechte vereint sind, steht damit *über* den Bürgern; er hat aber auch die Pflicht, die bürgerlichen Rechte und Freiheiten zu gewährleisten. Andernfalls haben die Bürger das Recht, ihre übertragenen Rechte zurückzufordern und gegen

2 Thomas Hobbes: Leviathan (1651), Kap. XIV, übersetzt und hg. von J. P. Mayer, Stuttgart 1974 u.ö. S.118.

3 John Locke: Zweite Abhandlung über die Regierung (1690), § 6, übersetzt von H. J. Hoffmann, Frankfurt/M. 2007, S.14.

4 Ebd., § 19, S.24.

5 Jean-Jacques Rousseau: Der Gesellschaftsvertrag (1762), 1. Buch, Kap.9, übersetzt von H. Denhardt, Stuttgart 1975 u.ö., S.27.

den Staat zu rebellieren, die staatlichen Organe durch eine Revolution abzusetzen, zumindest, wie es Locke formuliert, „mit Ehrerbietung"[6] Widerstand zu leisten.

Die *Menschen- und Bürgerrechte* von 1789 nennen drei Rechte als Grundbedingung eines Lebens in Würde: das Recht auf Freiheit „alles tun zu dürfen, was einem anderen nicht schadet", das Recht auf Eigentum und das Recht auf (Rechts-) Sicherheit. Ihre Einhaltung ist „der Endzweck aller politischen Vereinigungen"[7]; sie sind somit das Kriterium, an dem Staat und Regierung gemessen und beurteilt werden. Erweisen sie sich als unfähig oder unwillig, diese Aufgabe zu übernehmen, so wird den „Menschen und Bürgern" (wie es die *Erklärung der Menschen- und Bürgerrechte* aus den Naturrechtslehren übernimmt) ein viertes Recht zuerkannt: das „Recht auf Widerstand gegen Unterdrückung" und staatliche Willkür.

Zeitgenössische Kritik an der *Déclaration de droits de l'homme et du citoyen.* Schon im Verlauf der Französischen Revolution stießen die zu ihrem Beginn proklamierten Menschenrechte auf Kritik, teils (von rechts) wegen ihres Übermaßes, teils (von links) wegen ihres Mangels an Humanismus. Auf der einen Seite formierte sich der Widerstand innerhalb der Kirche, die mit dem *Ancien régime* eng verbunden war. Ihr war bereits der Appell an den „Schutz des höchsten Wesens" (in der Präambel der *Déclaration*) ein Dorn im Auge, da sie die Entstehung einer Zivilreligion auf der Grundlage einer laizistischen, antiklerikalen Gesinnung befürchtete, die ihre eigene Machtstellung untergraben könnte. Sie verurteilte die Proklamation natürlicher Menschenrechte als *Anmaßung* und Erhebung des Geschöpfs über seinen Schöpfer, als überheblichen Versuch, aus eigener Kraft und der Überzeugung unendlicher Vervollkommnungsfähigkeit des Menschen eine neue, humane Gesellschaftsform erschaffen zu können, d.h. als Weigerung, die (auf Adam und Eva zurückgehende) prinzipielle „Sündhaftigkeit und …

6 John Locke: Zweite Abhandlung über die Regierung, a.a.O., § 235.

7 https://de.wikipedia.org/wiki/Erkl%C3%A4rung_der_Menschen-_und_B%C3%Bürgerrechte. §§ 2 und 4. Was das Recht auf Eigentum betrifft, folgt die *Déclaration* mehr Locke als Rousseau. Letzterer begreift das (Privat-) Eigentum nicht als ein Naturrecht, sondern als Usurpation, gewissermaßen als Diebstahl am ursprünglichen Gemeineigentum (an Grund und Boden), wodurch die Gleichheit der Menschen aufgehoben wurde.

Erlösungsbedürftigkeit der menschlichen Natur"[8] durch göttliche Gnade anzuerkennen.

Der kirchlichen Kritik nahe stand Edmund Burke, der mit seinen konterrevolutionären *Reflections on the Revolution in France* zum (oft zitierten) Stammvater des europäischen Konservativismus wurde. Er bezeichnet die Menschenrechte als „abstrakte Grundsätze", die „ohne alle Einschränkung falsch" und „zur Leitung der Machthabenden" ebenso entbehrlich seien, wie zur Orientierung der „Gehorchenden"[9]. Für ihn sind Staatsverfassungen und Gesellschaftsordnungen geschichtliche Gebilde, die eine in Jahrhunderten gewachsene „Weisheit" repräsentieren und nicht in einer Revolution plötzlich außer Kraft gesetzt werden dürften. Von erbitterter Feindschaft gegenüber einer jeden Form von Demokratisierung geleitet, kritisiert Burke die Menschenrechte als *Hybris der Vernunft*, die das organisch Gewachsene durch künstliche Konstruktionen zu ersetzen versucht.[10]

Bedeutsamer für die Entwicklung des Humanismus sind diejenigen, die der *Déclataion* ihren Mangel an Humanismus vorhielten. 1791 veröffentlichte Marie Gouze unter dem Pseudonym Olympe de Gouges eine *Déclaration de droits de la femme et de la citoyenne*, in der sie die rechtliche Gleichstellung der Frau einfordert. Tatsächlich war der Humanismus der Menschenrechte auf das männliche Geschlecht beschränkt. Von feministischer Seite wurden die Menschenrechte zur gleichen Zeit auch von Mary Wollstonecraft (*A Vindication of the Rights of Women*) kritisiert. Ebenfalls im

8 Eike Wolgast: Geschichte der Menschen- und Bürgerrechte, Stuttgart 2009, S.244. Noch im Jahr 1864 verurteilte Papst Pius IX. im *Syllabus errorum* (§§ 15 und 79) das Menschenrecht auf Meinungs- und Religionsfreiheit als zwei von 80 „Irrtümern der Moderne". Außerdem sollten Menschen, die in katholische Länder einwandern, die öffentliche Ausübung eigenen ihres Kults verboten werden (§ 78). https://de.wikipedia.org/wiki/Syllabus_errorum

9 Edmund Burke: Über die Französische Revolution. Betrachtungen und Abhandlungen (1790), Kap. III, übersetzt von Friedrich Gentz, Berlin 1991, S.467, S.484, S.465f.

10 Explizit gegen Burkes Buch gerichtet ist Thomas Paines Abhandlung *The Rights of Men* (1791). Darin kritisiert der revolutionäre Demokrat und Vordenker der amerikanischen Unabhängigkeitserklärung, von verschiedenen fehlerhaften Darstellungen der historischen Umstände abgesehen, vor allem zweierlei. Erstens vertritt Burke das Interesse der alten, auf Erbfolge und stets auf Krieg hin ausgerichteten Herrschaft und spricht den Gegenwärtigen das Recht ab, sich eine neue Verfassung zu geben; er „streitet für die Macht der Toten über die Rechte und die Freiheit der Lebenden" (Die Rechte des Menschen, hg., übersetzt und eingeleitet von Wolfgang Mönke, Berlin 1962, S.130, vgl. S.245f.) Zweitens lehnt Paine die Verbindung von Kirche und Staat, „die Herr Burke empfiehlt" vollständig ab; aus deren naturwidrigen Verbindung wird nur „eine Art Maultier erzeugt, das nur zerstören, nicht zeugen kann" (S.181).

Jahre 1791 brach in Haiti, der reichsten Kolonie Frankreichs, eine Revolution der Schwarzen und Sklaven aus. Ihr Anführer General Toussaint Louverture, der „schwarze Napoleon", erließ 1801 eine Verfassung, die die gleichen Rechte für Menschen aller Rassen und Hautfarben einforderte. Tatsächlich war der Humanismus der *Droits de l'homme et du citoyen* auf weiße Europäer beschränkt.

In seiner Konventsrede vom 24. April 1793, in der er seinen *Entwurf eines Menschenrechtskatalogs* vorlegte, definiert Robespierre die Menschenrechte nicht nur als Abwehr- sondern zugleich auch als Anspruchsrechte der Individuen gegenüber dem Staat bzw. „Gesellschaftsverband": als Recht auf Arbeit und Lebensunterhalt (Art. 11 und 12) oder als Recht auf Unterricht und Bildung (Art. 14). Tatsächlich hatte der Humanismus der *Droits de l'homme et du citoyen* nur die Freiheit und Gleichheit, aber nicht die „Pflichten der Brüderlichkeit" beschworen, die auch eine Schuld der Reichen gegenüber den Armen anerkennen oder die „Entfaltung aller ... Fähigkeiten" als unwandelbares Recht *aller* Menschen einfordern.[11] Gracchus Babeuf lehnt die *Droits de l'homme et du citoyen* in seinem *Manifest der Gleichen* aus dem Jahr 1795 mit dem Argument ab, sie propagierten nur die *formale* Gleichheit der Menschen vor dem Gesetz. Die „wirkliche Freiheit" und Gleichheit aber setze „GEMEINGUT oder ... GÜTERGEMEINSCHAFT" voraus. Mit ihrem formalen Humanismus stelle die Französische Revolution deshalb „nur die Vorläuferin einer anderen, viel größeren und bedeutsameren Revolution" dar, die „die letzte sein wird"[12]. Der Humanismus der Menschenrechte markiere somit nur eine Etappe in der Entwicklung des Humanismus und müsse in weiteren Etappen erweitert und vertieft werden.

Aufhebung der bürgerlichen Menschenrechte im modernen Staat (Hegel). Das Gemeinsame der genannten Kritiker ist, dass sie die Revolution samt Erklärung der Menschenrechte zwar begrüßten, dass ihnen die Menschenrechte aber *nicht weit genug gingen*, so dass sie Ergänzungsbedarf anmeldeten. Auf

11 Maximilien Robespierre: Entwurf einer Erklärung der Rechte, in Christoph Menke/Francesca Raimondi (Hg.): Die Revolution der Menschenrechte, Berlin 2011, S.78ff.. Auch https://reader.digitale-sammlungen.de/de/fs1/object/display/bsb11128415_00096.html.

12 Gracchus Babeuf: Das Manifest der Gleichen, in Christoph Menke/Francesca Raimondi (Hg.): Die Revolution der Menschenrechte, a.a.O., S.90.

dieser Linie liegt auch Hegel, der noch im Alter, als preußischer Staatsphilosoph, den Jahrestag der Revolution feierte, die er als Student im Tübinger Stift mit einem Freudentanz begrüßt hatte. Während de Gouges, Louverture, Robespierre oder Babeuf den Begriff des Menschen auch auf Frauen, Farbige, Sklaven und Menschen ohne Eigentum ausweiten wollten, um auch sie in den Genuss (erweiterter) Menschenrechte kommen zu lassen, erkennt Hegel den Mangel der Menschenrechte darin, dass sie (auch in dieser erweiterten Form) letztlich bürgerliche Abwehrrechte gegen den *alten* Staat sind, im *modernen* Staat dagegen verwirklicht und (als Abwehrrechte) an Interesse verloren hätten.

Zum einen ordnet Hegel die Menschenrechte deren Begriff bei ihm nicht vorkommt der Sphäre der bürgerlichen Gesellschaft zu, in der (wie schon zitiert) „jeder sich [nur selbst] Zweck" und „alles andere … ihm nichts" ist.[13]; zum anderen brauchen die Forderungen, die sie erheben, gar nicht mehr erhoben werden, da sie im Staat (zumindest im Begriff des Staats) bereits berücksichtigt sind. *Abwehrrechte* des Bürgers gegen den absolutistischen Staat, *Freiheitsrechte*, die den Bürger vor staatlichen Übergriffen schützen, bedarf es nicht mehr, da der moderne, „vernünftige" Staat (zumindest seinem Begriffe nach) „das Allgemeine … mit der vollen Freiheit der Besonderheit und dem Wohlergehen der Individuen" verbindet[14], die „Einheit der Allgemeinheit und Besonderheit" verwirklicht[15] und „das Glück der Bürger" als den obersten „Zweck des Staates" ansieht. Auch die Trennung der drei Gewalten, der Legislative, der Judikative und der Exekutive, die in der Präambel der *Déclaration* eingefordert wird, ist im „modernen Staat"[16] vollzogen und institutionalisiert.

Abzulesen sind Hegels Vorbehalte gegenüber den *Droits de l'homme et du citoyen* insbesondere an seiner Kritik an Rousseaus *Contrat social* und der darin getroffenen Unterscheidung zwischen dem „Willen aller" (*volonté des tous*) und dem „allgemeinen Willen" (*volonté générale*). Den Ersteren definiert

13 Hegel: Grundlinien der Philosophie des Rechts, § 182 Zusatz, a.a.O., S.339. Unstrittig ist, wie Georg Lohmann schreibt, dass Hegel „wichtige Versatzstücke und Elemente" der Menschenrechte behandelt hat; ebenso unstrittig ist aber auch, dass er keine „explizite Theorie der Menschen- und Grundrechte" entwickelt hat. (Hegels Theorie der Menschenrechte? Hegel-Jahrbuch (2002), Heft 1, S.137).

14 Ebd., § 260 Zusatz, S.407.

15 Ebd., § 261 Zusatz, S.410.

16 Ebd., § 272 Zusatz, S.435.

Rousseau als die auf dem „Privatinteresse“ gegründete „Summe einzelner Willensmeinungen“, den Letzteren als den Willen, der auf „das allgemeine Beste“ gerichtet ist.[17] Wie verhalten sich beide zueinander? Auf diese Frage gibt Rousseau folgende Antwort: Zieht man von der Summe der „[einzelnen] Willensmeinungen das Mehr oder Minder, das sich gegenseitig aufhebt, ab, so bleibt als Differenzsumme der allgemeine Wille übrig“. Mit dieser Antwort gibt sich Hegel nicht zufrieden. Er rechnet es Rousseau zwar als Verdienst an, „den *Willen* als Prinzip des Staats aufgestellt zu haben“ [18], gleichzeitig wirft er ihm aber vor, den Gegensatz der *volonté des tous* und der *volonté générale* nicht richtig vermittelt und aufgehoben zu haben, und die Gesellschaft bzw. den Staat (zwischen denen er nicht richtig unterscheidet) ausschließlich auf die Übereinkunft der einzelnen *empirischen* Willen gegründet zu haben, die sich durch Vertrag ihres gemeinsamen Interesses versichern. Wörtlich schreibt Hegel: Rousseaus Gesellschaftsvertrag habe die „Willkür, Meinung und beliebige, ausdrückliche Einwilligung [der Einzelnen] zur Grundlage“[19], die dann zum allgemeinen Willen erklärt würden. Tatsächlich handelt es sich dabei also nur um die durch Vertrag geregelte Interessensgemeinschaft der Bourgeoisie. Der Staat, weitab davon, ein vernünftiger Staat zu sein, wird bei Rousseau zur Schutzanstalt privater Interessen und privaten Eigentums, d.h. zum Mittel zur Aufrechterhaltung der bürgerlichen Ordnung.

Hegel ersetzt den Gegensatz von *volonté des tous* und *volonté générale* durch den Gegensatz von empirischem und vernünftigem Willen. Im empirischen Willen, der der *volonté des tous* entspricht, kommen auch bei ihm die Interessen der Bourgeoisie zum Ausdruck, die in der Erklärung der Menschenrechte

17 Jean-Jacques Rousseau: Der Gesellschaftsvertrag, 2. Buch, 3. Kapital, a.a.O., S.32.

18 Hegel: Grundlinien der Philosophie des Rechts, § 258, a.a.O., S.400.

19 Ebd. Ähnlich äußert sich Hegel auch in den *Vorlesungen über die Geschichte der Philosophie*, a.a.O., Bd.18, S.358 und Bd.19, S.129. Rousseau „vermochte nicht, den Widerspruch zwischen der *volonté de tous* und der *volonté générale* aufzuheben, weil er den Gemeinwillen nur als den gemeinschaftlichen Willen der einzelnen Bürger verstand, aber nicht als wahrhaft allgemeinen. Infolgedessen wurde aus der Vereinigung im Staat ein bloßer Gesellschaftsvertrag, dessen Grundlage die willkürliche Einwilligung der Einzelnen blieb“. In diesen Worten gibt Karl Löwith die Hegelsche Kritik an Rousseau wieder (*Menschenrechte und Bürgerrechte bei Rousseau, Hegel und Marx*, in: Sämtliche Schriften, Bd.5, Stuttgart 1988, S.180). Hegels Vorbehalte gegen den *Contrat social* hinderten ihn allerdings nicht daran, Rousseau als einen Menschen zu schätzen, der „tiefergriffen“ ist, vom „Elend“ seiner Zeit, seines „Volkes“ und dem „sittlichen Verderben“ der Gesellschaft. So heißt es in einer der Nachschriften seiner Vorlesungen über die Rechtsphilosophie aus den Jahren 1824/25.

anerkannt und geschützt werden. Der vernünftige Wille des Citoyens allerdings geht über die *volonté générale* hinaus. Er existiert gleichgültig ob seine Vernünftigkeit „von Einzelnen erkannt und von ihrem Belieben gewollt" wird oder nicht[20] und ist darauf gerichtet, die Widersprüche aufzuheben, die die (durch die Menschenrechte sanktionierte) bürgerliche Gesellschaft kennzeichnen. Diese Widersprüche verschärfen sich mit den Fortschritten der „*Industrie*", d.h. der kapitalistischen Produktionsweise. In ihr nämlich schreitet, wie schon zitiert, mit der „*Anhäufung der Reichtümer* ... in wenigen Händen" auch die Armut und Verelendung der Massen voran. Eine „große Masse" von Menschen sinkt „unter das Maß einer gewissen Subsistenzweise" herab und verpöbelt, indem sie infolge ihrer Armut auch noch eine niedere Gesinnung ausbildet, die auf dem Verlust „des Gefühls des Rechts, der Rechtlichkeit und der Ehre, durch eigene Tätigkeit und Arbeit" bestehen zu können beruht. So ist die bürgerliche Gesellschaft bei allem „*Übermaße des Reichtums ... nicht reich genug* ... dem Übermaße der Armut und der Erzeugung des Pöbels zu steuern"[21]. Dieser Einsicht zum Trotz hält Hegel fest an seiner Überzeugung und seinem Vertrauen in die Fähigkeit des Staats, eine Versöhnung zwischen den besonderen und den allgemeinen Interessen herbeiführen und also die Kluft zwischen Arm und Reich in erträglichen Grenzen halten zu können. Während Hegel also die Menschenrechte als Klassenrechte der Bourgeoisie kritisiert, setzt er gleichzeitig auf den Staat und die Vernunft des Citoyens, dem er die Aufgabe der Korrektur und die Fähigkeit zuspricht, die aus der Praxis der (formalen) Menschenrechte entstehende Inhumanität zu überwinden.

Um Hegels Kritik an Rousseau noch von einer anderen Seite zu beleuchten, könnte man den Vergleich heranziehen, den er zwischen dem *Contrat social* und der Staatsauffassung des „klassischen Altertums", insbesondere der *Politeia* von Platon anstellt. Sie nämlich stellt, was das Verhältnis des empirischen zum vernünftigen Willen betrifft, das genaue Gegenteil von Rousseau dar. Verabsolutiert Rousseau die bürgerliche Gesellschaft, d.h. den empirischen Willen, der sich im Gesellschaftsvertrag und in der Erklärung der Menschenrechte niederschlägt, so verabsolutierte Platon umgekehrt den „substantiellen Staat" und den vernünftigen Willen, der alle individuelle Besonderheit vernachlässigt und dem Allgemeinen unterordnet. Am klarsten

20 Hegel: Grundlinien der Philosophie des Rechts, § 258, a.a.O., S.401.
21 Ebd. §§ 243 und 244, a.a.O., S.389; vgl. § 245, S.390.

drückt Hegel diesen Gegensatz in seinen *Vorlesungen zur Geschichte der Philosophie* aus: „Das Entgegengesetzte gegen das Prinzip Platos ist das Prinzip des bewußten freien Willens der Einzelnen, was in späterer Zeit besonders durch Rousseau obenan gestellt worden ist."[22] Das „Wesen des neuen Staats", der nach Hegels Alters- und zum Konservatismus gewendeten Ansicht im Preußen der Gegenwart verwirklicht ist, liegt jenseits dieser beiden Extreme. In ihm sind der empirische mit dem vernünftigen Willen, der Bourgeois mit dem Citoyen, die bürgerliche Gesellschaft mit dem Staat versöhnt. Das Privatinteresse des Bourgeois, das in den Menschenrechten zum Ausdruck kommt, ist damit sowohl anerkannt als auch relativiert und dem „vernünftigen Willen" des Citoyens untergeordnet.

Die Menschenrechte als die Rechte des egoistischen Privateigentümers. Marx folgt Hegel in doppelter Hinsicht. Er unterscheidet wie dieser zwischen bürgerlicher Gesellschaft und Staat, und er begreift die Rechte des Menschen als die Rechte (oder Privilegien) des Bürgers. Wie Hegel stellt Marx die in den Menschenrechten proklamierte Humanität als eine *nur bürgerliche Form der Humanität* dar, über die hinausgegangen werden muss. Im Gegensatz zu Hegel begreift Marx den Staat aber nicht als eine *über* der bürgerlichen Gesellschaft stehende Macht, die befähigt wäre, deren Widersprüche und Inhumanitäten aufzuheben. Für ihn ist der Staat nicht die „Wirklichkeit der sittlichen Idee", sondern der institutionelle „Überbau" einer sozialökonomischen Basis, die das Privateigentum an den Produktionsmitteln zur Voraussetzung hat. Engels nennt den Staat späterhin „das Eingeständnis", dass sich die Gesellschaft seit der Entstehung des Privateigentums „in einem unlösbaren Widerspruch mit sich selbst verwickelt" hat.[23] Indem der Staat in der Folge der Französischen Revolution zur Schutzmacht der Menschenrechte, zumal des Rechts auf Eigentum, wird, schützt er gerade die Institution, aus der diese Widersprüche entstehen. Hegel löst die Widersprüche der bürgerlichen Gesellschaft bzw. den Widerspruch zwischen Bourgeois und Citoyen nur begrifflich oder „dem Scheine nach", aber nicht wirklich auf. Wörtlich schreibt Marx (wie schon zitiert): „Das Tiefere bei Hegel liegt darin, daß er die Trennung der bürgerlichen Gesellschaft und

22 Hegel: Vorlesungen zur Geschichte der Philosophie, a.a.O., Bd.19, S.129.
23 Engels: Der Ursprung der Familie, des Privateigentums und des Staats, MEW 21, S.165.

der politischen als einen *Widerspruch* empfindet. Aber das Falsche ist, daß er sich mit dem *Schein* dieser Auflösung begnügt und ihn für die Sache selbst ausgibt."

Während des halben Jahrhunderts, das zwischen der Proklamation der Menschenrechte und Marx' Kritik daran liegt, hatte der Kapitalismus große Fortschritte gemacht, der Gegensatz zwischen Bürgertum und Proletariat eine neue Dimension erreicht. Wenn Marx die Menschenrechte als „die Rechte des *Mitglieds der bürgerlichen Gesellschaft*" bezeichnet, so sagt er damit: Sie sind nicht die Rechte derjenigen, die keine Bürger sind, die also kein Eigentum und kein Kapital, sondern nur ihre Arbeitskraft besitzen und deshalb gezwungen sind, sich auf dem Arbeitsmarkt zu verdingen. Die bürgerliche, auf der Verwirklichung der Menschenrechte beruhende Humanität, basiert auf der *formalen* Freiheit und Gleichheit der Menschen. Sie ist zum einen die Freiheit des „egoistischen Menschen", der vom „[Mit-] Menschen und vom Gemeinwesen getrennten Menschen"[24], die Freiheit des Privateigentümers, sein Eigentum zu genießen und zu vermehren. Zum anderen beruht sie auf der Gleichheit vor dem Gesetz, die dem Kapitalisten und dem Arbeiter, dem Eigentümer der Produktionsmittel und demjenigen, der kein Eigentum und nur seine Arbeitskraft besitzt, erlauben, als „freie, rechtlich ebenbürtige Personen" Verträge zu schließen.[25] Gänzlich auf der Strecke bleibt die Brüderlichkeit, die solidarische „Verbindung des Menschen mit dem Menschen", die „im andern Menschen ... die *Verwirklichung*" und nicht „die *Schranke* seiner Freiheit finden" lässt.[26]

Solange die Menschrechte von den Volksmassen gegen den absolutistischen Staat erkämpft wurden, solange führten sie zu einem Zugewinn an Humanität. Marx zögert nicht, den Schutz vor staatlicher Willkür oder die Gedanken-, Meinungs- und Pressefreiheit (unter deren Mangel er ja selbst gelitten hat) als zivilisatorischen Fortschritt anzuerkennen; er ist nicht Gegenstand seiner Kritik. Sobald der (bürgerlich-gewordene) Staat jedoch zum Anwalt der Menschenrechte wird und sie nun seinerseits gegen die Volksmassen (später dann auch gegen andere Staaten) durchsetzt, sobald steht er dem weiteren Fortschritt des Humanismus im Wege. Die „Sphä-

24 Marx: Zur Judenfrage, MEW 1, S.364.
25 Marx: Das Kapital, MEW 23, S.190.
26 Zur Judenfrage, MEW 1, S.365.

re … des Warentauschs" und damit die kapitalistische Ökonomie hat sich, wie Marx kritisiert, als das „wahre Eden der angebornen Menschenrechte" erwiesen.[27] Der Staat, der diese Recht garantiert, schützt damit eine Wirtschaftsordnung, die durch ökonomische Krisen, die Spaltung der Gesellschaft in Arme und Reiche und die Verelendung eines wachsenden Teils der Bevölkerung gekennzeichnet ist. Ein Fortschritt über den bürgerlichen Humanismus wäre also nur durch die Aufhebung des Privateigentums an den Produktionsmitteln zu erreichen, was (nach der Ansicht von Marx) das „Absterben" des Staats in seiner Schutzfunktion für dieses Eigentum zur Folge hätte.

Erweiterung der Menschenrechte in der *Allgemeinen Erklärung der Menschenrechte der Vereinten Nationen.* Nach der *Déclaration des droits de l'homme et du citoyen* (1789) ist die *Allgemeinen Erklärung der Menschenrechte der Vereinten Nationen* (1948) der zweite Höhepunkt in der Geschichte der Menschenrechte. Bildete die erste das Vorbild für viele europäische Erklärungen im Verlauf des 19. Jahrhunderts, so stellte die zweite den Ausgangspunkt der Menschenrechtsentwicklung auf globaler Ebene dar. Gemeinsam ist beiden das Interesse, vergangenes Unrecht, vergangene Willkür und Gewalt zu beenden und die Grundlage eines zukünftigen Friedens und einer zukünftigen Humanität zu schaffen. War die *Déclaration* gegen Feudalismus und absolutistischen Staat, so war die *Allgemeine Erklärung* gegen die faschistischen Diktaturen (und den Kolonialismus) gerichtet. Ging der einen der Sieg des Volkes in der Französischen Revolution, so ging der anderen der militärische Sieg der Alliierten über Hitler-Deutschland und seine Verbündeten voraus. Was die *Allgemeine Erklärung* darüber hinaus grundsätzlich von der *Déclaration* unterscheidet, ist erstens ihre Erweiterung auf *alle* Menschen. In den Genuss der durch die Menschenrechte garantierten Humanität sollten nicht mehr nur die männlichen, weißen, vermögenden Angehörigen der eigenen Nation, sondern alle Menschen gelangen, „ohne irgendeinen Unterschied, etwa nach Rasse, Hautfarbe, Geschlecht, Sprache, Religion, politischer oder sonstiger Anschauung, nationaler oder sozialer Herkunft, Vermögen, Geburt oder sonstigem Stand"[28]. Ein zweiter grundsätzlicher Unterschied liegt

27 Das Kapital, MEW 23, S.189.
28 http://www.ohchr.org/EN/UDHR/Documents/UDHR_Translations/ger.pdf. Artikel 2/1.

darin, dass die *Allgemeine Erklärung der Menschenrechte* nicht mehr vom Volk, sondern von der Staatengemeinschaft der UNO ausgegangen ist. Ihre Einhaltung wird also nicht mehr von unten („Widerstandsrecht"), sondern von oben kontrolliert, von übernationalen Organisationen, die der UNO angegliedert sind, in zunehmendem Maße allerdings auch von NGOs wie *Amnesty international, Terre des Hommes, Ärzte ohne Grenzen* u. a., die aber nur die Möglichkeit der moralischen Verurteilung besitzen und über keine materiellen Mittel verfügen, um Menschenrechts-Verletzungen wirkungsvoll zu bekämpfen.

Viele Formulierungen der *Allgemeinen Erklärung* lassen ihre Herkunft aus den Erfahrungen des Faschismus erkennen und sind von der Absicht getragen, seiner Wiederkehr einen Riegel vorzuschieben. So etwa, wenn die Missachtung der Menschenrechte nicht nur als die Ursache des „öffentlichen Unglücks" und der „Verderbtheit der Regierungen" bezeichnet wird (wie es im der Präambel der *Déclaration* heißt), sondern geradezu als die Ursache der „Barbarei". Oder, wenn dem Recht auf Freiheit und Gleichheit noch die Berufung auf die menschliche Würde (Präambel und Art. 1 der *Allgemeinen Erklärung*) vorangestellt wird. Aus ihr nämlich folgt das kategorische Verbot der Sklaverei und der Leibeigenschaft (Art. 4), der Folter, erniedrigender Strafen (Art. 5), des willkürlichen Entzugs der Staatsangehörigkeit (Art. 15) oder der Zwangsinkorporation (Art. 20). Ein gravierender Unterschied der *Allgemeinen Erklärung* gegenüber der *Déclaration* ist auch, dass über den *Schutz* der Individuen vor staatlichen Übergriffen hinaus auch eine ganze Reihe von *Ansprüchen* des Individuums an die staatliche Gemeinschaft erhoben wird. Dazu zählen das „Recht auf Arbeit", der „Schutz vor Arbeitslosigkeit" und auf „gerechte und befriedigende Entlohnung" (Art. 23), das Recht auf Gesundheit, ärztliche Betreuung und soziale Fürsorge (Art. 25) oder das „Recht auf Bildung" und vor allem „die volle Entfaltung der menschlichen Persönlichkeit" (Art. 26).

Kein Zweifel: Die genannten Artikel enthalten (als Forderung) eine beträchtliche Ausweitung an Humanität. Allerdings – und das ist die Kehrseite – behält die Kritik, die Marx an der *Déclaration* geäußert hat, auch gegenüber der *Allgemeinen Erklärung* ihre Gültigkeit. In ihr werden die Rechte (und Ansprüche) des isolierten Individuums vorgebracht, das in seinen Mitmenschen „nicht die *Verwirklichung*, sondern vielmehr die *Schranke* seiner Freiheit" findet. Das „einzige Band", das die Menschen demnach zusammenhält, ist „die Naturnotwendigkeit, das Bedürfnis und das Privatinteresse, die Konservation ihres Eigentums und ihrer egoistischen Person“[29]. Auch in ihrer erweiterten Fassung gehören die Menschenrechte zum ideologischen Überbau der bürgerlich-kapitalistischen Gesellschaft: Hinter ihrem universalistischen Anspruch verbergen sich (wie noch zu zeigen ist) partikulare Interessen. Selbst die „persönliche Würde“ ist unter kapitalistischen Verhältnissen „in den Tauschwert aufgelöst“[30].

Funktionswandel der Menschenrechte. Die *Allgemeine Erklärung der Menschenrechte*, so Eike Wolgast, beruht auf einem „Menschenbild, das ganz auf das Individuum zentriert ist“. In ihr werden „die Wertevorstellungen und Normen des westlichen Kulturkreises universalisiert und für weltweit verbindlich erklärt“. In den sogenannten Entwicklungsländern werden die Menschenrechte daher oft als „Rassismus“, als „Zerstörung traditioneller Werte“ oder als „ideologisch-missionarischer Kolonialismus“ wahrgenommen.[31] Wo sich der Westen in seinen „Kreuzzügen“ gegen den Realen Sozialismus (vor 1989) oder seinen militärischen Interventionen in der Dritten Welt propagandistisch auf die Menschenrechte berief, da bezweckte er vor allem die Ausweitung der Marktwirtschaft, des Freihandels und seiner imperialen Vorherrschaft. Noch einen Grad schärfer ist die Kritik von Ingeborg Maus, die das ursprüngliche „Kontinuum von Menschenrechten, Volkssouveränität und Frieden“ in den heutigen „Konzepten globaler Menschenrechtspolitik“ nach zwei Seiten hin aufgelöst sieht. Zum einen besteht ihrer Ansicht nach kein Zusammenhang mehr mit der Volkssouveränität: Waren die Menschenrechte ursprünglich eine „Abwehr *gegen* das staatliche Machtmonopol“, so sind sie heute „in Aufgabenkataloge *für* ein globalen Machtmonopol“ transformiert; aus „Freiheitsrechten“ des Volkes wurden auf diese Weise „Ermächtigungsnormen“ staatlicher Übergriffe. Zum anderen besteht auch kein Zusammenhang mehr mit der Erhaltung und Absicherung des Friedens. Vielmehr dient die Berufung auf Menschenrechte „der Legitimation militärischer Aktionen“ gegen Länder, die sich westlichen (kapita-

29 Zur Judenfrage, MEW 1, S.365 und S.366.
30 Marx/Engels: Das kommunistische Manifest, MEW 4, S.465.
31 Eike Wolgast: Geschichte der Menschen und Bürgerrechte, a.a.O., S.219, S.287.

listischen) Standards versperren. War die UN-Charta nach dem Zweiten Weltkrieg „als Friedensordnung formuliert“, so wird sie heute „in diesem neuen Sinn interventionsgerecht uminterpretiert“[32].

„Dritte Generation“ der Menschenrechte. Aus der Sicht des realen Humanismus können, in Bezug auf die Menschenrechte, zweierlei (gegensätzliche) Stellungen bezogen werden, die sich unter Umständen gar nicht ausschließen und sich sogar ergänzen. Gut begründen lässt sich, wie gesehen, die *Ablehnung* der Menschenrechte unter dem Aspekt der Menschenrechtspolitik, die unter Berufung auf universelle Rechte nur ihre partikularen, kapitalistischen Werte vertritt und sie auch militärisch durchsetzt. Gut begründen lässt sich die Kritik an den Menschenrechten auch durch ihren Mangel an Verbindlichkeit. Dagegen kann sich die *Befürwortung* der Menschenrechte auf das Faktum stützen, dass ihre Entwicklung eine Richtung angenommen hat, die über ihre bürgerlichen Ursprünge hinausweist. Hatte das Bürgertum seine partikularen Interessen ideologisch, um ihrer wirkungsvollen Durchsetzung willen, die Form der Universalität gegeben, so schlägt der universelle Anspruch mittlerweile auf sie selbst zurück. Die Rechte auf Arbeit, auf Gesundheit, auf Freiheit der Presse, auf die Gewährung von Asyl u. a. sind auch in vielen westlichen Ländern bis heute nicht garantiert. So kommen diejenigen, die sich oftmals die Rolle des Richters in Sachen Menschenrechte anmaßten, selbst in Bedrängnis und auf die Anklagebank. Vorgeworfen wird ihnen, dass sie die Universalität der ehemals proklamierten Rechte durch „nähere Gesetze“ und Ausführungsbestimmungen aushöhlen oder ihre Mitgliedschaft an Organisationen aufkündigen, die ehemals bestellt waren, Verstöße gegen die Menschenrechte öffentlich zu machen und an den Pranger zu stellen.

„Von Natur“ existieren keine Menschenrechte, ebenso wie es „von Natur“ keinen Unterschied zwischen Freien und Sklaven gibt, wie Aristoteles angenommen hatte.[33] Begreift man die Menschenrechte aber als Rechte, die

32 Ingeborg Maus: Menschenrechte als Ermächtigungsnormen internationaler Politik oder: Der zerstörte Zusammenhang von Menschenrechten und Demokratie (1999), wieder abgedruckt in Christoph Menke/Francesca Raimondi (Hg.): Die Revolution der Menschenrechte, a.a.O., S.334–S.336.

33 Aristoteles: Politik, 1254a. „Derjenige Mensch , welcher von Natur nicht sich selbst, sondern einem anderen angehört, der ist Sklave von Natur.“ Gemeint ist damit der Barbar oder Nicht-Grieche, der als Kriegsgefangener in die Hände der Griechen fällt.

bestimmte Menschen unter bestimmten geschichtlichen Umständen erkämpft haben, um *ihre* Freiheit abzusichern, um die *sie* bedrückenden Verhältnisse zu beseitigen oder an bestimmten Chancen zu partizipieren, so können sie mit den Lebensbedingungen und Interessen der ganzen Menschheit auch ergänzt und fortentwickelt werden. Eine solche Fortentwicklung ist z. B. in der Forderung nach einer „dritten Generation" von Menschenrechten enthalten, wie sie der damalige Direktor der *Abteilung für Menschenrechte und Frieden* der UNESCO Karel Vasak bereits 1977 erhoben hat. Nach den negativen Freiheits- oder Abwehrrechten der ersten Generation und den positiven Freiheits- oder Anspruchsrechten der zweiten Generation sollten nun, Vasak zufolge, auch Gruppen-, Kollektiv- und Solidarrecht anerkannt werden, die über die Individualrechte hinausgehen. So etwa das Recht auf Frieden, auf eine saubere Umwelt oder auf Partizipation am „gemeinsamen Menschheitserbe". Inzwischen wäre wohl auch das Recht auf informelle Selbstbestimmung (Datenschutz) oder auf Klimaschutz hinzu zu rechnen.

Das Menschenrecht auf Entwicklung. Bahnbrechend im Sinne der „dritten Generation" war die *Erklärung über das Recht auf Entwicklung*, die 1986 von den Vereinten Nationen auf ihrer 96. Plenarsitzung angenommen wurde. Unter dem Begriff des (individuellen und kollektiven) Menschenrechts auf Entwicklung formulierte diese *Erklärung* vor allem vier Ziele.[34] Erstens die Verwirklichung einer globalen Humanität durch die „gerechte Verteilung" der aus dem wirtschaftlichen, sozialen, kulturellen und politischen Prozess erwachsenden „Steigerung des Wohls" der Menschheit. Zweitens die Verpflichtung speziell der Industrienationen zur Abrüstung und zum Frieden, wobei die „Fortschritte im Abrüstungsbereich in erheblichem Maße zu Fortschritten im Entwicklungsbereich", d. h. zur Aufstockung der Entwicklungshilfe für die Länder der Dritten Welt verwendet werden sollten. Drittens die ausdrückliche Verbindung des Rechts auf Entwicklung mit der Beendigung von „Kolonialismus, Neokolonialismus, Apartheid, allen Formen des Rassismus und der rassischen Diskriminierung, Fremdherrschaft und ausländischer Besetzung, Aggression und Bedrohung der nationalen Souveränität". Viertens die Aufforderung der Staatengemeinschaft, Verstöße gegen die Menschen-

34 https://www.humanium.org/de/erklarung-entwicklung/.

rechte nicht nur durch moralische Appelle zu verurteilen, sondern „energische Maßnahmen" zu ergreifen, um „massive und flagrante Verletzungen der Menschenrechte … zu beseitigen".

Die *Erklärung über das Recht auf Entwicklung* gipfelt in der Aufforderung, die Bemühungen zur Förderung und zum Schutz der Menschenrechte „mit Bemühungen um die Errichtung einer neuen, internationalen Wirtschaftsordnung" zu verbinden. Begründeten die Menschenrechte der ersten und auch der zweiten Generation einen bürgerlichen Humanismus, der mit der Entwicklung der kapitalistischen Ökonomie konform ging, so setzt der globale Humanismus, der die Überwindung aller Formen der Ausbeutung, Erniedrigung und Entwürdigung sowie die Überwindung des Abgrunds zwischen armen und reichen Individuen, Klassen und Nationen zum Programm erhebt, die Transformation und Beendigung der kapitalistischen Wirtschaftsordnung voraus. Es verwundert daher nicht, dass die *Erklärung über das Recht auf Entwicklung* nur *gegen* die Stimmen der kapitalistischen Länder beschlossen werden konnte. Von den 156 stimmberechtigten Nationen stimmten 133 mit Ja, 12 enthielten sich der Stimme, 11 stimmten mit Nein, darunter die BRD, Frankreich, England und die USA.

6. Erweiterung und Beeinträchtigung des realen Humanismus im Fortschritt der Arbeitsteilung

> „Wir haben ferner gezeigt, daß das Privateigentum nur aufgehoben werden kann unter der Bedingung einer allseitigen Entwicklung der Individuen, weil eben der vorgefundene Verkehr und die vorgefundenen Produktivkräfte allseitig sind und nur von allseitig sich entwickelnden Individuen angeeignet, d.h. zur freien Betätigung ihres Lebens gemacht werden können."[1]

Auf zwei Grenzen des Humanismus waren die bisherigen Ausführungen konzentriert. Auf die Religion, die der Seele (dem Geist) die absolute Hegemonie über den Körper (die Sinnlichkeit) einräumt, die Menschen der göttlichen (kirchlichen) Autorität unterstellt und das wirkliche Leben im Hinblick auf das „ewige Leben" abwertet. Und auf die bürgerliche Gesellschaft mit ihren Menschenrechten, in der sich jeder „selbst Zweck" ist, in der die Rechte des Einzelnen über denen der Gemeinschaft stehen, die Individuen ihre Anlagen und Fähigkeiten gegeneinander und nicht miteinander zu entwickeln versuchen. Wie aber steht es mit der Arbeit oder der Teilung der Arbeit, die jeder Gesellschaft zugrundeliegt? Fördert sie den Humanismus oder setzt sie ihm, wie die Religion und die bürgerliche Gesellschaft, Grenzen?

Die Arbeitsteilung als Entwicklungsform des Humanismus. Man kann die Geschichte der Menschheit als Geschichte fortschreitender Arbeitsteilung rekonstruieren. An ihrem Anfang steht die naturwüchsige Teilung der Arbeit innerhalb der Horde, des Stammes oder der Familie auf der Grundlage des Geschlechts oder des Alters, d.h. auf der Grundlage *physiologischer* Unter-

1 Marx/Engels: Die deutsche Ideologie, MEW 3, S.424.

schiede der Menschen. Es wird gemeinsam produziert und gemeinsam konsumiert. Die Arbeitsprodukte sind noch keine Waren. Dieser Zustand ändert sich in dem Maße, in dem verschiedene Gemeinwesen miteinander in Beziehung treten und den Überschuss ihrer Arbeitsprodukte gegenseitig austauschen. Aus den Arbeitsprodukten werden auf diese Weise Waren. Und die *naturwüchsige* Arbeitsteilung wird zur *gesellschaftlichen* Arbeitsteilung, bei der nicht mehr für die eigenen Bedürfnisse, sondern für den „Markt" und die Bedürfnisse Anderer produziert wird. Die gesellschaftliche Arbeitsteilung und der Warentausch beginnen, so Marx, „wo die Gemeinwesen enden, an den Punkten ihres Kontakts mit fremden Gemeinwesen"[2]. Sie schlagen von den Rändern zurück ins Innere und verändert das Leben der Horde, der Stammes oder der Familie. Aus dem Handel mit anderen Gemeinwesen entwickelt sich der Handel unter dem Gliedern des eigenen Gemeinwesens, so dass sich die gesellschaftliche Arbeitsteilung ausweitet und verfestigt.

Qualitative Sprünge innerhalb der fortschreitenden Arbeitsteilung finden dort statt, wo neue Formen der Arbeit entstehen: etwa des Ackerbaus neben der Jagd und dem Sammeln, des Handwerks neben der Landwirtschaft, der Fabrikarbeit neben der Manufaktur, des Handels neben der Produktion, der Dienstleistung neben der Produktion und Distribution. Hand in Hand mit diesen Entwicklungen geht die Entwicklung von neuem Arbeitsgeschick, neuen Werkzeugen und Maschinen. Neben die *allgemeine* Arbeitsteilung (Landwirtschaft, Handwerk, Handel) tritt sodann die *besondere* Arbeitsteilung innerhalb dieser verschiedenen Branchen, die im Falle des Handwerks (Schmied, Schreiner, Schneider, Schuster etc.) viel stärker ausgeprägt ist als im Falle landwirtschaftlicher Betriebe. Zuletzt entwickelt sich die *spezifische* Arbeitsteilung innerhalb der einzelnen Werkstatt, Fabrik oder Handelsgesellschaft. Je größer der jeweilige Betrieb, je vielfältiger die produzierten Waren, je ausgedehnter der Handel, je differenzierter die Dienstleistung, desto weiter schreitet die spezielle Teilung der Arbeit voran.

Zwei weitere qualitative Sprünge bilden die Arbeitsteilung zwischen Stadt und Land sowie die Trennung von Kopf- und Handarbeit. An sie schließt sich die Trennung von ausführender oder produzierender Arbeit (in Landwirtschaft, Manufaktur, Fabrik) und leitender oder verwaltender Arbeit

2 Marx: Das Kapital, MEW 23, S.102.

(Herrscher, Beamte, Priester, Richter, Lehrer) an. In ihrer Folge bilden sich verschiedene Gesellschaftsklassen mit verschiedenen Interessen und verschiedenen Formen des Eigentums.

Da die fortschreitende Arbeitsteilung die Menschen vor immer neue Herausforderungen stellt, sie zwingt, immer neue Aufgaben zu lösen, immer neue Fähigkeiten auszubilden und über sich hinauszuwachsen, fördert sie ihre Entwicklung. Die Selbsterzeugung des Menschen durch Arbeit ist die Selbsterzeugung des Menschen durch die Teilung der Arbeit. Vor allem aber ist die Teilung der Arbeit eine *Produktivkraft*. Sie steigert die Produktivität der Arbeit, vergrößert den gesellschaftlichen Reichtum und setzt eine zunehmende Zahl von Menschen von der (Erwerbs-) Arbeit frei, so dass sie sich selbstbestimmten Tätigkeiten (wie z. B. den Künsten oder den Wissenschaften) hingeben können. In beiden Fällen erweist sich die Arbeitsteilung unmittelbar als eine Entwicklungsform der Humanität, in qualitativer und quantitativer Hinsicht.

Die Inhumanität der Arbeitsteilung als „schicksalhafte" Konsequenz des Zivilisationsprozesses. Die Gegenthese wurde erstmals von Seiten der Nationalökonomie formuliert. Sie überzeugt umso mehr, als sie am Beispiel einer sehr spezifischen Form der Arbeitsteilung entwickelt wurde, der Fabrikation von Stecknadeln. Wie Adam Smith gleich in den ersten Kapiteln seines Buches über den *Wohlstand der Nationen* (1776) berichtet, zerfällt die Fabrikation von Stecknadeln in eine Reihe von 18 Arbeitsgängen wie z. B. das Ziehen und Strecken des Drahts, das Zuspitzen und Schleifen, das Ansetzen des Kopfes, schließlich das Weißglühen oder das Verpacken der Nadeln. Verrichtete ein einzelner Arbeiter alle diese Tätigkeiten nacheinander, so könnte er, „wenn er sehr fleißig ist, täglich höchstens eine, sicherlich aber keine zwanzig Nadeln herstellen". Wird die Arbeit dagegen unter zehn Arbeitern aufgeteilt von denen jeder nur zwei oder drei Teilverrichtungen übernimmt und sich darauf spezialisiert, so sind sie zusammen „imstande, täglich etwa 48.000 Nadeln herzustellen, jeder also ungefähr 4.800 Stück"[3].

Verständlicher Weise preist die Nationalökonomie in erster Linie die ökonomischen Vorzüge der Arbeitsteilung. Durch sie, so gibt Adam Ferguson

3 Adam Smith: Der Wohlstand der Nationen, übersetzt von H. C. Recktenwald, München 1978, S.9f.

schon vor Adam Smith zu Protokoll, wird jedes Material „bis zur größten Vollkommenheit bearbeitet", jede Ware hinsichtlich ihrer Qualität verbessert, „in größtem Überfluß erzeugt" und der Wohlstand der Nationen gesteigert. Nur dann kann ein „großer Fortschritt in der Pflege der lebenserhaltenden Künste" erzielt werden, wenn die Arbeiten geteilt und „verschiedenen Personen anvertraut" werden.[4] Adam Smith führt die durch Arbeitsteilung erfolgte Steigerung der Produktivität auf drei Umstände zurück: auf die „größere Geschicklichkeit", die jeder Arbeiter entwickelt, wenn er sich auf bestimmte Arbeiten konzentriert; auf die „Ersparnis an Zeit", da durch den Wechsel von einer Arbeitsverrichtung zur anderen keine Zeit verlorengeht; und auf die „Erfindung einer Reihe von Maschinen, welche die Arbeit erleichtern, die Arbeitszeit abkürzen und den einzelnen in den Stand setzen, die Arbeit vieler zu leisten"[5]. Der durch die gesteigerte Produktivität erzeugte Reichtum vermehrt den Wohlstand der Nationen und wird, wie Smith meint, „selbst in den untersten Schichten der Bevölkerung spürbar"[6].

Neben ökonomischen Kriterien führen Ferguson und Smith allerdings auch humanistische Kriterien ins Feld, unter deren Maßgabe die Arbeitsteilung in einem ganz anderen Licht erscheint. Viele Tätigkeiten erfordern, wie Ferguson schreibt, „keinerlei geistige Befähigung" und gedeihen am besten „bei vollständiger Unterdrückung von Gefühl und Vernunft"[7]. Wo Geist, Gefühl und Phantasie unterdrückt werden, mutiert der Arbeiter zu einer Art von Maschine. Es entsteht ein Riss zwischen den Wenigen, die ihre Kenntnisse erweitern und ihre Talente kultivieren und den Massen, die durch ihre stumpfsinnige Arbeit aller „Ehre", „Großmut" und „Würde" beraubt werden. Adam Smith nimmt die Argumente seines Vorgängers auf und verschärft sie noch: „Mit fortschreitender Arbeitsteilung wird die Tätigkeit der überwiegenden Mehrheit derjenigen, die von ihrer Arbeit leben, also von der Masse des Volks, nach und nach auf einige wenige Arbeitsgänge eingeengt, oftmals nur auf einen oder zwei"; wer aber „tagtäglich nur wenige einfache Handgriffe ausführt, ... verlernt, seinen Verstand zu gebrauchen, und [wird] so stumpfsinnig und einfältig ..., wie ein menschliches Wesen

4 Adam Ferguson: Versuch über die Geschichte der bürgerlichen Gesellschaft (1767), übersetzt von Hans Medick, Frankfurt/M. 1988, S.337f.
5 Der Wohlstand der Nationen, a.a.O., S.12.
6 Ebd., S.14.
7 Versuch über die Geschichte der bürgerlichen Gesellschaft, a.a.O., S.340.

nur eben werden kann"[8]. Die Arbeitsteilung raubt den Menschen die Fähigkeit, „Gefallen an einer vernünftigen Unterhaltung zu finden", sie stumpft sie „gegenüber differenzierteren Empfindungen wie Selbstlosigkeit, Großmut oder Güte" ab, nimmt ihnen jede „gesunde Urteilsfähigkeit" (auch in politischer Hinsicht), beeinträchtigt ihre „körperliche Tüchtigkeit", beansprucht ihre „Energie und Ausdauer" so, dass für andere Tätigkeiten über den Beruf hinaus keine Kraft mehr übrigbleibt.[9] Es handelt sich, mit anderen Worten, um den Totalverlust eines menschenwürdigen Lebens, gegen den durch staatlichen organisierten Volksunterricht, den Smith als Gegenmittel empfiehlt, nur wenig ausgerichtet werden kann.

Smith erkennt wohl an, dass die Menschen von Natur aus mit verschiedenen Anlagen und Talenten ausgestattet sind, er hält diese Verschiedenheit aber „in Wirklichkeit [für] weit geringer, als uns bewußt ist". „Von Natur aus unterscheidet sich ein Philosoph in Begabung und Veranlagung nur halb so viel von einem Lastträger wie eine Bulldogge von einem Windhund oder ein Windhund von einem Spaniel"[10]. Die Verschiedenheit der Anlagen ist daher „mehr Folge als Ursache der Arbeitsteilung". Die wirkliche Ursache der Arbeitsteilung sieht Smith nicht im Unterschied der angeborenen Begabung, sondern in der allen Menschen gleichermaßen angeborenen „Neigung zum Tauschen". Ob jemand Philosoph oder Lastenträger wird, hat in der „Lebensweise, Gewohnheit und Erziehung"[11] und somit in den Verhältnissen, in denen er sozialisiert wird, seine letzte Ursache.

Zum einen behindert die Teilung der Arbeit mit ihrer Fixierung auf eine spezialisierte Berufstätigkeit die Entwicklung des Menschen und macht die Ausbildung vieler Anlagen und eines vielseitigen, reichen Lebens unmöglich. Zum anderen dehnt sich die Arbeitsteilung mit der Ausweitung der Märkte über die nationalen Grenzen hinaus, auf eine Arbeitsteilung zwischen den Nationen immer weiter aus. Damit wächst zwar der Wohlstand der Nationen (der Menschheit); dieser Wohlstand aber geht zu Lasten der Integrität des Einzelnen. Dieser Widerspruch erscheint Smith als eine „schicksalhafte" und daher unaufhebbare Folge der fortschreitenden Zivilisation.

8 Der Wohlstand der Nationen, a.a.O., S.662.
9 Ebd., S.662f.
10 Ebd., S.18.
11 Ebd.

Verlust der Humanität als Durchgangspunkt zu einer höheren Humanität. Eine dritte Position, die die Arbeitsteilung gleichermaßen als Entwicklungsform (Zugewinn) und Negation (Verlust) der Humanität begreift, d.h. als Dialektik eines Gegensatzes, der sich im geschichtlichen Fortschritt auflöst, entwickelt Friedrich Schiller in seinen Briefen *Über die ästhetische Erziehung des Menschen* (1793/95). Im Unterschied zu Adam Smith wird darin der aus der Arbeitsteilung resultierende Verlust der Humanität nicht als schicksalhafte Begleiterscheinung des Zivilisationsprozesses, sondern als eine nur vorübergehende Entfremdung begriffen, aus der eine erweiterte Humanität hervorgeht. Im Unterschied zu Adam Smith wird die Arbeitsteilung auch nicht nur als Deformation der arbeitenden, sondern ebenso der höheren Klasse dargestellt, die nicht zur Arbeit gezwungen ist. Sie schlägt sich somit in der Beschädigung *aller Menschen* nieder.

Schillers *Briefe* beginnen mit einer scharfen Kritik am „jetzigen Zeitalter", das gleichermaßen das Zeitalter der industriellen Revolution in England wie der politischen Revolution in Frankreich ist. Was diesem Zeitalter zur Last gelegt wird, ist einerseits die „Verwilderung" und „Rohigkeit" der „niedern und zahlreichern Klassen", deren Leben nicht über die Befriedigung ihrer tierischen Bedürfnisse hinaus geht, andererseits die „Schlaffheit" und Charakter-„Depravation" der höheren, zivilisierteren Klassen, die sich ohne Anstrengungen dem Vergnügen hingeben.[12] Die Defizite beider Klassen verfestigten sich im Fortgang der Arbeitsteilung, die den „Genuß von der Arbeit", das „Mittel vom Zweck", die „Anstrengung von der Belohnung" scheidet und „ganze Klassen von Menschen" dazu verurteilt, „nur einen Teil ihrer Anlagen" auszubilden. „Ewig nur an ein einzelnes kleines Bruchstück des Ganzen gefesselt, bildet sich der Mensch selbst nur als Bruchstück aus; ewig nur das eintönige Geräusch des Rades, das er umtreibt, im Ohre, entwickelt er nie die Harmonie seines Wesens, und anstatt die Menschheit in seiner Natur auszuprägen, wird er bloß zu einem Abdruck seines Geschäfts, seiner Wissenschaft."[13]

Das Maß, an dem Schiller das „jetzige Zeitalter" misst, ist die griechische Antike, deren Humanität er freilich idealisiert. Dort nämlich konnte „jedes

12 Friedrich Schiller: Über die ästhetische Erziehung des Menschen in einer Reihe von Briefen, 5.Brief, in Schillers Werke, Frankfurt/M. 1966, Bd.4, S.202ff.

13 Ebd., 6.Brief, S.205f.

Individuum ... zum Ganzen werden" und also zum Repräsentanten der Gattung Mensch. Infolge der Arbeitsteilung aber ist das „Ganze" zu einem „kunstreichen Uhrwerke" geworden, wo sich „aus der Zusammenstückelung unendlich vieler, aber lebloser Teile ein mechanisches Leben im Ganzen" entwickelt hat.[14] Jenseits von Freiheit und Würde bildete sich der Mensch nur noch als „Bruchstück" aus; er verfehlte es, die „Menschheit in seiner Natur" auszuprägen und sich zum ganzen Menschen zu machen.

Schiller wertet die Arbeitsteilung mit ihrer Vereinseitigung des Individuums und seiner Entfremdung von der Gattung nicht nur negativ. Er will nicht, wie Rousseau, zurück zu einem (angeblich) besseren „Naturzustand", den er glaubt, in der griechischen Antike vorgefunden zu haben. Vielmehr begreift er den gegenwärtigen Verlust an Humanität als notwendigen *Durchgangspunk*t zu einer zukünftigen höheren Humanität. Denn um die „mannigfaltigen Anlagen im Menschen zu entwickeln" gibt es „kein anderes Mittel, als sie einander entgegenzusetzen" [15], wie es mit der Arbeitsteilung geschieht, die die ursprüngliche Harmonie zerstört, die den antiken Menschen zu eigen war. Dabei kommt die Höherentwicklung der Humanität zuerst der Gattung zugute und geht auf Kosten der einzelnen Individuen. „Wieviel ... für das Ganze der Welt durch diese getrennte Ausbildung der menschlichen Kräfte gewonnen werden mag, so ist nicht zu leugnen, daß die Individuen, welche sie trifft, unter dem Fluch dieses Weltzweckes leiden."[16] Schiller denkt in einem dialektischen Dreischritt von These (ursprüngliche Humanität), Antithese (Negation der Humanität durch die Teilung der Arbeit) und Synthese (Erweiterung der Humanität auf einer höheren Stufe). Auf der Zwischenstufe der Negation beinhalten die Verkümmerung und die „Verirrung" des Einzelnen bereits einen Zugewinn und einen Fortschritt der Gattung, deren Potenzen an Umfang und an Vielseitigkeit sich gewaltig steigern. Auf der zukünftigen Stufe der Synthese allerdings, so Schillers Annahme, werden dieser Zugewinn und dieser neue Reichtum auch den Einzelnen zugutekommen, die griechische Humanität auf einer neuen und erweiterten Ebene wiedergewonnen werden.

14 Ebd., S.206.
15 Ebd., S.209.
16 Ebd., S.210.

Humanisierung des Individuums statt Revolutionierung des Staats. Schillers Theorie steht unter dem Eindruck der Französische Revolution. Die „Staatsveränderung", wie sie gerade in Frankreich stattfindet, ist seiner Ansicht nach nicht dazu geeignet, eine höhere Form der Humanität hervorzubringen. Im Gegenteil: Zuerst muss eine höhere Form der Humanität ausgebildet und zur Gewohnheit, die Zerrissenheit des Menschen überwunden werden. Dann wird sich die politische Revolution erübrigen, der „Staat der Not" friedlich in einen „Staat der Freiheit" hineinwachsen. Eine politische Revolution steht im zurückgebliebenen Deutschland, das in viele Kleinstaaten zerteilt ist und kein starkes Bürgertum (wie Frankreich und England) entwickelt hat, nicht auf der Tagesordnung. An ihre Stelle tritt deshalb eine geistige Revolution, die durch Erziehung in die Wege geleitet werden soll. Genauer: durch ästhetische Erziehung, denn sie scheint Schiller in erster Linie geeignet zu sein, der „doppelten Verirrung" von Verrohung und Erschlaffung, die sich in der Folge von übermäßiger Anspannung (in der Arbeit) und übermäßiger Abspannung (im Nichtstun und Vergnügen) entgegen zu wirken. In der Kunst sind Stoff- und Formtrieb, Ruhe und Bewegung, Geist und Sinnlichkeit vereint. Sie motiviert den sinnlich-tätigen Menschen „zum Denken" und gibt den vergeistigten Menschen „der Sinnenwelt" zurück. Letztes Ziel der ästhetischen Erziehung ist es, im „Spiel" die bestehende Arbeitsteilung aufzuheben, „das Ganze unsrer sinnlichen und geistigen Kräfte in möglichster Harmonie auszubilden"[17] und ein Staatswesen zu etablieren, in dem sich der Mensch universell entwickeln kann. Sein wahres Mensch-Sein erfährt der Mensch dort, wo er Stoff- und Formtrieb miteinander verbindet; diese Verbindung erfolgt im Spieltrieb. In ihm vollendet sich die Humanität. Der Mensch „spielt nur, wo er in voller Bedeutung des Worts Mensch ist, und *er ist nur da ganz Mensch, wo er spielt*"[18]. Das aber findet vor allen Dingen auf dem Gebiet der Kunst statt.

Bürgerliche und aristokratische Lebensentwürfe. Aufhebung der Arbeitsteilung durch ästhetische Erziehung, Ausbildung einer neuen Humanität durch die Kunst: Das ist auch das Programm, das Goethe in seinem Erziehungs- und Bildungsroman im Auge hat. Im Zentrum von *Wilhelm Meisters Lehrjahren*

17 Ebd., 20.Brief, S.253 Fußnote.
18 Ebd., 15.Brief, S.238. Hervorhebungen von Schiller.

(1795) steht der Briefwechsel zwischen Wilhelm, dem Helden des Romans, und Werner, seinem Jugendfreund und späteren Schwager. Darin diskutieren die beiden Freunde ihre gegensätzlichen Lebensentwürfe sowie die Mittel und Wege, um diese Entwürfe zu realisieren. In der Figur des Werner gestaltet Goethe dabei das Ideal des bürgerlich-beschränkten Lebens, das vor allem in drei Prinzipien zum Ausdruck kommt. Erstens im Prinzip der Sparsamkeit und dem Verzicht auf Luxus. „Nur nichts Überflüssiges im Hause!“[19], keine Kunstwerke, wenig Möbel und Gerätschaften, keine Kutschen und Pferde, keine Edelsteine. Alles das ist in Werners Worten „totes Kapital“, das dem Produktionsprozess entzogen wird und also nicht dazu dient, das Eigentum zu vermehren. Zweitens im Prinzip des Fleißes, das die bestehende Arbeitsteilung nicht in Frage stellt, sich auf den Beruf konzentriert und danach strebt, „das ererbte Vermögen zu vergrößern“. Drittens im Rückzug auf die Privatsphäre der Familie und der Freunde, worin man es sich „mit den Seinigen lustig“ macht und „um die übrige Welt sich nicht mehr bekümmert, als insofern man sie nutzen kann“.

Dieser Lebensentwurf ist die Vorgabe, aus deren Ablehnung Wilhelms Zielvorstellungen erwachsen. Für ihn besitzt das „Glück des bürgerlichen Lebens“ keinen Reiz. Seine Vorstellung von Humanität ist an der Lebensform des Adels orientiert. Er möchte nicht nur „seinen Geist“, sondern „sich selbst“ und „seine Persönlichkeit“ nach allen Seiten hin ausbilden. Er möchte die ihm von seiner bürgerlichen Herkunft gezogenen Grenzen überschreiten und „überall vorwärts dringen“, nicht „leisten und schaffen“ und damit Geld und Besitz anhäufen, sondern „tun und wirken“ und damit zu einer „öffentlichen Person“ werden. Insbesondere wehrt sich Wilhelm dagegen, nur „einzelne Fähigkeiten“ auszubilden, um in einer arbeitsteilig organisierten Gesellschaft „brauchbar zu werden“ und auf die „Harmonie“ seiner Wesenszüge zu verzichten.

An der Borniertheit des bürgerlichen Lebens gibt Wilhelm weder der „Anmaßung der Edelleute“ noch der „Nachgiebigkeit der Bürger“ die Schuld. Ihre Ursache liegt vielmehr, wie er schreibt, in der „Verfassung der Gesellschaft selbst“, d. h. in dem (noch) bestehenden Feudalsystem und seiner des-

19 Dieses und die folgenden Zitate sind im 2. und 3.Kapitel des 5.Buches zu finden. J. W. v. Goethe: Wilhelm Meisters Lehrjahre, in Sämtliche Werke, München 1977 (Artemis), Bd.7, S.307–S.315.

potischen Regierung. Offenbar argumentiert Wilhelm dabei ganz im Sinne von Goethe selbst, dessen Mitarbeiter und Berater Friedrich Wilhelm Riemer den Ausspruch überliefert hat: „Die Humanität sei jetzt gegen die Despotie zu richten, wie sonst gegen die Barbaren."[20] Wenn Goethe an anderer Stelle von der Humanität als „unserm ewigen Ziel"[21] spricht, so heißt das, dass sie nur in einem fortschreitenden Prozess der jeweilig-bestehenden Barbarei abgerungen werden kann.

Die neue Humanität auf der Bühne. Nur an einem Ort kann Wilhelm die erstrebte „harmonische Ausbildung" seiner Natur vorantreiben, die ihm die bestehenden Verhältnisse versagen: auf der Bühne. „Du siehst wohl", schreibt er an Werner, dass „alles für mich nur auf dem Theater zu finden ist, und daß ich mich in diesem einzigen Elemente nach Wunsch rühren und ausbilden kann". Denn nur „auf den Brettern erscheint der gebildete Mensch so gut persönlich in seinem Glanz, als in den oberen Klassen". Insbesondere wird Shakespeare, dessen *Hamlet* Wilhelm und seine Truppe auf die Bühne bringen, zum Erzieher und Lehrer der Humanität.

Unterschiede der beiden Fassungen des Romans. Gegenüber *Wilhelm Meisters theatralischer Sendung*, dem „Ur-Meister", der schon 1785 entstanden, dann verschollen, in Vergessenheit geraten ist und 1910 durch einen glücklichen Zufall wiederentdeckt wurde, hat sich in der späteren Fassung des Romans Grundsätzliches verändert. Vor allen Dingen wird das Theater in der Urfassung selbst als „Heilort" der Humanität vorgestellt, an dem der poetische Held die Prosa der bürgerlichen Welt abstreifen und sich zu einem ganzen Menschen ausbilden kann. Dagegen ist das Theater in der späteren Fassung nicht mehr das Ziel von Wilhelms Erziehungsprozess, sondern nur mehr ein „Durchgangspunkt"[22]. Gegen Ende des Romans erscheint Wilhelms Engagement für das Theater sogar als Irrweg, allerdings als ein notwendiger und heilsamer Irrweg, denn der Irrtum kann „nur durch das Irren [selbst] geheilt werden"[23]. Unter dem ernüchternden Eindruck der „Bekenntnisse der schönen

20 Gespräche mit Riemer, 5.Mai 1810, in J. W. v. Goethe: Sämtliche Werke, a.a.O., Bd.22, S.592.
21 J. W. v. Goethe: Maskenzug 1818, ebd., Bd.3, S.732.
22 Georg Lukács: Faust und Faustus, Neuwied-Berlin 1967, S.30f.
23 Goethe: Wilhelm Meisters Lehrjahre, a.a.O., S.590.

Seele“, die ihre abstrakte Humanität nur durch den vollständigen Rückzug in die eigene Innerlichkeit bewahrt, und der ermunternden Bekanntschaft mit Lothario, einem verbürgerlichten Adeligen, der an der Seite Washingtons im amerikanischen Befreiungskrieg für eine neue Form der Humanität gekämpft hat, wendet sich Wilhelm vom Theater ab. Nicht mehr die Bühne, sondern das Leben wird nun, nach dem Abschluss seiner Lehrjahre, der Schauplatz, auf dem er sich tätig selbst verwirklichen will. Gemeinsam mit dem verbürgerlichten Adeligen übernimmt Wilhelm ein Landgut, nimmt seinen Sohn Felix zu sich und schmiedet Umbau- und Anlagepläne für die Zukunft. „Alles, was er anzulegen gedachte, sollte dem Knaben entgegen wachsen, und alles, was er herstellte, sollte eine Dauer auf einige Geschlechter haben. In diesem Sinne waren seine Lehrjahre geendigt und mit dem Gefühl des Vaters hatte er auch alle Tugenden eines Bürgers erworben“[24].

Relativierung von Hegels Kritik an Goethes Bildungsroman. Hegel hatte für die von Goethe neu geschaffene Gattung des Erziehungs- und Bildungsromans samt ihrer Propagierung einer neuen Humanität durch Überwindung der Arbeitsteilung nur Spott übrig: Die darin ausgebreiteten „Lehrjahre“ bestünden nur darin, dass sich „das Subjekt die Hörner abläuft“, rebelliert und sich am Ende doch „in die bestehenden Verhältnisse und die Vernünftigkeit derselben hineinbildet“. Zuletzt bekommt er „sein Mädchen und irgendeine Stellung, heiratet und wird ein Philister so gut wie die anderen auch; die Frau steht der Haushaltung vor, die Kinder bleiben nicht aus … das Amt gibt Arbeit und Verdrießlichkeiten, die Ehe Hauskreuz“[25] und so endet alles beim gleichen „Katzenjammer“.

Freilich hatten sich die Strukturen der bürgerlichen Gesellschaft zur Entstehungszeit der *Lehrjahre* noch nicht so verhärtet, wie zur Zeit von Hegels Spott, ca. 30 Jahre später. Noch lebte (wie auch bei Schiller) die heroische Illusion, die Gesellschaft könne durch Erziehung gehoben und durch die Versöhnung der Klassen einer höheren Humanität zugeführt werden. Goethes Roman schließt mit drei Ehen zwischen Bürgerlichen und Adeligen, die vom Standpunkt der feudalen Klassengesellschaft als Mesalliancen verurteilt und verhindert worden wären. Dieser Illusion zufolge endet Goethes Roman nicht als „Katzenjam-

24 Ebd., S.592.
25 Hegel: Vorlesungen über die Ästhetik, in Werke, a.a.O., Bd.14, S.220.

mer" der Anpassung, wodurch alles beim Alten bleibt, sondern darin, dass das erzogene Individuum durch sein Wirken zur Keimzelle einer besseren Gesellschaft wird. Goethes Humanismus, der sich gegen die arbeitsteilige Zersplitterung der menschlichen Persönlichkeit ebenso wendet, wie gegen die Spaltung der Gesellschaft, findet in folgenden Worten seinen vollkommenen Ausdruck: „Nur alle Menschen machen die Menschheit aus, nur alle Menschen zusammengenommen die Welt (...) Jede Anlage ist wichtig, und sie muß entwickelt werden. Wenn einer nur das Schöne, der andere nur das Nützliche befördert, so machen beide zusammen erst einen Menschen aus."[26]

Selbsterzeugung des Menschen durch Arbeit. Für Marx ist die Arbeit *nicht* „Jehovas Fluch, den er Adam mitgab"[27], als er ihn aus dem Paradies vertrieb. Während Adam Smith an der alttestamentarischen Bewertung der Arbeit festhält und die „Ruhe" zum erstrebenswerten und dem Menschen angemessenen Zustand erklärt, begreift er die Arbeit nicht nur als die „erste Grundbedingung alles menschlichen Lebens", sondern, darüber hinaus, wie Engels formuliert, als einen Vorgang, der „den Menschen selbst geschaffen"[28], d.h. durch den sich der Mensch selbst erzeugt und aus dem Tierreich heraus entwickelt hat. Arbeit ist somit die Voraussetzung und Bedingung des Humanismus, das Mittel, durch das der Mensch seine Anlagen zur Humanität verwirklicht.

In seiner allgemeinen, allen Gesellschaftsformationen gemeinsamen Form definiert Marx die Arbeit als einen „Stoffwechsel" des Menschen mit der Natur, worin der Mensch „Arme und Beine, Kopf und Hand" in Bewegung setzt, „um sich den Naturstoff in einer für sein eignes Leben brauchbaren Form anzueignen"[29], also Lebensmittel zu produzieren. Die für Marx' Humanismus zentrale Aussage folgt unmittelbar im Anschluss an diese Definition: „Indem er [der Mensch] durch diese Bewegung auf die Natur außer ihm wirkt und sie verändert, verändert er zugleich seine eigne Natur. Er entwickelt die in ihr schlummernden Potenzen und unterwirft das Spiel ihrer Kräfte seiner eignen Botmäßigkeit."

26 Wilhelm Meisters Lehrjahre, a.a.O., S.592.
27 Marx: Grundrisse, a.a.O., S.504.
28 Engels: Anteil der Arbeit an der der Menschwerdung des Affen, MEW 20, S.444.
29 Marx: Das Kapital, MEW 23, S.192.

Wird die Arbeit derart als Entwicklungsform des Humanismus gepriesen, so ist doch zweierlei zu ergänzen. Erstens bezieht sich Marx' Aussage auf die Entwicklung der *Gattung* und nicht unmittelbar auf das menschliche Individuum. Zweitens beruht die Entwicklung der in der menschlichen Natur schlummernden Potenzen auf der Teilung der Arbeit und den damit verbundenen wachsenden Anforderungen und Spezialisierungen, die zunächst zu Lasten der Individuen gehen und ihren Tätigkeitsbereich einschränken. Offensichtlich stimmt Marx mit Schiller darin überein, dass sich Gattung und Individuen in verschiedenen Tempi entwickeln und die Fortschritte der Gattung zunächst auf dem Rücken der Individuen ausgetragen werden. Ebenfalls mit Schiller stimmt Marx auch in der Aussicht auf die Zukunft überein: Der gegenwärtig durch zunehmende Arbeitsteilung bewirkte Verlust an Humanität ist der geschichtliche Durchgangspunkt zu einer höheren Humanität, in der die Individuen ihre erzwungene Beschränkung abstreifen und sich auf das Niveau der Gattung erheben.

Arbeitsteilung als *erstes Beispiel* entfremdeter Arbeit. Ganz im Gegensatz zu Schiller allerdings begreift Marx den Zivilisationsprozess, in dem sich die Individuen der Gattung entfremden, als Folge des ökonomischen Prozesses. Hatte Schiller die Arbeitsteilung als die Ursache für die Verkümmerung der Individuen ausgemacht, so geht Marx noch einen weiteren Schritt zurück und benennt die Ursachen der gesellschaftlichen Arbeitsteilung. Diese liegen für ihn letztlich im Warentausch und dem Privatbesitz an den Produktionsmitteln bzw. später, unter kapitalistischen Bedingungen, in dem Bestreben der Unternehmer, den (relativen) Mehrwert zu steigern und gegenüber der Konkurrenz Extraprofite zu erwirtschaften. Im „jetzigen Zeitalter" nämlich liegt die fortschreitende Arbeitsteilung ganz im Interesse des Kapitalisten. Sie stellt eine Produktivkraft dar, die die Produktivität der Arbeit, den Ausstoß von Waren und seinen Gewinn steigert, ohne dass dafür Mehrkosten für die Bezahlung der Arbeitskraft anfallen. Auf der Gegenseite wächst die Intensität und Gleichförmigkeit der Arbeit, die „die Spann- und Schwungkraft der Lebensgeister" lähmt[30], das „Detailgeschick" des Arbeiters „treibhausmäßig fördert durch Unterdrückung einer Welt von produktiven Trieben und An-

30 Ebd., S.361.

lagen“[31], den Arbeiter verkrüppelt und in das „automatische Triebwerk einer Teilarbeit“ und einen lebenden Automaten verwandelt.

Wenn Marx und Engels die Teilung der Arbeit in der *Deutschen Ideologie* als das „erste Beispiel“ für *entfremdete Arbeit* bezeichnen, so meinen sie nicht nur die Fixierung des Menschen auf einen „bestimmten ausschließenden Kreis der Tätigkeit, ... aus dem er nicht heraus kann, ... wenn er nicht die Mittel zum Leben verlieren will“[32]. Hinzu kommt, dass der Arbeiter durch die geteilte Arbeit jenen Reichtum schafft und vermehrt, der ihm dann als fremde „sachliche Gewalt“ gegenübertritt, die seiner „Kontrolle entwächst“ und seine „Erwartungen durchkreuzt“. Die entfremdete Arbeit produziert nicht nur Waren, sondern auch die gesellschaftlichen Verhältnisse, in denen die Warenproduktion stattfindet und somit *entfremdete Verhältnisse*.

Zwei weitere Gegensätze stehen zwischen Marx' materialistischer und Schillers idealistischer Auffassung von Humanismus. Zum einen das Verhältnis von Arbeit und Spiel. Marx' These „Arbeit kann nicht Spiel werden“[33] ist unmittelbar gegen den utopischen Sozialisten Fourier gerichtet. Sie wendet sich aber auch gegen Schiller, der die unentfremdete Arbeit, in der sich z. B. der Künstler selbst verwirklicht und in seinem Schaffen Sinnlichkeit (Inhalt) und Vernunft (Form) auf harmonische Weise verbindet, mit dem Spiel gleichsetzt. „Wirklich freie Arbeit, z. B. komponieren“, hält Marx dagegen, ist kein Spiel, sondern „verdammtester Ernst“ und „intensivste Anstrengung“[34]. Zum andern die Frage der Aufhebung der Arbeitsteilung. Auf völlige Ablehnung stößt Schillers Vorstellung, die bestehende Arbeitsteilung könne durch ästhetische Erziehung, also durch das Erschaffen oder Genießen von Kunstwerken, abgemildert oder gar überwunden werden. Wenn die Arbeit zum „ersten Lebensbedürfnis“[35] werden soll, wodurch die Menschen ihre Anlagen universell ausbilden und zur Geltung bringen können, so muss die Arbeitsteilung *tatsächlich* aufgehoben werden.

Perspektiven auf eine reale Aufhebung der Arbeitsteilung. Adam Smith', Schillers oder Goethes Versuche, den durch Arbeitsteilung verursachten Beschädigungen der Persönlichkeit durch Erziehung oder Bildung beizukom-

31 Ebd., S.381.
32 Marx/Engels: Die deutsche Ideologie, MEW 3, S.33.
33 Marx: Grundrisse, a.a.O., S.599.
34 Ebd., S.505.
35 Marx: Kritik des Gothaer Programms, MEW 19, S.21.

men, haben sich als Illusion erwiesen. Bei Hegel ernteten sie Spott. Bei Marx geraten sie unter Ideologieverdacht: Statt die Wirklichkeit zu verändern, zielen diese Versuche nur darauf ab, den Leidensdruck zu vermindern, die erzwungene Beschränkung zu kompensieren oder das Bewusstsein zu verändern. Welche Perspektive aber eröffnet er?

Bemerkenswerter Weise erkennt Marx schon innerhalb des kapitalistischen Fortschritts eine Tendenz zur *realen* Aufhebung der Arbeitsteilung: eine Tendenz, die sich in dem Maße verstärkt, in dem die Arbeitsteilung aufhört, eine Produktivkraft zu sein und beginnt, die Produktion zu behindern. Die technische Grundlage der kapitalistischen Industrie ist revolutionär; eine Innovation jagt die andere; unaufhörlich werden ungeheure Kapital- und Arbeitermassen „aus einem Produktionszweig in einen anderen" geworfen. Im Zuge ständig beschleunigter Umwälzung aber stellt der auf seine „Teilfunktion" fixierte Arbeiter ein beharrendes und störendes Element dar. Was nun gefordert wird, ist *Flexibilität* oder, wie es Marx ausdrückt, eine „absolute Disponibilität des Menschen für wechselnde Arbeitserfordernisse"[36]. Auf diese Weise wird die Arbeitsteilung bereits im fortgeschrittenen Kapitalismus zu einem Anachronismus. An die Stelle des Spezialisten tritt das „total entwickelte Individuum", das vielseitig eingesetzt werden kann und der permanenten Revolution und Beschleunigung der Arbeitsbedingungen gewachsen ist. Mit ihm aber entsteht ein Humanismus, dem die Grenzen der bestehenden Produktionsverhältnisse zu eng werden. Letztlich aber setzt die Aufhebung der Arbeitsteilung die Aufhebung dieser Produktionsverhältnisse voraus.

Auch jenseits der kapitalistischen Verhältnisse bleibt die Arbeit ein „Reich der Notwendigkeit". Je entschiedener die „assoziierten Produzenten" allerdings „ihren Stoffwechsel mit der Natur rationell regeln" und „unter ihre gemeinsame Kontrolle bringen", was die Selbstläufigkeit des wirtschaftlichen Wachstums ebenso überwindet wie die fortschreitende Zerstörung des natürlichen Lebensraums, desto größer wird das „Reich der Freiheit". Die wachsende Produktivität der Arbeit kommt endlich den Arbeitenden selbst zugute, führt zu einer schrittweisen Verkürzung der Arbeitszeit und verlängert die freie Zeit, die die Voraussetzung aller „menschlichen Kraftentwicklung" ist,

36 Das Kapital, MEW 23, S.512.

die nicht direkt nach ihrem Nutzen bewertet wird, sondern „als Selbstzweck gilt“[37]. Freie Zeit ist ebenso „Mußezeit“ wie „Zeit für höhre Tätigkeit“. Sie verwandelt ihren Besitzer in ein „andres Subjekt“, das sich über die Zwänge der Arbeitsteilung erhebt und durch seine Vielseitigkeit und seine Kreativität zur „größten Produktivkraft der Arbeit“[38] wird.

In einer höheren Phase der kommunistischen Gesellschaft wird nach Marx' Utopie „die knechtische Unterordnung der Individuen unter die Teilung der Arbeit“, insbesondere der Gegensatz von geistiger und körperlicher Arbeit, überhaupt wegfallen.[39] Es wird sich jener Zustand einstellen, der es dem Menschen erlaubt, „heute dies, morgen jenes zu tun, morgens zu jagen, nachmittags zu fischen, abends Viehzucht zu treiben, nach dem Essen zu kritisieren“, wie sie gerade Lust haben, „ohne je Jäger, Fischer, Hirt oder Kritiker zu werden“[40]. In diesem Bild hatten Marx und Engels schon in der *Deutschen Ideologie* ihre Utopie einer humanistischen, nicht mehr auf Teilung der Arbeit beruhenden Gesellschaft zum Ausdruck gebracht. Als Bedingung ihrer Realisierung haben sie nicht nur die Aufhebung des Privateigentums an den Produktionsmitteln genannt, sondern auch die Entwicklung einer Technik, die dem Menschen den größten Teil der Arbeit abnimmt sowie die zunehmende Verwissenschaftlichung der Arbeit. Zumindest in dieser zweiten Hinsicht könnten Marx und Engels als Vordenker der Künstlichen Intelligenz und dem Projekt *Industrie 4.0* betrachtet werden.

Vom Taylorismus und Fordismus zur *Humanisierung der Arbeitswelt*. Die rationale Organisation der (Fabrik-) Arbeit machte bei der Teilung der Arbeit nicht Halt. Um die Produktivität der Arbeit weiter zu steigern, entwickelte Frederick Winslow Taylor sein *Scientific Management*[41], das mit der Stoppuhr für jede Detailarbeit den optimalen, zeit- und kraftsparenden Bewegungsablauf ermittelte und zur Norm erhob. Henry Ford verband Taylors Methode mit dem Fließband, das den optimierten Bewegungsabläufen das Tempo vorgab und den Ausstoß von Waren exakt kalkulierbar machte. Aufgenommen

37 Das Kapital, MEW 25, S.828.
38 Grundrisse, a.a.O., S.599.
39 Marx: Kritik des Gothaer Programms, MEW 19, S.21.
40 Marx/Engels: Die deutsche Ideologie, MEW 3, S.33.
41 Die Grundsätze wissenschaftlicher Betriebsführung, Nachdruck der Übersetzung von 1919, München ^{2}1983.

und weitergeführt wurden ihre Ansätze von der REFA[42] oder der MTM[43], deren Ziel es ist, zeitraubende und deshalb „überflüssige" Bewegungen zu vermeiden und den Produktionsablauf möglichst rational und ohne Stockungen zu organisieren.

Um den negativen Auswirkungen der zunehmenden Arbeitsbelastung (Unzufriedenheit, physische und psychische Erkrankungen, erhöhte Fluktuation etc.) Einhalt zu gebieten, brachte Hans Matthöfer, der damalige Bundesforschungsminister 1974 das staatliche Programm „Humanisierung der Arbeit" auf den Weg.[44] Ergänzt und erweitert wurde diese Initiative durch das Folge-Programm „Innovative Arbeitsgestaltung – Zukunft der Arbeit" (seit 2001) und das DGB-Projekt „Gute Arbeit" (seit 2005). Zur Erstellung des „DGB-Index Gute Arbeit", der die Qualität der Arbeit „aus der Sicht der Beschäftigten" angibt, werden seit 2007 regelmäßig bundesweite Repräsentativumfragen durchgeführt, mit denen seit 2013 ein eigenes Institut beauftragt ist. „Humanisierung der Arbeit" bezeichnet alle Maßnahmen, die der Verbesserung der Arbeitsplatzes (Gesundheitsschutz), der Steigerung der Zufriedenheit (Motivation, psycho-soziale Atmosphäre, Entlohnung), einer akzeptablen Arbeitsbelastung, der Sicherheit des Arbeitsplatzes (Kündigungsschutz) oder der sog. *Work-Life-Balance* (Verbindung von beruflichen und privaten Interessen) dient. Im Besonderen sollte die „Humanisierung der Arbeit" den Raum für Persönlichkeitsentwicklung und Selbstverwirklichung erweitern. Dazu wurden „Neue Formen der Arbeitsgestaltung" propagiert, die die bestehende Arbeitsteilung wenigstens partiell überwinden sollten. Man gab ihnen die Namen *Job-Rotation*, *Job-Enlargement* und *Job-Enrichment*. Im ersten Fall sollten die einförmigen Arbeiten innerhalb einer Produktionseinheit turnusmäßig gewechselt und somit eine größere Vielfalt der Tätigkeit erreicht werden. Im zweiten Fall sollten die Arbeiten erweitert, auf vor- und nachgelagerte Arbei-

42 „Reichsausschuß für Arbeitszeitermittlung" 1924 gegründet, 1951 vom „Verband für Arbeitsstudien" wiederbelebt. Die Ergebnisse ihrer Forschung liegen in der 5-bändigen *Methodenlehre des Arbeitsstudiums* (München 1972) vor.

43 *Methods Time Measurement* oder „Arbeitsablauf-Zeitanalyse", geht auf Frank B. Gilbreth: Bewegungsstudien. Vorschläge zur Steigerung der Leistungsfähigkeit des Arbeiters (1910), Berlin 1921 zurück. Die deutsche Sektion dieser Institution wurde 1962 gegründet.

44 Aus der vielfältigen Literatur dazu nur eine kleine Auswahl. Klaus Gülden u. a.: Humanisierung der Arbeit, Berlin 1973. Jürgen H. Mender: „Humanisierung" oder Automatisierung? Die Zukunft kapitalistischer Arbeit, in *Kursbuch* 43, Berlin 1976. Willi Pöhler (Hg.): damit die Arbeit menschlicher wird, Bonn 1979. Walter Maier: Kriterien humaner Arbeit. Persönlichkeitsentwicklung durch humane Arbeitssysteme, Stuttgart 1983.

ten ausgedehnt, der Tätigkeitsbereich umfänglicher gestaltet werden. Im dritten Fall sollten die Arbeiten durch eine qualitative Ausweitung der Entscheidungs-, Durchführungs- und Kontrollzuständigkeit bereichert und bisherige Teilfunktionen wieder zu komplexeren Arbeiten gebündelt werden. Als Möglichkeit zog man sogar die Einsetzung (teil-) autonomer Teams in Erwägung, die komplexere Arbeiten in eigener Regie und Verantwortung übernehmen.

Gegensätze zu Marx' Vision. Zwischen dem, was unter dem Namen „Humanisierung der Arbeit" als Job-Enlargement und Job-Enrichment verstanden wird und Marx' Vision einer humanen, vom Zwang der Arbeitsteilung befreiten Gesellschaft bestehen gravierende Unterschiede. Zuerst sind Job-Enlargement und -Enrichment Teil einer Planung und Rationalisierung des *einzelnen Betriebs*, der auf dem Markt und unter Konkurrenzbedingungen bestehen muss. Marx' Aufhebung der Arbeitsteilung setzt dagegen die rationelle Regelung der Arbeit durch die „assoziierten Produzenten" selbst und eine *gesamtgesellschaftliche Planung* der Produktion voraus. Weiterhin unterstehen Job-Enlargement und -Enrichment dem Leistungs- und Profitprinzip. Sie werden letztlich am Maßstab der Mehrwertproduktion und ihrem Nutzen für das Wirtschaftswachstum, nicht am Maßstab der Persönlichkeitsentwicklung oder Selbstverwirklichung „als Selbstzweck" gemessen. Die Entfremdung der Arbeit bleibt bestehen. Schließlich liegt die Entscheidung nach welcher Seite der Arbeiter seine Arbeit erweitern und bereichern will nicht in seiner eigenen Gewalt, sondern wird ihm von der Organisation des Betriebs vorgegeben.

Real wäre ein Humanismus, der sich nicht mit der Prävention oder Kompensation schädlicher Nebenwirkungen zufrieden gibt, sondern die Beseitigung der Ursachen einklagt. Dafür müssten die gewaltigen Fortschritte der Produktivkräfte – zuletzt durch die Digitalisierung der Arbeit oder den Einsatz Künstlicher Intelligenz – und die damit verbundene Ersparung von Zeit zuallererst den Arbeitenden selbst und nicht nur den Unternehmern zugutekommen: Reduktion der Arbeitszeit statt Vermehrung des Profits, Angleichung der Lebensverhältnisse statt Vertiefung der Kluft zwischen Arm und Reich.

Arbeitsteilung als Ursache von Krankheit. Dass die zur „Humanisierung der Arbeit" vorgeschlagenen Maßnahmen zu kurz greifen, lässt sich u.a. daran ablesen, dass die durch fortschreitende Arbeitsteilung verursachten Krankheiten nicht ab-, sondern in manchen Bereichen (bei psychischen oder psychosomatischen Erkrankungen) sogar in erschreckendem Maße zugenommen haben.[45] Ferguson, Adam Smith oder Marx haben die Arbeitsteilung zwar scharf kritisiert, ihre Kritik aber auch sehr allgemein gehalten. Gegenwärtige Kritiker gehen unvergleichlich weiter ins medizinische und psychologische Detail und zeigen die aus der Arbeitsteilung resultierenden spezifischen Deformationen auf. Alfred Oppolzer, der die bis zum Ende des 20. Jahrhunderts gelaufene Diskussion zusammenfasst, unterscheidet vier Beschädigungen der menschlichen Persönlichkeit[46]: 1) physische Erkrankungen (der Sehnen, Gelenke, Muskeln oder der Wirbelsäule, Druckbeschädigungen der Nerven) durch Über- oder Fehlbelastung des Körpers, Bewegungsarmut, Haltungs- und Bewegungsstereotypen; 2) Müdigkeit, Reduktion der psychophysischen Aktivität, Apathie aufgrund monotoner Arbeit und Unterforderung (repetitive Handgriffe bei Montage- und Fließbandarbeit oder Maschinenbedienung); 3) Dauerstress, der sich somatisch in Herz-, Kreislauf-, Gefäßerkrankungen, auch in Magen-, Darm- und Stoffwechselerkrankungen oder der Schwächung des Immunsystems, psychisch in Konzentrationsschwächen, Reizbarkeit, Denkblockaden niederschlägt, aufgrund von erhöhtem Leistungsdruck, Beschleunigung, Überforderung (aber auch von Lärm, sozialen Konflikten, Sorgen um den Erhalt des Arbeitsplatzes); 4) Behinderung der Persönlichkeitsentwicklung (Neurosen, Depressionen, Verlust des Selbstwertgefühls) durch höchst einseitige Beanspruchung und das Brachliegen mentaler Fähigkeiten, verbunden mit dem Gefühl der Ohnmacht.

45 Besonders auffällig im DAK-Gesundheitsreport von 2002, der vermeldet, dass die Arbeitsunfähigkeit aufgrund *aller* Krankheiten zwischen 1997 und 2001 um 16%, die aufgrund psychischer Erkrankungen (Angststörungen, Depressionen, psychosomatische Erkrankungen) hingegen um 51% zugenommen haben. https://www.lpk-bw.de/archiv/archiv_bis_2005/news2002/20020824dak (50ff.). Natürlich liegen die Ursachen dafür nicht nur im Arbeitsbereich, sondern auch in anderen sozialen Bereichen, die aber zumeist mit dem Arbeitsbereich in einem engen Zusammenhang stehen. – Im DAK-Gesundheitsreport von 2018 stehen dagegen „Erkrankungen des Muskel-Skelett-Systems" an erster, psychische Erkrankungen dagegen erst an zweiter Stelle. Zusammen mit Erkrankungen des Atmungssystems, die an der dritten Stelle stehen, entfielen 2017 darauf „mehr als die Hälfte (53,9 Prozent) aller Krankheitstage". https://www.dak.de/dak/download/gesundheitsreport-2018-1970840.pdf (5).

46 Alfred Oppolzer: Handbuch Arbeitsgestaltung. Leitfaden für eine menschengerechte Arbeitsorganisation, Hamburg 1989, S.94–S.202.

Agenda 2010 und Industrie 4.0. Auch die Reform des Arbeitsmarkts und des Sozialsystems durch die Schröder-Regierung („Agenda 2010") hat mit seiner angebotsorientierten Ausrichtung keine wirklichen Fortschritte der Humanisierung gebracht. Der Rückgang der Arbeitslosigkeit und die wachsende Nachfrage nach Fachkräften (mit entsprechenden Zugeständnissen an die Beschäftigten) wurde durch die Zunahme prekärer Arbeitsverhältnisse (Zeit- und Leiharbeit, Minijobs, Beschäftigung im Niedriglohnsektor), die Lockerung des Kündigungsschutzes oder die Verlängerung der Lebensarbeitszeit teuer bezahlt. Weiterhin wurde das Arbeitslosengeld gekürzt, die Arbeitslosen- mit der Sozialhilfe verschmolzen, die Zumutbarkeit bei Arbeitsangeboten verschärft. Neben dem erhöhten Bedarf an Fachkräften ist auch ein erhöhter Bedarf an wenig qualifizierten (und daher schlecht bezahlten) Arbeitskräften entstanden, die vom Um- oder Abbau des Sozialstaats besonders hart betroffen sind. Neu ist das Phänomen der *working poors*, d. h. der Menschen, die mit ihrer Vollzeitstelle nicht genügend verdienen, um ihr bescheidenes Leben zu fristen und auf entwürdigende staatliche Unterstützung angewiesen sind. Neu ist auch das massenhafte Phänomen der Altersarmut, vor der selbst diejenigen nicht gefeit sind, die nach lebenslanger Arbeit in Rente gehen.

Welche Auswirkungen die Digitalisierung der Arbeit, der zunehmende Einsatz künstlicher Intelligenz im Zuge von „Industrie 4.0" haben wird, bleibt abzuwarten. Schon heute ist abzusehen, dass mit der Vernetzung selbstgesteuerter Arbeitsabläufe viele Routinearbeiten, aber auch ganze Berufszweige wegfallen werden. Sicher ist auch, dass mehr Anforderungen an die Flexibilität der Arbeitskräfte gestellt und Fortbildung und der Erwerb von Zusatz- und Neuqualifikationen einen immer größeren Raum einnehmen werden. Neben manchen Entlastungen und Vereinfachungen ist auch eine weitere Verdichtung und Beschleunigung der Arbeit abzusehen. Durch die ständige Erreichbarkeit mit Hilfe moderner Kommunikationssysteme wird die Grenze zwischen Arbeit und Freizeit durchlässig, der regelmäßige Wechsel von An- und Abspannung durchbrochen, die Belastung spürbarer. Vertiefen wird sich die Kluft zwischen denen, deren menschliche Würde durch Überforderung (Erschöpfung, Burn-out, Tabletten- und Alkoholmissbrauch) und denen, deren menschliche Würde durch Unterforderung (Langeweile, Sinnverlust, psychische Verwahrlosung) untergraben wird. Die Gefahr von Selbstmord aus Depression und Verzweiflung wächst auf beiden Seiten.

Vielleicht eröffnet die Gewährung eines bedingungslosen Grundeinkommens wie es in einigen kapitalistischen Ländern gegenwärtig diskutiert und experimentell erprobt wird einen Zuwachs an Humanität. Viele seiner Befürworter sind der Überzeugung, ein finanziell (wenn auch nur mäßig) abgesichertes Leben ermutige die Menschen, ein selbstbestimmteres Leben zu führen, den Versuch zu wagen, riskantere Lebensträume zu verwirklichen, möglicherweise auch, sich früh als Fischer, mittags als Jäger und abends als Intellektueller oder „kritischer Kritiker" zu betätigen. Vielleicht führt die viele freie Zeit (mit der ungebildete Menschen oftmals nichts Rechtes anzufangen wissen) aber auch nur zur Passivität, zur Langenweile und bloßem Konsum von Filmen, Musik, Videos, Internet-Spielen und anderen Freizeitangeboten. Die freie Zeit würde dann freilich, im Interesse der Industrie, die am Konsum verdient, eher „totgeschlagen", statt zur Selbstverwirklichung genutzt, die immer auch intellektuelles Interesse, Anstrengung und Selbstdisziplin voraussetzt.

7. Gegensätzliche Auswirkungen des technischen Fortschritts auf den Humanismus

Grundsätzliche Differenzierungen: Werkzeug, Maschine, Automat, Technik. Der Mensch unterscheidet sich vom Tier u. a. dadurch, dass er Werkzeuge benutzt, fortwährend verbessert und zu Maschinen weiterentwickelt. Deren Zweck ist es, die Arbeit zu erleichtern und zu beschleunigen, um die Bedürfnisse des Menschen mit geringerem Kraftaufwand zu befriedigen. In ihnen besitzt der Mensch eine dauerhafte Macht über die Natur, eine Macht, die selbst auf Naturgesetzen beruht. Hegel spricht von der „List der Vernunft", die die Kausalität, auf der die Wirkung der Werkzeuge und Maschinen beruht, gegen die Natur selbst zum Einsatz bringt, um sie sich anzueignen. Weiter heißt es bei Hegel: „der *Pflug* ist ehrenvoller, als unmittelbar die Genüsse sind, welche durch ihn bereitet werden", denn „das *Werkzeug* erhält sich, während die unmittelbaren Genüsse vergehen und vergessen werden"[47]. Mit der Entwicklung der Werkzeuge, so ließe sich folgern, entwickelt sich der reale Humanismus und die Möglichkeit eines menschenwürdigen Lebens, das der Natur schrittweise abgerungen wird. „An seinen Werkzeugen besitzt der Mensch die Macht über die äußere Natur, wenn er auch nach seinen Zwecken ihr vielmehr unterworfen ist": so schließt Hegel seinen Gedanken. Nicht verwunderlich ist es daher, dass der Fund von Werkzeugen zur Erkenntnis jener Etappen der Menschheitsgeschichte, über die sonst keine anderen Dokumente existieren, eine so große Bedeutung besitzt. Sie bilden, wie Gordon Childe u. a.[48] aufgezeigt haben, den wichtigsten Schlüssel, der den Zutritt zur Lebens- und Denkweise der Menschen in jenen Etappen eröffnet.

47 Hegel: Wissenschaft der Logik, in Werke, a.a.O., Bd.6, S.453.

48 Gordon Childe: Man Makes Himself (1937), dt.: Der Mensch schafft sich selbst, Dresden 1959.

Ursprünglich bezeichnet Technik (griech. *τέχνη*, *téchne*, lat. *ars*) ein handwerkliches Wissen und Können, das die Schiffsbau- oder Schmiede*kunst* ebenso umfasste, wie die Heil-, die Kriegs- oder die Dicht*kunst* (griech. *téchne poiétiké*). Heute wird „Technik" zumeist als Überbegriff für alle Arten von Werkzeugen, Maschinen oder Automaten verwendet. Beim Handwerk sind es die Menschen selbst, die die Werkzeuge in Bewegung setzen, bei der Maschine, als einem zusammengesetzen Werkzeug, bilden Wind, Wasser oder Motoren die Antriebskräfte. Der Automat (griech. *αὐτόματος*, lat. *automatus*) schließlich ist eine sich selbst bewegende und kontrollierende Maschine.

Dass zwischen Technik und Humanität ein direkter Zusammenhang besteht, scheint unmittelbar einleuchtend. Technik erleichtert die Arbeit und reduziert den zeitlichen Aufwand, der zur Herstellung der Dinge aufgebracht werden muss, die die Menschen zur Befriedigung ihrer Bedürfnisse benötigen. Damit schafft sie zugleich den Raum für die Entwicklung weiterer körperlicher wie geistiger Bedürfnisse und Fähigkeiten. Auf diese Weise ist sie die Bedingung für die Ausbildung eines reichen, vielseitigen und menschenwürdigen Lebens. Mündet die fortschreitende Technik aber *direkt* in eine fortschreitende Humanität? Bildet sie die an sich neutrale, wertfreie Voraussetzung, die zur Ausbildung einer fortschreitenden Humanität genutzt oder auch nicht genutzt werden kann? Oder stößt der Fortschritt der Technik womöglich an eine Grenze, an der die mögliche Humanität in eine tatsächliche Inhumanität umschlägt?

Zweifel an der humanisierenden Wirkung der Technik. Erste Bedenken kamen bereits John Steward Mill. In seinen *Principles of Political Economy* (1848) schreibt er: „Es ist fraglich, ob alle bisher gemachte mechanische Erfindung die Tagesmühe irgendeines menschlichen Wesens erleichtert haben." Mit „menschlichen Wesen" sind natürlich *arbeitende* menschliche Wesen gemeint, also solche, die nicht von der Arbeit anderer leben. Ihnen haben die mechanischen Erfindungen nur eine Veränderung ihrer Tätigkeit, aber weder eine Verkürzung der Arbeitszeit noch eine Reduktion der Arbeitsmühen gebracht. Marx, der Mills Satz zitiert und in dieser Weise interpretiert, schließt daran folgenden Kommentar an: Die Erleichterung der Tagesmühen ist „auch keineswegs der Zweck der kapitalistisch verwandten Maschinerie. Gleich jeder andren Entwicklung der Produktivkraft der Arbeit soll sie Waren verwohlfeilern und den Teil des Arbeitstags, den der Arbeiter für sich selbst braucht, verkürzen, um den andren Teil seines Arbeitstags, den er dem Kapitalisten umsonst gibt, zu verlängern."[49] Nicht die Humanisierung der Arbeit oder des Lebens ist somit der Zweck oder das Motiv für die Entwicklung der Technik, sondern der Grad der Ausbeutung der Arbeitskraft und die Vergrößerung des aus der Ausbeutung der Arbeit gezogenen Mehrwerts.

Zwei Wege stehen dem Kapitalisten, wie Marx ausführt, offen, um den Gewinn (Mehrwert), den er aus der gekauften Arbeitskraft zieht, zu vergrößern. Entweder er verlängert die Arbeitszeit und eignet sich den so erzeugten *absoluten* Mehrwert an, was aber infolge der notwendigen Zeit für Regeneration an physische Grenzen (z. B. 8 Stunden-Tag) oder infolge gesetzlicher Vorgaben an politische Grenzen stößt. Oder er intensiviert die Arbeit und eignet sich den durch bessere Ausbildung der Arbeiter, vermehrte Arbeitsteilung, vor allem aber den durch verstärkten Einsatz technischer Hilfsmittel erzeugten *relativen* Mehrwert an. In diesem Sinne führt die Entwicklung der Technik unter kapitalistischen Bedingungen nicht unbedingt zur Erleichterung der Arbeit, mit Sicherheit aber zur Steigerung des Mehrwerts bzw. des Profits, bei technischem Vorsprung gegenüber der Konkurrenz sogar zu einem „Extraprofit". Auf der anderen Seite führt die Technisierung der Arbeit in vieler Hinsicht zu einem Verlust an Menschlichkeit: Der Arbeiter wird durch die Technik ersetzt und arbeitslos oder er wird in seinen Bewegungsabläufen oder seiner zeitlichen Organisierung der Maschine unterworfen und selbst zu einem Teil der Maschine.

Ein „ökonomisches Paradoxon". Zum einen spricht Marx von dem „ökonomischen Paradoxon", dass die Maschine, die doch eigentlich „das gewaltigste Mittel zur Verkürzung der Arbeitszeit" darstellt, gerade das Gegenteil bewirkt und „in das unfehlbarste Mittel umschlägt, [und] alle Lebenszeit des Arbeiters und seiner Familie in disponible Arbeitszeit für die Verwertung des Kapitals" verwandelt.[50] Zum andern führt der Einsatz von Maschinen zu einer „Verdichtung" und Disziplinierung der Arbeit, etwa dadurch, dass die Maschinen die Geschwindigkeit der Arbeit vorgeben. Bediente sich der Arbeiter in der Manufaktur oder im Handwerk des Werkzeugs, so dreht sich das Verhältnis in der Fabrik um; der Arbeiter „dient … der Maschine". Von

49 Das Kapital, MEW 23, S.391.
50 Ebd., S.430. Vgl. ebd., S.552.

ihr geht die Bewegung aus; sie gibt den Takt vor. In Marx' Worten: „Das Arbeitsmittel erschlägt den Arbeiter"; der Arbeiter wird zum „lebendigen Anhängsel" der Maschine.[51] Indem seine Bewegungen sich den Bewegungen der Maschine anpassen, wird er selbst zu einem „Automaten".

Dass die Arbeitsteilung zur Monotonie der Arbeit und zur geistigen Verödung des Arbeiters führt, haben schon Ferguson, Adam Smith, Sismondi. Proudhon u. a. festgestellt. Kommt zur Arbeitsteilung noch der Einsatz und die Bedienung von Maschinen hinzu, wird diese Tendenz verstärkt. „Während die Maschinenarbeit das Nervensystem aufs äußerste angreift", heißt es im *Kapital*, „unterdrückt sie das vielseitige Spiel der Muskeln und konfisziert alle freie körperliche und geistigen Tätigkeit". Selbst dort, wo die Maschine den körperlichen Einsatz reduziert, wird die Arbeit zu einem „Mittel der Tortur", da „die Maschine nicht den Arbeiter von der Arbeit befreit, sondern seine Arbeit vom Inhalt"[52]. Hatten Ferguson oder Smith den Verlust an Humanität als unvermeidliche Konsequenz der Zivilisation und des gesellschaftlichen Fortschritts gesehen, so ist er für Marx eine Konsequenz alleine des Kapitalismus, also nur einer geschichtlichen Etappe des Zivilisationsprozesses. Der Verlust an Humanität durch die Entwicklung der Technik ist somit prinzipiell vermeidbar und kann mit der Überwindung des Kapitalismus überwunden werden.

Wirtschaftskrisen als humanitäre Katastrophen. Ein anderer, aus der Ökonomie herrührender Verlust an Humanität hat seine Ursache in der Krise. Bildete die Entwürdigung des Arbeiters aufgrund der fortschreitenden Arbeitsteilung und seiner Unterordnung unter die Maschine einen kontinuierlichen, schleichenden Prozess, so schlägt sie in der Krise plötzlich und mit voller Wucht zu. Krisen sind keine Zufälle. Sie folgen mit Notwendigkeit aus der ungeplanten, anarchischen Produktionsweise des Kapitalismus und kehren wellenförmig, in regelmäßigen Abständen wieder. Ihr „letzter Grund" ist, wie Marx schreibt, „die Armut und Konsumtionsbeschränkung der Massen gegenüber dem Trieb der kapitalistischen Produktion, die Produktivkräfte so zu entwickeln, als ob nur die absolute Konsumtionsfähigkeit der Gesell-

51 Ebd., S.445, S.455.
52 Ebd., S.445f.

schaft ihre Grenze bilde"[53]. Überproduktion auf der einen, Unterkonsumtion auf der anderen Seite führen zu „Stockungen" des Zirkulationsprozesses, die erst überwunden werden, wenn die Lagerbestände abgebaut sind, schwächere Firmen Insolvenz angemeldet haben und, auf erweiterter Stufenleiter, ein neuer Konjunktur- oder Krisenzyklus beginnt. Auf der menschlichen Seite findet der ökonomische Mechanismus in vielfältigen Katastrophen seinen Niederschlag: Verlust des Arbeitsplatzes, Einschränkung des Lebensstandards, erzwungener Wechsel des Wohnorts, sozialer Abstieg, Durchkreuzung von Lebensplänen verbunden mit physischen und psychischen Belastungen.

Die „langen Wellen" der technologischen Erneuerung. Marx' Annahme, dass sich der etwa 10-jährige Zyklus von Prosperität, Überproduktion, Unterkonsumtion, Stagnation und Krise hochschaukelt, zu einer Zentralisation und steigenden organischen Zusammensetzung des Kapitals, einem tendenziellen Fall der Profitrate führt und schließlich, auf sozialer und politischer Ebene, in eine revolutionäre Situation und eine Umwälzung der Gesellschaft einmündet, hat sich bis heute nicht bestätigt. Warum? Man könnte die Verzögerung bzw.das Ausbleiben des ökonomischen Kollaps durch die Existenz der „langen Wellen" erklären, der zufolge die kurzen (etwa 10-jährigen) Wellen des Krisenzyklus durch lange (50- bis 60-jährigen) Wellen technischer Basisinnovationen überlagert und (zumindest vorübergehend) außer Kraft gesetzt werden. So wurden z. B. die kurzwelligen Wirtschaftskrisen gegen Ende der durch die Verbreitung der Dampfmaschine initiierten ersten langen Welle, die seit den 1830-er Jahren zu einem Anschwellen der proletarischen Bewegung geführt hatten, durch den Aufbau der Eisenbahn überwunden. Der Ausbau des Schienennetzes und die Entwicklung von immer leistungsfähigeren Lokomotiven, die den schnellen Transport von Menschen und Waren ermöglichten, machte sich auch in anderen Zweigen der Wirtschaft bemerkbar und zog viele weitere Anpassungsleistungen nach sich, Damit boten sie den Arbeitern neue Arbeitsplätze, vor allem aber dem Kapital neue Investitions- und Verwertungsmöglichkeiten. Die kurzwelligen Wirtschaftskrisen am Ende der durch den Aufbau der Eisenbahn ausgelösten zweiten langen Welle, die seit den 1870-er Jahren zum Aufstieg der Sozialdemokratie führte, wurde durch

53 Das Kapital, MEW 25, S.501. Vgl. S.254f.

die Verbreitung der Elektrotechnik (mit Auswirkungen auf die Stahlproduktion und die chemische Industrie) kompensiert. In beiden Fällen war es der technische Fortschritt, wodurch den Krisen und den daraus erwachsenden menschlichen Katastrophen Grenzen gesetzt und einem neuen konjunkturellen Aufschwung der Weg geebnet wurde.

Wie verhalten sich kurze und lange Wellen zueinander? Für Marx liegen die kurzen Wellen – quasi naturgesetzlich – im Mechanismus des kapitalistischen Wirtschaftens begründet. Wissenschaftliche Entdeckungen und technische Innovationen, die lange Wellen einleiten, haben zwar Bedürfnisse des kapitalistischen Wirtschaftens zur Voraussetzungen – gleiche Entdeckungen und Innovationen werden häufig zur selben Zeit an verschiedenen Orten gemacht und erprobt –, dass sie aber tatsächlich gemacht wurden, lässt sich nur *a posteriori*, im Nachhinein und empirisch, feststellen. Ob sie auch in Zukunft gemacht werden, kann man hoffen aber nicht mit naturgesetzlicher Sicherheit prognostizieren. Die langen Wellen heben den Mechanismus der kurzen Wellen infolgedessen nicht prinzipiell, sondern nur unter bestimmten Umständen und für eine begrenzte Zeit auf. Was kurzfristig als Aufschwung und Beseitigung der krisenbedingten Inhumanität erscheint, hat langfristig sogar eine Zunahme der Inhumanität zur Folge, da die neuen Techniken in aller Regel mehr Arbeitsteilung, eine größere Intensivierung und eine Beschleunigung der Arbeit zur Folge haben.

Bei Nikolai Kondratieff, dem russischen Ökonomen, der die Theorie der „langen Wellen" nicht zuerst, aber doch am wirkungsvollsten entwickelt hat, stehen kurze und lange Wellen dagegen in gleicher Kausalität nebeneinander. Für ihn sind es nicht die großen technischen Innovationen, die die langen Wellen auslösen, sondern *umgekehrt* die langen Wellen, in denen er die Ursachen der großen technischen Innovationen erkennen möchte. Seinen Kritikern, die die technischen Innovationen als Auslöser der langen Wellen darstellten, antwortete er: „Diese Erwägungen sind sehr wesentlich. Aber … sie sind nicht stichhaltig. Ihre Schwäche ist, daß sie den Kausalzusammenhang umkehren und die Folge [d.h. die technischen Innovationen] für die Ursache nehmen oder dort eine Zufälligkeit sehen, wo eine Gesetzmäßigkeit vorliegt."[54] Erklärte Marx die Fortschritte der Technik (als Teil der Produk-

54 Nikolai Kondratieff: Die langen Wellen der Konjunktur. Die Essays aus den Jahren 1926 bis 1928, neu hg. und kommentiert von Erik Händeler, Moers 2013, S.57.

tivkraft der Arbeit) durch das Interesse der Kapitalisten, durch steigende Produktivität der Arbeit den Mehrwert und ihren (Extra-) Profit zu steigern, so erklärt sie Kondratieff durch die „Anforderungen der praktischen Wirklichkeit", d.h. durch das (System-) Bedürfnis des Kapitalismus, bestimmte, in regelmäßigen Abständen auftretenden Engpässe oder Schwachstellen zu beseitigen. Indem Kondratieff die Entstehung der langen Wellen „aus zufälligen Ursachen"[55] bestreitet, sie dagegen als ein Kausalgesetz begreift, dem zufolge sich der Kapitalismus alle ca. 50 Jahre erneuert und sich wie der Phönix aus der Asche erhebt, gerät ihm Marx' Zusammenbruchstheorie, der Kern seiner Kapitalismuskritik, aus dem Blick.

Aufnahme und Aktualisierungen. Es war die Unbedenklichkeit gegenüber der (auf technischem Fortschritt beruhenden) Lebenskraft des Kapitalismus, die die Wirtschaftskrise nach dem Ersten Weltkrieg nicht als Ende des Kapitalismus, sondern als Ende der langen, durch die Einführung der Elektrizität bedingten langen Welle begriff, weshalb Kondratieff ins Visier marxistischer Kritiker (Leo Trotzki, Eugen Varga) kam.[56] Aus dem gleichen Grund erwies sich seine Theorie als anschlussfähig an die westliche Nationalökonomie. Ihre Verbreitung und Wirkung verdankt sie der Konjunkturtheorie von Joseph Schumpeter, der das kapitalistische Wirtschaftsgeschehen durch mehrere Zyklen beschreibt, die neben- und nacheinander ablaufen, sich überlagern, gegenseitig verstärken oder abschwächen und teils durch „äußere Faktoren" (Kriege, gute oder schlechte Ernten, Goldproduktion u.a.) hervorgerufen werden, teils innerökonomische Prozesse darstellen. Bei den innerökonomischen Prozessen des konjunkturellen Auf und Ab spricht er dabei vor allem von drei Zyklen, die er nach ihren „Entdeckern" den *Kitchen*zyklus (Dauer 3 bis 4 Jahre, beschreibt die Zu- und Abnahme von Lagerbeständen), den *Juglar*zyklus (Dauer 9 bis 10 Jahre, beschreibt den „Mechanismus sich abwechselnder Prosperitäten und Liquidationsprozesse"[57]) und den *Kondratieff*zyklus

55 Ebd., S.63.

56 Erik Händeler: Kondratieffs Welt. Wohlstand nach der Industriegesellschaft, Moers 2005, S.37ff. Unter der Herrschaft Stalins verlor Kondratieff seinen Posten als Direktor des Moskauer Konjunkturinstituts, 1930 wurde er verhaftet und in einen Gulag gesperrt, 1938 zum Tode verurteilt und erschossen.

57 Joseph A. Schumpeter: Konjunkturzyklen. Eine theoretische, historische und statistische Analyse des kapitalistischen Prozesses (1939, dt. 1961), Neuausgabe Göttingen 2008, S.172.

(Dauer ca. 50 Jahre, beschreibt die Umwälzung der „Basistechnologie“) nennt. Wie Kondratieff diskutiert auch Schumpeter diese Zyklen nicht im Hinblick auf den Kollaps, sondern nur im Hinblick auf die Entwicklung des Kapitalismus. Ein *Kondratieff*zyklus umfasst Schumpeters Theorie zufolge sechs *Juglar*zyklen, ein *Juglar*zyklus drei *Kitchen*zyklen; nach etwa 50 Jahren beginnt die große Konjunkturwelle dann von Neuem. Insgesamt gleichen die Konjunkturwellen nach Schumpeters Worten den „Schwingungen einer elastischen Saite oder Membrane“, die sich „sobald sie einmal in Bewegung gesetzt worden sind … endlos fortsetzen“, weil sie durch „die intermittierende Wirkung der ‚Kraft‘ der Innovation“[58] immer wieder angestoßen werden.

Unter dem Einfluss von Schumpeter haben Christopher Freeman, Carlotta Perez, Leo Nefiodow u. a. die Theorie der langen Wellen übernommen und bis in die Gegenwart hinein weitergeführt. Kondratieff selbst hatte (aus der Perspektive von 1926/1928) nur drei lange Wellen unterschieden, die mit der Einführung der Dampfmaschine (1787–1842), mit dem Eisenbahnbau (1843–1897) und der Anwendung der Elektrizität (ab 1898) im Zusammenhang standen. Die genannten Ökonomen fügten drei weitere Wellen hinzu, denen die Basistechnologien des Automobils bzw. der Petrochemie (1940–1990) und der Computer bzw. Informationstechnik (1980–2010) zugrundeliegen. Für einen „sechsten Kondratieff“ wurden von Nefiodow verschiedene Techniken (Gentechnik, Künstliche Intelligenz, Nanotechnik, regenerative Energieerzeugung) in Aussicht genommen, die er dann auf den gemeinsamen Nenner der „Gesundheit“ bringt. Es ist, seiner Ansicht nach, die Umstellung der Medizin von der Heilung auf die Vorsorge (Prävention) und die Verschmelzung von Bio- und Kommunikationstechnologie, die zur Wachstumslokomotive der nächsten Zukunft werden könnten.

Humane Qualitäten der Technik? Unter der Voraussetzung kapitalistischer Verhältnisse, so Marx, kann das humane Potential der Technik letztlich nicht zur Geltung kommen. Stattdessen führt sie zu einer zunehmenden Arbeitsteilung, einer Intensivierung und Beschleunigung der Arbeit und damit zu einer wachsenden Entfremdung der Arbeit. Mehr noch als zu Marx’ eigener Lebenszeit, zeigt sich heute die Richtigkeit seiner These, der zufolge die Tech-

58 Ebd., S.183, S.185.

nik als das gewaltigste Mittel zur Verkürzung der Arbeitszeit unter kapitalistischen Bedingungen in das unfehlbarste Mittel umschlägt, alle Lebenszeit des Arbeiters in disponible Arbeitszeit für die Verwertung des Kapitals zu verwandeln. So ermöglichte erst die Erfindung des elektrischen Lichts die Einführung von Schicht- und Nachtarbeit. Erst die Deregulierung der projektbezogenen Arbeit (mit der Erwartung der Ableistung von Überstunden) hat die Norm der 40- oder 37-Stunden Woche ausgehebelt. Erst seit der Verbreitung des Mobiltelefons, des Computers und der digitalen Kommunikation sind die „Mitarbeiter" ständig erreichbar, so dass die klare Grenze zwischen Arbeits- und Freizeit verschwunden ist.[59] Erst unter der Voraussetzung sozialistischer Verhältnissen könnten die Fortschritte der Technik ihr humanes Potential tatsächlich entfalten, d.h. die Arbeitszeit verkürzen und Raum für „höhere", selbstbestimmte Tätigkeiten schaffen, nicht nur für die privilegierte Klasse, sondern für alle.

Im Gegensatz zu Marx besitzt die Technik für Kondratieff und seine Nachfolger eine *prinzipielle* humane Qualität, nicht nur dadurch, dass sie durch ihre Basisinnovationen immer neue Perioden wirtschaftlicher Prosperität einleitet und damit die Lebensnöte und Einschränkungen überwindet, die die unvermeidlichen Begleiterscheinungen wirtschaftlicher Krisen sind. Mit jeder langen Welle verfeinern sich die Bedürfnisse der Menschen und erweitern sich die Möglichkeiten seiner Selbstentfaltung. Wenn Nefiodow etwa die Gesundheit als das Ziel bezeichnet, das die verschiedenen Technologien des „sechsten Kondratieffs" gleichermaßen anstreben, so meint er damit – ganz im Sinne der Definition der Weltgesundheitsorganisation (WHO) – die *„Gesundheit im ganzheitlichen Sinn"*[60], die er an sieben Kriterien gemessen wissen möchte. Gesund ist demnach ein Mensch, der ein stabiles Selbstwertgefühl und ein positives Verhältnis zum eigenen Körper besitzt, ein Mensch, der fähig ist, freundschaftliche und soziale Kontakte zu pflegen, in einer intakten Umwelt lebt, eine sinnvolle Arbeit (unter „gesunden Arbeitsbedingungen" in partner-

59 Wohin die alles menschliche Maß übersteigende Beschleunigung und Intensivierung der Arbeit führen, belegt das in Japan verbreitete Phänomen des „Karoshi" auf erschreckende Weise. Dort sterben gegenwärtig mehr als 10.000 Arbeitnehmer jährlich, teils aus Überforderung und totaler Erschöpfung, teils weil sie aus dem Gefühl des Ungenügens gegenüber den Leistungsanforderungen und der daraus erwachsenden Depression selbst Hand an sich legen.

60 Leo A. Nefiodow: Der sechste Kondratieff. Wege zur Produktivität und Vollbeschäftigung im Zeitalter der Information, Sankt Augustin [6]2006, S.64.

schaftlicher Kooperation) verrichtet, Zugang zur Gesundheitsvorsorge besitzt und schließlich eine lebenswerte Gegenwart mit der begründeten Hoffnung auf eine ebenso lebenswerte Zukunft verbinden kann. Dass hier „erstmalig“ keine Maschine, kein physikalisches oder chemisches Wissen, keine Hard- oder Software-Technologie, sondern „der Mensch mit seinen körperlichen, seelischen, sozialen, ökologischen und geistigen Problemen, Bedürfnissen und Potentialen“[61] im Zentrum steht, verbindet den „sechsten Kondratieff“ mit einer humanistischen Utopie. Einer Utopie allerdings, die allein durch den technologischen Fortschritt bewerkstelligt wird, unter Beibehaltung der kapitalistischen (speziell neoliberalen) Rahmenbedingungen.

Veränderung der Standpunkte infolge des Entwicklungsstands der Technik. Da sich die Technik geschichtlich entwickelt, verändert sich auch der Standpunkt, von dem aus ihre Auswirkung auf den Humanismus reflektiert und beurteilt wird. 1868, dem Erscheinungsjahr des ersten Bands des *Kapital*, war dieser Standpunkt durch die „große Industrie“, die Kooperation verschiedener (Werkzeug-) Maschinen bzw. ein „Maschinensystem“ gegeben, bei dem „jede Teilmaschine … der zunächst folgenden ihr Rohmaterial“ lieferte.[62] 1926, am Vorabend der Weltwirtschaftskrise, als Kondratieff seine Theorie der langen Wellen veröffentlichte, war die Umstellung der gesamten Produktion (einschließlich des Alltagslebens) auf Elektrizität wesentlich abgeschlossen, zumindest in Westeuropa und den Vereinigten Staaten. In der technologisch zurückgebliebenen, jungen Sowjetunion definierte Lenin noch 1920 den Kommunismus als „Sowjetmacht plus Elektrifizierung des ganzen Landes“[63]. 1980, als Günther Anders den zweiten Band über die *Antiquiertheit des Menschen* erscheinen lässt, wird dieser Standpunkt durch das bezeichnet, was er die „dritte industrielle Revolution“ nennt. Produzierte die erste industrielle Revolution (seit 1780 mit den Mitteln der Dampfmaschine etc.) ein vergrößertes Warenangebot für die Bedürfnisse der Menschen, so produzierte die zweite (seit dem Ende des 19. Jahrhunderts durch das Mittel der Reklame) immer neue Bedürfnisse, um das Übermaß der produzierten Waren verkaufen zu können und eine Spirale von Bedürfnissen in Gang zu setzen. Im Zuge

61 Ebd., S.68.
62 Das Kapital, MEW 23, S.401.
63 W. I. Lenin: Werke, Bd.31, S.513.

der dritten und angeblich letzten industriellen Revolution schwingt sich der Mensch vom Handwerker (*homo faber*) zum gottgleichen Schöpfer (*homo creator*) auf. Er bearbeitet die Natur nicht mehr, um sie sich in einer für sein eignes Leben brauchbaren Form anzueignen, sondern erschafft eine *neue Natur*, etwa dadurch, dass er neue Lebewesen züchtet, Gene manipuliert oder *„Kopien von aus politischen, ökonomischen oder technischen Gründen wünschenswerten Typen"* klont.[64] Zum Wesen des homo creator gehört aber nicht nur die Macht, Leben zu erschaffen, sondern auch die Macht, Leben zu vernichten und zwar das gesamte Leben. Das eigentliche „Symbol" der dritten industriellen Revolution ist daher für Anders die Entdeckung der Kernspaltung, die den Bau der Atombombe ermöglicht hat.

Mit der Atombombe hat sich die Grundfrage der Ethik, wie Anders schon im ersten, 1956 erschienenen Band seines Werks feststellte, grundsätzlich verschoben. Sie bezieht sich nicht mehr darauf *„wie* Menschen Menschen behandeln, *wie* Menschen zu Menschen stehen, *wie* Gesellschaft funktionieren solle", sondern darauf *„ob* die Menschheit [überhaupt] weiterbestehen" solle.[65] Damit stellt sich auch die Frage nach dem Verhältnis der Technik zum Humanismus auf eine neue Weise.

Die Technik als Subjekt der Geschichte. Zwei Gedanken bilden den Schlüssel für Anders' Technikphilosophie. Der erste: Die Technik ist *„zum Subjekt der Geschichte geworden"*[66]. Sie ist kein Mittel mehr, das zu guten oder schlechten, humanen oder inhumanen, sozialen oder unsozialen Zwecken eingesetzt werden kann, sondern selbst Zweck. Der Mensch hat seine Rolle als „Macher" oder Gestalter der Geschichte an die Technik verloren; die Technik hat sich dem Menschen gegenüber verselbständigt, ein Eigenleben angenommen, den

64 Günther Anders: Die Antiquiertheit des Menschen Bd.2, Über die Zerstörung des Lebens im Zeitalter der dritten industriellen Revolution München [4]2018, S.26.

65 Ebd., Bd.1, S.264.

66 Ebd., Bd.2, S.9. In seiner Radikalkritik der Technik folgt Anders seinem Lehrer Heidegger. Während Heidegger die technologische Zivilisation die er (in seinen Aufsätzen über *Die Frage nach der Technik* und *Bauen Wohnen, Denken*, beide aus dem Jahr 1954) das „Zeitalter des Gestells" nennt, existenzialontologisch durch seine zunehmende „Seinsvergessenheit" kennzeichnet, verbindet Anders seine Kritik (politisch, soziologisch) mit der Kritik am Konsum, am Fernsehen und der Möglichkeit der Vernichtung der Menschheit durch die Atombombe, wodurch er sich an die Kulturkritik der Frankfurter Schule annähert. Vgl. H. Hildebrandt: Weltzustand Technik. Ein Vergleich der Technikphilosophie von Günther Anders und Martin Heidegger, Berlin 1990.

Menschen zu ihrem Erfüllungsgehilfen degradiert. Von ihr gehen die „moralischen Imperative" aus, alles zu erzeugen, was erzeugt werden kann, die Welt als eine *„auszubeutende Mine"* zu betrachten und die *„geheime Verwertbarkeit"* aller Dinge zu entdecken.[67]

Auch Marx begreift die Technik (als Teil der Produktivkraft) als treibende Kraft der Geschichte. Sie bestimmt die „Form des Verkehrs (commerce) und der Konsumtion" sowie die gesamte „soziale Ordnung"[68]. Ihre Entwicklung bildet die Grundlage und Bedingung für die Entwicklung der Produktionsverhältnisse. Im Gegensatz zu Anders nennt Marx allerdings die *Ursache* für die rasante Entwicklung der Technik unter kapitalistischen Verhältnissen: das Interesse an der Steigerung des relativen Mehrwerts und die Erwirtschaftung eines Extraprofits.[69] Vor allem aber hält Marx an der Überzeugung fest, die Technik könne letztlich doch unter die Kontrolle der „assoziierten Produzenten" gebracht (was auch das Verbot von prinzipiell nicht beherrschbaren Techniken einschließt) und humanen Zwecken dienstbar gemacht werden. Eine solche Perspektive hat Anders nicht. Für ihn führt die „zum Subjekt der Geschichte" gewordene Technik vielmehr zur *„Konvergenz der* [politischen und sozialen] *Systeme"*, nicht *„in Richtung: Freiheit des Menschen"*, sondern *„in Richtung Totalitarismus der Geräte"*[70]. Zur Begründung verweist Anders auf die *faktische* Übereinstimmung von Kapitalismus und Realem Sozialismus (für den 1980 noch die Sowjetunion oder die DDR das Modell abgaben) im Hinblick auf die Verselbständigung der Technik und des Wirtschaftswachstums. Hatte Ernst Bloch, unter dem Einfluss von Marx noch dem „Prinzip Hoffnung" verpflichtet, zwischen den humanen Potenzen der Technik (der Kernspaltung inklusive) und ihren inhumanen Auswirkungen (im Gefolge ihrer kapitalistischen, allein auf die Produktion von Tauschwerten und militärischen Überlegenheit ausgerichteten Verwendung) unterschieden[71], so erkennt Anders im Fortschritt der Technik die Hauptursache für den synchron dazu verlaufenden Niedergang der Humanität.

67 Ebd., S.34f.
68 Marx' Brief an P. W. Annenkow vom 28.12.1846, MEW 4, S.548. Vgl. MEW 13, S.8f.
69 Das Kapital, MEW 23, S.337f., S.532f.; MEW 25, S.654ff.
70 Die Antiquiertheit des Menschen, a.a.O., Bd.2, S.121.
71 Ernst Bloch: Das Prinzip Hoffnung (1959), Frankfurt/M. [6]1979, Bd.2, S.775.

Die Atombombe als Ziel der technischen Entwicklung. In diesem Zusammenhang zwischen dem Fortschritt der Technik und dem Niedergang der Humanität liegt der zweite Schlüssel zu Anders' Technikphilosophie. Seinen prägnanten Ausdruck findet der Gedanke darin, dass Anders die gesamte Entwicklung der Technik auf das Ziel der Atombombe zulaufen sieht, die die Menschheit erstmals instand setzt, *„ihren eigenen Untergang zu produzieren"*[72]. Von diesem Endpunkt auf die Geschichte zurückblickend, erkennt Anders eine Gefahr oder Tendenz zur Inhumanität, die der Technik von allem Anfang an innewohnt und „im Wesen der Technik als solcher angelegt" ist.[73] Vor dem Trend, die Arbeit zu erleichtern, Zeit zu sparen oder gar Zeit für Muße und die vielseitige Ausbildung der eigenen Anlagen zu gewinnen, steht für Anders ein anderer, nämlich der dominante „Trend, *den Menschen*, wie absurd das auch klingen mag, *überflüssig zu machen*"[74]. Fortschreitende Entwicklung der Technik bedeutet in diesem Sinne fortschreitende „Zerstörung der Humanität"[75], fortschreitende Degeneration der Menschheit, fortschreitendes Sich-Überflüssig-Machen bis hin zur „möglichen physischen Selbstauslöschung" durch den atomaren Krieg.

Stufen der Enthumanisierung. Auf dem Weg dieser durch die Verselbständigung der Technik verursachten Degeneration und Enthumanisierung unterscheidet Anders verschiedene Stadien oder Phänomene. Eines davon ist, dass die vereinzelten Menschen durch ihre Teilhabe an der Massenproduktion und am Massenkonsum – auch hinsichtlich ihrer Teilhabe an der Informations-Vermittlung durch die Massenmedien – zu *Massenmenschen* konditioniert werden.[76] Damit verschwindet, was für den klassischen Humanismus Schil-

72 Die Antiquiertheit des Menschen, a.a.O., Bd.2, S.20.

73 Ebd., S.139. Ganz ähnlich, wie McLuhans Fernseh-These „The medium is the message" (1967), heißt es bei Anders „Jedes Gerät ist bereits seine Verwendung" (S.240).

74 Ebd., S.28.

75 Ebd., S.11. Den Nachweis dieser Kausalverbindung bezeichnet Anders als das „Hauptthema" seines Buches.

76 Ebd., S.87–S.100. Seine Radikalkritik am Fernsehen, das die Menschen passiv macht und vermasst, die Verwechslung von Sein und Schein fördert oder den „Unterschied zwischen Erleben und Benachrichtigtsein" (Bd.1, S.181) auslöscht, hat Anders später relativiert. Im Vorwort zur 5. Auflage (1979) des 1956 erschienenen Buches schreibt er: „Nicht mehr restlos einverstanden bin ich mit der total pessimistischen Beurteilung der Massenmedien". Gegenüber seiner früheren Kritik räumt er nun ein, dass uns die Massenmedien ein Wissen und eine Erfahrung über die Wirklichkeit vermitteln können, „deren wir sonst überhaupt nicht teilhaftig würden" (ebd., S.8).

lers, Goethes oder Humboldts die Voraussetzung war: An die Stelle der allseitigen Ausbildung der individuellen Potenzen tritt die *Gleichschaltung*, d. h. die Unterordnung der Individuen unter die Verwertungsinteressen der Industrie, die ihre Waren an den Mann bringen will.

Ein anderes Phänomen der technischen Zivilisation ist für Anders, dass die Alltagswelt des Menschen *„in erster Linie eine Ding- und Apparatewelt"* darstellt, in der die Beziehung zwischen den Menschen zunehmend durch Maschinen vermittelt wird.[77] Nicht nur Verkäufer oder Spielgefährten werden durch Maschinen ersetzt, sondern auch Pflegepersonal, Ärzte, Lehrer oder Ratgeber. Vor allem aber läuft die zwischenmenschliche Kommunikation mehr und mehr über Maschinen. Man kommuniziert mit „Influencern", „Followern" und virtuellen „Freunden", die man persönlich gar nicht kennt. Gegenwärtig wird Anders' Diagnose durch die Bemühungen bestätigt, Maschinen „empathisch" zu machen, so dass sie die Emotionen ihrer Nutzer erkennen und darauf reagieren. Möglicher Weise bekommen die Menschen zukünftig von ihren Computern das, was sie von ihren Mitmenschen nicht bekommen: Trost, Zuspruch, Ratschlag, Anerkennung. So könnte neben der zerrütteten ersten eine durch Algorithmen gesteuerte zweite Welt entstehen, in der eine technisch erzeugte Schein-Humanität mit der totalen Kontrolle der Individuen einhergeht.

Ein weiteres Phänomen der Dehumanisierung sieht Anders in der durch Technik gesteigerten Arbeitsproduktivität, die eine Verkürzung der Arbeits- und eine Verlängerung der Freizeit ermöglicht. Dabei beurteilt er die Freizeit nicht als Zeit der Muße, als Zeit für „höhere" Tätigkeit und der Selbstbestimmung, sondern als einen für viele Menschen „nicht zu bewältigenden Zeitbrei", als ein „sinnloses Herumvegetieren" und „leeres Leben"[78], das anfällig für alle möglichen Konsum- und Animationsangebote macht, womit Langeweile und Sinnverlust kompensiert werden sollen. Mehr noch als die Arbeitszeit wird die Freizeit damit zu einer Zeit der Fremdbestimmung. Zukünftige Generationen, so Anders, werden sich möglicher Weise nach der entfremdetsten aller Arbeiten, der Fließbandarbeit, zurücksehnen, „weil diese Arbeit doch noch ein Minimum an Tun, also etwas vergleichsweise Humanes"[79] dargestellt hatte.

77 Die Antiquiertheit des Menschen, a.a.O., Bd.2, S.66.
78 Ebd., S.32.
79 Ebd., S.113.

Fehlende Grenzziehung. Ganz aus der Reihe seiner Argumentation freilich fällt Anders' Differenzierung zwischen der Technik in hochentwickelten und der Technik in unterentwickelten Ländern. Gesetzt, die Entwicklung der Technik führt tatsächlich zu deren Verselbständigung und dazu, dass der Mensch überflüssig wird und sich selbst abschafft: Sollte man die unterentwickelten Ländern dann nicht warnen und daran hindern, den verhängnisvollen Weg der Technifizierung beschreiten? Offenbar nicht. Anders schreibt: „Das Fehlen der Technik ist in unterentwickelten Ländern eine ungleich größere Gefahr als deren Existenz. In diesen Ländern muß die Warnung vor der Technik, die für uns bereits gilt, wahnsinnig klingen."[80] Wenn die Fortschritte der Technik aber nicht prinzipiell mit dem Fortschritt der Inhumanität zusammenfallen, wenn es eine (im Namen der Humanität) zu bejahende und eine (im Namen der Humanität) zu kritisierende Entwicklungsstufe der Technik gibt, dann fragt sich, wo diese Grenze verläuft, wann und weshalb die eine in die andere umschlägt. Auf diese Frage findet sich in Anders' Buch keine klare Antwort.

Humanität im Zeichen der Informations- und Biotechnologie. Eine vierte Theorie, die den Einfluss der Technik auf das Leben und den Humanismus thematisiert, stammt aus dem Jahr 2017. Ihr Autor ist der israelische Historiker Yuval Noah Harari. Sein Bezug auf die Technik ist nicht mehr die „große Industrie" mit ihren kombinierten Werkzeugmaschinen (wie bei Marx), nicht mehr die Elektrizität oder die Chemie (wie bei Kondratieff) und auch nicht die Kernspaltung (wie bei Anders), die den Bau von Kernkraftwerken oder Atombomben ermöglicht; sein Bezug ist die Verschmelzung von Informations- und Biotechnologie. Harari verwendet dafür den Begriff der disruptiven (lat. *disrumpere*: zerreißen, zerbrechen, zerschlagen) Technik. Soll heißen: Die beiden genannten Technologien und ihre Verschmelzung stehen außerhalb der Kontinuität des technischen Fortschritts; sie stellen eine Diskontinuität, einen qualitativen Sprung dar, der die bisherige Technologie vollständig verdrängt und ein absolut neues Paradigma begründet.

80 Ebd., S.140.

Humanismus als Form der Religion. Den Hauptunterschied zwischen Mensch und Tier, aus dem die Überlegenheit des Menschen erwächst, sieht Harari nicht in der Arbeit, nicht in der Verwendung und Weiterentwicklung der Werkzeuge, nicht im Bewusstsein oder der Sprache, sondern in der Religion. Ganz allgemein beschreibt er die Religion dabei als eine „Fiktion", ein „Hirngespinst", als „Fake News" oder ein „Geflecht aus Gesetzen, Kräften, Wesenheiten und Orten", die zwar nur in der Fantasie existieren, die gleichzeitig aber auch die Fähigkeit des Homo sapiens begründet, „als einzige Art auf Erden … in großer Zahl flexibel zu kooperieren"[81]. Dieser Idealismus, der das Bewusstsein und noch dazu das religiöse Bewusstsein als etwas *Primäres* und *Unbedingtes* begreift, kann wenig überzeugen. Zum einen gibt es viele Tierarten, die ohne Religion, aus angeborenem Instinkt, miteinander kooperieren. Zum anderen setzt die Religion (in ihrem Ursprung) voraus, dass die Menschen arbeiten und sich zu kooperativen Gemeinschaften zusammengeschlossen haben. Die Magie als die Keimform aus der die Religion entsteht, ist noch unmittelbar in die Arbeit verwoben. Sie ist der Versuch, durch Regentänze, Fruchtbarkeitsriten oder Jagdzauber Macht über die Natur zu gewinnen, und damit ebenso die Keimform der Wissenschaft.

Fragwürdig ist Hararis Theorie auch darin, dass sie den Humanismus als eine Form der Religion begreift. Wörtlich spricht er (wie schon Feuerbach) von der „humanistischen Religion"[82], die die theistische, auf Gott oder Götter fixierte Religion ablöst. Wenn Harari zwischen Humanismus und Religion keinen prinzipiellen *Gegensatz* gelten lassen will, so hält er doch an einer Reihe von *Unterschieden* fest. Zuerst ist mit der Religion der Glaube an eine überirdische Macht und einen „großen kosmischen Plan" verbunden, der dem Leben des Menschen einen Sinn gibt und jedes Ereignis, selbst Hunger, Krankheit, Krieg etc. als Teil dieses Plans begreift. Im Humanismus ist dieser objektive, allgemeingültige Lebenssinn (so Harari) verschwunden. Die Welt gilt als sinnlos, der Mensch sieht sich vor die Aufgabe gestellt, der Welt und seinem Leben selbst einen Sinn zu geben. Statt Gott ist nun der Mensch zum Maß aller Dinge geworden. Es gibt infolgedessen nur mehr subjektive Maßstäbe. Die Menschen be-

81 Yuval Noah Harari: Homo deus. Eine Geschichte von Morgen, München 2017, S.183, S.239, S.243. Vgl. auch Yuval Noah Harari: 21 Lektionen für das 21. Jahrhundert (2018), München [7]2019, S.311.

82 Harari: Homo deus, a.a.O., S.302.

stimmen selbst, „was gut und was böse, was richtig und was falsch, was schön und was hässlich" ist, wobei die Mehrheitsentscheidung gilt.[83] Humanität ist für Harari kein zukünftiger, höherer Wert, der im Kampf gegen die bestehende Inhumanität verwirklicht werden soll, sondern ein faktischer, bereits geltender Wert, der sich von früheren religiösen Werten nur dadurch unterscheidet, dass er von Menschen gesetzt ist. Zwischen den Werten des Liberalismus (Freiheit), des Kommunismus (Gleichheit) oder des Nationalsozialismus (Rasse) besteht für ihn in dieser Hinsicht daher kein prinzipieller Unterschied; sie werden (was im Falle des Nationalsozialismus als besonders kritikwürdig erscheint) gleichermaßen als Unterformen der „humanistischen Religion" begriffen.

Im Unterschied zu früheren Religionen schließt der Humanismus einen Pakt mit der Wissenschaft und der Technik, wobei die Wissenschaft für Harari selbst eine Art von Religion bzw. eine „neue Art von Mythos"[84] darstellt, die die Entwicklung der Technik ermöglicht. Humanismus, Wissenschaft und Technik bilden eine Einheit, die grundsätzlich als ein *Humanum* erscheint. Wissenschaft und Technik haben bewirkt, dass Hunger, Seuchen und sogar Kriege wesentlich der „Welt von gestern" angehören. Diese Geißeln der Menschheit bestehen nur noch in rudimentären Formen fort und sind nach Hararis (übereilter) Ansicht dabei, völlig zu verschwinden.

Gegensätze zu Marx' Technikphilosophie. Des Öfteren beruft sich Harari auf Marx und stimmt ihm in verschiedener Hinsicht sogar zu.[85] In grundsätzlichen Fragen seiner Technikphilosophie aber steht er in striktem Gegensatz zu ihm. Marx hatte das kapitalistische Interesse an der Steigerung des Mehrwerts und der Erwirtschaftung von Extraprofiten als treibende Kraft der Technikentwicklung dargestellt; die humanistischen Potentiale der Technik blieben dem kapitalistischen Interesse untergeordnet. Harari begreift die „humanistische Religion" dagegen als die treibende Kraft, die darauf ausgerichtet ist, den Hunger, die Seuchen oder den Krieg auszurotten. Marx hatte *vor* dem möglichen Segen für die Gattung vor allem den Fluch analysiert, dem die an der Maschine Arbeitenden ausgeliefert sind: ihre Unterordnung unter

83 Ebd., S.303. S.318f.
84 Ebd., S.246.
85 Z.B. in Homo deus, a.a.O., S.83f., S.369f. oder in 21 Lektionen für das 21. Jahrhundert, a.a.O., S.326, S.346.

die Maschine, ihre Assimilation an die Maschine. Bei Harari fehlt diese Perspektive „von unten", auf den arbeitenden Menschen, völlig. Marx begreift die Technik im Zusammenhang mit den gesellschaftlichen Verhältnissen, in denen sie entwickelt wird und zum Einsatz kommt. Das bedeutet nicht nur, dass sie unter bestimmten Verhältnissen sich in eine Destruktivkraft verwandeln kann, sondern auch, dass die humanen Potenzen, die in ihr stecken, erst unter bestimmten Verhältnissen aktualisiert werden können. In Hararis Technikphilosophie fehlt auch dieser gesellschaftliche Bezug. Wenn sich die Technik im Laufe ihrer Entwicklung aus einer Produktivkraft in eine Destruktivkraft verkehrt, ihre Verbindung zum Humanismus verliert, so liegt das für ihn (wie schon für Anders) nicht an den gesellschaftlichen Verhältnissen unter denen sie zum Einsatz kommt, sondern *in der Entwicklung der Technik selbst*.

Dass die Technik im Namen des Humanismus den Hunger (durch Steigerung der Produktivität der Arbeit), die Seuchen (durch Verbesserung der Medizin) oder den Ausbruch eines neuen Weltkriegs (durch die Atombombe und das „Gleichgewicht des Schreckens") beseitigt, ist für Harari nur die Hälfte der Wahrheit. Die andere Hälfte ist, dass sich der Humanismus mit diesen Errungenschaften nicht zufrieden gibt und, darüber hinaus, von einer *totalen* Herrschaft des Menschen über die Natur und sein eigenes Leben träumt. Über die Beseitigung des Hungers hinaus strebt er (durch Manipulationen der Biochemie, durch Psychopharmaka etc.) nach einem „endlosen Strom angenehmer Empfindungen"[86], d. h. einem dauerhaften, wolkenlosen Glück. Über die Beseitigung von Seuchen und die Heilung von Krankheiten hinaus zielt er (durch Gentechnik, regenerative Medizin, Nanotechnik) auf eine Optimierung des Menschen, auf die Überwindung von Abnutzungs- oder Alterungsprozessen und schließlich auf die *Abschaffung des Todes*. Über die Beseitigung des Krieges und seiner Möglichkeit der Ausrottung der gesamten Menschheit hinaus soll der *homo sapiens* zum *homo deus* werden, der auch die Macht hat, neue Lebewesen und neue Wirklichkeiten zu erschaffen.

Umschlag des Humanismus in Anti- oder Transhumanismus. Auf dem Weg der Verwirklichung des humanistischen Traums der totalen Herrschaft des Menschen über die Natur und sein eigenes Leben zerfällt der Humanismus.

86 Homo deus, a.a.O., S.62f., S.58.

Das humanistische Programm der Selbstermächtigung des Menschen schlägt in sein Gegenteil um, in einen Anti- oder Transhumanismus und die Entfesselung einer „posthumanen Technologie". Diese Dialektik bezeichnet Harari selbst als die Hauptthese oder den „Grundriss"[87] seines Buches. Die Wissenschaft und Technik nämlich, die der Mensch im Namen des Humanismus vorantreibt, macht ihn nicht zum *homo deus*, sondern zu einem bedeutungslosen, letztlich überflüssigen Wesen, das die Kontrolle über sein Leben verliert und zur bloßen Manövriermasse technologischer Mechanismen wird.[88]

Mit seiner These, dass der Keim des Anti- oder Transhumanismus im Humanismus, der Keim einer inhumanen, menschenverachtenden Technik im Wesen der Technik selbst liegt, stimmt Harari mit Günther Anders überein. Die Endpunkte der technologischen Entwicklung, durch die beide Theoretiker ihre These stützen, sind allerdings verschieden: Bei Anders ist es die Atombombe, bei Harari die Verschmelzung von Info- und Biotechnologie. Bemerkenswerter Weise diskutiert Harari die Atombombe noch unter humanistischem Vorzeichen: Gerade weil sie die Vernichtung aller Menschen ermöglicht, ein nuklear geführter Krieg keinen Sieger mehr kennt, verbürgt die Atombombe (zumindest im Weltmaßstab durch ihr „Gleichgewicht des Schreckens") den Frieden.[89]

Schärfer als Anders zieht Harari die Grenze zwischen einer humanen und einer inhumanen Technik. Sie liegt für ihn dort, wo die Wirkungsweise von „Genen, Hormonen und Nervenzellen" entschlüsselt ist, der Mensch als „eine Ansammlung biochemischer Mechanismen", sein Verhalten als „Netzwerk elektronischer Algorithmen" begriffen, seine nach deterministischen Gesetzen zustande kommenden Entscheidungen „mit Hilfe von Gehirnscannern" vorhergesagt werden können.[90] „Wenn die Revolution in der Biotechnologie mit der Revolution in der Informationstechnologie verschmilzt", schreibt Harari,

87 Ebd., S.95, S.375.

88 Bei dieser These drückt sich Harari selbst stets vorsichtig und im Konjunktiv aus. Vgl. Homo deus, a.a.O., S.94, S.442. Vgl. 21 Lektionen für das 21. Jahrhundert, a.a.O., S.30.

89 Auch der durch die Technik hervorgerufene, drohende Umwelt- und Klimakatastrophe kann Harari noch einen humanistischen Aspekt abgewinnen: Als globale Probleme, die nur in globaler Kooperation bezwungen werden können, lassen sie jede Form von Nationalismus als Borniertheit und Idiotie erscheinen. Vgl. 21 Lektionen für das 21. Jahrhundert, a.a.O., S.172, S.191. Das heißt freilich nicht, dass es nicht weiterhin Nationalisten wie Donald Trump u. a. gibt, die um ihres Nationalismus willen den Klimawandel als ein durch den Menschen verursachtes Problem leugnen.

90 Homo deus, a.a.O., S.380, S.383, S.445.

dann „werden daraus Big-Data-Algorithmen entstehen, die meine Gefühle viel besser überwachen und verstehen können als ich selbst", die den freien Willen als Illusion, „die zentralen Werte der Moderne, nämlich Freiheit und Gleichheit" und damit auch den Humanismus als obsolet erscheinen lassen.[91]

Das Ende des Humanismus und die Herrschaft der Daten-Religion. Hatte Marx die Würde des Menschen gegen die verselbständigte Technik verteidigt und einem mit radikaler Kritik und politischem Engagement gepaarten realen Humanismus das Wort geredet, so kapituliert Harari vor der Übermacht der Fakten, die zum großen Teil allerdings erst prognostizierte Fakten sind. „Vielleicht", so sinniert er, „wird auch der Zusammenbruch des Humanismus segensreich sein"[92], so wie es der Zusammenbruch der theistischen Religionen war, der der „humanistischen Religion" Platz gemacht hat. Auf die theistische und humanistische Religion nämlich folgt die „Datenreligion", die auf einem globalen „allwissenden und allmächtigen"[93] Datenverarbeitungssystem beruht und alle Fehlentscheidungen des Menschen verhindert.

Zum Humanismus oder der Autonomie des Menschen gehörte immer auch die Möglichkeit der falschen Entscheidung und des Scheiterns. Im Posthumanismus Hararis ist diese Möglichkeit ausgeschlossen. Das „System", das alle *Klicks* und *Likes*, alle Kontakte, Mails, Bestellungen, Chats etc. sammelt, speichert und auswertet, das uns, die *User*, infolgedessen besser kennt, als wir uns selbst, wird uns zuverlässig mitteilen, welche Entscheidungen die richtigen sind, wo wir unsere Ferien verbringen, welchen Beruf wir ergreifen, welchen Partner wir ehelichen sollen. Die Menschen werden zu Gott, indem sie „im Datenfluss aufgehen", zu einem „Teil des Datenflusses" und damit „Teil von etwas Größerem" werden. Nur wer „vom Datenfluss abgekoppelt ist, läuft Gefahr, den Sinn des Lebens zu verlieren"[94]. Humanismus und Selbstbestimmung mit ihrer Gefahr des Irrwegs und des Scheiterns weichen einem „geglückten Leben", in dem der Einzelne sich willig an die Vorgaben hält, die ihm das „System" zu seinem besten vorsetzt.

91 21 Lektionen für das 21. Jahrhundert, a.a.O., S.80f., S.123.
92 Homo deus, a.a.O., S.97.
93 Ebd., S.522.
94 Ebd.

Humanismus hat für Harari nichts mit der Emanzipation von religiöser Fremdbestimmung zu tun. Bei ihm verbleibt der Mensch im Wechsel vom Theismus zum Humanismus und später zum „Dataismus" letztlich innerhalb der religiösen Fremdbestimmung. Und auch in gesellschaftlicher und politischer Hinsicht zeichnet sich für ihn kein Fortschritt der Humanität ab. Zwar ist der Liberalismus 1945 gegenüber dem Faschismus und 1989 gegenüber dem realen Sozialismus als Sieger hervorgegangen, was Harari positiv bewertet. Gerade auf der Grundlage des Liberalismus aber haben sich jene disruptiven Techniken entwickelt, die allen Humanismus auch auf gesellschaftlicher Ebene vernichten. Einige wenige Eliten (die Eigentümer von Daten) werden sich zu „Übermenschen", zu unsterblichen, glücklichen Göttern erheben; der Rest der Menschheit (die ihre Daten freiwillig zur Verfügung gestellt haben) wird zu einer bedeutungslosen „Masse", zu einem Objekt der Manipulation.

Digitaler Humanismus. Neuer Widerstand gegen die Verselbständigung der Technik. Günther Anders und Yuval Harari haben vor den Fortschritten der Technik kapituliert. Sie haben die Technik als Subjekt der Geschichte dargestellt, das alle Autonomie des Menschen vernichtet hat. Speziell im Falle der digitalen Technologie formiert sich dagegen Widerstand. Sowohl Julian Nida-Rümelin/Natalie Weidenfeld[95] als auch die internationale Gruppe von Wissenschaftlern und Technikern, die das *WienerManifest*[96] unterzeichnet haben, machen sich für einen „digitalen Humanismus" stark, der den Gefahren der neuen Technik begegnen, sie unter die Kontrolle des Menschen bringen wollen.

Ursprünglich bezeichnet Digitalisierung die Umwandlung analoger Dokumente (Schriftstücke, Fotos, Tonaufnahmen, Filme) in digitale Formate, d.h. in Dateien aus binären Werten, Bits und Bytes. Nach ihrer Umwandlung – darin besteht der kolossale Vorteil – sind diese Dokumente maschinell lesbar; sie können langfristig ohne Qualitätsverlust gespeichert, verschickt oder weiterverarbeitet werden. Nach 2013, so ist in *Wikipedia* zu lesen, wurde der Begriff der Digitalisierung allerdings zumeist in erweiterter Form verwendet:

95 Julian Nida-Rümelin/Natalie Weidenfeld: Digitaler Humanismus. Eine Ethik für das Zeitalter der Künstlichen Intelligenz, München 2018.

96 *Wiener Manifest für digitalen Humanismus*, Mai 2019. https://www.informatik.tuwien.ac.at/dighum/wp-content/uploads/2019/07/Vienna_Manifesto_on_Digital_Humanism_DE.pdf

zur Bezeichnung der digitalen Revolution, die alle Bereiche des Alltags, der Gesellschaft, der Politik oder der Wirtschaft durch den Einsatz von Computern, Smartphones, Internet, Datenbanken oder Robotern erfasst hat. Die Parolen dieser Revolution lauten Breitbandkommunikation, Internet der Dinge, E-Commerce, Industrie 4.0, Künstliche Intelligenz, autonomes Fahren oder biometrische Gesichtserkennung.

Zwischen Utopie und Dystopie. Zuweilen sind mit der so verstandenen Digitalisierung humanistische Utopien der „Erlösung" oder des Kommunismus assoziiert. Wird die gesamte Produktion und Distribution von Gebrauchsgütern, die innerbetriebliche Organisation und die gesamtgesellschaftliche Planung optimiert und rationell durch Computer und den Einsatz von künstlicher Intelligenz geregelt, so schrumpft das „Reich der Notwendigkeit" auf ein Minimum zusammen. Der Mensch wird ins „Reich der Freiheit" versetzt, wo er nach Schillers Vorstellung von aller Not befreit ist und im Spiel „in voller Bedeutung des Worts Mensch" wird; denn *„er ist nur da ganz Mensch, wo er spielt"*[97] oder nach Marx' Vorstellung seine menschlichen Anlagen als „Selbstzweck" entwickelt. Weitaus häufiger allerdings gab die Digitalisierung (mit ihren in die Zukunft hinein verlängerten Entwicklungen in Science-Fiction-Darstellungen) den Anlass zu Dystopien und apokalyptischen Bildern. Entweder die Menschen degenerieren selbst zu Automaten, die von Algorithmen gesteuert werden oder die Automaten entwickeln selbst menschliche Fähigkeiten, verfolgen eigene Ziele, übernehmen die Weltherrschaft und machen sich die Menschen untertan.

Von beiden Extremen der Hoffnung („Erlösung") und des Schreckens („Apokalypse") grenzen sich Nida-Rümelin und Nathalie Weidenfeld gleichermaßen ab. „Digitaler Humanismus" hält ihrer Ansicht nach „an der Besonderheit des Menschen und seiner Fähigkeiten fest und bedient sich der digitalen Technologien, um diese zu erweitern, nicht um diese zu beschränken". Sein Ziel ist „die Stärkung der Urteils- und Entscheidungskompetenz und damit der individuellen und kollektiven Autonomie"[98]. Selbst wo die Kernspaltung nicht zum Bau von Atombomben, sondern zu angeblich friedlichen Zwecken, wie dem Bau von Kernkraftwerken eingesetzt wird,

97 Friedrich Schiller: Über die Erziehung des Menschen, 15.Brief, a.a.O., S.238.
98 Nida-Rümelin / Weidenfeld: Digitaler Humanismus, a.a.O., S.10f. und S.176.

bedroht sie das menschliche Leben. Dazu im Gegensatz führt die Digitalisierung, wie es scheint, doch in vieler Hinsicht zu einer Bereicherung des menschlichen Lebens: Sie vereinfacht und beschleunigt die Kommunikation, macht Wissen global zugänglich, entlastet den Menschen in vielfacher Weise, übertrifft seine Aktivitäten an Geschwindigkeit und Präzision, bezieht viele Menschen in den demokratischen Prozess der Urteils- und Meinungsbildung ein etc. Allerdings birgt sie auch Gefahren. Im Anschluss an die Warnungen von Tim Berner-Lee, dem Erfinder des Internet, nennt das *Wiener Manifest* die vier größten Gefahren. Erstens die „Monopolisierung des Web", wodurch die freie Kommunikation eingeschränkt und den Interessen der Großindustrie untergeordnet wird. Zweitens „die Ausbreitung extremistischer Verhaltensmuster", da die Aufklärung und die moralische Entwicklung des Menschen durch die Installation von „Filterblasen und Echokammern" behindert oder (in bestimmten Chatrooms durch die Lancierung von *fake news*) manipuliert wird. Drittens „der Verlust der Privatsphäre", da alle *Klicks* und *Likes*, alle Kontakte, Bestellungen, Mails, Cookies etc. gespeichert, zu „Benutzerprofilen" verdichtet, an Interessenten verkauft und zu Werbezwecken verwendet werden. Viertens die „weite Verbreitung digitaler Überwachungstechnologien", nicht nur, um Straftaten zu verhindern oder Täter zu fassen, sondern um das Verhalten der gesamten Bevölkerung zu beobachten, aufzuzeichnen und zu kontrollieren.

Prinzipielle Überlegenheit des Menschen über die digitale Technik. Benennt das *Wiener Manifest* vor allem die Gefahren der digitalen Technologie, so legen Nida-Rümelin und Weidenfeld (die die Gefahren erwähnen, aber unterschätzen oder für beherrschbar halten) den Schwerpunkt auf die damit eröffneten Möglichkeiten. Voraussetzung für die Wahrnehmung dieser Möglichkeiten ist die Akzeptanz dieser Technologie, die in dem Maße steigt, in dem sie als nützliches Hilfsmittel oder als Werkzeug begriffen wird und die Angst davor verschwindet. Die Angst aber verschwindet, sobald sich die Menschen von der digitalen Technologie, speziell der künstlichen Intelligenz, nicht mehr bedroht fühlen und im Wissen ihrer prinzipiellen Überlegenheit über sie bestärkt werden. Auf dieses Ziel hin sind weite Teile des Buches von Nida-Rümelin und Weidenfeld ausgerichtet: Roboter, mit künstlicher Intelligenz ausgestattete Wesen, besitzen im Gegensatz zum Menschen keine Gefühle und keine Empathie; sie simulieren sie nur, weil sie so programmiert sind.[99] Sie besitzen im Gegensatz zum Menschen keine Freiheit, keine Autonomie; wenn sich ihre Entscheidungen und Verhaltensweisen nicht eindeutig prognostizieren lassen (wodurch Freiheit simuliert wird), so liegt das daran, dass sie nicht mit deterministischen, sondern mit probabilistischen Algorithmen ausgestattet wurden.[100] Roboter besitzen keine Vernunft und keine Moral, da sie keine Argumente abwägen können, zu einem „komplexeren Abwägen moralischer Gründe"[101] nicht fähig sind; sie agieren nach allgemeinen Regeln, die man ihnen eingegeben hat und stehen hilflos vor moralische Dilemmata.

Zuletzt zitiert Nida Rümelin das Theorem von Kurt Gödel, dem zufolge es „wahre Sätze in der Mathematik und der Logik gibt, die algorithmisch nicht beweisbar sind". Dieses Theorem überträgt er auf das Verhältnis der menschlichen Vernunft zur digitalen Maschine: Die Vernunft, d.h. die „menschliche Fähigkeit, Überzeugungen, Entscheidungen und emotive Einstellungen zu begründen und auf dieser Grundlage ein kohärentes Weltbild und eine kohärente Praxis zu entwickeln, lässt sich nicht im Modell eines digitalen Computers erfassen"[102]. Oder kürzer: Roboter funktionieren nach Algorithmen, Menschen nicht. Die Überlegenheit des Menschen wird auch durch das sog. *Deep Learning*, das selbständige Lernen der künstlichen Intelligenz, nicht erschüttert.

Digitaler Humanismus durch Ethik oder Sozialreform? Das Verhältnis des Arbeiters zur Maschine hat sich unter der Voraussetzung der kapitalistischen Produktionsweise verdreht. Nicht der Arbeiter wendet die Maschine, sondern die Maschine wendet den Arbeiter an. An dieser Verdrehung hat sich, wie auch Nida-Rümelin/Weidenfeld oder das *Wiener Manifest* einräumen, auch im Zeitalter der Digitalisierung nichts geändert. Im Gegenteil: Durch die Digitalisierung ist der Mensch auch in seiner Freizeit, seiner Kommunikation, seiner Unterhaltung, seinen sportlichen Aktivitäten oder seinem Konsum zum „lebendigen Anhängsel" seines PCs, Handys oder Smartphones geworden. Als probate Mittel, um den Gefahren der Digitalisierung zu begegnen, erscheinen sowohl Nida-Rümelin und Weidenfeld als auch den Autoren des

99 Ebd., S.38.
100 Ebd., S.45ff.
101 Ebd., S.87. Vgl. S.95, S.103, S.115.
102 Ebd., S.10 und S.110f..

Wiener Manifests die Ethik bzw. gesetzliche Vorgaben, durch die sie nicht nur die Optimierungskalküle der Wirtschaft, sondern auch die Überwachungsstrategien des Staats durch „humanistische Werte wie Gerechtigkeit und Solidarität"[103] kontrollieren und beschränken wollen. Das *Wiener Manifest* klagt zwar die „Monopolisierung" der digitalen Technologie an, nicht aber grundsätzlich ihre kapitalistische Verwendung. Es fordert nur, „die Wettbewerbsfähigkeit des Marktes" wieder herzustellen und zwar durch staatlichen Eingriff. Die neue Technologie muss „nach menschlichen Werten und Bedürfnissen" geformt und „für eine bessere Gesellschaft und ein besseres Leben unter voller Achtung universeller Menschenrechte" dienstbar gemacht werden.

Börries Hornemann und Armin Steuernagel[104] oder René Arnsburg plädieren zwar für eine „Sozialrevolution", verstehen darunter aber doch nur eine „Sozialreform". „Was es braucht, ist eine Sozialrevolution. (…) Die digitale Revolution führt ohne Sozialrevolution ins Chaos. (…) Wir müssen der technischen Revolution eine entsprechende Sozialrevolution entgegenstellen."[105] Als Vorbild der Sozialrevolution fungieren dabei die Bismarckschen Sozialreformen, die die schlimmsten Auswirkungen der industriellen Revolution, die in Deutschland nach 1848 eingesetzt hatte, sozial verträglich gestaltet haben. Im Zentrum dieser Sozialreformen sollten nach ihrer Ansicht das bedingungslose Grundeinkommen oder bestimmte Reformen der Steuergesetzgebung sein. In direktem Bezug auf Marx und zugleich in Abgrenzung zu ihm entwickelt Richard David Precht seine Utopie eines digitalen Humanismus, für die ebenfalls Bismarck Pate steht. In Anlehnung an Marx begreift Precht die digitale Technologie als eine Produktivkraft, als Steigerung der „Arbeitsleistung [durch] immer intelligentere Maschinen", die eine neue humane Gesellschaft ermöglicht. Verwirklicht wird diese neue Gesellschaft seiner Meinung aber nicht durch die „Abschaffung des Kapitalismus" oder die Aufhebung des Privateigentums an den Produktionsmitteln, sondern durch staatliche Reformen. Dabei beruft sich Precht nicht nur auf Bismarck, sondern auch auf den Ordoliberalismus der „Freiburger Schule" (Walter Eucken, Franz Böhm

103 Ebd., S.81.

104 Die beiden Herausgeber des Sammelbandes *Sozialrevolution!* (Frankfurt/M. 2017).

105 René Arnsburg: Maschinen ohne Menschen? Berlin 2017, S.272. Zitiert nach Michael Seiler. „Digitalisierung". Der Algorithmus des Kapitals und die Automatisierung der gesellschaftlichen Produktion, Sondernummer der Zeitschrift *Streitbarer Materialismus,* Mai 2019, S.52.

u. a.), der den Kapitalismus durch den Einbau sozialistischer bzw. sozialstaatlicher Elemente humaner gestalten wollte. Wörtlich schreibt Precht: „Wir werden wieder mehr Sozialismus in den Kapitalismus implementieren müssen, um die aufsteigende Linie von Bismarck über die Freiburger Schule fortzusetzen."[106]

106 Richard David Precht: Jäger, Hirten, Kritiker – Eine Utopie für die digitale Gesellschaft, München 2018, S.436. Auch dieses Buch ist eine Streitschrift für ein bedingungsloses Grundeinkommen. Zur Kritik vgl. Michael Seiler, a.a.O., S.54f.

8. Die Masse als Verlust der Humanität und Vorstufe einer neuen Humanität

Sind Massengesellschaft und Humanismus kompatibel? Stirbt der Humanismus, der auf die universelle Entfaltung individueller Potenzen gerichtet ist, mit der Egalisierung und Vermassung des Menschen in der Moderne nicht ab? Bleibt er das Privileg einer Elite, die jenseits und über den Massen steht? Oder eröffnet die Massengesellschaft eine neue Perspektive und stellt selbst die Bedingung einer zeitgemäßen Form der Humanität dar?

Für gewöhnlich haftet dem Begriff der Masse etwas Negatives an. Verbreitet ist die (naturrechtliche) Ansicht, der Mensch sei ursprünglich und von Natur aus ein isoliert lebendes Individuum, das sich erst in zweiter Linie mit seinen Mitmenschen verbindet und dadurch zum Gesellschafts- (oder Massen-) Menschen wird. Weiterhin erscheint diese Verbindung dann als Verlust oder Beschränkung der eigenen Identität, als ein Sich-Gemein-Machen mit Anderen, als Nivellierung und somit als Verlust an Humanität. Tatsächlich verhält es sich gerade anders herum. Nicht als Individuum wird der Mensch zum gesellschaftlichen Wesen, sondern aus der ursprünglichen Gemeinschaft (der Familie, des Stammes, des Gemeinwesens) erwächst das Individuum. „Je tiefer wir in der Geschichte zurückgehen", schreibt Marx in seiner Kritik an den *Robinsonaden* des 18. Jahrhunderts, „je mehr erscheint das Individuum ... als unselbständig, einem größeren Ganzen angehörig"[1]. Erst mit der Entwicklung der bürgerlichen Gesellschaft verselbständigen sich die Individuen und treten als „vereinzelte Einzelne" der Masse der anderen Einzelnen gegenüber. Wie Marx an der zitierten Stelle in Anspielung auf Aristoteles fortfährt, ist der Mensch „im wörtlichsten Sinne ein ζῷον πολιτικόν, nicht nur ein geselliges Tier, sondern ein Tier, das nur in der Gesellschaft sich vereinzeln kann". Erst dem Vereinzelten kann

1 Marx: Einleitung zur Kritik der Politischen Ökonomie, MEW 13, S.616.

die Masse, über die er sich erhoben hat, als etwas Negatives, als Bedrohung und Gefahr, erscheinen. Setzt man freilich die ursprüngliche, natürliche Vergesellschaftung des Menschen voraus, dann tritt die „Masse“ nicht als Bedrohung, als Verlust der Individualität und *Inhumanum*, sondern als das gerade Gegenteil in Erscheinung. Denn „erst in der Gemeinschaft [mit Andern hat jedes] Individuum die Mittel, seine Anlagen nach allen Seiten hin auszubilden; erst in der Gemeinschaft wird also die persönliche Freiheit möglich“[2]. Nicht das Individuum, sondern das vergesellschaftete (das „vermasste“) Individuum ist infolgedessen der Ausgangspunkt oder die Grundlage des Humanismus.

Zur Begriffsgeschichte. Der Ursprung des Begriffs der (Volks-) Masse in seiner doppelten, positiven wie negativen Bedeutung liegt in der Epoche der Französischen Revolution. Beim Sturm auf die Tuillerien am 10. August 1792, in dessen Verlauf die königliche Familie festgenommen und die Aristokratie gestürzt wurde, war die *masse du peuple* (Volksmasse) auf Befehl Dantons bewaffnet worden. Sie war so in die Lage versetzt worden, die revolutionäre Stadtregierung von Paris im Kampf gegen die Schweizer Garde zu unterstützen, die zum Schutze der Tuillerien bestellt war. Die *levèe en masse* (Massenaushebung) verpflichtete auf Beschluss des Wohlfahrtsausschusses vom 23. August 1793 alle unverheirateten Männer zwischen 18 und 25 Jahren, sich in das Revolutionsheer einzureihen. So konnte der Sieg im ersten Koalitionskrieg (gegen Preußen, Österreich u. a.) errungen, die Revolution gegen Monarchie und Absolutismus verteidigt werden. In beiden Fällen ist der Begriff der Masse positiv besetzt: Der Einzelne verbindet sich mit vielen anderen Einzelnen, wodurch er nicht seine Identität verliert, sondern imstande ist, seine Interessen (die ihn mit den Anderen verbindet) erfolgreich durchzusetzen. Zudem handelt es sich um emanzipatorische, auf Freiheit gerichtete Interessen: die Abwehr der feudal-absolutistischen Unterdrückung sowie die Durchsetzung der Menschenrechte. Somit steht der Begriff der Masse in einem ursprünglichen Zusammenhang mit dem realen Humanismus.

Ebenfalls im Jahr 1793 erscheint der Begriff der (Volks-) Masse auch im Deutschen, allerdings in negativer Bedeutung, als Übersetzung des engli-

2 Marx/Engels: Die deutsche Ideologie, MEW 3, S.74.

schen Begriffs *crowd*. Edmund Burke hatte in seinen *Reflections on the Revolution in France* harsche Kritik an der *crowd* und ihrem anmaßenden Aufbegehren gegen die natur- und gottgegebene Ordnung geübt, die ihre Legitimation aus ihrer geschichtlichen Tradition beziehe und nicht willkürlich und plötzlich beseitigt werden dürfe. Friedrich Gentz, der politische Repräsentant des österreichischen Absolutismus und spätere Berater Metternichs, der Burkes Werk umgehend ins Deutsche übersetzte, gab das englische *crowd* mit „Masse" wieder.

Ob die Masse, insbesondere die politische Massenbewegung, aus der gezielten Aktivität selbstbewusster Individuen erwächst, die sich zusammenschließen, um für ihre Freiheit und gegen die Einschränkungen der bestehenden Verhältnisse zu kämpfen oder aus der spontanen, impulsiven Aktivität enthemmter Mitläufer, die charismatischen Führern folgen und unangemessene, überhebliche Ansprüche stellen: Darüber geht die Diskussion, die sich in Deutschland zur Zeit des Vormärz verstärkt und weit über das 19. Jahrhundert hinaus geführt wird. Im einen Fall besteht ein enger Zusammenhang zwischen Masse und Humanität, im anderen Fall erscheint die Masse als ein schwarzes Loch, in dem alle Humanität vernichtet ist. Gemeinsam ist beiden extremen Richtungen allerdings, dass „Masse" mit der Masse der arbeitenden Bevölkerung, d. h. mit dem Proletariat oder (später) dem Kleinbürgertum assoziiert wird.

Masse als die an Arbeit gebundene, abhängige Klasse. Zu philosophischen Ehren kommt der Begriff der Masse bei Hegel, der damit die „an … Arbeit gebundenen Klasse" bezeichnet, deren Existenz durch „die *Vereinzelung* und *Beschränktheit*" ihrer Arbeit sowie durch „*Abhängigkeit* und *Not*" geprägt ist. Bei „*fortschreitender Bevölkerung* und *Industrie*" findet in der bürgerlichen Gesellschaft einerseits eine „*Anhäufung der Reichtümer*" statt; auf der anderen Seite sinkt eine „große Masse unter das Maß einer gewissen Subsistenzweise" herab, was „zum Verluste des Gefühls des Rechts, der Rechtlichkeit und der Ehre" führt, „durch eigene Tätigkeit und Arbeit zu bestehen"[3]. Innerhalb dieser Masse unterscheidet Hegel dann zwischen den „Armen", die ihr Los demütig ertragen, und dem „Pöbel", der dagegen aufbegehrt. „Die Armut an

3 Hegel: Grundlinien der Philosophie des Rechts, §§ 243 und 244, in Werke, a.a.O., Bd.7, S.389.

sich macht keinen zum Pöbel: dieser wird erst bestimmt durch die mit der Armut sich verknüpfende Gesinnung, durch die innere Empörung gegen die Reichen, gegen die Gesellschaft, die Regierung usw." sowie durch Leichtsinn und Arbeitsscheu, „wie z.B. bei den Lazzaronis in Neapel"[4]. Im Pöbel verkörpert sich damit das „Böse", die Negation der bestehenden Sittlichkeit.

Hegel sieht hier keinen Ausweg: Auf dem Boden der bürgerlichen Gesellschaft ist der Gegensatz von Arm (Masse) und Reich (Bürgertum) nicht aufzuheben. Bürdete man den Reichen die Last auf, durch Spenden, Stiftungen und andere Wohltätigkeiten für das Auskommen der Armen und Arbeitslosen zu sorgen, so wäre das „Prinzip der bürgerlichen Gesellschaft"[5], nämlich die Arbeit bzw. der Tausch von Arbeit gegen Geld und Lebensmittel, durchbrochen. Gäbe man den Armen und Arbeitslosen genügend Arbeit, so würde dadurch „die Menge der Produktionen [der Waren] vermehrt", für die keine zahlungskräftigen Abnehmer vorhanden sind. Hegels (schon zitiertes) Fazit: „Es kommt hierin zum Vorschein, daß bei dem *Übermaße des Reichtums* die bürgerliche Gesellschaft *nicht reich genug* ist, d.h. an dem ihr eigentümlichen Vermögen nicht genug besitzt, dem Übermaße der Armut und der Erzeugung des Pöbels zu steuern."[6] Durch den ungelösten Widerspruch von Arm und Reich „wird die bürgerliche Gesellschaft über sich hinausgetrieben"[7], allerdings nicht, wie später bei Marx, durch die Vergesellschaftung des Eigentums an den Produktionsmitteln und die Planung der Produktion, sondern durch den Staat, der über der bürgerlichen Gesellschaft steht und die Aufgabe hat, ihre Widersprüche zu kompensieren.

Von Humanität kann im Sinne Hegels weder in Bezug auf die Masse noch in Bezug auf die bürgerliche Gesellschaft als ganzer gesprochen werden. In Bezug auf die Masse nicht, weil ihr die „Ehre", sich aus eigener Kraft erhalten zu können, die Fähigkeit zu differenzierteren Empfindungen, zum Genuss der Freiheit und damit die Voraussetzungen eines Lebens in Würde abgehen.[8] In Bezug auf die bürgerliche Gesellschaft als ganzer nicht, weil diese

4 Ebd., § 244 Zusatz.
5 Ebd., §§ 245 und 390.
6 Ebd.
7 Ebd., § 246, S.391.
8 Ebd., § 243, S.389. Geradezu vom „Aberglauben", den „Vorurteilen und Irrtümern" und der „Dummheit und Verwirrung" der Masse spricht Hegel im Kapital über den „Kampf der Aufklärung mit dem Aberglauben" in der *Phänomenologie des Geistes* (1807). Damit meint er allerdings nicht die „an Arbeit gebundene" Masse des 19., sondern die unauf-

durch die fortschreitende Industrialisierung und die ungleiche Verteilung des Reichtums fortwährend diese Masse erzeugt und vergrößert. Den Staat hingegen definiert Hegel, wie schon ausgeführt, als „die Wirklichkeit der sittlichen Idee" und als „die Verwirklichung der Freiheit", in der „das Allgemeine ... mit der vollen Freiheit der Besonderheit und dem Wohlergehen der Individuen" verbunden ist.[9] Indem er das „Wohlergehen der Individuen" befördert, reduziert der Staat dann offensichtlich auch den Gegensatz von Arm und Reich und hebt ihn zugunsten einer höheren Harmonie und Humanität auf. Es ist freilich, wie schon kritisiert wurde, nur eine gedachte, begrifflich konstruierte Humanität, keine reelle.

Die Entwicklung der Masse zur Klasse. Für Marx und Engels besteht die Masse der Bevölkerung ebenfalls aus der Masse derjenigen, die „an ... Arbeit gebunden" sind, insbesondere aus derjenigen, die über kein Eigentum an ihren Produktionsmitteln verfügt. Mit der Auflösung des feudalen Ständestaats und den Fortschritten der kapitalistischen Produktionsweise haben sich, wie es im *Kommunistischen Manifest* heißt, „die Klassengegensätze vereinfacht"[10], so dass sich in den modernen Gesellschaften nur mehr zwei Klassen gegenüberstehen: die bourgeoisen Eigentümer der Produktionsmittel und die Masse derjenigen, die nur ihre Arbeitskraft besitzen (wozu auch Ärzte, Pfaffen, Poeten oder Wissenschaftler gerechnet werden). Wie elend und würdelos die Lebensverhältnisse dieser Masse in den großen Industriestädten um die Mitte des 19. Jahrhunderts waren, schildert Engels in seiner Abhandlung über *Die Lage der arbeitenden Klasse in England.*

Hoffnungen, wie sie Hegel hegte, dass der Staat eingreifen könnte, um das Elend der Massen abzumildern oder zu beseitigen, hat Marx nicht. Schon in einer seiner ersten Veröffentlichungen (Oktober/November 1842), in denen er als Redakteur der *Rheinischen Zeitung* die „Debatten über das Holzdiebstahlgesetz" kommentiert, rechnet er zugleich auf indirekte Weise mit Hegels

geklärte Bevölkerung des 17. und 18. Jahrhunderts. Weiterhin begreift er Dummheit und Aberglaube (Religion) als Mittel despotischer Herrschaft. „Jene Masse ist das Opfer des Betrugs einer *Priesterschaft*, die ihre neidische Eitelkeit, allein im Besitze der Einsicht zu bleiben, sowie ihren sonstigen Eigennutz ausführt und zugleich mit dem *Despotismus* sich verschwört" (Werke, a.a.O., Bd.3, S.401).

9 Ebd., § 257, S.398; § 258 Zusatz, S.403; § 260 Zusatz, S.407.

10 Das Kommunistische Manifest, MEW 4, S.463.

idealistischem Staatsbegriff ab. Das neue Gesetz, das das Gewohnheitsrecht der Armen, in den Wäldern unentgeltlich Brennholz für den eigenen Bedarf zu sammeln, aufhebt, als Diebstahl einstuft und unter Strafe stellt, zeigt den Staat nicht als Repräsentant des „sittlich Allgemeinen", der über der bürgerlichen Gesellschaft steht und die Gegensätze von Arm und Reich ausgleicht. Vielmehr outet er sich brutal als Agent partikularer, bürgerlicher Interessen, im vorliegenden Fall der Waldbesitzer. Von einem solchen Staat ist keine Hilfe zu erwarten. Will die Masse die Inhumanität ihrer Lebensverhältnisse beheben, folgert Marx, so muss sie sich auf ihre eigenen Kräfte besinnen.

Welchen Respekt Marx und Engels den Interessen der Masse entgegenbringen, welches Vertrauen sie auch in die Kraft der Masse haben, diese Interessen durchzusetzen, ist ihrer Polemik gegen Bruno Bauer in der *Heiligen Familie* (1845) zu entnehmen. Diese Polemik richtet sich nicht nur gegen dessen Anmaßung, sich im Namen der „Kritik" als Hüter der Vernunft aufzuspielen und die Masse als „den wahren Feind des Geistes" herabzusetzen[11], als könnten die Fortschritte der Menschheit allein durch die „*Feldzüge* [der „kritischen Kritik"] gegen die *Masse*"[12] ins Werk gesetzt werden. Sie richtet sich insbesondere auch gegen die Überheblichkeit der „Kritiker", die nicht die Masse, die für die Durchsetzung ihrer Interessen kämpft, sondern ihre eigenen „Ideen", gewissermaßen die „*Hirntätigkeit* der kritischen Kritik" zum Motor der geschichtlichen Bewegung erklärt. Stets haben sich die Ideen „blamiert", wenn sie sich von den „Interessen" unterschieden und als selbständig dargestellten.

In einem ersten Schritt, so Marx, muss sich die Masse ihrer Gemeinsamkeit, ihrer gemeinsamen Bedürfnisse und Interessen, bewusst werden. Not und Würdelosigkeit sind keine individuellen Schicksale, sondern die Lebensrealität vieler. Durch dieses Bewusstsein der eigenen Lage und den beginnenden Kampf gegen diese Realität wird aus einer „Klasse an sich" (einer „Masse … gegenüber dem Kapital") eine „Klasse für sich". Wörtlich schreibt Marx: „Die ökonomischen Verhältnisse haben zuerst die Masse der Bevölkerung in Arbeiter verwandelt. Die Herrschaft des Kapitals hat für diese Masse eine gemeinsame Situation, gemeinsame Interessen geschaffen. So ist diese Masse bereits eine Klasse gegenüber dem Kapital, aber noch nicht für sich selbst";

11 Engels/Marx: Die heilige Familie oder Kritik der kritischen Kritik. Gegen Bruno Bauer & Consorten, MEW 2, S.87.

12 Ebd., S.91.

erst im Kampf gegen das Kapital „findet sich diese Masse zusammen [und] konstituiert sich als Klasse für sich selbst". Damit werden die Interessen, welche sie verteidigt, zu „Klasseninteressen"[13]. Auf diesen ersten Schritt folgt ein zweiter, nämlich die Erkenntnis der Ursachen, aus denen ihre erbärmliche Lage erwächst. Es handelt sich etwa um die Erkenntnis, dass es nicht die Maschinen sind, die diese Lage verursachen (was in den Anfängen der Arbeiterbewegung zur Maschinenstürmerei geführt hatte) und auch nicht die Gier oder Willkür einzelner Fabrikherren, sondern das „System" der Eigentumsverhältnisse und der Lohnarbeit. Die Erkenntnis dieses „Systems" verdichtet sich zu einer Theorie über das Bewegungsgesetz des Kapitals.

Letztlich kann die materielle Gewalt, die die Inhumanität der massenhaften Lebensumstände bewirkt, wozu neben Armut, psychischer Verrohung, geistige Verarmung auch die Beschränkung der individuellen Entwicklung zählt, nur durch materielle Gewalt beseitigt werden. Die „materielle Gewalt muß gestürzt werden durch materielle Gewalt", schreibt Marx in der Einleitung zu *Zur Kritik der Hegelschen Rechtsphilosophie*, aber „auch die Theorie [die Erkenntnis der Ursachen der Verelendung] wird zur materiellen Gewalt, sobald sie die Massen ergreift"[14]. Von einer dumpfen, (im Sinne der späteren Massenpsychologie) kritiklosen, gefühlsbestimmten Masse kann bei Marx nicht die Rede sein. Im Gegenteil: Im Übergang von der „Klasse an sich" zur „Klasse für sich", der sich mit der Entwicklung des Klassenbewusstseins vollzieht, verlieren die Individuen ihre „massenhafte" Dumpfheit und gewinnen an Autonomie. Sie verbinden sich mit Anderen im solidarischen Vorgehen gegen die Verhältnisse, die sie beengen, entmündigen und an der Entfaltung ihrer Talente und Möglichkeiten hindern. Als Klasse für sich ist die Masse nicht mehr das fremdbestimmte Objekt der Geschichte; sie wird zum Subjekt, das seine Geschicke selbst in die Hand nimmt.

Marx' und Engels' Sympathie und Parteinahme *für* die Masse liegen die gleichen geschichtlichen Ereignisse zugrunde, wie der Verachtung und der Herabwürdigung, mit der ihr (seit Schopenhauer und Nietzsche) viele spätere Theoretiker begegnen. Es sind die Revolutionen des 19. Jahrhunderts, in denen sie Vorboten einer Emanzipation der Menschheit erkennen. Im Gegensatz zur *Glorious Revolution* in England oder der Französischen Revolution

13 Marx: Das Elend der Philosophie, MEW 4, S,180f.
14 Marx: Zur Kritik der Hegelschen Rechtsphilosophie. Einleitung, MEW 1, S.385.

zielt die proletarische Revolution ihrer Ansicht nach nicht auf die Befreiung einer bestimmten Klasse, sondern auf die Überwindung einer Gesellschaftsform, in der „die Akkumulation von Reichtum auf dem einen Pol … zugleich [die] Akkumulation von Elend, Arbeitsqual, Sklaverei, Unwissenheit, Brutalisierung und moralischer Degradation auf dem Gegenpol …produziert" darstellt.[15] Weil in der Masse der Arbeiter „die Abstraktion von aller Menschlichkeit, selbst vom *Schein* der Menschlichkeit" vollendet ist, weil „in den Lebensbedingungen des Proletariats alle Lebensbedingungen der heutigen Gesellschaft in ihrer unmenschlichsten Spitze zusammengefaßt sind", weil der Mensch in ihr „sich selbst verloren" hat: Aus diesem Grund ist die Arbeiterklasse „zur Empörung gegen diese Unmenschlichkeit" und dazu aufgerufen, mit der Aufhebung der eigenen Lebensbedingungen „*alle* unmenschlichen Lebensbedingungen der heutigen Gesellschaft, die sich in seiner Situation zusammenfassen, aufzuheben" [16]. Mit der Aufhebung des Kapitalismus und der Emanzipation der Masse wird somit eine neue Stufe des Humanismus eingeleitet.

Das Elend der Masse als unaufhebbare Folge der natürlichen Rangordnung unter den Menschen. Hegel hatte das Elend der Massen als einen auf der Ebene der bürgerlichen Gesellschaft nicht aufhebbaren Widerspruch dargestellt, der durch den Staat nur dadurch abgemildert werden kann, dass er sich über den Äquivalententausch, das Prinzip der bürgerlichen Gesellschaft, hinwegsetzt und ihnen ein Mindestmaß an Humanität einräumt. Marx hingegen zielte darauf, das Elend der Massen grundsätzlich zu beseitigen und durch die Aufhebung der kapitalistischen Produktionsweise, die immer größeren Reichtum auf der einen und immer größere Armut und Verelendung auf der anderen Seite produziert, einen neuen Humanismus zu begründen. Im Gegensatz dazu stellt Nietzsche (in der Nachfolge Schopenhauers) das Elend der Massen als eine unaufhebbare Konsequenz der natürlichen Ungleichheit und der von Natur gegebenen und deshalb ewigen Rangordnung unter den Menschen dar. Der „niederen Spezies", der er die allermeisten Menschen zurechnet, spricht er die Aufgabe der Arbeit zu, der Bereitstellung der Dinge, die zur Befriedigung der alltäglichen Bedürfnisse benötigt werden. Allein die

15 Das Kapital, MEW 23, S.675.
16 Die heilige Familie, MEW 2, S.38.

„höhere Spezies" hat ein Anrecht auf Muße, aus der die Werke der Kunst oder der Philosophie erwachsen. Für die Massen reicht daher die *Ausbildung*, die sie zur Verrichtung ihrer spezialisierten Arbeit befähigt; *Bildung* im universellen Sinne des Humanismus bleibt der Elite vorbehalten. „Nicht Bildung der Masse kann unser Ziel sein", schreibt Nietzsche, „sondern Bildung der einzelnen ausgelesenen". Wer die Massen bilden möchte, zerstört „die natürliche Rangordnung im Reiche des Intellekts"[17], der die soziale Rangordnung entspricht. Den „*Hauptgesichtspunkt*" der natürlichen Rangordnung konkretisiert eine Stelle aus Nietzsches Nachlass folgendermaßen: Die „*Aufgabe* der höheren Spezies" liegt nicht, wie z.B. Auguste Comte meint, „in der *Leitung* der niederen"; vielmehr bildet die niedere Spezies die „*Basis*, auf der eine höhere spezies ihrer *eigenen* Aufgabe lebt"[18].

Die Einhaltung der natürlichen Rangordnung ist für Nietzsche die unverzichtbare Bedingung, ohne die kein (Kultur-) Staat entstehen kann. Zum einen ist die Kultur der Maßstab, an dem er den Wert einer Epoche bemisst, zum anderen setzt jede Kultur die Unterdrückung der Masse voraus. Zum „*Wesen einer Kultur* [gehört] *das Sklaventhum*"; um der höheren Kultur willen muss die „ungeheure Mehrzahl" der Menschen „*über* das Maaß ihrer individuellen Bedürftigkeit hinaus der Lebensnoth sklavisch unterworfen sein", damit eine „Minderzahl" von Genies bleibende geistige Werte schaffen kann.[19] Vordergründig handelt Nietzsches Aufsatz vom griechischen Staat, tatsächlich aber entwirft er mit dieser Aussage das Programm eines modernen (Kultur-) Staats, für den er den griechischen Staat als Vorbild anpreist.

Solange die Sklaven – auch die modernen Lohnarbeiter bezeichnet Nietzsche als Sklaven – ihr sklavisches Dasein hinnehmen, solange ist die Welt in Ordnung. Sobald sie aber dagegen aufbegehren, sich zu einen „Sklavenaufstand" zusammenrotten, Humanität und „Würde" einfordern, erregen sie Nietzsches Widerwillen und seinen *militanten Antihumanismus*. Zu den „Heerdentugenden" der Masse zählt Nietzsche „Arbeitsamkeit, … Regel, … Mäßigung, … feste ‚Überzeugung'"[20] bzw., wie es an anderer Stelle heißt, „Gemeinsinn, Wohlwollen, Rücksicht, Fleiss, Mässigkeit, Bescheidenheit,

17 Nietzsche: Über die Zukunft unserer Bildungsanstalten, KSA 1, S.698f.
18 Nietzsche: Nachlaß 1885–1887, KSA 12, S.357.
19 Nietzsche: Der griechische Staat, KSA 1, S.767.
20 Nachlaß 1885–1887, KSA 12, S.357. Als Tugenden der höheren Spezies werden dagegen „Muße, Abenteuer, Unglaube, Ausschweifung" genannt.

Nachsicht, Mitleiden", nicht zu vergessen den Gehorsam gegenüber der „kleinen Zahl Befehlender"[21]. Erst von dem Moment an, in dem die Masse die Forderung der Gleichheit erhebt, ein Leben in Würde einklagt, den höheren Menschen gleichgestellt sein will, beginnt der geschichtliche und kulturelle Verfall. Was die Forderung nach Gleichheit betrifft, so unterscheidet Nietzsche drei Niedergangs- oder Verfallsstufen: das Christentum (Gleichheit aller Menschen vor Gott), die Demokratie (Gleichheit der Menschen vor dem Gesetz) und den Sozialismus (Gleichheit des Eigentums).

Unter Nietzsches zahlreichen Äußerungen zum Thema Masse stechen insbesondere diejenigen ins Auge, die ihn als einen militanten Antihumanisten zeigen. Sie richten sich aggressiv gegen die humanitären „Anmaßungen" der Masse und behalten das Recht auf eine universelle Ausbildung ihrer Individualität allein den „Geistesaristokraten" vor. Wenn Nietzsche von der Masse als „Heerde" spricht, so liegt in dieser Wortwahl bereits die Aberkennung ihres Mensch-Seins. Seine Verachtung richtet sich gegen das „Weide-Glück der Heerde", das er mit dem Bedürfnis nach „Sicherheit, Ungefährlichkeit, Behagen", mit „Erleichterung des Lebens für Jedermann" sowie mit „Gleichheit der Rechte" und „Mitgefühl für alles Leidende" assoziiert.[22] Wo immer die „Heerde", der „Pöbel", das „höhere Chinesenthum", die *„summirten Nullen"*[23] zur Herrschaft kommen, gewinnt die Mittelmäßigkeit die Oberhand: eine Mediokrität, die sich selbst zum Maß des Mensch-Seins erhebt und nach zwei Seiten hin abgrenzt: nach der Seite der „Entartenden (Verbrecher usw.)", vor allem aber nach der Seite der über die eigene Mediokrität „Emporragenden". Letzteren gilt ihr besonderer Hass.[24] Auf diese Weise findet mit der Herrschaft der Masse nicht nur eine Nivellierung und Verkleinerung des Menschen, ein „Stillstand" der Entwicklung, sondern, darüber hinaus, eine *„Gesammt-Entartung des Menschen "*[25] statt.

21 Nietzsche: Jenseits von Gut und Böse, Fünftes Hauptstück 199, KSA 5, S.120.

22 Ebd., Zweites Hauptstück 44, KSA 5, S.61.

23 Nachlaß 1887–1889, KSA 13, S.238.

24 Nachlaß 1884–1885, KSA 11, S.279.

25 Jenseits von Gut und Böse, Fünftes Hauptstück 203, KSA 5, S.127. Es wäre daher auch völlig verfehlt, „die Geschichte vom Standpunkt der *Massen* zu schreiben" (KSA 1, S.319). Stattdessen soll die Geschichtsschreibung vom „Geistergespräch" der „höchsten Exemplare" der Menschheit berichten.

Sozialdarwinistische Uminterpretation der „Masse". In Nietzsches Frühwerk war der Gegensatz von Masse (Sklaven) und „höheren Menschen" (Freie) am griechischen Vorbild orientiert und *soziologisch* konzipiert. Seit dem *Zarathustra* (1883ff.) wird die soziologische Perspektive dagegen von einer biologistischen, sozialdarwinistischen Perspektive überlagert und verdrängt. Es findet gewissermaßen ein Paradigmenwechsel statt, wobei der Gegensatz von Masse und „höherem Menschen" durch den Gegensatz von „letztem Menschen" und „Übermenschen" ersetzt wird. Der Masse der „letzten Menschen" ist der Lebenskampf beschwerlich, sie sucht ein „Lüstchen für den Tag" und ein „Lüstchen für die Nacht", erwartet vom Leben nicht mehr als Gesundheit und Glück – und sinkt darüber auf das Niveau der Erdflöhe oder der Kühe hinab, die „sich das Wiederkäuen und In-der-Sonne-Liegen" erfunden haben.[26] Dagegen stellen sich die „höheren Menschen" dem Lebenskampf, der in der Aneignung, Verletzung und Überwältigung des Anderen, Fremden besteht und entwickeln sich (nach dem „Tod Gottes" und der Überwindung der Mitleidsmoral) zum Übermenschen weiter. Fällt die Masse der „letzten Menschen" hinter das Niveau des Menschen zurück, so steigt der „Übermensch" über das Niveau des Menschen hinaus. Auf diese Weise existieren für Nietzsche zwei Bewegungen der Evolution. „Die *eine* Bewegung ist unbedingt: die Nivellirung der Menschheit, große Ameisen-Bauten usw. … Die *andere* Bewegung: meine Bewegung: ist umgekehrt die Verschärfung aller Gegensätze und Klüfte, Beseitigung der Gleichheit, das Schaffen Über-Mächtiger. – *Jene* erzeugt den letzten Menschen. *Meine* Bewegung den Übermenschen."[27]

Der sozialdarwinistische Hintergrund von Nietzsches Argumentation springt insbesondere dort ins Auge, wo er die Masse mit ihrer Mitleidsmoral als „*Gegenbewegung gegen die Bemühung der Natur,* es zu einem *höheren Typus* zu bringen" begreift[28] oder die Forderung der Masse nach gleichen Rechten und einem friedlichen Miteinander als „antibiologisch" und als „décadence des Lebens"[29] abtut. Es ist insbesondere die Moral, die das Leben, den Kampf ums Dasein, der die „höheren Menschen" hervorbringt,

26 Nietzsche: Also sprach Zarathustra, KSA 4, S.20 und S.336f.
27 Nachlaß 1882–1884, KSA 10, S.244.
28 Nachlaß 1885–1887, KSA 12, S.334.
29 Nachlaß 1887–1889, KSA 13, S.238.

behindert. „Wer darüber nachdenkt, auf welche Weise der Typus Mensch zu seiner größten Pracht und Mächtigkeit gesteigert werden kann, der wird zuallererst begreifen, daß er sich außerhalb der Moral stellen muß: denn die Moral war im Wesentlichen auf das Entgegengesetzte aus"[30], nämlich die Erniedrigung des Menschen zum Durchschnitt und zur Masse. Bezeichnend für den sozialdarwinistischen Hintergrund von Nietzsches Argumentation ist auch hier bereits die Wortwahl: Was den Mensch letztlich über den Menschen hinaushebt und zum Übermenschen und einem transhumanen Wesen macht, ist nicht, wie in der Tradition des Humanismus, die Bildung, sondern die *Züchtung*.

Gemeinsam ist den beiden soziologischen und sozialdarwinistischen Begriffen der Masse: Deren angemaßten und gefährlichen Ansprüche müssen – sei es im Namen der Kultur oder im Namen der menschlichen Spezies – zurückgedrängt werden. Das eine Mal ist es die kulturschaffende Elite, im anderen Fall sind es die Übermenschen, die zum Kampf gegen die Masse aufgerufen werden, „Eine Kriegs-Erklärung der *höhern Menschen* an die Masse ist nöthig"[31], um der Mittelmäßigkeit Einhalt zu gebieten, die nicht nur zu einem kulturellen Verfall einzelner Staaten, sondern auch einem biologischen Niedergang der ganzen Gattung führt. Es handelt sich um einen Klassen- oder Rassenkampf „von oben", um einen militanten Antihumanismus, der der Masse nicht nur die Würde und das Selbstbestimmungsrecht, sondern im Namen einiger Auserwählter oder Vertreter einer höheren Spezies von Mensch überhaupt das Lebensrecht bestreitet.

30 Nachlaß 1885–1887, KSA 12, S.225.

31 Nachlaß 1884–1885, KSA 11, S.60. Nietzsches aggressiver Antihumanismus wirkte über die Grenzen Deutschland hinaus. Unter dem Titel *The Intellectuals and the Masses* (1992) versammelt John Carey eine lange Reihe englischer Literaten (D.h. Lawrence, T.S. Eliot, Th. Hardy, W.B. Yeats, E. Pound, W. Lewis u.a.), die zwischen 1880 und 1939 unter dem Einfluss Nietzsches die Masse als einen vulgären Haufen von Arbeitern und Angestellten begriffen haben, die in den Vorstädten angesiedelt sind, sich von Dosenfisch ernähren und „nicht humanisiert werden" (S.142) können. Ihr *„Haß auf die Massen"* (so der Titel der deutschen Übersetzung, Göttingen 1996) richtete sich gegen alles, was ihrer Ansicht nach das Leben der Massen beeinflusst: Zeitungen, Rundfunk, Kino, Fotografie, Schundromane („Bestseller"), Werbung, Konsum, Tourismus, allgemeine Schulbildung und Demokratie. Anstatt sich das eigene parasitäre Dasein auf dem Rücken der arbeitenden Klasse bewusst zu machen, bestritten diese selbsternannten „Geistesaristokraten" das Lebensrecht der Masse und entwickelten Hass-Phantasien, die auf die Ausrottung der Masse gerichtet sind.

Psychologischer Begriff der Masse. Mit seinem Werk über die *Psychologie der Massen* (1895), das bis heute in immer neuen Auflagen erscheint, bringt Gustave Le Bon einen Begriff der Masse in Umlauf, der sich von den bisher behandelten Begriffen in grundsätzlicher Weise unterscheidet. Erstens setzt er an die Stelle der *einen* Masse der „an … Arbeit gebunden" und in Elend und Abhängigkeit lebenden Menschen eine *Vielzahl* von Massen, d. h. von „Vereinigung[en] *irgendwelcher* Einzelner von beliebiger Nationalität, beliebigem Beruf und Geschlecht und *beliebigem Anlaß* der Vereinigung"[32]. Ausdrücklich bezieht er sich dabei nicht auf homogene Massen wie z. B. eine bestimmte Religionsgemeinschaft oder Gesellschaftsklasse, sondern auf heterogene Massen (*foules hétéregènes*). Als Beispiele nennt er Geschworenengerichte oder Parlamentsversammlungen, vor allem aber „Straßenansammlungen", womit wohl revolutionäre Erhebungen wie 1789 oder 1848/49 gemeint sind. Volksfeste, sportliche oder kulturelle Groß-Veranstaltungen, die heute oftmals mit dem Begriff der Masse assoziiert werden, fallen nicht darunter, da sie keinen direkten politischen Hintergrund haben. Zweitens ist nicht mehr die *Gesellschaft* der Oberbegriff (mit Masse und Elite als Unterbegriffen), sondern die *Masse* selbst, die ein Konglomerat aus verschiedenen Teilmassen bildet. In diesem Sinne sieht Le Bon ein „*Zeitalter der Massen*" heraufziehen, in dem nicht mehr die gekrönten Häupter die Richtung der Politik vorgeben. An ihre Stelle treten die Massen, die die Macht übernehmen und ihrerseits „den Königen ihr Verhalten vorschreiben": nicht so sehr durch das allgemeine Stimmrecht, das ihnen den Zutritt ins politische Leben eröffnet, sondern durch das *Bewusstsein* ihrer Macht und die Überzeugung, die bestehenden Verhältnisse gänzlich umstürzen, die Arbeitszeit verkürzen, die Eigentümer der Bergwerke, der Eisenbahnen, der Fabriken und des Boden enteignen, die oberen Klassen abschaffen und die Gesellschaft einem „primitiven Kommunismus"[33] zuführen zu können. Ein dritter Unterschied zu dem bisher dargestellten Begriff der Masse liegt darin, dass Le Bon die Zugehörigkeit des Einzelnen zur Masse weder als Zwang der Geburt und des sozialen Milieus noch als ein Dauerzustand begreift. Ob und wie lange sich jemand einer Masse anschließt, liegt in seiner eigenen Entscheidung. Letztlich ist doch jeder Mensch ein In-

32 Gustave Le Bon: Psychologie der Massen, Stuttgart [15]1982, S.10. Hervorhebung von mir.

33 Ebd., S.2f.

dividuum, das sich zwar im Verlauf seiner Vermassung stark verändert, am Ende aber doch (in veränderter, vielleicht sogar bereicherter Form) zu sich selbst zurückkehrt. Was Le Bon interessiert, ist nicht die soziale, sondern die psychologische Seite der Vermassung, d. h. die psychologische Veränderung der Individuen während der Zeit, in der sie sich einer Masse anschließen.

Wie Nietzsche wertet Le Bon den Aufstieg der Massen, der mit der Französischen Revolution einsetzt, als eine große Gefahr für Kultur und Humanität. Triebgesteuert, ohne feste Regeln, ohne Zucht, ohne Bildung und Vernunft besitzen die Massen nur die „Kraft der Zerstörung" und der „Auflösung", nicht aber die Kraft der Erneuerung und der Synthese. Ihr Aufstieg stellt möglicherweise „eine der letzten Etappen der Kulturen des Abendlandes" dar, die „Rückkehr zu jenen Zeiten verworrener Anarchie, die stets dem Aufblühen einer neuen Gesellschaft voranzugehen scheinen"[34]. Einen Ausweg aus diesem Dilemma sieht Le Bon nicht. Der entschiedene Kampf gegen den Aufstieg der Massen, wie ihn Nietzsche führt, erscheint ihm aussichtslos. So bleibt ihm nur die *Resignation*: „Wir müssen uns damit abfinden, die Herrschaft der Massen zu ertragen"[35] – und die Absicht, die „Massenseele", d. h. der Psychologie der Massen, wissenschaftlich zu erforschen.

Der (zeitweilige) Verlust der Individualität in der Masse. Die allgemeinen Kennzeichen der Massenseele, wie sie Le Bon im zweiten Kapitel seines Buches auflistet sind weithin bekannt, so dass es genügt, sie stichwortartig aufzuzählen. Genannt werden Triebhaftigkeit (*impulsivité*), Reizbarkeit (*irritabilité*), Leichtgläubigkeit und deshalb Beeinflussbarkeit, Überschwang (*exagération*) und Einfachheit der Gefühle (*simplisme des sentiments*), Unduldsamkeit, Herrschsucht (*autoritarisme*) und Konservativismus, oftmals aber auch Ergebenheit, Entsagung, Uneigennützigkeit und Aufopferungsbereitschaft. Wesentlich dabei ist, dass das vermasste Individuum sein bewusstes Selbst-Sein verliert und sich der Masse unterordnet, die alle Gefühle und Gedanken in *eine* Richtung lenkt. Dabei spielt, wie Le Bon vor allem hervorhebt, die Verschiedenheit der „Lebensweisen", der „Beschäftigungen", des „Charakters" oder der „Intelligenz" der Einzelnen keine Rolle. Durch ihren Zusammenschluss zur Masse und die Ausbildung einer „Gemeinschaftsseele" fühlen,

34 Ebd., S.4.
35 Ebd., S.5.

denken und handeln die Individuen „in ganz anderer Weise … als jedes von ihnen für sich fühlen, denken und handeln würde". Diese Abweichung geht so weit, dass sie in ihr gerades Gegenteil umschlagen kann und „der Geizige [innerhalb der Masse] zum Verschwender, der Zweifler zum Gläubigen, der Ehrenmann zum Verbrecher, der Hasenfuß zum Helden" werden kann.[36]

Dazu bietet Le Bon folgende Erklärung: Indem sich das Individuum der Masse anschließt und unterordnet, gewinnt das Unbewusste, die „unbewußten Bestandteile" seiner angeborenen, ihm durch Vererbung übertragenen „Rassenseele" die Oberhand und überdeckt die „bewußten Anlagen", die die Früchte seiner Sozialisation sind. Dominant werden auf diese Weise jene Gefühle und Charaktereigenschaften, die „vom Unbewußten beherrscht" werden[37], während die Intelligenz oder die Erziehung, durch die sich die Individuen voneinander unterscheiden, an Bedeutung verlieren. Gegensätze flachen ab und gleichen sich einander an. Bewusstsein und Kritikfähigkeit verschwinden und machen Platz für das Unbewusste und das Gefühl. Verstärkt wird dagegen der psychische Mechanismus der Unterordnung einerseits durch das „Gefühl unüberwindlicher Macht", das der Einzelne innerhalb der Masse ausbildet. Diese Macht gestattet ihm, „Trieben zu frönen, die er für sich allein notwendig gezügelt hätte". Andererseits wird der psychische Mechanismus durch den Vorgang der „Übertragung" verstärkt, nämlich durch die Suggestion, die von der Masse ausgeht und den Einzelnen so hypnotisiert, dass er „seine persönlichen Wünsche den Gesamtwünschen opfert"[38].

Innerhalb der Masse, als Glied der Masse, erscheint die Selbstbestimmung des Einzelnen zu einem Großteil ausgelöscht. Die Masse, die so zum Inbegriff der Inhumanität wird, zieht den Einzelnen auf ihr Niveau herunter und entfremdet ihn von sich selbst. Er degeneriert, wie Le Bon schreibt, zum „Automaten", der von außen gelenkt wird und sich selbst „nicht mehr in der Gewalt" hat. Als Einzelner war er „vielleicht ein gebildetes Individuum, in der Masse ist er ein Triebwesen"[39]. Als Ausweg böte sich an, der Masse fernzubleiben, um der eigenen Humanität keinen Schaden zuzufügen. Damit wäre allerdings auch Verzicht getan, seinen Interessen in Gemeinschaft mit anderen

36 Ebd., S.13 und S.18.
37 Ebd., S.14.
38 Ebd., S.15f.
39 Ebd., S.17.

zum Durchbruch zu verhelfen. Die Einsicht, dass jedes Individuum erst in der Gemeinschaft mit Andern die Mittel hat, seine Anlagen nach allen Seiten hin auszubilden, wird bei Le Bon in ihr Gegenteil verdreht.

Zur Kritik der Massenpsychologie. Von Seiten der Psychologie wurde Le Bons Theorie extrem unterschiedlich aufgenommen. Sigmund Freud übernimmt zwar Le Bons Beschreibung der Massenseele, führt die gesteigerte Affektivität und eingeschränkte Intellektualität, die sie charakterisieren, aber nicht auf Regression und das Dominant-werden der „Rassenseele", sondern auf eine zielgehemmte libidinöse Bindung der Massen-Individuen untereinander zurück. Für ihn ist es die Liebe zu einem „Objekt", einem Führer oder einer Idee (wie z. B. zu Jesus Christus innerhalb der Kirche oder zum Befehlshaber innerhalb eines Heeres), die der Einzelne dann auf alle überträgt, die dem gleichen „Objekt" Gefolgschaft leisten. Auf diese Weise entsteht eine Gefühls-Gemeinschaft, die in „Panik" umschlagen kann, wenn das geliebte Objekt plötzlich verschwindet. Gleichzeitig, so argumentiert Freud weiter, findet eine „Identifizierung" des Einzelnen mit dem Führer oder der Idee statt, die idealisiert und zum gemeinsamen Ich-Ideal erhoben werden, dem die Einzelnen dann kritiklos Folge leisten. Freud definiert die Masse als eine *„Anzahl von Individuen, die ein und dasselbe Objekt an die Stelle ihres Ichideals gesetzt und sich infolgedessen in ihrem Ich miteinander identifiziert haben"*[40]. Aus der Liebe zu Jesus Christus oder dem Oberbefehlshaber wird bei Max Weber die Liebe zum *charismatischen Führer*, der die Menschen zu seinen „Jüngern" macht und zur Gefolgschaft der Gehorchenden vereint.[41]

Im Gegensatz zu Freud möchte Peter R. Hofstätter nicht einmal Le Bons Beschreibung der Massenseele folgen. Als verdächtig erscheint ihm bereits der große und langanhaltende Publikumserfolg des Buches, mithin der Umstand, dass Le Bons niederschmetternder „Verdammung der Masse" so bereitwillig „von den Massen selbst zugestimmt wird"[42]. Den Grund dafür sieht er darin, dass die Massen, indem sie die angebliche „Erbärmlichkeit der Massen" erkennen, sich selbst als nicht dazugehörend begreifen können, nach

40 Sigmund Freud: Massenpsychologie und Ich-Analyse (1921), Frankfurt/M. 1967 u.ö., S.55.

41 Max Weber: Die drei reinen Typen der legitimen Herrschaft, in: Soziologie, weltgeschichtliche Analysen, Politik, Stuttgart 1964 u.ö., S.159.

42 Peter R. Hofstätter: Gruppendynamik. Kritik der Massenpsychologie, Reinbek 1986, S.13.

dem Motto: „Ich bin nicht Masse, weil ich die Massenhaftigkeit der anderen durchschaue“[43]. Hofstätter selbst ersetzt die „Masse“ durch die „Gruppe“, das „Zeitalter der Massen“ durch das „Zeitalter der Gruppen“[44] und betreibt infolgedessen nicht „Massenpsychologie“ sondern „Gruppendynamik“. Ganz wesentlich für die Gruppe, die zwischen dem Einzelnen und der Masse angesiedelt ist und den sozialen Lebensraum des Menschen bildet, ist erstens, dass die Individuen in ihr „ein gewisses Maß an Freiheit“ behalten, zweitens dass sie „mehreren Gruppen gleichzeitig“ angehören können. Drittens ist die Gruppe ein *selbstbestimmter* Zusammenschluss mehrerer oder vieler Individuen, wodurch „sich die verschiedensten Ziele erreichen lassen“[45], die dem Einzelnen unerreichbar gewesen wären. Im Gegensatz zu Le Bons „Masse“ handelt Hofstätters „Gruppe“, die gewissermaßen eine organisierte (Klein-) Masse darstellt, weder (überwiegend) im Affekt und irrational, sondern rational und zielgerichtet. Wörtlich spricht Hofstätter von der „leistungsmäßigen Überlegenheit der Gruppe über das Individuum“[46]. Dass durch Kooperation Leistungen erbracht werden können, die dem einzelnen Individuum unmöglich sind, zeigt sich etwa beim „Tragen und Heben“, d. h. bei der Addition der Kräfte, aber auch beim „Suchen und Beurteilen“, was sich z. B. beim statistischen Prinzip des Fehlerausgleichs zeigt, oder beim „Typus des Bestimmens“, der Überlegenheit der Gruppe in Sachen der Urteilsbildung oder der Besonnenheit. Die Gruppe spornt den Einzelnen an, vermittelt Anerkennung, Sicherheit und ermöglicht einen erfolgreichen Kampf bei der Durchsetzung gleicher Interessen. Sie fördert so „die Entfaltung der individuellen Persönlichkeit im Kontakt mit anderen“, „die Kultur einer neuen Subjektivität, die vielfach als Befreiung erlebt wird“[47] und bildet damit eine Quelle des Humanismus.

Bezeichnender Weise zitiert Hofstätter, wo er die erweiterten Möglichkeiten der Gruppe gegenüber dem Einzelnen begründet, aus dem *Kapital*. Darin schreibt Marx über die Kooperation der Menschen im Arbeitsprozess: „Abgesehen von der neuen Kraftpotenz, die aus der Verschmelzung vieler Kräfte in eine Gesamtkraft entspringt, erzeugt bei den meisten produktiven Arbeiten

43 Ebd., S.15.
44 Ebd., S.229.
45 Ebd., S.27f.
46 Ebd., S.35, vgl. S.45, S.50f.
47 Ebd., Klappentext.

der bloße gesellschaftliche Kontakt einen Wetteifer und eine eigne Erregung der Lebensgeister (animal spirits), welche die individuelle Leistungsfähigkeit der einzelnen erhöhen (...). Im planmäßigen Zusammenwirken mit andern streift der Arbeiter seine individuellen Schranken ab und entwickelt sein Gattungsvermögen."[48] Dies geschieht im Ansatz bereits unter kapitalistischen Bedingungen, erst recht natürlich jenseits des Kapitalismus, wo die quantitative und qualitative (durch die Ausbildung neuer Fähigkeiten bewirkte) Leistungssteigerung nicht mehr im Dienst der Kapitalverwertung stehen und zusätzliche Räume der Selbstverwirklichung eröffnen werden.

Drei Formen der Massengesellschaft. War das „Zeitalter der Massen" 1895 für Le Bon noch das „Zeitalter in das wir [gerade] eintreten"[49], so ist es 1930 für Ortega y Gasset bereits das Zeitalter, in dem wir leben. Gleich in dreifacher Form sieht er die Massengesellschaft zur politischen Realität geworden: 1917 in Russland infolge der Oktoberrevolution; 1922 in Italien infolge des „Marschs auf Rom"; außerdem in West- und Mitteleuropa infolge der demokratischen und zivilisatorischen Entwicklungen, die schon im 19. Jahrhundert eingesetzt haben. Wenn sich Ortegas Aussagen über die Masse (in Bezug auf die in ihr verwirklichte Humanität) teilweise widersprechen, so liegt das vor allem daran, dass sie sich auf diese drei Formen auf verschiedene Weise beziehen. Den *bolschewistischen* („syndikalistischen") und den *faschistischen* „Aufstand der Massen" etwa bezeichnet er als „deutliche Beispiele eines entschiedenen Rückschritts". Gegenüber den *liberalen* Formen der Massengesellschaft in Frankreich oder Deutschland (noch z.Z. der Weimarer Republik) stellen diejenigen in Russland oder Italien nur „falsche Morgenröten" und „Rückfälle in die Barbarei" dar.[50] Ausdrücklich spricht Ortega von der Inhumanität dieser Systeme, in der die Massen „ohne dazu fähig zu sein" die Macht übernommen haben und ihre „Meinung" ohne Angabe von Gründen, ohne Diskussion und unter Ausschaltung der Opposition, gewaltsam und in „direkter Aktion" durchsetzen. Liberalismus, der im bolschewistischen und faschistischen System eliminiert ist, zeigt sich auch in der Bereitschaft „mit dem Feind

48 Marx: Das Kapital, MEW 23, S.345, S.349. Vgl. Hofstätter, a.a.O., S.59.
49 Gustave Le Bon: Psychologie der Massen, a.a.O., S.2.
50 José Ortega y Gasset: Der Aufstand der Massen, Stuttgart 1983, S.110, S.112.

zusammen [zu] leben" und „mit der Opposition [zu] regieren"[51]. Im Gegensatz zur Sowjetunion und Italien sieht Ortega in den liberalen, demokratischen und ökonomisch entwickelten Massengesellschaften Frankreichs oder Deutschlands große Chancen für die Entstehung eines neuen Humanismus.

Hatte Le Bon noch die vorübergehenden Charakter-Veränderungen beschrieben, die sich in den Individuen während ihrer zeitlich begrenzten Unterordnung unter die Masse vollziehen, so beschreibt Ortega den dauerhaften, bleibenden Charakter der in der Massengesellschaft lebenden „Durchschnittsmenschen". Wo er mit Le Bon in der Aufzählung der Charaktereigenschaften (Emotionalität, Anmaßung, Aggressivität gegen Höheres und Abweichendes, Herrschsucht) übereinstimmt, hat er vorrangig die bolschewistischen und faschistischen Massenmenschen im Auge. Dagegen charakterisiert (oder kritisiert) er die liberalen Massenmenschen nur dadurch, dass sie nicht „viel von sich fordern", sich nicht gerne „mit Schwierigkeiten und Pflichten beladen", „ohne Drang über sich hinaus" und selbstzufrieden dahinleben und sich in ihrer „Haut wohlfühlen", wenn sie merken, dass sie so „wie alle" sind.[52] Der Gegensatz von Masse und Elite ist für Ortega keine Frage der Klassenzugehörigkeit, sondern der „seelischen Zucht"[53]; diese bildet in allen sozialen Klassen gleichermaßen das Kriterium für die Unterscheidung von Masse und Elite.

Von größerem Gewicht ist eine andere Aussage, durch die sich Ortega nicht nur von Le Bon, sondern auch von Nietzsche und dessen Anhängern grundlegend unterscheidet. Er begreift nämlich die Masse auch als etwas Positives und als Schritt in Richtung auf eine neue und höhere Form der Humanität. In einer „Zeit des Ausgleichs" – gemeint ist eine Zeit, in der sich die Gesellschaftsklassen, die Altersunterschiede der Menschen und sogar die Kontinente einander annähern – nämlich bedeutet „der Aufstand der Massen einen unermeßlichen Zuwachs an Lebenskraft und -möglichkeiten" und damit das „genaue Gegenteil … von dem, was wir so oft über den Niedergang Europas hören"[54]. Mit dem Eindringen der Massen in jene Räume (Universität, Theater, Konzertsaal, Hotel), die bisher den Herrschenden vorbehalten

51 Ebd., S.87, S.91.

52 Ebd., S.16. In Anspielung an Nietzsches „letzten Menschen" spricht Ortega von der liberalen Gegenwart als der „Epoche des *zufriedenen jungen Herrn* ", der „zur Welt gekommen [ist], um das zu tun, wozu er Lust hat" (S.122).

53 Ebd., S.17.

54 Ebd., S.30.

waren, werden wohl deren Privilegien beschnitten; mit welchem Recht aber sollten den Massen diese Bildungs- und Entwicklungsmöglichkeiten vorenthalten werden?

Mit Oswald Spengler weiß sich Ortega darin einig, dass sich der Aufstand der Massen am Ende eines jeden Kulturkreises wiederholt. Im Gegensatz zu ihm erkennt er im gegenwärtigen Aufstand der Masse aber keinen „Untergang des Abendlandes". Wer ihn mit Spengler gleichsetzt, der begeht, wie Ortega selbst betont, einen „krassen Irrtum". Für ihn nämlich ist die (liberale) Massengesellschaft keine Verfallsform, sondern eine „Steigerung des Lebens" und eine „Hebung des gesamten Niveaus". Mit dem Aufstand der Massen wächst das Leben der Menschen „nach der Dimension seiner Potentialität" auf geistigem und körperlichem Gebiet, in „quantitativer und intensiver Zunahme"[55]. Mit ihm öffnet sich zugleich das Tor zu einer neuen Humanität, vor der der Massenmensch gegenwärtig allerdings noch zurückweicht, statt das neu eröffnete Terrain in Besitz zu nehmen.

Der Massenmensch am Scheideweg. Zum einen charakterisiert Ortega den liberalen Massenmenschen durch die „ungehemmte Ausdehnung seiner Lebenswünsche", zum anderen aber auch durch die „Undankbarkeit gegen alles, was sein reibungsloses Leben ermöglicht hat"[56]. Er lebt im Genuss eines Wohlstands und einer bereits realisierten Humanität, die er nicht erkämpft hat und die er in aller Regel nicht einmal als die Errungenschaft eines langen Kampfes wahrnimmt. Seine Trägheit macht ihn dafür blind, so dass er weder bereit ist, die erreichte Humanität zu verteidigen, noch sie auch auf andere, weniger privilegierte Menschen auszuweiten. Auf diese Weise steht der Aufstand der Massen an einem Scheideweg. Er „*kann* den Übergang zu einer neuen, ungeahnten Ordnung des menschlichen Lebens" darstellen; er „*kann* ebensogut eine Katastrophe im Leben der Menschheit bedeuten"[57]. Der eine Weg führt zu einer höheren Form der Humanität, der andere in die Primitivität eines barbarischen und verantwortungslosen (Konsum-) Verhaltens.

Die Höherentwicklung der Humanität hat für Ortega die politische In-

55 Ebd., S.48, S.50.
56 Ebd., S.68.
57 Ebd., S.93.

stitution einer repräsentativen Demokratie zur Voraussetzung, nicht aber eine direkte Demokratie, die er sich nur als brutale Revolte oder in Form der Lynchjustiz vorstellen kann. Für ihn liegt die politische Bestimmung der Masse letztlich darin, „geführt, beeinflußt, vertreten, gegliedert", d.h. durch ihre Regierung repräsentiert zu werden.[58] Wo sie den „Anspruch auf eigenes Handeln" erhebt, weicht sie von ihrer Bestimmung ab. Selbst im demokratischen Amerika, dem „Paradies der Massen", gerät die Masse oft auf Abwege, indem sie versucht, selbständig zu handeln, Gewalt zu ergreifen und Selbstjustiz zu üben. Die größten Chancen eines neuen Humanismus sieht Ortega in einem Europa, das alle nationalistischen „Sackgassen" hinter sich lässt, einen „europäischen Nationalstaat" errichtet und dem sowjetischen Kommunismus „den Ansporn eines neuen Lebensprogramms" entgegenstellt.[59] Als selbstverständlich wird damit unterstellt, dass sich der neue Humanismus nur auf der Grundlage eines privatwirtschaftlich-organisierten Wirtschaftssystems fortentwickeln kann.

Die reduzierte Humanität des Selbst-seins. Etwa zur gleichen Zeit wie Ortegas *Aufstand der Massen* erscheinen Martin Heideggers *Sein und Zeit* (1927) und Karl Jaspers' *Die geistige Situation der Zeit* (1931). Gleichermaßen wird in diesen Werken die Massengesellschaft in Bezug auf die Entwicklungsmöglichkeiten und die Authentizität des Individuums diskutiert, allerdings in einer davon abweichenden Weise. Ortega betrachtet die liberale Masse als *Bedingung* für die Humanität des Einzelnen (dessen Schranken darin liegen, diese Bedingung nicht als erkämpft zu erkennen, sondern als „naturgegeben" hinzunehmen); die Existenzphilosophen sehen in der Masse dagegen selbst eine *Schranke*, die um der individuellen Humanität willen überschritten werden muss. Darin stehen sie Nietzsche näher als Ortega. Für Ortega war die Herrschaft der liberalen Massen gleichbedeutend mit einer „Steigerung des Lebensniveaus", mit einem potenzierten Leben und dem (möglichen) Aufbruch zu einer höheren Stufe der Humanität. Für die Existenzphilosophen müssen sich die Individuen dagegen aus ihrer Verstrickung in die Masse, die Sphäre der „Uneigentlichkeit" und Fremdbestimmung, lösen, um zu ihrem „Selbst-sein" zu finden, das freilich nur eine reduzierte Form des Humanis-

58 Ebd., S.139f.
59 Ebd., S.223, S.227.

mus darstellt. Die Anderen sind darin nicht die Voraussetzung, damit das Individuum seine Anlagen nach allen Seiten hin ausbilden kann. Sie behindern das Individuum vielmehr auf dem Weg der Selbstvergewisserung oder „Seins-Erhellung".

Für Heidegger heißt „In-der-Welt-sein" zugleich „Mit-Sein"; das „Mit-Sein" aber ist in seiner Alltäglichkeit von der Herrschaft des „Man" bestimmt. Es steht unter der „*Botmäßigkeit* [den Vorgaben, Ansprüchen, Normen] der Anderen"[60]. In dieser Form ist das „Selbst" zuallererst ein „Man-Selbst". „Jeder ist der Andere und Keiner er selbst. (...) *Zunächst* ‚bin' nicht ‚ich' im Sinne des eigenen Selbst, sondern die Anderen in der Weise des Man. Aus diesem her und als dieses werde ich mir ‚selbst' zunächst ‚gegeben'. Zunächst ist das Dasein Man und zumeist bleibt es so."[61] Es ist nur „Auserwählten" vorbehalten, sich über die Vorgaben des Man zu erheben und zum „eigentlichen" Sein vorzudringen. Von einer Humanität der Masse kann dementsprechend ebenso wenig die Rede sein, wie von der Humanität des Einzelnen, solange er in der Masse befangen bleibt. Stattdessen findet mit der „*Durchschnittlichkeit*", die den „existenzialen Charakter des Man" darstellt, eine „*Einebnung* aller Seinsmöglichkeiten" statt.[62]

Weitaus konkreter und auf die geschichtliche Gegenwart bezogen, definiert Jaspers die Massengesellschaft als eine „Daseinsordnung", die auf die Versorgung und Bedürfnisbefriedigung der Massen sowie die Errichtung eines Apparats gerichtet ist, der diese Versorgung organisiert und kontrolliert. Hungersnöte oder Seuchen gehören darin der Vergangenheit an. Wissenschaftliche Entdeckungen, technische Neuerungen, die rationale Organisation der Produktion, alle Arten von Versicherungen haben das Leben der Menschen abgesichert. Der Preis allerdings, der dafür gezahlt wird, ist der Verlust der Humanität im Sinne der Integrität der menschlichen Persönlichkeit. „Das Individuum ist aufgelöst in Funktion", es wird zum Rad im Getriebe des Apparats; „*das Menschsein wird reduziert auf das Allgemeine*: auf Vitalität als leistungsfähige Körperlichkeit, auf die Trivialität des Genießens", es wird „*seiner geschichtlichen Besonderheit entkleidet*", ganz auf die Gegenwart hin

60 Martin Heidegger: Sein und Zeit, Tübingen [16]1986, S.126.
61 Ebd., S.128, S.129.
62 Ebd. S.127.

orientiert.[63] Moden, Regeln des Verhaltens, Gebärden, die Formen der Kommunikation (in Zeitung, Radio, Kino) oder die Sprache gleichen sich einander an; die Welt gerät *„in die Hände der Mittelmäßigkeit"*[64]. Mit der Herrschaft der Masse verschwindet das „Selbst-Sein" der Menschen, d.h. ihr Schicksal, ihre „eigentliche Menschlichkeit". ihre Singularität. Nur im bewussten Rückzug können die Menschen zu sich selbst finden.

Der prinzipielle Humanismus des menschlichen Daseins. Auf einem *prinzipiellen*, von allen geschichtlichen und gesellschaftlichen Bedingungen losgelösten Humanismus des menschlichen Daseins besteht hingegen Jean Paul Sartre. Zur Begründung führt er die seiner Ansicht nach unaufhebbare Freiheit an, die dem Menschen als Menschen zu eigen ist und selbst unter widrigsten Umständen wie z.B. der Besatzung Frankreichs durch die deutschen Nationalsozialisten im Zweiten Weltkrieg nicht verloren geht. Bei einem Gebrauchsgegenstand wie einem Messer oder einem Tisch geht die Essenz, sein Zweck und die „Summe der Rezepte", die zu seiner Herstellung erforderlich sind, der Existenz voraus. Ehe der Handwerker sich an seine Herstellung macht, weiß er, „wozu der Gegenstand dienen soll"[65]. Beim Menschen verhält es sich umgekehrt, bei ihm geht die Existenz der Essenz voraus. Er wird geboren, existiert also zuerst, und hat dann die Aufgabe, sich durch „Wahl", „Entscheidung" oder „Entwurf" einen Zweck oder Lebenssinn zu geben. „Der Mensch ist, wozu er sich macht"[66]: Diesen Satz bezeichnet Sartre als den „ersten Grundsatz" seines Existentialismus. Nicht, was der Mensch tun will, ist das, was zählt, sondern das, was er tatsächlich tut, die Summe seiner Handlungen. Da er aber nicht anders kann, als eine Wahl zu treffen – denn auch die Enthaltung oder Verweigerung stellt eine Wahl dar – ist er, wie Sartres bekannter Satz lautet, dazu „verurteilt [sogar verdammt], frei zu sein"[67]. Auf diesem Verdammt-zur-Freiheit-sein, das die Verantwortung für das eigene Leben und das Leben der ganzen Menschheit einschließt, beruht Sartres Humanismus.

63 Karl Jaspers: Die geistige Situation der Zeit, Berlin-Leipzig ^{4}1932, S.29f.

64 Ebd., S.32.

65 Jean Paul Sartre: Ist der Existentialismus ein Humanismus? (1946), in: Drei Essays, Frankfurt/M. 1975, S.10. Beachtenswerter Weise fehlt im französischen Originaltitel *L'Existencialisme est un Humanisme* das Fragezeichen. Es handelt sich somit um eine Feststellung oder eine These.

66 Ebd., S.11, vgl. S.23.

67 Ebd., S.16.

Gegensätzliche Annahmen und Entwicklungen. Obwohl sich Sartre wiederholt und zustimmend auf Heidegger beruft, besteht doch – schon auf dieser Stufe seiner philosophischen Entwicklung – ein gravierender Unterschied. Insofern nämlich, als bei Sartre (ebenso wie bei Le Bon) die Freiheit oder Humanität dem Menschen als Menschen und damit vor und unabhängig von seiner Vermassung in der Gegenwart zukommt. Dabei handelt es sich freilich um keinen realen Humanismus, der sich gegen bestehendes Unrecht und Elend auflehnt, sondern um einen abstrakten und geschichtslosen Humanismus. Bei Heidegger steht dagegen die Inhumanität der Fremdbestimmung durch das Man an erster Stelle, über die sich der Mensch Klarheit verschaffen muss, um sich daraus zu lösen und zu einem „gelichteten" Sein zu gelangen. Das „Dasein" erschließt sein „eigentliches Sein" durch das „Wegräumen der Verdeckungen und Verdunkelungen"[68], denen es zuerst ausgesetzt ist.

Im Verlauf ihrer späteren Entwicklungen vertiefen sich Sartres Gegensätze zu Heidegger. Mit seiner „progressiv-regressiven Methode", die er am Beispiel Gustave Flauberts konkretisiert, nähert sich Sartre (trotz aller Vorbehalte) an Marx an. „Wahl" und „Entwurf" (die positive Seite der Methode), die bisher als absolut gesetzt waren, werden relativiert. Wer sie im Einzelfall verstehen will, muss auf die sozialen Bedingungen zurückgehen (die regressive Seite der Methode), unter denen sie stattfinden. Er muss die Prägung des Menschen durch die Klasse, der er angehört, durch die Familie, die besonderen Lebensumstände, bestimmende Kindheitserlebnisse etc. mit in seine Analyse einbeziehen. Auf diese Weise erscheint Sartres humanistischer Existentialismus dem Marxismus als der grundlegenden „Philosophie unserer Zeit" zwar untergeordnet, gleichzeitig aber auch als dessen Korrektur und Ergänzung. Dagegen setzt sich Heidegger in seinem Brief *Über den Humanismus* (1949) mit scharfen Worten von allen geschichtlichen Ausprägungen des Humanismus, insbesondere demjenigen von Marx und Sartre, ab.[69] Nach seiner sog. „Kehre" , nach der er nicht mehr vom „Dasein" des Menschen son-

68 Sein und Zeit, a.a.O., S.129.

69 Heidegger: Über den Humanismus, Frankfurt/M. [12]2012, S.11, S.21, S.28, S.31f. Insbesondere wehrt sich Heidegger auch dagegen, von Sartre als atheistischer Denker in Anspruch genommen zu werden. Die Bestimmung des Menschen als „In-der-Welt-sein" enthält für ihn ausdrücklich „keine Entscheidung darüber, ob der Mensch im theologisch-metaphysischen Sinne ein nur diesseitiges oder ob er eine jenseitiges Wesen sei" (S.42).

dern vom „Sein" selbst (was immer das ist; Heidegger schreibt nur: das Sein „‚ist' es selbst"[70], jenseits alles Seienden) ausgeht, versucht Heidegger dem Wort einen neuen Sinn zu geben, indem er das Wesen des Menschen als „Ek-sistenz" bestimmt. „Ek-sistenz" definiert er als „Hin-aus-stehen" in die Wahrheit" bzw. als Hinausstehen „in die Offenheit des Seins"[71]. Die eigentümliche Würde des Menschen, die „humanitas des homo humanus", sieht er dann in seiner „Nähe zum Sein". Der Mensch ist nicht mehr der „Herr des Seienden", sondern der „Hüter des Seins"[72]. Bei der „Bestimmung der Menschlichkeit des Menschen als Ek-sistenz", schreibt Heidegger, kommt es darauf an, dass „nicht der Mensch das Wesentliche ist, sondern das Sein"[73], das sich dem Menschen zuschickt. An die Stelle von Sartres „Wahl" oder „Entwurf", die auf menschlicher Entscheidung und Aktivität beruhen, tritt damit etwas Passives, Schicksalhaftes: das, was dem Menschen vom Sein zugeschickt wird. Wer will, kann in dieser verklausulierten Weise die Rechtfertigung Heideggers für seine Verstrickung in den Nationalsozialismus erkennen. Wenn sich das „Sein" zuschickt, wenn Schicksal oder NSDAP rufen, verstummt alle Humanität. Selbstbestimmung ade; der Hirte folgt der Herde, er unterwirft sich der Herde und wird selbst ein Teil von ihr.

Die liberale Massengesellschaft als Beginn einer neuen oder doch als Ende der Humanität? Der Sieg der Alliierten über den Nationalsozialismus 1945 hat die faschistische Form der Massengesellschaft beseitigt, zumindest in Deutschland und Italien. Mit dem Zusammenbruch des „Realen Sozialismus" 1989 ist auch die bolschewistische oder stalinistische Form der Massengesellschaft gescheitert. Dagegen hat sich in China eine neue Form ausgebildet, die kapitalistische und sozialistische Elemente in sich vereinigt. Innerhalb der westlichen Welt hat sich die liberale Form der Massengesellschaft durchgesetzt und zwar (wie ihre Ideologen meinen) endgültig. Politologen wie Francis Fukuyama haben in diesem Sinne (1992) vom „Ende der Geschichte" gesprochen. Vergleicht man neuere „Massen"-Theoretiker miteinander, so fällt vor allem *eines* auf: ihr gemeinsamer Gegensatz zu Ortega

70 Ebd., S.23.
71 Ebd., S.18, S.42.
72 Ebd., S.34.
73 Ebd., S.25f.

y Gasset. Hatte Ortega die liberale Massengesellschaft als Verwirklichung einer *bestimmten* und als (mögliches) Tor zu einer *erweiterten* Humanität interpretiert, so sehen Soziologen in der Nachfolge von David Riesman mit deren globaler Verfestigung das Ende des Humanismus gekommen. Auch für sie hat es, wie für Fukuyama, eine Geschichte gegeben (die zur liberalen Massengesellschaft hingeführt hat), aber es gibt keine Geschichte mehr (die über die liberale Massengesellschaft hinausführt). Jede Perspektive, die den Horizont des Kapitalismus als deren ökonomische Basis überschreitet, fehlt. Begreift man den Menschen als in seinem Wesen außen- oder fremdbestimmt, als auf seine Funktion im arbeitsteiligen Arbeitsprozess festgelegt, als angepassten Mitläufer oder willigen Konsumenten, so verliert man allerdings die Möglichkeit einer Gesellschaftsordnung aus den Augen, die den Menschen als ein autonomes Wesen achtet und nicht nur als Mittel der Kapitalverwertung einplant.

In seinem Buch *The Lonely Crowd*, das 1950 (in deutscher Sprache 1956) erschienen ist und weltweites Aufsehen erregt hat, unterscheidet Riesman drei Arten der „Verhaltenskonformität" oder „Lenkung", durch die sich das individuelle Verhalten ins gesellschaftliche Ganze einfügt. Erstens die „Traditions-Lenkung" durch überlieferte Sitten, Bräuche und Werte, deren Verletzung beim Individuum das Gefühl der *Scham* hervorruft. Zweitens die „Innen-Lenkung" oder Selbstbestimmung, die sich über die tradierten Verhaltensmuster hinwegsetzt und eigene Wege einschlägt, was unter Umständen mit dem Gefühl der *Schuld* verbunden ist. Drittens die „Außen-Lenkung", die auf einer gesteigerten Empfänglichkeit „für die Erwartungen und Wünsche anderer"[74] und der Bereitschaft, sich dem Urteil der Anderen zu fügen, beruht und bei Abweichung *Angst* erzeugt. Das Verhalten des außen-gelenkten Massenmenschen wird somit *„von denjenigen"* gesteuert, *„die er persönlich kennt"* oder *„von jenen anderen, mit denen er indirekt durch Freunde oder durch die Massenunterhaltungs-mittel bekannt ist"*[75]. Nicht die „Seinsvergessenheit" charakterisiert die *lonely crowd*, sondern die Anpassung an den *mainstream* des politischen und moralischen sowie des Konsum- und Freizeitverhaltens.

74 David Riesman (in Zusammenarbeit mit Reuel Denney und Nathan Glazer): Die einsame Masse. Eine Untersuchung der Wandlungen des amerikanischen Charakters, Hamburg 1958, S.25.

75 Ebd., S.38.

Prinzipiell lassen sich diese drei idealtypisch gegeneinander abgegrenzten Verhaltensweisen (Riesman zufolge) zwar in allen Gesellschaften und allen Epochen der Geschichte antreffen. Dominant allerdings wird jede davon aber nur in einer bestimmten Gesellschaft und einer bestimmten Geschichtsepoche. So ist die Traditions-Lenkung etwa im Mittelalter vorherrschend, in einer Epoche mit konstanter Bevölkerung, d.h. einem Gleichstand von Geburten und Todesfällen. Die Innen-Lenkung breitet sich dagegen in Zeiten gesellschaftlicher Umbrüche wie der Renaissance oder der Industriellen Revolution aus, in denen die tradierten Verhaltensmuster ihre bindende Kraft verlieren und die Bevölkerung stark anwächst. Die Außen-Lenkung schließlich gewinnt in der Gegenwart des bürgerlichen „Mittelstands" bei schrumpfender Bevölkerung die unbestrittene Oberhand. Auf deren Verhaltensweisen in den verschiedenen Bereichen der Erziehung, der Kommunikation, des Konsums, der Arbeit oder der Freizeit konzentriert sich Riesman im Hauptteil seines Buches.

Folgt man den genannten Zuordnungen, so ist der Humanismus, die freie und autonome Ausbildung menschlicher Potenzen, den Zeiten des Aufbruchs vorbehalten. In Zeiten der Konsolidierung wie etwa der Gegenwart stirbt er dagegen ab, da der wachsende Druck von außen alle Selbstbestimmung zunichtemacht. Wohl endet Riesmans Buch mit der Warnung vor „Überkonformität" und einigen, wie er selbst zugesteht, „kümmerlichen Vorschlägen", wie dieser Gefahr begegnet werden könne. Da er die Existenz der kapitalistischen Produktionsweise aber nicht in Frage stellt, bleibt ihm der Zugang zu einem gewaltigeren „Strom schöpferischen, utopischen Denkens"[76], den er als Gegenmittel einfordert, letztlich versperrt.

Die Angst vor dem Unbekannten und Fremden als Ursache von Massenbildungen. Zumindest in einem Punkt stimmt Elias Canetti mit Riesman überein. Auch er führt die Bildung von Massen auf das Gefühl der Angst zurück. Verschiedentlich wurde darauf hingewiesen, dass die Übersetzung von Riesmans Buch mit *Die einsame* Masse zwar wörtlich richtig, sinngemäß aber falsch ist und eigentlich „Die ängstliche Masse" heißen müsste. Schließlich ist es ja die Angst, dem Urteil der Anderen nicht zu genügen, die das Verhalten

76 Ebd., S.317.

der außen-gesteuerten Massenmenschen determiniert. Auch für Canetti ist es die Angst, durch die die Individuen zusammenrücken und zu einer Masse werden. Allerdings nicht die Angst vor der Missbilligung durch die Anderen, sondern die Angst vor der „Berührung durch Unbekanntes". Denn „überall weicht der Mensch der Berührung durch Fremdes aus"[77] und schließt sich daher (zum Schutz) mit Anderen zusammen. Je größer die Angst, desto mehr wächst die Menge an, desto dichter schließen sich die Menschen zusammen, desto mehr verwischen sich auch die Unterschiede, durch die sich die Individuen voneinander unterscheiden. „Wachstum", „Dichte" und „Gleichheit" sind für Canetti die „wesentlichen Eigenschaften der Masse"[78]; als vierte wesentliche Eigenschaft kommt noch die „Gerichtetheit" hinzu, d.h. die Bewegung und das gemeinsame Ziel, auf das sich die Masse zubewegt. In Bezug auf die Bewegung und das Ziel unterscheidet Canetti zwischen raschen (etwa politischen, sportlichen oder kriegerischen) und langsamen (etwa religiösen) Massen. Bei religiösen Massen kommt hinzu, dass die Angst, die zum Zusammenschluss führt, von „unsichtbaren" Feinden wie Dämonen oder Teufeln ausgelöst wird.

Insgesamt kennt Canetti, wie aus diesen Andeutungen hervorgeht, nur eine *regressive* Form der Angst-Bewältigung. Ihr zufolge verhalten sich die Menschen nicht viel anders als Herdentiere, die sich bei Gefahr, d.h. bei „Berührung" durch Unbekanntes und Fremdes, aneinander drücken, um Schutz zu suchen und den Angreifer durch ihre bloße Masse abzuschrecken. Keine Beachtung schenkt Canetti der *progressiven* Form der Angst-Bewältigung, die darin besteht, das Unbekannte zu erkennen, das Fremde sich anzueignen und so seinen Lebenskreis zu erweitern. Gerade weil der Einzelne in der Masse nicht nur einen Zugewinn an Geborgenheit und Schutz, sondern auch an Kraft und Mut erfährt, wäre er in der Lage, dem Unbekannten und Fremden auch offensiv entgegen zu treten und seine Angst auf diese Weise zu überwinden. Beispiele solcher progressiven Angst-Bewältigung finden sich in allen Rebellionen, in denen hungernde, unterdrückte, verelendete Massen sich erheben und für ein menschenwürdigeres Leben kämpfen.

77 Elias Canetti: Masse und Macht (1961), Frankfurt/M. 1992, S.9.
78 Ebd., S.26f., S.101f.

Massenbildung durch Massenkonsum und Massenmedien. Im Gegensatz zu den psychologischen Erklärungen Le Bons, Riesmans oder Canettis bringt Günther Anders, wie schon berichtet, ökonomische Ursachen für die Entstehung von Massen ins Spiel: die massenhafte Produktion von Waren und deren massenhaften Konsum. War die „erste industrielle Revolution" seit der Mitte des 18. Jahrhunderts auf das Ziel gerichtet, durch die Optimierung der Produktivkräfte (Dampfmaschinen etc.) immer mehr und billigere Waren für die Bedürfnisse der Menschen zu produzieren, so verfolgt die „zweite industrielle Revolution", deren Anfänge im Ausgang des 19. Jahrhunderts liegen, Anders zufolge, das Ziel, immer mehr und differenziertere Bedürfnisse zu produzieren. Schließlich muss das Übermaß der produzierten Waren gewinnbringend an den Mann oder die Frau gebracht werden.[79] Über die Ausweitung und Nivellierung des Konsums, nicht nur der Mode oder des Designs von Gebrauchsgegenständen, sondern auch der Kultur- und Freizeitangebote formiert sich die Masse. Durch den Konsum von Serienprodukten wird das Individuum zum Serienmenschen. Besonderes Augenmerk richtet Anders dabei auf die Angebote der Massenmedien (Zeitungen, Rundfunk, Fernsehen), die die Individuen auch geistig gleichschalten und zur Masse machen.[80]

Im Grundsatz stimmt Anders diesbezüglich mit der Diagnose überein, die Theodor W. Adorno und Max Horkheimer in ihrer schon während ihres Exils in den USA ausgearbeiteten *Dialektik der Aufklärung* (1948) gestellt haben. Auf die Angebote der „Kulturindustrie" bezogen, sprechen sie darin vom „Zirkel von Manipulation und rückwirkendem Bedürfnis", in der sich „die Einheit des Systems immer dichter zusammenschließt"[81]. Ausgehend von der Notwendigkeit, die Bedürfnisse von Millionen von Menschen zu befriedigen, werden (im Interesse des größtmöglichen Profits) Reproduktionsverfahren entwickelt und „Standardgüter" produziert, die diese Bedürfnisse auf massenhafte und uniformierte Weise bedienen. Vom ausgehenden 18. bis zum beginnenden 20. Jahrhundert war die „Masse", wie Anders (auch im Sinne von Adorno und Horkheimer) schreibt, immer noch eine Masse heterogener Indi-

79 Günther Anders: Die Antiquiertheit des Menschen, 2.Band (1987), München [4]2018, S.20.

80 Wie schon zitiert, hat Anders im Vorwort der 5. Auflage des 1956 erstmals erschienenen ersten Bandes der *Antiquiertheit des Menschen* seine Radikalkritik an den Massenmedien relativiert.

81 Max Horkheimer/Theodor W. Adorno: Dialektik der Aufklärung, Frankfurt/M. 1971 u.ö., S.109.

viduen. Erst durch die Massenmedien verliert das Individuum seine Individualität. Es bildet sich eine homogene „Massenhaftigkeit des Individuums“[82] aus, die, wie vollends im Zeitalter der Faschismus zu erfahren war, mit einer Entmächtigung der Masse einhergeht.

Humanismus der Masse. Fast durchweg haftet dem Begriff der Masse das Stigma des Defizitären, des Verlustes an individueller Selbstbestimmung, an. Davon zeugen bereits die Kriterien, die im Fortgang der Begriffsgeschichte das Gemeinsame benennen, das die Mehrzahl der Menschen als unterhalb einer möglichen Humanität stehend kennzeichnet und zur Masse vereint. Diese waren, um sie der Reihe nach noch einmal aufzuzählen: die unselbständige und abhängige Arbeit, die nicht das Gefühl des Stolzes vermittelt, sich aus eigener Kraft ernähren zu können; die mindere Begabung (innerhalb einer „natürlichen Rangordnung“), aus der die anmaßende Forderung der Gleichheit erwächst; die Vorherrschaft des Unterbewussten als Folge der Regression auf die „Rassenseele“; der Verlust des Selbst-Seins oder die „Seinsvergessenheit“; die „Außen-Lenkung“ durch das Man oder die Vorgaben der Anderen; die Angst vor der Berührung mit Unbekanntem, Fremden; die Gleichschaltung durch den Konsum standardisierter Massenprodukte, insbesondere der Massenmedien bzw. der Kulturindustrie. Fast durchweg wird die Vermassung der Individuen als Indiz für das Ende des Humanismus interpretiert. Fast durchweg kommt darin aber auch das elitäre Bewusstsein der genannten Theoretiker zum Ausdruck, die sich natürlich als außerhalb und über der Masse stehend begreifen. Nichts scheinen sie mehr zu fürchten, als eine Masse, die gleiche Rechte und gleiche Lebensbedingungen fordert, insbesondere dann, wenn sich diese Forderung radikal gegen die bestehende Herrschaftsordnung und die Privilegien derjenigen richtet, deren Interessen sie ideologisch vertreten.

Das Positive, Emanzipatorische, das dem Begriff der Masse noch in der Folge der Französischen Revolution und den Revolutionen des 19. Jahrhunderts anhaftete, die massenhafte Vereinigung von Individuen zur Abwehr bestehenden Unrechts und Durchsetzung gleicher Interessen, ist darüber weitgehend in Vergessenheit geraten. Kaum werden gegenwärtig noch die

82 Die Antiquiertheit des Menschen, a.a.O., Bd.2, S. 97.

(berechtigten) Bedürfnisse und Interessen genannt, die der Masse „an sich“ zugrundeliegen und ihr bewusst werden müssen, damit sie sich zusammenschließt, um gemeinsam für die Humanisierung ihrer Lebensbedingungen zu kämpfen. Wozu dem Einzelnen die Kraft fehlt, das gelänge ihm im massenhaften Zusammenschluss mit den Anderen. Auf diese Weise würden die Anderen nicht als Beschränkung, sondern als Mittel wahrgenommen, die individuellen Anlagen auszubilden und die gleichen Interessen durchzusetzen. Die Anderen zögen den Einzelnen nicht herunter, nivellierten ihn nicht, sondern gäben ihm Geborgenheit, Sicherheit und Anerkennung. Sie vervielfachten seine Kraft, mit der er sich selbst behaupten und seine Interessen vertreten könnte.

Sichtbare und unsichtbare Massen im Zeitalter der sozialen Medien. Gegenüber der physisch präsenten, versammelten Masse gewinnt gegenwärtig die medial vermittelte, virtuelle Masse an Bedeutung. Sichtbar sind nur die Massen, die sich in der Öffentlichkeit, auf Kundgebungen und Demonstrationen, durch Besetzungen zentraler Plätze, in Streiks oder Straßenkämpfen zu erkennen geben und sich auch physisch für etwa mehr Demokratie, wirksamere Umweltpolitik, sichere Arbeitsplätze, bezahlbaren Wohnraum oder auch gegen Rassismus, Aufrüstung, bestimmte Bauvorhaben oder (vermeintliche) Überfremdung engagieren. Trotz ihrer zahlenmäßig oft beeindruckenden Menge sind sie aber nur die Spitze eines Eisbergs, dessen Größe sich nur schwer ausloten lässt. Weit umfänglicher ist die unsichtbare Masse, die Tageszeitungen liest, Rundfunk hört, fernsieht oder im Internet surft und aufgrund der daraus erhaltenen Informationen in Gedanken und Gefühlen auf der Seite oder auch auf der Gegenseite der sichtbaren Masse steht. Noch niemals gab es so viele Medien um sich zu informieren, seine Meinung zu äußern und auch politische Entscheidungen herbeizuführen. Ist die Masse dadurch zum Subjekt geworden und dem Ideal der Souveränität einen Schritt näher gekommen?

Auf neue Weise stellt sich diese Frage im Zeitalter der sozialen Medien wie Facebook, Instagram, Twitter oder YouTube, die sich von den klassischen Massenmedien grundlegend unterscheiden. An Einfluss verloren etwa hat der horizontale Informationsfluss von oben nach unten, d. h. von Autoren, Redakteuren oder Kommentatoren hin zum Publikum aus Lesern, Hörern oder Zuschauern. An Einfluss gewonnen hat die vertikale Kommunikation unter *Usern*, innerhalb der Gruppe oder des *Chat-rooms*. Aufgelöst hat sich auch der Gegensatz von Sendern und Empfängern, *Influencern* und *Followern*. Innerhalb der vertikalen Kommunikation ist jeder zugleich beides: Er empfängt Nachrichten und er gibt Nachrichten weiter. Jeder kann so zum Reporter oder Informanten werden und mit seinen Nachrichten oder *Blogs* die Aufmerksamkeit der Öffentlichkeit erregen. Wer zufällig Zeuge eines eminenten Geschehens wird, kann authentische Bilder davon in die Welt senden. Wer zufällig an seinem Arbeitsplatz in der Bank, im Konzern, in der Behörde Zugang zu, für die Gemeinschaft wichtigen, geheimen Informationen kommt, könnte zum *Whistleblower* werden und Korruption, Intrigen oder Gesetzesverstöße publik machen. Staatliche Zensur kann unterlaufen, tendenziöse Berichterstattung korrigiert, unterdrückte Informationen zugänglich gemacht werden. Zu einem beträchtlichen Teil geht die Deutungshoheit politischer Ereignisse von den Eliten auf die Massen über. Nicht zuletzt unterscheiden sich die sozialen Medien von den klassischen Massenmedien auch durch ihr Tempo und ihre Spontaneität. Noch ehe die Gegenseite in der Lage ist, darauf zu reagieren, können Nachrichten millionenfach verbreitet und gezielte (Protest-) Aktionen organisiert werden. Die Masse, einst schwerfällig, ist beweglich geworden.

Ambivalenz der sozialen Medien und die sich daraus ergebenen humanitäre und anti-humanitäre Auswirkungen. Zwei politische Großereignisse haben die Problematik der sozialen Medien augenfällig deutlich gemacht. Das eine war der Arabische Frühling, der 2010 von Tunesien ausgegangen ist und auf Ägypten und andere Länder übergegriffen hat. Ohne Internet, ohne Blogs, ohne mediale Subkultur, so die verbreitete Auffassung[83], hätte die Demokratiebewegung, die zur Absetzung autoritärer Herrscher geführt hat, nicht die Breite und Stärke erreicht, die sie tatsächlich (vorübergehend) erreicht hat. Das andere Großereignis war der US-amerikanische Präsidentschaftswahlkampf 2016, aus dem überraschender Weise Donald Trump als Sieger hervorgegangen ist. Darin hat Steve Bannon, der rechtsradikale Wahl-

83 https://de.wikipedia.org/wiki/Arabischer_Fr%C3%BChling. Im Wikipedia-Artikel über den Arabischen Frühling sind am Ende unter der Überschrift „Zur Rolle der Neuen Medien für den Wandel in der arabischen Welt" eine Reihe entsprechender Untersuchungen genannt.

kampforganisator, mit Hilfe von *Breitbart News Network* und *Cambridge Analytica* (die Facebook-Profile von 50 Millionen US-Bürgern erstellt hatte) unter Verwendung von *Fake News* (Halbwahrheiten, Lügen) gezielten Einfluss auf das Wählerverhalten genommen.

Hatte sich die Masse im einen Fall die sozialen Medien in selbstbestimmter Weise zunutze gemacht, um sich zum politischen Subjekt zu machen, so wurde sie im anderen unter Nutzung der gleichen Medien zum Objekt politischer Manipulation. An die Stelle des Zugewinns an Freiheit und Humanität ist deren Verlust getreten. Tatsächlich wird seitdem vor allem über den Missbrauch der sozialen Medien diskutiert: über die Gängelung der Massen-Individuen durch die (Werbe-) Industrie, die ihre Waren an den Mann bringen will; die Überwachung der Bürger durch Polizei und Geheimdienste, die mit dem berechtigten Interesse der Aufklärung und Verhinderung terroristischer Anschläge unberechtigter Weise auch das informelle Selbstbestimmungsrecht unterhöhlt; die interessierte Verbreitung von Falschmeldungen und Hassbotschaften, um Vorurteile zu schüren und ein Klima der Ausgrenzung zu erzeugen. Auf privater Ebene wird die neue Form der Kommunikation dazu benutzt, um sich gegenseitig auszuspionieren, zu beurteilen, zu mobben oder die eigene Person auf Kosten der anderen in den Vordergrund zu spielen.

Was den humanen Möglichkeiten der sozialen Medien grundsätzlich im Wege steht, ist auch das Privateigentum an den technischen Voraussetzungen auf denen die horizontale Kommunikation beruht, die intransparente Kollaboration von Google, Facebook und Co. mit Staat und Industrie, ihre Finanzierung durch Werbung, der die User aus freien Stücken persönliche Daten zur Verfügung stellen. Die Frage eines „digitalen Humanismus" wurde bereits oben diskutiert.

9. Humanismus gegenüber der Natur?

Erstreckt sich der Humanismus über den Menschen hinaus auch auf die Natur? Oben, in der Einleitung, wurde der Humanismus auf verschiedene Weise definiert: als Liebe zum Menschen, als Bildung der menschlichen Persönlichkeit, als menschliches Maß aller Dinge oder als „Entwilderung". Stellt man die Frage nach dem Humanismus gegenüber der Natur, so bezieht man sich vor allem auf die erste Definition: Sollte die Liebe zum Menschen die Liebe zu den Tieren, den Pflanzen, der gesamten natürlichen Umwelt des Menschen, inklusive der unbelebten Natur, mit einschließen? Hat die Natur selbst eine Würde, die respektiert bzw. wieder hergestellt werden sollte oder müsste?

Ehe diese Fragen beantwortet werden können, sind zwei wichtige Unterscheidungen zu treffen. Prinzipiell zu fragen ist erstens, ob der Humanismus letztlich nur dem Menschen Wert und Würde zuerkennt, die Natur also nur um des Nutzens willen schätzt, den sie dem Menschen bringt, oder ob er der Natur einen eigenen Wert und eine eigene Würde zuspricht. Dass in dieser Frage gegenwärtig ein Umdenken stattfindet, ist an den Verlautbarungen verschiedener Umwelt-Konferenzen abzulesen, die in den letzten Jahrzehnten stattgefunden haben. Der sog. „Brundtland-Bericht" den die *Weltkommission für Umwelt und Entwicklung* der Vereinten Nationen 1987 veröffentlicht hat, definiert „nachhaltige Entwicklung" im Umgang des Menschen mit der Natur als „eine Entwicklung, die die Bedürfnisse der Gegenwart befriedigt, ohne zu riskieren, daß zukünftige Generationen ihre Bedürfnisse nicht befriedigen können"[1]. Die Natur wird also noch ganz unter der Perspektive ihres Nutzens für den Menschen betrachtet. Etwas anders klingt bereits die „Rio-Erklärung für Umwelt und Entwicklung" (1992). Darin heißt es zwar ebenfalls: „Die Menschen stehen im Mittelpunkt der Bemühungen um eine nachhaltige

1 https://de.wikipedia.org/wiki/Brundtland-Bericht. Vgl. Ulrich Grober: Die Entdeckung der Nachhaltigkeit, München 2013.

Entwicklung", daran schließt sich aber gleich der Satz an: „Sie [die Menschen] haben das Recht auf ein gesundes und produktives Leben *im Einklang mit der Natur*"[2]. Offenbar werden der Natur hier bereits Selbständigkeit und Rechte zuerkannt. Eine Revolution vollzog sich dagegen in der „Erd-Charta" aus dem Jahr 2000, die inzwischen von 2500 Organisationen unterzeichnet worden ist. In ihr wird die Nachhaltigkeit unter zwei Prämissen oder Postulate gestellt: „Achtung haben vor der Erde und dem Leben in seiner ganzen Vielfalt" und „Erkennen, dass alles, was ist, voneinander abhängig ist und alles, was lebt, *einen Wert in sich* hat, unabhängig von seinem Nutzwert für die Menschen"[3]. Im Verlauf des Textes wird für die Einrichtung von Naturschutzgebieten und „Biosphären-Reservaten" plädiert, für den Erhalt der Artenvielfalt, die Ausrichtung der Wirtschaft auf erneuerbare Energie und eine Organisation von „Produktion, Konsum und Reproduktion", die die „Erneuerungskräfte der Erde" nicht überschreitet. Es sind Plädoyers, die man als Forderungen verstehen kann, auch die Natur unter den Schutzschirm des Humanismus zu stellen. Ein anderes Indiz für das Umdenken, das den Anthropozentrismus relativiert und dem Selbstsein und dem Eigenwert der Natur einen höheren Rang einräumt, ist die Entstehung einer eigenständigen Natur- oder Umweltethik[4] bzw. (als Untergattung) einer eigenständigen Tierethik[5]. Beide entstanden als Reaktion auf die globale ökologische Krise.

2 https://www.un.org/depts/german/conf/agenda21/rio.pdf. Grundsatz 1. Hervorhebung von mir.

3 https://erdcharta.de/fileadmin/Materialien/Erd-Charta_Text.pdf, S.2. Hervorhebung von mir.

4 Ihren Ursprung hat die Natur- oder Umweltethik in den Naturschutzbewegungen des 19. und frühen 20. Jahrhunderts. Als philosophische Disziplin ist sie – unter dem Namen *Environmental Ethics* – in den USA entstanden. Erste Veröffentlichungen stammen von Robin Attfield: The Ethics od Environmental Concern, New York 1983, Paul Taylor: Respect for Nature, Princeton 1986 oder Holmes Rolston: Environmental Ethics. Duties to and Value in the Natural World, Philadelphia 1988. In Deutschland hatte die Natur- oder Umweltethik in den 90er Jahren des 20. Jahrhunderts ihre Hochzeit. Vgl. Konrad Ott: Ökologie und Ethik, Tübingen 1993, Dietmar von der Pforten: Ökologische Ethik, Reinbek 1986, Angelika Krebs (Hg.): Naturethik. Grundtexte zur gegenwärtigen tier- und ökoethischen Diskussion, Frankfurt/M. 1997. Dieter Birnbacher (Hg.): Ökologie und Ethik, Stuttgart 22001. Konrad Ott/Martin Gorke (Hg.): Spektrum der Umweltethik, Hamburg 2001. Schon vor 1990 sind die Bücher von Hans Jonas: Das Prinzip Verantwortung, Frankfurt/M. 1979 und Klaus-Michael Meyer-Abich: Wege zum Frieden mit der Natur, München 1984 erschienen.

5 Die gegenwärtige Diskussion über den moralisch gebotenen Umgang mit Tieren begann in den 1970er Jahren im englischsprachigen Raum. Erste Zeugnisse waren Roslind und Stanley Godlovitsch/John Harris (Hg.): Animals, Men and Morals (London 1971), Peter Singer: Animals Liberation (New York 1975, [2]1990), Tom Regan: The Case for Animal

Spricht man der Natur einen eigenen Wert und eine eigene Würde zu, dann ist eine zweite prinzipielle Unterscheidung zu treffen, ob nämlich diese Prädikate nur den Tieren (bestimmten Tieren), auch den Pflanzen (und damit dem Leben überhaupt) oder der gesamten, also auch der unbelebten Natur zukommen. Davon hängt ab, worauf sich der Humanismus bezieht und wen er unter seinen Schutz nehmen soll. Die Frage nach dem Humanismus gegenüber der Natur spaltet sich auf in die Frage nach dem Humanismus gegenüber verschiedenen Teilbereichen der Natur.

Der christliche Ursprung des Anthropozentrismus. Dass sich der Humanismus nach verbreitetem Verständnis ausschließlich auf das Verhältnis des Menschen zum Menschen bezieht, liegt daran, dass allein dem Menschen das Prädikat der Würde zugesprochen wird. Die christliche Religion, die diesem Verständnis zugrunde liegt, führt diese Vorrangstellung des Menschen auf den Schöpfungsmythos des Alten Testaments zurück: „Gott schuf den Menschen ihm zum Bilde, zum Bilde Gottes schuf er ihn" und machte ihn zum Herrscher „über die Fische im Meer und über die Vögel unter dem Himmel und über das Vieh und über die ganze Erde und über alles Gewürm"[6]. Selbst in der Evolutionstheorie, die diesen Mythos doch aushebelt und durch eine wissenschaftliche Theorie ersetzt, wirkt bei manchen ihrer Vertreter das christliche Vorurteil des Anthropozentrismus nach. Insofern nämlich, als sie der Natur unterstellen, sie verfolge (gewissermaßen im Auftrag Gottes) eine auf den Menschen als Endziel ausgerichtete Entwicklung, die vom Niederen zum Höheren führt. Damit wäre er zwar nicht mehr die Krone der Schöpfung, aber doch die Krone der Evolution, die ihrerseits aber als Schöpfungsvorgang begriffen wird.

Vom Animismus zum Pantheismus. Die Beseeltheit der Natur. Andere Religionen kennen den Anthropozentrismus des Christentums nicht. Für sie stellt der Besitz einer Seele, die im Christentum die Gottesebenbildlichkeit des

Rights (Berkeley 1983). Eine „zweite Welle" der Diskussion begann mit Peter Singer (Hg.): In Defence of Animals. The Second Wave (Oxford 1985) und Steve F. Sapontzis: Morals, Reason and Animals (Philadelphia 1987). Die breite Diskussion, die sich daran anschloss ist in dem von Ursula Wolf hg. Sammelband „Texte zur Tierethik" (Stuttgart 2008) dokumentiert. Vgl. die Einleitung dazu, S.8f.

6 1.Moses 1, 26–27.

Menschen verbürgt, auch kein Privileg des Menschen dar. So etwa sind aus den langen Jahrtausenden des Neolithikums mit seinen Jäger- und Sammlerkulturen die verschiedensten Formen des Animismus („Allbeseeltheit") oder der Naturreligionen bekannt, die auf bestimmte ethnischen Gruppen beschränkt waren und deshalb auch als „ethnische Religionen" bezeichnet werden. In ihnen werden Naturerscheinungen wie Pflanzen, Tieren, Quellen, Hainen oder Bergen eine Seele zugesprochen und religiöse Verehrung entgegengebracht. Auch nach dem Übergang zur Sesshaftigkeit lebte der Glaube an die Beseeltheit der Natur weiter, wie etwa im alten Ägypten, wo die Sonne als Gott Re größte Autorität besaß oder im vor-olympischen Griechenland, wo nach dem Zeugnis des Hesiod[7] Gaia (Erde) und Uranos (Himmel) als erste Gottheiten galten, aus deren Verbindung die Götterwelt der Titanen hervorgegangen ist.

Als entwickelte Form des Animismus kann man die Lehre der Seelenwanderung verstehen, das Herzstück des Brahmanismus oder Buddhismus, das, aus Indien kommend, Eingang in die Philosophie von Pythagoras oder Platon gefunden hat. Je nach dem moralischen Verhalten ihrer Träger finden sich die Seelen in aufeinanderfolgenden Leben in den verschiedensten (Natur-) Körpern wieder: in auf- oder absteigender Linie, entweder in einem ewigen Kreislauf oder aber mit der Aussicht auf Erlösung. Nach einer speziellen Lehre des Jainismus erstreckt sich die Seelenwanderung auf eine Reihe von „genau vierundachtzigtausend [Wieder-] Geburten", wobei „die ganze Skala der Seinsarten … angefangen von … Äther, Luft, Feuer, Wasser, Erde, über die gestuften Sphären der verschiedenen geologischen, botanischen und zoologischen Daseinsformen bis schließlich hinauf zum Menschenreich" (und den Kasten der gesellschaftlichen Sphäre) durchlaufen werden muss, bis „die Erlösung [der Eintritt ins Nirvana] … einfach von selbst" geschieht.[8] Über die Beseeltheit der Natur hinaus wird damit eine natürliche Rangordnung ihrer Erscheinungen festgelegt, die mit einem abgestuften Anspruch auf Respekt verbunden ist.

7 Hesiod: Theogonie, 126ff., in: Sämtliche Werke, Wiesbaden 1940 u.ö., S.11.
8 Heinrich Zimmer: Philosophie und Religion Indiens, Frankfurt/M. [8]1994, S.242.

Zuletzt hat der Pantheismus die gesamte Natur mit Gott gleichgesetzt[9] und damit als beseelt dargestellt. Wohlgemerkt: Er hat Gott *nicht* als Schöpfer der Natur begriffen, der seine Schöpfung zuletzt dem Menschen überantwortet hat, mit dem Schöpfungsauftrag, sie sich untertan zu machen. Damit war ja die ursprüngliche Würde der Natur (als Gottes Schöpfung) relativiert und der Würde des Menschen untergeordnet worden. Indem er stattdessen die Natur selbst als Dasein Gottes begreift, gibt er ihr ihre Würde zurück. Vom Animismus bis zum Pantheismus wird die Natur zwar zum Gegenstand der Verehrung gemacht und weit über den Status hinausgehoben, ein bloßes Mittel für menschliche Zwecke zu sein. Zugleich aber gilt diese Verehrung letztlich nicht der Natur selbst, sondern den Geistern, Seelen oder Gottheiten, die in anthropomorphistischer Weise in ihr als gegenwärtig vorgestellt werden.

Humanität gegenüber Tieren. Größter Zustimmung erfreut sich gegenwärtig die Frage des Humanismus gegenüber der Natur im Falle der Tiere. Massentierhaltung, qualvolle Tiertransporte oder das maschinenmäßige Abschlachten erregen ebenso Abscheu und Mitleid, wie die Vivisektion und die Verwendung tierischen Lebens zu wissenschaftlichen Experimenten. Vor menschlichen Übergriffen sollen nicht nur Schweine, Rinder, Hühner oder Ratten geschützt werden; in politischen Aktionen zum Schutz der Bienen und dem Erhalt der Artenvielfalt werden auch Maßnahmen gefordert, die sich gegen die Vernichtung tierischen Lebensraums durch verschmutzte Gewässer und Abgase, durch den Einsatz von Pestiziden, die Versiegelung des Bodens oder Abgase richten.

Ob Tiere in den Kreis der Humanität aufgenommen oder daraus ausgeschlossen werden, hängt davon ab, ob zwischen Tier und Mensch eine wie auch immer geartete Verbindung und Kontinuität gesehen oder ein Gegensatz und eine Diskontinuität ins Zentrum der Überlegungen gerückt wird. Wer den Gegensatz betont, schließt die Tiere aus dem Kreis der Humanität aus. Repräsentativ für diese Auffassung ist Descartes, der im Anschluss an biblische Vorstellungen strikt zwischen *res extensa* und *res cogitans*, zwischen

9 Spinozas Prinzip des *deus sive natura*. „Das Vermögen, womit die Einzeldinge und folglich auch der Mensch sein Sein erhält, ist das Vermögen Gottes oder der Natur selbst". Spinoza: Ethik, 4.Teil, 4.Lehrsatz, Beweis. Frankfurt/M. 1972, S.264.

Leib und Seele, unterscheidet und die Seele mit Vernunft gleichsetzt. Da Tiere über keine Sprache und keine Vernunft verfügen, ordnet sie Descartes der *res extensa*, also der bloßen Leiblichkeit, d. h. den Dingen oder Sachen zu. Er nennt Tiere expressis verbis „*Automaten*" bzw. von Gott kunstvoll und mit einer „großen Menge Knochen, Muskeln, Nerven, Arterien, Venen" etc. ausgestattete „*Maschinen*"[10]. Dass Empathie, Mitleid oder Humanität gegenüber Automaten unangebracht sind, versteht sich von selbst. In diesem Punkt weitgehend mit Descartes einig schreibt Spinoza: „Ich bestreite … nicht, daß die Tiere Empfindung haben; … ich bestreite nur, daß es deshalb verboten sein soll, sie zu unserm Nutzen beliebig zu gebrauchen und sie so zu behandeln, wie es uns am besten paßt; da sie ja von Natur nicht mit uns übereinstimmen und ihre Affekte von den menschlichen Affekten von Natur verschieden sind."[11] In anderen Begriffen wiederholt und bekräftigt auch Kant im Rahmen seiner Moralphilosophie Descartes' Behauptung vom Ding- und Automatencharakter des Tiers. Der Mensch als ein „vernünftiges Wesen", so seine diesbezügliche Kernaussage, „*existirt* als Zweck an sich selbst, *nicht bloß als Mittel* zum beliebigem Gebrauch für diesen oder jenen Willen". Dagegen sind Tiere „vernunftlose Wesen", die nur einen „relativen Werth" besitzen und deshalb zu den „Sachen" gezählt werden.[12] Würde und der Anspruch auf eine humane Behandlung kommt nur den „Personen" im „Reich der Zwecke" zu, nicht aber den „Sachen" im Reich der Mittel.[13] Gegenüber den Tieren haben die Menschen das volle Recht des *uti et abuti*, des Gebrauchs und des Ver- oder Missbrauchs.

Ganz im Gegensatz zum Dualismus von Descartes steht der Monismus von LaMettrie, Holbach oder Diderot. Indem er nur *eine* Substanz annimmt und die *res cogitans* auf die *res extensa*, den Geist auf die Materie und materielle Prozesse im Gehirn, zurückführt, verneint er die Sonderstellung des Menschen. Auf materialistischer Grundlage wird damit eine Kontinuität von Tier und Mensch statuiert, die den Anspruch des Tiers auf eine humane Behandlung begründet.

10 Descartes: Abhandlung über die Methode des richtigen Vernunftgebrauchs (1637), Stuttgart 1961 u.ö., S.52.

11 Spinoza: Ethik, Teil IV, Lehrsatz 37, Anmerkung 1, a.a.O., S.298.

12 Immanuel Kant: Grundlegung zur Metaphysik der Sitten, 2.Abschnitt, AA IV, S.428. Nur insofern interessiert sich Kant für das Leid der Tiere, als das Mitgefühl mit ihrem Leiden das Mitgefühl mit leidenden Menschen befördern kann. So äußert er sich in den *Metaphysischen Anfangsgründen der Tugendlehre*, § 17, AA VI, S.443.

13 Ebd., AA IV, S.434.

Größeren Einfluss auf die gegenwärtige Diskussion der Tierethik besitzen allerdings zwei andere Philosophen. Jeremy Bentham sieht die Gleichheit von Tier und Mensch darin begründet, dass beide „fühlende Wesen" sind[14], also die gleiche Fähigkeit besitzen, Freude und Leid zu empfinden, was im Umgang mit ihnen zu berücksichtigen ist. Für Arthur Schopenhauer liegt die Gleichheit von Tier und Mensch „in der Substanz, welche der Wille ist"; der Unterschied zwischen beiden liegt hingegen „bloß im Accidenz, dem Intellekt"[15]. Bezeichnender Weise entwickelt er diesen Gedanken in Polemik gegen das Juden- und Christentum, die sich – im Gegensatz zum Brahmanismus und Buddhismus – den „Grundfehler" zu Schulden kommen lassen, den Menschen „widernatürlicherweise … von der Thierwelt" loszureißen, welcher „er doch wesentlich angehört"[16]. Dadurch würden die Tiere (wie unter dem Einfluss des Christentums auch bei Descartes und Kant) zu bloßen „Sachen" erniedrigt und der menschlichen Willkür ausgesetzt.

Respekt vor dem Leben. Der Anspruch auf schonende Behandlung nicht nur der Tiere, sondern auch der Pflanzen (die keine „fühlenden Wesen" wie Tier und Mensch sind) wird zuweilen mit dem Leben begründet, an dem auch sie (wie Tier und Mensch, wenn auch in geringerem Umfang) teilhaben. Im Gegensatz zum Anthropomorphismus der religiösen Naturauffassung hat schon Aristoteles seine Theorie der Seele entwickelt. Ihr zufolge ist allen Lebewesen gemeinsam, dass sie aus Materie (Vermögen, Potenz) und Form (Vollendung, Entelechie), d.h. aus Körper und Seele zusammengesetzt sind. Obwohl sie selbst unkörperlich ist, gehört die Seele aber doch zum Körper. Sie ist das, was den Körper belebt, das Prinzip des Lebens, und zwar gleichgültig, ob das Leben „als Vernunft, Wahrnehmung" oder nur als „örtliche Bewegung und Stehen, … als Bewegung der Ernährung" oder als „Schwinden und … Wachs-

14 Jeremy Bentham: An Introduction on the Principles of Morals and Legislation (1789), New York 1948, S.310f. Zitiert nach Ursula Wolf (Hg.): Tierethik, a.a.O., S.30.

15 Arthur Schopenhauer: Parerga und Paralipomena, 2.Band, § 177, in Werke, hg. von A. Hübscher, Leipzig 1939, Bd.6, S.399.

16 Ebd., S.393. Als Beleg für seine Polemik gegen das Christentum führt Schopenhauer Sirach 7, 24 oder Hiob 39, 10ff. an, wo die Tiere nur um des Nutzens willen geschätzt werden, die sie für den Menschen haben. Allein in den Sprüchen Salomons 12,10 heißt es „Der Gerechte erbarmt sich seines Viehs". An dieser Formulierung nimmt Schopenhauer Anstoß: Was heißt schon Erbarmen? Nicht Erbarmen, sondern „Gerechtigkeit ist man den Thieren schuldig" (ebd., S.395).

tum“ vorgestellt wird.[17] Im Gegensatz zur christlichen Lehre ist die Seele für Aristoteles kein Privileg des Menschen. In abgestufter Form besitzen vielmehr alle Lebewesen eine Seele. Von den „nährenden, strebenden, wahrnehmenden, örtlich bewegenden und denkenden“ Vermögen der Seele kommt den Pflanzen allerdings „nur das Nährvermögen“ oder das Wachstum zu[18], den höheren Lebewesen darüber hinaus auch das wahrnehmende (empfindende) und strebende Vermögen. Das höchste Vermögen des Denkens und der Vernunft bleibt allein dem Menschen vorbehalten.

Aus der bloßen Partizipation am Leben ein Anrecht auf Schonung und „Ehrfurcht“ abzuleiten, wie es Albert Schweitzer tut, wäre freilich übertrieben. Der „wahrhaft ethische“ Mensch reißt, wie Schweitzer schreibt, „kein Blatt vom Baume ab, bricht keine Blume und hat acht, dass er kein Insekt zertritt“[19]. Sollte er auch darauf verzichten, seine Nutzpflanzen vor Schädlingen zu schützen, nicht nur vor Insekten, sondern auch vor Nagetieren, Vögeln, Rehen oder Wildschweinen? Sollte er nicht das Recht haben, sich vor Stechmücken zu schützen, indem er sie erschlägt? Die „Ehrfurcht vor dem Leben“, wie sie Albert Schweitzer als Prinzip der Ethik postuliert, verkennt, dass sich jedes Leben auf Kosten anderen Lebens erhält und entwickelt. Dass Wölfe Lämmer oder Löwen Rinder reißen, ist keine „Selbstentzweiung des Willens zum Leben“, wie Schweitzer schreibt. Es ist auch kein „schmerzvolles Rätsel“, dass der „Schöpferwille zugleich als Zerstörungswille“ waltet[20], sondern ein Faktum der Evolution. Wie sollten Wölfe, Löwen und alle anderen Tiere (Pflanzenfresser eingeschlossen) sonst ihr Leben fristen? Offenbar schwebt Schweitzer schon in der Gegenwart ein Zustand der „Erlösung“ vor, wie ihn der Prophet Jesaia als einen Zustand geschildert hat, wo „die Wölfe ... bei den Lämmern wohnen und die Parder bei den Böcken liegen“, wo „Wolf und Lamm ... [gemeinsam] weiden“, die „Löwen Stroh essen“ und die Schlangen sich von Erde ernähren.[21]

Übertrieben wäre es m.E. auch, aus reiner Tierliebe zum Vegetarier oder Veganer zu werden. Umso mehr, als die Wertschätzung des Menschen der Wertschätzung der Tiere nicht untergeordnet ist und der vollständige Ver-

17 Aristoteles: Über die Seele, 413a, Hamburg 1995, S.67.
18 Ebd., 414b, a.a.O., S.73.
19 Ebd., S.331.
20 Albert Schweitzer: Kultur und Ethik, München 1960, S.334.
21 Jesaia 11, 6 und 65, 25.

zicht auf den Verzehr von Fleisch oder Fisch der Gesundheit auch nicht zuträglich wäre. Eher gerechtfertigt erscheint der Verzicht auf den Genuss von Fleisch als Protest gegen Massentierhaltung und Tierquälerei. Was unbestritten im Sinne der Tierliebe verbessert und humanisiert werden könnte, ist die artgerechte Haltung, die schnelle und möglichst schmerzlose Schlachtung oder die weitgehende Einschränkung von Tierversuchen. Paola Cavalieri und Peter Singer[22] haben daher gefordert, die Menschenrechte auch auf Tiere, zumindest auf bestimmte, höhere Tiere auszuweiten. Der Wert, der ihnen damit zugesprochen würde, läge damit auch in ihrem Selbstsein und ihrer Würde, nicht ausschließlich in dem Verwertungs-Nutzen, den sie für die Menschen besitzen.

Selbstsein und Unverletzbarkeit der Natur. Dass man den (höheren) Tieren, die als fühlende Wesen dem Menschen verwandt sind, auch eine gewisse Würde zuerkennt, erscheint plausibel. Ebenso, dass man ihnen *um ihrer selbst willen* eine humane, rücksichtsvolle Behandlung zuteilwerden lässt. In Bezug auf die gesamte Natur und ihren Ökosystemen von „Würde" zu sprechen, erscheint dagegen problematisch. Ebenso problematisch erscheint die Forderung, die Natur *um ihrer selbst willen* zu respektieren und zu schonen. Respekt vor dem Menschen und seiner Würde schließt aus, dass er erniedrigt, gedemütigt und in seinem Selbstsein missachtet wird. Ist es aber möglich, die Natur zu erniedrigen, zu demütigen und in ihrem Selbstsein zu verletzen?

Zum einen ist die Natur ganz auf sich selbst gegründet und die Ursache ihrer selbst. Sie existiert vor und unabhängig vom Menschen, unerschaffen und von Ewigkeit her. Zum anderen befindet sie sich in einem Prozess fortwährender Selbstorganisation, in dem sie unzählige „Kreislaufsysteme" ausbildet.[23] Diese Kreisläufe bilden „relativ stabile Gleichgewichte" aus, die immer wieder gestört werden und sich erneuern. Manchmal und „unter bestimmten Bedingungen" werden sie aber auch überschritten. Nicht immer kehren die

22 Paola Cavalieri/Peter Singer (Hg.): Menschenrechte für die großen Menschenaffen, München 1994. Paola Cavalieri: Die Frage nach den Tieren. Für eine erweiterte Theorie der Menschenrechte, Erlangen 2002.

23 Nicht nur im Lebenszyklus von Pflanzen und Tieren, im Jahreszyklus, bei den Gezeiten, beim Wetter etc., Wolfgang Tischler spricht auch von den Kreisläufen des Kohlenstoffs, des Sauer- und Stickstoffe oder Schwefels (Einführung in die Ökologie, Stuttgart u. a. [4]1993, S.148ff., vgl. S.214, S.334ff.)

Kreisläufe exakt zu ihren Ausgangspunkten zurück. Wo sie davon abweichen, spricht man von „Mutationen", bei denen neue Kreisläufe (und neue Arten) entstehen können. Anders als bei den Menschen, die in ihren Handlungen *Zwecke* verfolgen und die Fähigkeit besitzen, die Umwelt ihren Bedürfnissen gemäß umzugestalten, zeichnet sich die Organisation der Pflanzen und Tiere durch ihre *Zweckmäßigkeit* aus, durch die sie an ihre Umwelt angepasst sind.[24] Autonomie besitzen Mensch und Natur gleichermaßen; beide geben sich das Gesetz ihrer Bewegung selbst. Allerdings ist dieses Gesetz beim Menschen durch das Bewusstsein und die Fähigkeit zu planen vermittelt und deshalb *teleologisch*; bei der Natur wirkt es ohne Bewusstsein, *kausal*, durch Instinkt, durch die Eigenschaften der Materie oder die Einflüsse der Umwelt. Wer Autonomie allein dem Menschen zuerkennt und auf seinen „freien Willen" zurückführt, sollte bedanken, dass dieser Wille so frei gar nicht ist. Er ist durch genetische Faktoren, Erziehung, Umwelteinflüsse, die öffentliche Meinung etc. beeinflusst, unterliegt also ebenfalls kausalen Determinanten und ist, wie Politiker, Werbefachleute und andere „Influencer" wissen, auch in einem bestimmten Umfang manipulier- und vorhersehbar.

Elmar Treptow schreibt der Natur aufgrund ihres Selbstseins, ihrer Selbstorganisation in unendlichen Kreislaufsystemen, ihrer Zweckmäßigkeit, ihrer unerschöpflichen Produktivität das Prädikat der Erhabenheit zu.[25] Besitzt sie deshalb auch das Prädikat der Würde, die zu respektieren ist? Selbst ein Naturwesen, kann der Mensch nicht (über-)leben, ohne die Natur außerhalb seiner selbst sich anzueignen, d. h. sie zu beherrschen und sie seinen Zwecken gemäß umzuformen. Diese Aneignung kann prinzipiell auf zweierlei Weisen vonstattengehen. Sie kann das Selbstsein der Natur dadurch respektieren, dass sie die Eigengesetzlichkeit der Natur anerkennt und den eigenen Nutzen mit der Hege und Pflege der Natur verbindet. Etwa dadurch (was Hegel als „List der Vernunft" bezeichnet[26]), dass die Schwerkraft, die das Wasser zum Fließen bringt, oder der Temperaturunterschied von Tag und Nacht, der Winde erzeugt, zur Betreibung von Mühlen oder Windrädern benützt wird, um Getreide zu mahlen oder Elektrizität zu generieren. Oder dadurch, dass

24 A.a.O., S.281ff. Elmar Treptow: Die erhabene Natur. Entwurf einer ökologischen Ästhetik, Berlin ²2006, S.93–S.101.

25 Treptow: Die erhabene Natur, a.a.O., S.15ff., S.84.

26 Hegel: Wissenschaft der Logik, in Werke, a.a.O., Bd.6, S.452. Ders.: Enzyklopädie der philosophischen Wissenschaften, § 209, a.a.O., Bd.8, S.365.

die Fruchtbarkeit des Bodens dadurch erhalten oder sogar gesteigert wird, dass ihm die Nährstoffe, die ihm durch Anpflanzungen entzogen, in Form von Dünger zurückerstattet werden. Die Aneignung und Beherrschung der Natur kann sich aber auch über das Selbstsein und die natürlichen Kreisläufe der Natur hinwegsetzen, sie zu einem bloßen Mittel ökonomischer Zwecke herabwürdigen, also z.B. nicht regenerierbare Ressourcen aufbrauchen, Bodenschätze in Müll verwandeln, die Artenvielfalt reduzieren, Luft und Wasser verschmutzen, fruchtbare Böden in Wüsten verwandeln, das Klima verändern. Ernst Bloch spricht im einen Fall von einer „Allianztechnik", bei der sich die menschliche Arbeit auf die „Mitproduktivität der Natur" stützt, im anderen Fall von einer (kapitalistisch-organisierten, auf Profit hin orientierten) Technik, die „wie eine Besatzungsarmee in Feindesland" steht.[27]

Zerstörung des menschlichen Lebensraums. Durch die Aggressivität seines verselbständigten und ungezügelten Wirtschaftswachstums kann der Mensch zwar bestimmte Gleichgewichtszustände, aber nicht das Selbstsein der Natur zerstören. Dabei darf die Natur nicht „verklärt" und als eine harmonische, „heile Natur" vorgestellt werden.[28] Ökologische Gleichgewichtszustände werden nicht nur durch menschliche Praxis, sondern auch durch die Natur selbst, im Vollzug ihrer Kreisläufe gestört. Schon vor dem Eintritt des Menschen als *homo sapiens* in die Naturgeschichte ereigneten sich Katastrophen wie etwa Meteoriten-Einschläge, die das Aussterben vieler Arten verursacht oder Klimaveränderungen (Eiszeiten), die den Lebensraum vieler Lebewesen beschnitten haben. Auf eine „heile Natur" kann sich der Humanismus ebenso wenig berufen, wie auf eine „friedliche Natur", der die Menschen mit „Ehrfurcht vor dem Leben" begegnen sollten. Sich die Natur zum Vorbild für ein humanes Leben zu nehmen – das Postulat eines naturgemäßen Lebens – scheint ebenso abwegig wie das Umgekehrte, der Natur die Postulate einer humanen Ethik aufdrücken zu wollen.

Durch seine respektlose Praxis zerstört der Mensch nicht die Natur, sondern nur seinen eigenen natürlichen Lebensraum. Als *natura naturans* kreist und produziert die Natur unendlich weiter, auch wenn sich die Menschheit durch ihre ökonomische Praxis selbst ausgelöscht hat und wie die Saurier

27 Ernst Bloch: Das Prinzip Hoffnung, Frankfurt/M. 1959 u.ö., S.807, S.814.
28 Treptow: Die erhabene Natur, a.a.O., S.9f.

und viele tausend andere Arten von der Erdoberfläche verschwunden ist. Die Missachtung des Selbstseins der Natur schlägt auf den Menschen selbst zurück und beschädigt sein eigenes Leben. Ein humanes Leben in verwüsteten Naturräumen wie (im Extremfall) das Leben von Kindern, die auf Müllhalden nach noch verwertbaren Substanzen suchen, ist schwer vorstellbar. Gut gemeint, wenn auch (aufs Ganze gesehen) wenig hilfreich ist die Kompensation, die für die fortschreitende Versiegelung und Ruinierung des natürlichen Lebensraums durch die Ausweisung begrenzter Naturschutzgebiete geleistet wird. Es ist, als wenn die Erdflöhe den Elefanten gönnerhaft ein Reservat zuwiesen, in denen sie sich frei bewegen dürfen.

Mängel der Tier- und Umweltethik. Große Teile der Tier- oder Umweltethik (wie sie im bisherigen Fortgang der Darstellung diskutiert wurden) sind auf eine eher zweitrangige Frage konzentriert, auf die Frage nämlich, wie das Selbstsein, der Eigenwert oder die Würde der Natur philosophisch begründet werden kann. Zur Begründung wurden dabei verschiedene Kriterien genannt, wie etwa die Leidensfähigkeit, die Lebendigkeit oder die Zweckmäßigkeit natürlicher Wesen. Diese Kriterien begründen zugleich eine Rangordnung der Schutzbedürftigkeit und geben Auskunft über die Frage, ob nur Menschen oder auch Tiere, Pflanzen oder die gesamte Natur Anspruch darauf haben, dem „moralischen Zirkel" zugerechnet und unter den Schutzschild ethischer Postulate gestellt zu werden. In diesem Sinne wird dann zwischen anthropozentrischen, pathozentrischen, biozentrischen oder physiozentrischen (holistischen) Ansätzen der Umweltethik unterschieden.[29]

Die weitaus wichtigere Frage, *gegen wen* die Natur in allen ihren Formen in Schutz genommen werden sollte und worin die Ursache für Massentierhaltung, Verschmutzung von Luft und Wasser, Artensterben, Monokultur, Klimaveränderung etc. liegt, wird zumeist gar nicht gestellt. Offenbar möchte sich die Ethik mit ihren abgehobenen Diskursen nicht mit der kruden Realität des kapitalistischen Wirtschaftssystems anlegen, dessen ungebremstes Wachstum nicht nur die Gesundheit der arbeitenden Bevölkerung, sondern auch den natürlichen Lebensraum des Menschen ruiniert. Wer die Natur nur als Quelle des Reichtums und als Objekt der Ausbeutung betrachtet, verliert

29 Sehr gut in Martin Gorke: Die ethische Dimension des Artensterbens, in Konrad Ott/ Martin Gorke (Hg.): Spektrum der Umweltethik, Marburg 2000, S.81ff.

leicht ihr Selbstsein aus den Augen und zwar das Selbstsein des Menschen ebenso wie das Selbstsein der Tiere, der Pflanzen oder auch der unbelebten Natur.

Im Gegensatz zum verkürzten Verständnis der Natur- oder Umweltethik ist der reale Humanismus in Bezug auf die Natur auf deren Schutz vor einem Wirtschaftssystem gerichtet, das alle ihre Ressourcen und Kreisläufe dem Zweck der Geldvermehrung aufopfert und dabei die natürliche Lebensgrundlage des Menschen vernichtet. Das Prinzip des Humanismus, das den Menschen zum Maß aller Dinge erhebt, verliert seine Gültigkeit, wenn sich der Mensch selbst fremd geworden ist und die Maßlosigkeit zu seinem Maß gemacht hat. Die Aneignung der Natur hat dann nicht mehr den Zweck, das menschliche Leben zu erhalten, sondern den Zweck, den Profit einiger Weniger zu steigern. Statt nur die Maße der Natur zu respektieren und sie mit dem menschlichen Maß in Übereinstimmung zu bringen, wird dem realen Humanismus darüber hinaus die Aufgabe zuteil, die Maße der Natur vor der Maßlosigkeit kapitalistischer Ausbeutung zu schützen.

Der menschliche Leib als Natur. Humanismus in Bezug auf die Natur meint auch: Humanismus in Bezug auf den menschlichen Leib. In einem doppelten Sinne nämlich ist die Natur der Leib des Menschen. Erstens ist sie, wie Marx schreibt, der „*unorganische Leib*“ des Menschen, d. h. die Natur außerhalb seiner selbst, auf die er sich in seinem Denken und Handeln bezieht, von der er lebt, mit der er „in beständigem Prozeß bleiben muß, um nicht zu sterben“[30]. Zweitens ist sie aber auch der organische Leib des Menschen selbst, d. h. die Gesamtheit der materiellen Prozesse, die sein physisches und geistiges Leben ausmachen. Bezöge man den Humanismus ausschließlich auf die Vernunft und die vernünftige Selbstbestimmung des Menschen, so schlösse man den Leib, die Gesundheit und die Vielseitigkeit leiblicher Fähigkeiten, die die Voraussetzung für ein selbstbestimmtes Leben darstellen, aus dem Kreis des Humanismus aus. Allseitige Ausbildung individueller Anlagen umfasst aber nicht nur geistige, sondern auch körperliche Anlagen. Der Leib ist nicht nur die Voraussetzung, er ist auch selbst ein Ort, an dem sich diese Ausbildung vollzieht.

30 Marx: Philosophisch-ökonomische Manuskripte, MEW EB 1, S.516.

Verkehrt ist auch hier der Dualismus, der Leib und Geist (Seele) voreinander trennt und als die zwei Substanzen der *res extensa* und der *res congitans* einander entgegensetzt. Wer ihm folgt und darüber hinaus den Leib auch noch als „Gefängnis der Seele" begreift[31], gelangt zu keinem angemessenen Verständnis des Humanismus. Für ihn besteht das richtige Leben in der Askese, der Abtötung des Körpers und seiner Bedürfnisse, d.h. dem Ausbruch aus dem leiblichen Gefängnis. Es beginnt, genau genommen erst mit der Trennung von Leib und Seele, also nach dem Tod. Ebenso falsch wäre allerdings auch das andere Extrem, der das richtige Leben ganz auf den Leib und seine Bedürfnisse, auf Genuss, Sinnlichkeit, Gesundheit oder Fitness reduziert. Schon Epikur mochte, gegen den Hedonismus Aristipps gewendet, ein glückliches Leben nicht auf „häufige Trinkgelage und festliches Schmausen", den „Verkehr mit schönen Knaben und Frauen" oder den „Genuß von leckeren Fischen" beschränken. Vor dem sinnlichen Vergnügen steht seiner Ansicht nach die Vernunft, die „alles Zuträgliche und Abträgliche" richtig unterscheidet und die Abwesenheit körperlicher Schmerzen und die Ruhe der Seele höher bewertet als die positive Lust.[32] Auch Trinkgelage, Schmausen und sexueller Verkehr gehören für Epikur zum Leben und sollen genossen werden. Falsch wird der Genuss erst bei denen, die davon abhängig werden und denen der Genuss die Freiheit raubt. Im gleichen Sinne äußerst sich auch Marx: „Essen, Trinken und Zeugen etc. sind zwar auch echt menschliche Funktionen. In der Abstraktion aber, die sie von dem übrigen Umkreis menschlicher Tätigkeiten trennt und zu letzten und alleinigen Endzwecken macht, sind sie tierisch."[33] Über die Erzeugung der Mittel zur Befriedigung seiner Bedürfnisse hinaus, nennt Marx „die Erzeugung neuer Bedürfnisse" die „erste geschichtliche Tat"[34]. Auch die Kultivierung körperlicher Bedürfnisse gehört zum Humanismus. An Platon und die Christen denkt auch Nietzsche, wenn er seinen Zarathustra gegen die „Verächter des Leibes" polemisieren lässt: „Einst blickte die Seele verächtlich auf den Leib; und damals war diese Verachtung das Höchste: – sie

31 So Platon im Dialog Kratylos 400c, in Sämtliche Werke, Hamburg 1957 u.ö., Bd.2, S.143. Auch in Gorgias 493a, ebd., Bd.1, S.248.

32 Epikur: Brief an Menoikeus, in: Schriften. Über die irdische Glückseligkeit, übertragen und eingeleitet von P. M. Laskowsky, München o.J., S.71f.

33 Philosophisch-ökonomische Manuskripte, MEW EB 1, S.515.

34 Die deutsche Ideologie, MEW 3, S.28.

wollte ihn mager, grässlich, verhungert“[35]. Mit seinem Plädoyer für den Leib tritt Nietzsche allerdings nicht für die Kultivierung des Leibes und seiner Bedürfnisse ein, sondern für eine Befreiung der (von der Moral im Zaum gehaltenen) Instinkte.

Einheit von Körper und Geist. Humanismus in leiblicher Hinsicht meint natürlich nicht nur die Entwicklung und Verfeinerung leiblicher Bedürfnisse. Freie Entfaltung körperlicher Anlagen schließt alle Formen der Bewegung, des Sports, des Tanzes oder der handwerklichen Geschicklichkeit mit ein. In diesem Sinne hat schon die Antike die Musik, das Zeichnen oder die Gymnastik in den Kanon ihrer (Menschen-) Bildung aufgenommen. Aristoteles nimmt neben Lesen und Schreiben *(grámmata)*, auch Gymnastik *(gymnastiké)*, musische Kunst (*musiké*) und Zeichnen *(graphiké)* in seinen „Lehrplan“ zur Bildung des Menschen auf.[36] Über die Arbeit hinaus sollten die Menschen damit auch zur Gesundheit und auf „rechte Weise“ zur Muße *(scholé)* erzogen werden, d. h. der Entspannung und Erholung von der Arbeit. Die Erziehung „zur Gestaltung (*diagogé*) der Muße“[37] steht für Aristoteles gleichwertig neben der Erziehung zur Arbeit, die Bildung gleichwertig neben der Ausbildung.

Welche Wertschätzung die Griechen dem Körper entgegenbrachten, zeigt sich auch in der Abhaltung der olympischen Spiele, die schon in der mykenischen Zeit (1600–1200 v.u.Z.) stattfanden – und der Verehrung der Sieger. Ursprünglich wurden die Wettkämpfe in fünf Disziplinen ausgetragen: Diskuswerfen, Weitspringen, Speerwerfen, Laufen und im Ringkampf, später kamen andere Disziplinen hinzu (Wagen- und Pferderennen, Faustkampf u. a.). Nicht umsonst erfreuten sich die Fünfkämpfer großer Beliebtheit: Sie entsprachen der griechischen Vorstellung des vollkommenen Menschen.[38] Berühmt wurde Milon von Kroton (555–510 v.u.Z.), der wiederholte Male in verschiedenen Spielen den Sieg davontrug. Er war nicht nur ein Muskelprotz, ein Vielfraß und Säufer, wie ihn seine Feinde verspotteten, sondern auch ein Sänger und Dichter. Zudem gehörte er der Schule der Pythagoreer an, die ihn als gelebte

35 Nietzsche: Also sprach Zarathustra, KSA 4, S.15. Vgl. S.38ff.
36 Aristoteles: Politik, 8.Buch, Kap.3.
37 Ebd., 338a10.
38 Vgl. Homer: Ilias, 23.Gesang, Zeilen 826ff.

Harmonie von Körper und Geist verehrten. In leiblicher Hinsicht gilt freilich, was auch in geistiger Hinsicht Gültigkeit besitzt: Nicht das alte Griechenland ist das (ungeschichtliche, gleichbleibende) Ideal des Humanismus. Worauf es ankommt ist vielmehr, die Möglichkeiten der Gegenwart zu nutzen und bestehende (politische und moralische) Schranken zu überwinden.

10. Selbst- und Fremdbestimmung in der Konsumgesellschaft

Konsum-, Überfluss- oder kapitalistische Gesellschaft werden oftmals als synonyme Begriffe zur Bezeichnung der gleichen gesellschaftlichen Realität verwendet. Ihr Unterschied liegt allerdings darin, dass sich der Begriff der kapitalistischen Gesellschaft auf ein *wesentliches* Merkmal dieser Realität, nämlich die *Produktion* des gesellschaftlichen Reichtums (bzw. die private Aneignung des gesellschaftlich produzierten Mehrwerts) bezieht, der Begriff der Überfluss- oder Konsumgesellschaft hingegen auf ein *zweitrangiges* Merkmal, nämlich darauf, wie dieser Reichtum, sofern er nicht akkumuliert wird und in die Erweiterung der Produktion zurückfließt, *verzehrt* wird. Marx behandelt Produktion und Konsumtion als ein dialektisches Verhältnis: Zwischen beiden Seiten besteht sowohl Identität („die Produktion ist Konsumtion; die Konsumtion ist Produktion") als auch Nicht-Identität oder Gegensatz (als zwei Bewegungen, die „aufeinander bezogen" und durcheinander „vermittelt" sind).[1] Innerhalb des dialektischen Verhältnisses stellt die Produktion allerdings das „übergreifende Moment" dar, so dass „die Konsumtion ... als ein Moment der Produktion"[2] erscheint. In diesem Sinne kann nicht nur von einer kapitalistischen Produktionsweise, sondern auch von einer kapitalistischen Weise der Konsumtion gesprochen werden.

Ein weiterer Unterschied ist, dass die Konsum- oder Überflussgesellschaft nicht prinzipiell mit der kapitalistischen Gesellschaft, sondern nur mit deren entwickelten Spätform gleichgesetzt werden kann, in der der Konsum aufgrund der massenhaften Industrieproduktion tatsächlich zu einem Massenphänomen aufgestiegen ist. Hatte (in der bereits zitierten Terminologie von Günther Anders) die erste industrielle Revolution seit 1780 mit den Mitteln der Dampfmaschine etc. ein vergrößertes Warenangebot für die Bedürfnis-

1 Grundrisse, a.a.O., S.14.
2 Ebd., S.15.

se der Menschen geschaffen, so produziert die zweite seit dem Ende des 19. Jahrhunderts mit den Mitteln der Reklame immer neue Bedürfnisse, um das Übermaß der produzierten Waren auf dem Markt realisierten zu können. In ihr erfuhr die Spirale von geringen zu erweiterten, von einfachen zu verfeinerten Bedürfnissen eine bis dahin nicht bekannte Beschleunigung. Im eigentlichen Sinn von Konsumgesellschaft wird aber in aller Regel erst nach 1945, in der Zeit des Wiederaufbaus und des (gesamteuropäischen) „Wirtschaftswunders" nach dem Zweiten Weltkrieg gesprochen.

Konsum als Konsum von Waren. „Konsum" (lat. consumere: aufnehmen, verwenden, verbrauchen) meint nicht nur den Verzehr von Lebensmitteln oder das Tragen von Kleidern und Schuhen. Er bezieht sich auf *alle* Waren, die auf dem Warenmarkt angeboten werden: nicht nur auf Dinge (Lebensmittel, Kleider, Wohnung, Möbel, Bücher, Autos, Computer), sondern auch auf Dienstleistungen (Gastronomie, Tourismus, Theater, Konzerte etc.). Auch die Arbeitskraft ist eine Ware, die auf dem Warenmarkt feilgeboten wird. Zu unterscheiden ist in diesem Fall zwischen dem *individuellen* oder privaten Konsum (auf den sich der Begriff der Konsumgesellschaft ausschließlich bezieht) und dem *produktiven* Konsum, d. h. dem Konsum der Arbeitskraft und der Rohstoffe, wodurch im Produktionsprozess die Waren zuallererst hergestellt werden. Der individuelle Konsum findet in der Freizeit statt, das „Produkt der individuellen Konsumtion" ist, wie Marx schreibt, „der Konsument selbst"[3]; der produktive Konsum findet dagegen während der Arbeitszeit statt und hat „ein vom Konsumenten unterschiedenes Produkt" zum Resultat.

Konsum unter der Perspektive des Humanismus. Unter der Perspektive des Humanismus haben die Freizeit und der Konsum, der darin stattfindet, eine dreifache Funktion. Sie sind erstens Erholung und Regeneration der während der Arbeit verausgabten Kräfte sowie der Kompensation der nur partiellen und einseitigen Beanspruchung des Körpers und des Geistes während der arbeitsteiligen Arbeit. Zweitens bezeichnen sie den Raum für Vergnügen und Unterhaltung und stehen mit ihrer (Wahl-) Freiheit und erweiterten Möglichkeit der Selbstbestimmung im Gegensatz zu den Vorgaben und Zwängen

3 Das Kapital, MEW 23, S.198. Vgl. S.591.

einer (mehr oder weniger entfremdeten) Arbeit. Drittens eröffnen sie aber auch die Möglichkeit der (Fort-) Bildung, der Verwirklichung menschlicher Potenzen als Selbstzweck, die Erbringung kreativer Leistungen, die in der Regel auch mit Disziplin und Anstrengungen verbunden sind. Je kürzer der Arbeitstag, je vielseitiger, selbstbestimmter, kreativer die Arbeit selbst (zumindest in einigen Bereichen) ist, desto mehr verschiebt sich das Verhältnis der genannten Funktionen zueinander. Die Zeit der benötigten Regeneration nimmt ab, die Zeit der möglichen Selbstentfaltung nimmt zu.

Allerdings hat die Industrie die wachsende Freizeit der Menschen längst als ein Feld erkannt, aus dem sich durch das Angebot geeigneter Waren große Profite schlagen lassen. Ihren Bestrebungen entgegen kommt der Umstand, dass viele Menschen ihre Freizeit nicht als Raum der Bildung und der Entwicklung ihrer Persönlichkeit, sondern als Raum der Leere und der Langeweile wahrnehmen, der überbrückt werden muss und durch den Konsum von Waren oder Dienstleistungen auf eine angenehme und vergnügliche Weise gestaltet werden kann. Von Seiten vieler Kulturkritiker wird diese Entwicklung als Verlust an Autonomie angeprangert: Nicht nur während der Arbeit, sondern auch in der Freizeit werden die Menschen am Gängelband gehalten und zu einem Mittel der Kapitalverwertung entwürdigt. Von Seiten der Konsumenten werden die vielen und vielseitigen Warenangebote unter denen sie frei wählen können, dagegen zumeist als Bedingung eines reichen und menschenwürdigen Lebens wahrgenommen. Was die einen, wie Benjamin Barber, Zygmund Baumann oder Franz Hochstrasser, als „Konsumismus“[4] und als bloßen Schein der Freiheit kritisieren, hinter dem sich manifeste Fremdbestimmungen verbergen, erscheint anderen, wie Norbert Bolz in seinem *Konsumistischen Manifest*, als „Friedlichkeit der Existenz, die vom Markt ausgeht“, als ein „Immunsystem der Weltgesellschaft gegen den Virus fanatischer Religionen“[5] und damit, bei allen „immanenten Schwächen des konsumistischen Lebensstils“ als Bedingung einer zukünftigen, weltweiten Humanität.

4 Benjamin R. Barber: Consumed! Wie der Markt Kinder verführt, Erwachsene infantilisiert und Demokratie untergräbt, München 2007. Zygmund Baumann: Leben als Konsum, Hamburg 2009. Franz Hochstrasser: Konsumismus. Kritik und Perspektiven, München 2013.

5 Norbert Bolz: Das konsumistische Manifest, München 2002, S.16f.

Die Kritik an der Konsumgesellschaft und ihre philosophischen Grundlagen. Parallel zur Ausbreitung der Konsumgesellschaft entwickelte sich die Kritik daran. Deren Anfänge finden sich bezeichnender Weise bei Philosophen, die – auf der Flucht vor dem Nationalsozialismus – aus dem im Hinblick auf die Konsumgewohnheiten der Menschen noch scheinbar rückständigen Deutschland in die in dieser Hinsicht fortgeschritteneren USA emigriert sind. Adornos und Horkheimers Kritik an der „Kulturindustrie"[6] oder Günther Anders' Buch über *Die Antiquiertheit des Menschen*[7] sind die Faszination und der Abscheu vor dem auf Konsum abgestellten *american way of life* gleichermaßen anzumerken. Große Aufmerksamkeit erregte Vance Packard mit seinen „Enthüllungen" über *Die geheimen Verführer* (1957, deutsch 1968) und *Die große Verschwendung* (1960, deutsch 1964). Aus Frankreich kam die Kritik an der *Gesellschaft des Spektakels* (1967) von Guy Debord, dem Programmatiker der *Situationistischen Internationale,* der den Konsum-„Spektakel" als den Inbegriff des kapitalistisch-entfremdeten Lebens darstellte. In Deutschland kritisierte Wolfgang Fritz Haug die *Warenästhetik* (1971), den schönen Schein der Ausstattung und Darbietung der Waren, die den Konsumenten zum Kauf verführen und den Absatz der Waren steigern sollte. In Italien denunzierte Pasolini die „Herrschaft des Konsums" als einen „repressiven Totalitarismus". Seine Kritik gipfelt im Vorwurf eines neuen, nicht mehr auf Nationalismus und Klerikalismus, sondern auf Hedonismus, auf der Liquidierung kultureller Vielfalt und „sämtlicher humanistischer Werte" beruhenden, „neuen Faschismus"[8].

Sucht man nach Vorläufern oder Referenz-Autoren der Konsumkritik, so stößt man vor allem auf zwei Namen: auf Immanuel Kant und Karl Marx. Ungeachtet der Tatsache, dass der Begriff des Konsums von Kant nicht verwendet wird, reflektiert seine Ethik doch auch den Stellenwert, den der Konsum im menschlichen Leben (und innerhalb des Humanismus) haben sollte. Im Gegensatz zur antiken Ethik beruft sich Kants Ethik nicht auf Erfahrung oder Empirie, sondern gründet sich auf das Prinzip der Vernunft. Sie möchte keine „populäre sittliche Weltweisheit" sein und mit Ratschlägen zur Erlan-

6 In der *Dialektik der Aufklärung* (1947).

7 Deren erster Band ist 1954 erschienen.

8 Pier Paolo Pasolini: Freibeuterschriften. Aufsätze und Polemiken über die Zerstörung der Kultur des Einzelnen durch die Konsumgesellschaft, Berlin 1975, S.30, S.46, S.56, S.92, S.106.

gung von Glückseligkeit aufwarten, sondern eine „Metaphysik der Sitten“ entwickeln, die auf Freiheit und menschliche Würde gerichtet ist.[9] Im Gegensatz zur antiken Ethik bezieht Kant die Frage nach dem Konsum nicht auf die Empfindung der Lust, die Gesundheit des Leibes oder den Frieden der Seele. Für ihn stellen stattdessen die Begriffe der Pflicht und der Neigung in ihrem strikten Gegensatz zueinander das Koordinatensystem dar, in das er den Konsum einordnet.

Kants Kritik des Konsums als Form der Fremdbestimmung. „Pflicht“ meint dabei nicht, was umgangssprachlich darunter verstanden wird: die sorgfältige Erfüllung einer Aufgabe, die aus einem Dienstverhältnis erwächst und somit den Gehorsam gegenüber einer äußeren Autorität. Als einzige und höchste Autorität erkennt Kant allein die Vernunft an. Nur wer den Gesetzen der Vernunft folgt, den Gesetzen, die sich der Mensch kraft seiner Vernunft selbst gibt, der handelt selbstbestimmt. „Pflicht“ ist somit gleichbedeutend mit Autonomie. „Neigung“ hingegen wird mit Heteronomie oder Fremdbestimmung gleichgesetzt. Wie die Pflicht im vernünftigen Willen, so gründet die Neigung im empirischen Willen, der von Bedürfnissen und Nützlichkeitserwägungen, von Gefühlen der Angst oder der Hoffnung, von Sympathien und Antipathien, von Lust und Unlust bestimmt wird. Die Pflicht oder das Gesetz, das aus der Vernunft kommt, ist der kategorische Imperativ, den Kant in verschiedenen Formulierungen vorträgt. Eine davon lautet: „der Mensch … *existiert* als Zweck an sich selbst, *nicht bloß als Mittel* zum beliebigen Gebrauche für diesen oder jenen Willen“, er muss daher in allen „sowohl auf sich selbst als auch auf andere vernünftige Wesen gerichteten Handlungen jederzeit *zugleich als Zweck* betrachtet werden“[10]. Aus diesem Imperativ leitet Kant nicht nur das *Verbot* des Selbstmords (der die „Idee der Menschheit als Zweck an sich selbst“ negiert) oder das *Verbot* des lügenhaften Versprechens (das sich „eines anderen Menschen *bloß als Mittel* bedienen will“) ab. Aus ihm leitet er auch das *Gebot* oder die *Forderung* des Humanismus ab. Denn wer die Menschheit und sich selbst (als Teil der Menschheit) als Zweck anerkennt, der wird auch die in seiner Natur schlummernden „Anlagen zu größerer Vollkommenheit“ ausbilden und

9 Immanuel Kant: Grundlegung zur Metaphysik der Sitten (1785), AA IV, S.406.
10 Ebd., S.428.

damit „zu des andern Glückseligkeit“ etwas beitragen bzw. „die Zwecke anderer, soviel an ihm ist, …befördern“[11].

Gleichzeitig mit diesen *positiven* Forderungen zur Verbreitung der Humanität erhebt Kant die *negative* Forderung, den Neigungen zu widerstehen. Richtet sich die Pflicht auf Menschen oder Subjekte (sowohl die eigene Person als auch andere Personen), die als Zwecke geachtet werden, so richtet sich die Neigung auf Objekte, d. h. auf Sachen oder auf Menschen, die als Sachen betrachtet werden. Diese Objekte werden nicht als Zwecke, sondern als Mittel in Betracht gezogen, um eigene Zwecke zu verfolgen oder Bedürfnisse zu befriedigen. Im Unterschied zum kategorischen Imperativ spricht Kant in diesem Fall vom hypothetischen Imperativ, der nur die geeigneten Mittel benennt, die zum Einsatz gebracht werden müssen, um bestimmte, vorgegebene Zwecke (den Nutzen, das Vergnügen, das Glück) zu erreichen. Während eine Handlung, die den kategorischen Imperativ befolgt, „gut an sich selbst“ ist, ist eine Handlung, die sich am hypothetischen Imperativ orientiert, also zweckrational ist, nur gut für etwas Anderes. Wer z. B. die Schule oder Universität nur um der *Ausbildung* zu einem Beruf und um des späteren Verdienstes willen besucht, der befolgt lediglich den hypothetischen Imperativ. Den kategorischen Imperativ hingegen befolgt derjenige, der die *Bildung*, die Entwicklung der Persönlichkeit, als einen Wert an sich und auch als einen Selbstzweck anstrebt.

Rigide – man könnte auch sagen: undialektisch – ist Kants Ethik dadurch, dass sie Pflicht und Neigung nur als Antithese oder Gegensatz fasst, nicht aber die Möglichkeit einer Synthese oder Vermittlung beider Seiten in Betracht zieht. Moralischen Wert hat eine Handlung demzufolge erst, wenn sie „ohne alle Neigung, lediglich aus Pflicht“[12] ausgeführt wird. „Neigung“ kann dabei sehr Verschiedenes bedeuten: Freundschaft oder Liebe zu anderen Menschen, aber auch Interesse an einer Sache, durch die ein Bedürfnis befriedigt werden soll, mithin ein Konsum-Interesse. Im einen Fall führt die Antithese von Pflicht und Neigung zu jenem Paradoxon, das Friedrich Schiller in einer seiner Xenien verspottet hat:

11 Ebd., S.430.
12 Ebd., S.398.

„*Gewissenskrupel*
Gerne dien' ich den Freunden, doch tu' ich es leider mit Neigung,
und so wurmt mir oft, daß ich nicht tugendhaft bin.
Decisium
Da ist kein anderer Rat, du mußt suchen, sie zu verachten,
mit Abscheu alsdann tun, was die Pflicht dir gebeut."

Im anderen Fall führt die Antithese von Pflicht und Neigung zu einem Plädoyer gegen die *Verführung durch Sachen*, speziell gegen die Verführung durch Waren. Die Heteronomie, die der „Neigung" anhängt, ist die Fremdbestimmung des Menschen durch den Konsum. „Pflicht" wäre damit nicht nur der Autonomie oder der Ausbildung der eigenen „Anlagen zu größerer Vollkommenheit" gleichgesetzt, sondern auch der entschiedenen Zurückhaltung wenn nicht der Askese in Bezug auf die Angebote des Warenmarkts. Letztlich wäre der Konsum nicht mit dem Anliegen des Humanismus zu vereinen.

Auf der einen Seite steht Kant damit nicht nur in methodischer (Vernunft gegen Empirie, „populäre sittliche Weltweisheit" gegen „Metaphysik der Sitten"), sondern auch in inhaltlicher Hinsicht im Gegensatz zur antiken Ethik. Diese nämlich hatte in ihrer hedonistischen Ausrichtung den Konsum, vornehmlich in Form des guten Essens, schöner Kleider, kostbarer Salben oder hübscher Hetären[13] als Bedingung eines geglückten, menschenwürdigen Lebens begriffen. Selbst dann, wenn sie, wie Epikur, den geistigen Genüssen den Vorrang einräumten und (bei aller Offenheit für den Genuss der schönen und guten Dinge) die „Selbstgenügsamkeit" schätzten[14], die ihnen Ruhe, den Frieden der Seele und Freiheit gewährleisteten und keine Abhängigkeit von den Lüsten des Konsums aufkommen ließen. Auf der anderen Seite steht Kants Neigungs- und Konsumkritik in der Tradition des „asketischen Protestantismus", in dem Max Weber den Ursprung des „kapitalistischen Geistes" sieht. „Muße und Genuß", wozu auch Konsum und jede Form des Luxus zählen, galt der Ethik des Calvinismus, des englischen Protestantismus oder des deutschen Pietismus als „Zeitverschwendung" und damit als die „schwers-

13 So etwa der „Schmarotzer" Aristipp. Vgl. Diogenes Laertius: Leben und Meinungen berühmter Philosophen, übersetzt von O. Appelt, Hamburg ^{2}1967, S.116f.

14 Epikur: Über die irdische Glückseligkeit, übertragen und eingeleitet von P. M. Laskowsky, München o.J., S.66ff., S.72, S.108.

te aller Sünden"[15]. An Stelle von Kants Gegensatz von Pflicht und Neigung steht in dieser Ethik das göttliche Gebot des Arbeitsfleißes, die „Entfesselung des Erwerbsstrebens", die durch das göttliche Verbot von übermäßigem Konsum und jeglichem Luxus ergänzt wird. Wörtlich spricht Max Weber von der „Einschnürung der Konsumtion" und dem „asketischen Sparzwang"[16], die der protestantischen Ethik eigen sind und die Entwicklung des Kapitalismus im 18. Jahrhundert begünstigten. Für ihn sind es (in erster Linie) nicht die ökonomischen und sozialen Verhältnisse, die den geistigen Überbau (wie z. B. die Religion) bestimmen, sondern umgekehrt: Es ist die Religion, die das Wirtschaftsgeschehen bestimmt. Fakt ist jedenfalls, dass genügend Anfangskapital aufgehäuft sein muss, ehe der kapitalistische Prozess von Investieren und Abschöpfen des Mehrwerts in Gang kommen kann. Marx erklärt dieses Faktum durch die „ursprüngliche Akkumulation", d. h. die gewaltsame Trennung der Produzenten von ihren Produktionsmitteln wie (in klassischer Weise) durch die Verwandlung von Acker- in Weideland im England des 17. Jahrhunderts, wodurch die Bauern verarmten und (als Proletarier) in die Städte zogen. Weber führt die ursprüngliche Akkumulation dagegen auf die protestantische Ethik zurück, die den Fleiß und den Konsumverzicht als die Eckpfeiler des wahren und gottgefälligen Lebens propagierte.

Marx' Konsumkritik als Kritik des Haben-Wollens. Neben Kant ist Marx der zweite Autor, auf den sich die gegenwärtige Konsumkritik stützt. Hatte Kant den Humanismus, von dessen Warte er den Konsum kritisiert, als Postulat der Vernunft dargestellt, so begreift ihn Marx im Zusammenhang mit der Entwicklung der menschlichen Arbeitspraxis. Die Vernunft, für Kant etwas *Absolutes*, das Kriterium der Unterscheidung von Mensch und Tier, der Inbegriff des Humanen, wird auf diese Weise zu einem *Relativen* und *Abgeleiteten*. Sie ist keine ursprüngliche Fähigkeit, die den Menschen vom Tier unterscheidet, sondern ein Produkt der Geschichte, im Laufe der Evolution und dem Stoffwechselprozess des Menschen mit der Natur entstanden. Vor der Vernunft steht für Marx die Wirklichkeit bzw. die Natur, vor dem Bewusst-

15 Max Weber: Asketischer Protestantismus und kapitalistischer Geist, in: Soziologie, weltgeschichtliche Analysen, Politik, hg. und erläutert von J. Winckelmann, Stuttgart [3]1964, S.359.

16 Ebd., S.371.

sein das Sein, vor der Tätigkeit der Vernunft die Tätigkeit der Selbsterhaltung, d.h. der Arbeit und des Konsums. „Konsum" ist dabei in einem ursprünglichen Sinne verstanden: als Befriedigung lebensnotwendiger Bedürfnisse, als praktische Aneignung der Wirklichkeit, die noch nicht durch Waren, sondern einfache Natur- oder Arbeitsprodukte vermittelt ist.

An die Stelle der Kantschen Pflicht und der *vernünftigen* Selbstbestimmung des Menschen tritt bei Marx die *praktische* Selbstbestimmung durch die Aneignung der Wirklichkeit und die schrittweise Aufhebung bestehender Entfremdung. Sie ist der Ausgangspunkt des Prozesses, in dem sich der Mensch selbst als ein allseitiges Wesen hervorbringt. „Der Mensch eignet sich sein allseitiges Wesen auf eine allseitige Art an", heißt es in den *Ökonomisch-philosophischen Manuskripten*. „Jedes seiner *menschlichen* Verhältnisse zur Welt, Sehn, Hören, Riechen, Schmecken, Fühlen, Denken, Anschauen, Empfinden, Wollen, Tätigsein, Lieben, kurz alle Organe seiner Individualität [die zugleich gemeinschaftliche Organe aller Menschen sind] … sind in ihrem *gegenständlichen* Verhalten oder in ihrem *Verhalten zum Gegenstand* die Aneignung desselben."[17] Zum „totalen Menschen" bildet sich der Mensch also dadurch aus, dass er sich in Gemeinschaft mit Andern die Wirklichkeit auf eine allseitige Weise zu eigen macht.

Gegen „Konsum" in diesem Sinne der Aneignung, der gemeinschaftlichen Befriedigung und Verfeinerung von Bedürfnissen hat Marx nichts einzuwenden. In eine Form beginnender Inhumanität schlägt der Konsum erst dort um, wo er durch Waren vermittelt wird, die in Eigentum und individuelles „Haben" überführt werden, so dass der Konsum *privat* und unter *Ausschluss* aller Anderen stattfindet. Mit dem „Haben" erstrebt der Konsument die alleinige Verfügungsgewalt über die käuflich erworbenen Waren. Mit dem Aufkommen des Privateigentums wird die allseitige, gemeinschaftliche Aneignung der Welt, die der Entwicklung des realen Humanismus zugrunde liegt, verhindert. Das Privateigentum, so geht es im zitierten Text weiter, „hat uns so dumm und einseitig gemacht, daß ein Gegenstand erst der *unsrige* ist, wenn wir ihn haben, also … von uns unmittelbar besessen, gegessen, getrunken, an unserem Leib getragen, von uns bewohnt etc., kurz *gebraucht* wird. (…) An die Stelle *aller* physischen und geistigen Sinne ist daher die einfache Entfrem-

17 Ökonomisch-philosophische Manuskripte, MEW EB 1, S.539.

dung *aller* dieser Sinne, der Sinn des *Habens* getreten"[18]. Dem Menschen entfremdet sind nicht nur seine physischen und geistigen Sinne, dem Menschen entfremdet ist auch die gegenständliche Welt, sobald sie zum Privateigentum Einzelner geworden ist.

Gemeinsam ist Kant und Marx, dass sie den (privaten) Konsum kritisieren und der Selbstbestimmung oder dem Humanismus entgegensetzen. Verschieden ist die Begründung dafür. Kant argumentiert *moralisch*: Wer (wann immer, in allen Epochen der Geschichte) konsumiert vergisst seine Pflicht und lässt sich von seinen Neigungen bestimmen. Marx argumentiert *juristisch* und *ökonomisch*: Wer (innerhalb kapitalistischer Verhältnisse) konsumiert macht die (Natur-) Dinge zur Ware, deren Kauf ihm die alleinige Verfügungsgewalt zusichert. In der Konsumkritik, die nach 1945 einsetzt, stehen beide als Referenz-Autoren nebeneinander, wobei Marx das größere Interesse auf sich gezogen hat. So etwa in der Kritik der Frankfurter Schule (Horkheimer, Adorno oder Marcuse) an der „Kulturindustrie" oder am „eindimensionalen Menschen", bei Zygmund Baumann, Eva Illouz[19] oder Benjamin Barber (die sich durch die Frankfurter Schule vermittelt auf Marx beziehen), bei Guy Debord oder Dieter Duhm[20] (bei denen die Vermittlung über Georg Lukács erfolgt) oder auch bei Pasolini (der sich auf Marx und Gramsci beruft). Auf der einen Seite wird der Marxsche Ansatz darin, der realen Entwicklung der kapitalistischen Gesellschaft entsprechend, auf vielfache Weise erweitert und differenziert; auf der anderen Seite verschwindet zumeist, was bei Marx doch das Hauptinteresse darstellt: die Überwindung der kapitalistischen Produktionsweise, die Aufhebung des Privateigentums im Namen des Humanismus. So wird die Kritik am Konsum oder Konsumismus zumeist auf eine (Kapitalismus-) immanente Kritik reduziert, ohne Perspektive darüber hinaus.

Tendenz des Konsumismus zur Passivität. Dass verschiedene Prinzipien des Humanismus durch den Konsumismus beschädigt oder außer Kraft gesetzt werden: darüber besteht bei keinem seiner Kritiker Zweifel. Als ein grundsätzlicher Mangel etwa wird seine Tendenz zur Passivität oder Bequemlich-

18 Ebd., S.540.

19 Eva Illouz: Der Konsum der Romantik. Liebe und die kulturellen Widersprüche des Kapitalismus, Frankfurt/M. 2007.

20 Dieter Duhm: Warenstruktur und zerstörte Zwischenmenschlichkeit, Köln ²1974.

keit genannt. Definieren die Menschen sich und ihre Stellung in der Gesellschaft nicht mehr über ihre Arbeit oder Tätigkeit, sondern über ihren Konsum, so gewinnt die passive, aufnehmende, rezeptive Seite des menschlichen Verhaltens die Oberhand über die aktive Seite, durch die die Menschen sich erst eigentlich bilden und erfahren, welche Kräfte in ihnen stecken. Es entsteht der falsche Eindruck, Erfahrungen oder Fähigkeiten könnten durch Konsum von Waren oder Dienstleistungen, ein reiches Leben durch einen reichen Konsum erworben werden. „Selbstverwirklichung" durch Konsum aber ist nur eine scheinbare, gekaufte, die Leistungen Anderer in Anspruch nehmende Selbstverwirklichung. Darüber hinaus hat die Passivität, die sich durch den Konsum, speziell die In-Anspruchnahme von Dienstleistungen oder technischer Hilfsmittel verbreitet, zur Folge, dass physische (handwerkliche) oder intellektuelle Anlagen nicht mehr ausgebildet werden oder wieder verkümmern. Wer sich nur noch von Fertiggerichten ernährt, verlernt das Kochen. Wer sich nur noch auf Navigationsgeräte verlässt, verliert die Fähigkeit, sich räumlich zu orientieren. Wer Musik nur noch im Konzertsaal, im Radio oder über Streaming-Dienste konsumiert, geht der Mühe, selbst ein Instrument zu erlernen aus dem Weg. Wer seine Gedächtnisleistungen an den Computer delegiert, büßt die Kraft der Erinnerung ein.[21]

Verkehrung der Beurteilungskriterien. Wird der Wert oder das Ansehen eines Menschen nicht an seinen Taten und Werken, somit an dem, was er aus sich gemacht hat, sondern an der Menge und der Qualität der Waren gemessen, die er besitzt und konsumiert, so tritt eine Verkehrung des Maßstabs ein. Nicht der Mensch, sondern die Waren werden beurteilt, insbesondere bestimmte Marken-Waren, die ihren Wert und ihr „Image" in Form des „Branding" auf ihren Besitzer übertragen. Sie werden zum Statussymbol, zum Mittel der Selbstinszenierung. Ihr Träger oder Besitzer glaubt, damit Eigenschaften

21 „Passivität" meint in diesem Zusammenhang nicht Triebverzicht oder Triebaufschub, aus denen (nach Freud) auf dem Weg der Sublimierung kulturelle Leistungen erwachsen. Im Gegenteil: Weil die Triebe unter der Bedingung der entfalteten Konsumgesellschaft zumeist sofort befriedigt werden, werden sie nicht zum Stachel, der zur Aktivität antreibt. In Anlehnung an Freuds Gegensatz von Realitäts- und Lustprinzip unterscheidet Barber zwischen dem (auf Disziplin und Leistung beruhenden) „protestantischen Ethos" und dem (auf sofortiger Triebbefriedigung beruhenden) „infantilistischen Ethos", das die Menschen in ihrer Entwicklung behindert. (Consumed! Wie der Markt Kinder verführt, Erwachsene infantilisiert und die Demokratie untergräbt, a.a.O., S.113, S.118).

zur Schau stellen zu können, die er gar nicht hat. Tatsächlich degeneriert er zum Werbeträger des jeweiligen Produkts, gewissermaßen zu einer lebendigen Litfaßsäule.[22] Der Konsum, wie er auf diese Weise als Selbstinszenierung oder Life-style stattfindet, ist darauf ausgerichtet, sich zu unterscheiden, sich über andere Menschen zu erheben. Individualität, durch Marken-Artikel und Statussymbole vermittelt, beruht auf dem Ausschluss derer, die sich diese Dinge nicht leisten können (oder wollen). Ihr Prinzip ist nicht das Miteinander, sondern das Gegeneinander der Menschen. Paradoxer Weise bedient sich die Werbung dieses verbreiteten Bedürfnisses nach Alleinstellungs-Merkmalen gerade auch für Waren, die in Massenproduktion hergestellt werden. Zum einen soll, durch die Art des Konsums, das Gefühl erzeugt werden, sich von der Masse zu unterscheiden; zum anderen ist dieses Bedürfnis, die Illusion der eigenen Singularität, nur die Kehrseite der Vermassung.

Konsum als Ersatzbefriedigung menschlicher Grundbedürfnisse. Durch den Konsum bestimmter Waren wird nicht nur das Bedürfnis nach Individualität und Identität, sondern auch das Bedürfnis nach Anerkennung, Glück, Liebe oder Sicherheit auf eine verkehrte Weise bedient. Da diese Bedürfnisse in individualisierten, auf Konkurrenzverhältnissen beruhenden Gesellschaften real zu kurz kommen, werden sie über den Umweg über Waren befriedigt. Anerkannt werden so nicht mehr menschliche Leistungen oder Qualitäten, sondern die Größe des Autos oder der Luxus des Lebensstils. Wem Geborgenheit und menschliche Wärme abgeht, der findet (wie die Werbung suggeriert) Ersatz in der Anschaffung einer guten Heizung für sein Haus. Wer sich nicht als Mensch anerkannt fühlt, sucht Anerkennung durch den Besitz eines großen Autos. Neben den „demonstrativen Konsum“ tritt damit der „kompensatorische Konsum“ (Franz Hochstrasser), der letztlich den Mangel an humanen Werten auszugleichen versucht.

Bedürfnis nach Steigerung. Von der Befriedigung, die von einer vollbrachten Leistung oder einem Werk ausgeht, in denen sich ein Mensch selbst erkennt, in denen er sich möglicherweise selbst überschritten, neue Fähigkeiten in sich entdeckt, eine Steigerung dessen erfahren hat, was er sich bisher zugetraut

22 Die Bedeutung des „Branding“ hat insbesondere Naomi Klein: No Logo. Der Kampf der global Players um Marktmacht (München 2001) herausgearbeitet.

hat, kann im Falle des Konsums nicht die Rede sein. Letztlich bleibt jeder Konsum unbefriedigend und führt nach einer kurzen Dauer des Glücks zum Bedürfnis nach Wiederholung und vor allem nach quantitativer und qualitativer Steigerung. Natürliche Bedürfnisse werden durch eingebildete, durch Werbung oder den Einfluss der entsprechenden *peer-groups* erzeugte Bedürfnisse überformt und immer weiter getrieben. Zuletzt wird der Konsum zu einer Art Sucht-Verhalten. Das Bedürfnis nach dem bloßen Haben und das Bedürfnis nach dem Gebrauch der Dinge treten auseinander. Gekaufte Dinge werden gar nicht mehr gebraucht und nur noch (um ihrer selbst willen) gehortet.

„Systemkonforme" und „systemsprengende" Überwindung des Konsumismus. Barber[23] und Hochstrasser[24] unterscheiden gleichermaßen zwischen „systemkonformen" und „systemsprengenden" Überwindungen des Konsumismus, wobei man letztere als Versuch deuten könnte, zwischen Konsum und Humanismus (oder Selbstbestimmung) eine Brücke zu schlagen. Mit dem „System", das konfirmiert oder gesprengt werden soll, ist dabei allerdings nicht das System der kapitalistischen Produktion gemeint, sondern das System des Konsumismus als einer folgsamen und unreflektierten Hingabe der Menschen an die Verlockungen der Warenwelt. Als „systemsprengend" werden (so verstanden) dann vor allem vier Verhaltensweisen bezeichnet. Erstens der Konsum unter ethischen oder politischen Prämissen wie z. B. die Bevorzugung von *Fair-trade*-Produkten, von Produkten aus regionalem oder biologischem Anbau, der Boykott von Produkten, die durch Kinderarbeit oder unter unwürdigen Arbeitsbedingungen hergestellt werden oder der Verzicht auf Angebote (Flugreisen, Kreuzfahrten etc.) mit hoher Umweltbelastung. Zweitens die Konsumverweigerung wie z. B. die Weigerung, den fortwährenden modischen Wechsel mitzumachen, die Bevorzugung haltbarer und reparaturfähiger Produkte, die gemeinsame Nutzung wenig benützter Werkzeuge („share-economy") oder die Selbstversorgung (Gartenarbeit, Schneidern etc.). Weniger überzeugend werden drittens auch der „kritische Konsum" unter der Überschrift „systemsprengend" behandelt, der vor al-

23 Benjamin R. Barber: Consumed! Wie der Markt Kinder verführt, Erwachsene infantilisiert und die Demokratie untergräbt, a.a.O., S.254ff.

24 Franz Hochstrasser: Konsumismus. Kritik und Perspektiven, a.a.O., S.312ff., S.320ff.

lem auf das Preis-Leistungs-Verhältnis achtet, oder viertens der „ironische Konsum", der aus Protest gegen den Konsumismus hässliche, kitschige oder *understatement*-Produkte bevorzugt. Bekanntlich gelingt es der Industrie mit entsprechenden Angeboten und Werbungen sehr schnell, auf „kritische" oder „ironische" Abweichungen zu reagieren und die Abweichler in den Stall des Konsumismus zurückzuholen. Was einmal etwa als Protest und Verweigerung galt, das Tragen von abgewetzten oder zerschlissenen Jeans, wird sofort von der Mode assimiliert und als neuer Trend vermarktet.

Ökologisches Desaster. Wenn es auch keine, das kapitalistische System wirklich in Frage stellende Form des Konsums gibt, so führt der entfesselte Konsumismus doch selbst das kapitalistische System an seine Grenzen. Schließlich geht er mit dem ständigen Wegwerfen von Waren Hand in Hand, die nicht mehr der Mode entsprechen, nicht mehr auf der Höhe der technischen Entwicklung sind oder ohne wirkliches Bedürfnis gekauft wurden. Seine unvermeidliche Folge ist die Beschleunigung, mit der natürliche Ressourcen aufgebraucht werden. Müllberge wachsen, der Bedarf an Energie wächst, der Ausstoß von CO2 zunimmt, das Klima sich verändert. Da der Humanismus nicht nur den Frieden der Menschen und der Nationen untereinander, sondern auch den Frieden des Menschen mit der Natur zur Voraussetzung hat, wird er von Seiten auch der ökologischen Auswirkungen des Konsumismus beeinträchtigt. In einer zerstörten Umwelt kann sich kein menschenwürdiges Leben entfalten.

Zwei Korrekturen. Bei den genannten Vorbehalten gegen den Konsum (qua Konsumismus) liegt die Vermutung nahe, der Humanismus – zumal der reale Humanismus – müsse entschieden gegen den Konsum Stellung beziehen. Dabei ist freilich in Rechnung zu stellen, dass es sich bei der Konsumkritik um einen Spezial-Diskurs des reichen Westens oder Nordens handelt. Im armen Süden, vielen Ländern Afrikas, Lateinamerikas oder Asiens hat der Konsum (qua Befriedigung menschlicher Grundbedürfnisse) noch nicht einmal die Stufe erreicht, die als Fundament für die Entwicklung humaner Lebensverhältnisse in Betracht gezogen werden kann. Mangel oder zu wenig Konsum steht dem Humanismus ebenso, wenn nicht noch mehr entgegen, als Überfluss oder ein Zuviel, wobei das rechte Maß keine absolute, sondern eine geschichtlich-veränderliche Größe darstellt.

Grundsätzlich zu korrigieren wäre weiterhin, dass Konsum nicht rundweg mit Manipulation und Fremdbestimmung gleichgesetzt werden darf. Vom Konsum, der zu Abhängigkeit, Passivität, „Infantilisierung“ und Entfremdung führt, wäre derjenige zu unterscheiden, der die Entwicklung des Menschen und damit den Humanismus fördert. Wo aber liegt die Grenze zwischen beiden? Als Demarkationslinie, die sich auf die Quantität und die Qualität des Konsums gleichermaßen bezieht, könnte die Unterscheidung von Haben und Sein dienen. In seiner Abhandlung über *Die seelischen Grundlagen einer neuen Gesellschaft* definiert Erich Fromm diese beiden Begriffe in Anlehnung nicht nur an Marx, sondern auch an Freud, Meister Eckhart oder die Bibel, als „zwei grundlegende Existenzweisen“, d. h. als zwei „verschiedene Arten der Orientierung [des Menschen] sich selbst und der Welt gegenüber“, als zwei Arten, „wie ein Mensch denkt, fühlt und handelt“[25]. „Haben“ wird dabei auf Eigentum und auf *Dinge* bezogen und mit Egoismus und Gier, dem Versuch, andere vom Besitz eines Dings auszuschließen, mit Gewalt und dem Streben nach Macht assoziiert. „Sein“ definiert Fromm auf doppelte Weise: erstens im Gegensatz zum „Haben“ als *Erlebnis*, als „Lieben, Teilen, Geben“, als Produktivität; zweitens im Gegensatz zum „Schein“, als wahrhaftes, authentisches, nicht entfremdetes Leben.[26] „Sein“ könnte infolgedessen mit Humanismus korreliert werden, das Verlangen nach Sein mit dem Verlangen gleichgesetzt werden, „seinen Anlagen, seinen Talenten, dem Reichtum menschlicher Gaben Ausdruck“ zu verleihen, „sich selbst zu erneuern, zu wachsen, sich zu verströmen, zu lieben, das Gefängnis des eigenen isolierten Ichs zu transzendieren“[27].

Fromm rechnet den Konsum dabei nicht eindeutig der Seite des „Habens“ zu. Ausdrücklich setzt er dem Haben-Wollen nicht das Nicht-Haben-Wollen, den Verzicht oder die Askese, sondern das Sein-Wollen entgegen. Insofern lehnt er den Konsum nicht rundweg ab, sondern beurteilt ihn danach, ob er vornehmlich das Haben-Wollen (Selbst-Inszenierung, Imponiergehabe etc.) befriedigt oder das Sein-Wollen fördert. Bejaht wird somit ein Konsum, in

25 Erich Fromm: Haben und Sein. Die seelischen Grundlagen einer neuen Gesellschaft (1976), München [38]2011, S.39.

26 Ebd., S.40, S.102, S.109f.

27 Ebd., S.110. Vgl. S.125.

dem nicht die mit Genuss und Passivität verbundene Fremdbestimmung durch das verlockende Waren-Angebot überwiegt, sondern ein Konsum, der die Selbstbestimmung fördert und mit Aktivität und möglicherweise auch Mühen verbunden ist. Es besteht ein Unterschied, ob man sich ein Klavier oder anspruchsvolle Bücher anschafft, Theater oder Museen besucht, um sich ein kulturelles Ansehen zu geben, oder ob man sich den Mühen des Übens oder des Studiums unterzieht, die zu einer Entwicklung der eigenen Persönlichkeit führen.

Verschiedene Formen des Reisens. Sehr deutlich lässt sich der Gegensatz eines am Sein oder eines am Haben orientierten Konsums an den extrem unterschiedlichen Formen des Reisens veranschaulichen. Goethes Reise nach Italien etwa markierte in mehrfacher Hinsicht einen Wendepunkt in seinem „Sein“: vom entfremdeten Leben als Minister am Hof von Weimar zum selbstbestimmten Leben als Künstler und Naturforscher, vom Maler (der er ursprünglich werden wollte) zum Dichter, vom Geniekult der Sturm- und Drangzeit (*Werther*) zum Klassizismus (*Iphigenie*) , dessen Maßstäbe er beim Anblick antiker Bauwerke oder dem Studium des Vitruv entwickelte. Es war eine Reise ganz im Zeichen einer erweiterten Humanität. Dagegen lassen sich die von geschäftstüchtigen Reiseveranstaltern organisierten Pauschalreisen oder Kreuzfahrten, *all inclusive* oder mit Halbpension, selbst wenn sie mit „Bildungs“-Angeboten (Vorträgen, Stadtführungen etc.) kombiniert sind, eher dem Haben-Konsum zurechnen. Sie haben den Zweck der Unterhaltung, dienen dem Wunsch nach Abwechslung, dem Zur-Schau-Tragen eines gehobenen Lebensstils oder der Flucht aus dem Alltag, in dessen Mühle man nach Beendigung der Reise zwar erholt und gut gelaunt, letztlich aber unverändert zurückkehrt. Von selbst versteht sich, dass zwischen den beiden extremen Formen des Reisens viele Übergänge und Abstufungen existieren.

Realer Humanismus als reflektierter Konsum. Bei aller Kritik am Konsumismus, am Haben-Wollen, an allen von Reklame und Werbung induzierten Kaufzwängen, darf man nicht ins entgegengesetzte Extrem verfallen: die Askese oder den Verzicht. Die „erste geschichtliche Tat“ des Menschen ist die Erzeugung der Mittel zur Befriedigung ihrer Grundbedürfnisse nach Nahrung, Kleidung oder Wohnung: die zweite aber ist, dass mit der Befriedigung der Grundbedürfnisse zugleich „neue Bedürfnisse“[28] entstehen. Zusammen mit seinen Fähigkeiten entwickelt der Mensch auch seine Bedürfnisse; der entwickelte Mensch ist der Mensch mit entwickelten Bedürfnissen, der vielseitig bedürftige Mensch. An dieser Theorie hält Marx auch später, zur Zeit seiner ökonomischen Studien, fest. Die „reiche Individualität“, schreibt er in den *Grundrissen*, ist „ebenso allseitig in ihrer Produktion als Konsumtion“[29]. Von selbst versteht sich, dass dieser allseitige Konsum ein reflektierter, von der Vernunft geleiteter Konsum ist, ein Konsum, der im angeführten Sinne das Sein oder die Entwicklung des Menschen fördert.

28 Die deutsche Ideologie, MEW 3, S.28.
29 Grundrisse, a.a.O., S.231.

11. Eigentum als Bedingung und Grenze des Humanismus

> „Wenn es ein Ziel des Handelns gibt, das wir um seiner selbst willen wollen, dann ist es das Gute (...) Offensichtlich ist der Reichtum nicht das gesuchte Gute, denn er ist nur als Mittel zu anderen Zwecken zu gebrauchen. [Außerdem haben er und alle Glücksgüter] ihre bestimmte Grenze, so dass jedes Übermaß von ihnen entweder dem Besitzer schadet oder doch wenigstens nichts mehr nützt."[1]

Grundsätzlicher noch als im Falle des Konsums stellt sich die Frage nach der Beziehung des Humanismus zum Eigentum. Aus verschiedenen Gründen erscheint das Eigentum nicht nur als unsozial, sondern auch als inhuman. Zum einen schließt die rechtlich abgesicherte, private Verfügung über bestimmte Sachen alle Anderen vom Gebrauch dieser Sachen aus. Bedenklich ist dieser Ausschluss vor allem dort, wo es sich um genügend sauberes Wasser, ausreichende Lebensmittel, Wohnraum oder medizinische Versorgung handelt. Zum anderen beruht die Erhaltung und Nutzung des Eigentums – je größer (in Form von Großgrundbesitz oder Konzernen), desto mehr – die Arbeit anderer Menschen, die damit zu einem Mittel der Eigentums-Verwertung herabgesetzt werden. Durch das Privateigentum werden somit nicht nur das Leben und die Gesundheit derer gefährdet, die kein Eigentum besitzen, es wird auch das Recht auf Selbstbestimmung, auf Bildung, auf Teilhabe und soziale Integration beschnitten. Rebellionen gegen die Eigentumsordnung, die die Geschichte der Menschheit durchziehen, waren immer auch Rebellionen im Namen der Menschenwürde.

1 Aristoteles: Nikomachische Ethik, 1094a18ff.; 1096a6ff. und Politik 1323b10ff.

Realer und „höherer" Humanismus. Auseinander zu halten ist zunächst der *reale Humanismus*, der in der humanen Praxis der Lebensverhältnisse seinen Ausdruck findet, und der *Geisteshumanismus*, der in einer „höheren" Kultur seinen Niederschlag findet. Ersterer bezeichnet gesellschaftliche Verhältnisse, in denen jeder Mensch die Möglichkeit besitzt, in Gemeinschaft mit seinen Mitmenschen seine Anlagen nach allen Seiten hin auszubilden: Verhältnisse, die auf Freiheit und Gleichheit, einem friedlichen Miteinander und Solidarität beruhen. Letzterer gründet auf Leistungen der Philosophie, der Wissenschaft oder Kunst, wie denjenigen der Antike, die seit der Renaissance als Vorbild und Maßstab gelten.

Die Vermutung liegt nahe, der reale Humanismus sei der fruchtbare Boden, auf dem die Geisteswerke des Humanismus erwachsen. Wie das Beispiel der Antike zeigt, ist jedoch das gerade Gegenteil der Fall. Ihre größte Blüte erlebt die griechische Kultur, wo der reale Humanismus aufgrund der Ungleichheit des Eigentums und der tiefen Spaltung der Gesellschaft in „Freie" und Sklaven einen Tiefpunkt erreicht hat. Die Anzahl der Sklaven im Perikleischen Athen wird auf 80.000 geschätzt. Eine andere Schätzung spricht von 460.000 in Korinth und 470.000 in Aegina, so dass auf jeden Freien etwa zehn Sklaven kamen. Erbeutet wurden die Sklaven im Krieg mit anderen („barbarischen") Volksstämmen, aber auch durch Piraterie oder Raubzüge. Gegründet war das Eigentum somit zur Hauptsache auf *Gewalt*. Erst in einer späteren Zeit kam die Versklavung von Angehörigen des eigenen Volks (aufgrund von Überschuldung u. a.) hinzu, die aber nur eine andere Form der Gewalt darstellte.

War den „Freien" – sofern sie Eigentum besaßen – ein den Umständen entsprechendes menschenwürdiges Leben vorbehalten, galten die Sklaven noch nicht einmal als Menschen. Aristoteles bezeichnet sie als „lebende Werkzeuge"[2] und rückt sie damit in die Nähe der bloßen Sachen. Ihre Eigentumslosigkeit war total: Nicht einmal über ihren Leib und ihr Leben konnten sie verfügen, da sie „nicht sich selber, sondern einem anderen" angehörten[3]. Weiterhin war die Tätigkeit der Sklaven, Aristoteles zufolge, auf das bloße *Hervorbringen* (poiesis), also die Arbeit, und nicht auf das *Handeln* (praxis), die Organisation des „guten Lebens" innerhalb der Polis, gerichtet. Die Sklaven schufen durch

2 Aristoteles: Politik, 1.Buch, 4.Kap., 1253a25.
3 Ebd., 1254a15.

ihre Arbeit zwar die Grundlagen des (Geistes-) Humanismus, waren selbst davon aber vollständig ausgeschlossen.

Geringe Wertschätzung des Eigentums in der antiken Philosophie. Trotz der Vorteile, die das Eigentum ihren Besitzern bot, erfreute es sich innerhalb der griechischen Philosophie keiner großen Wertschätzung. Platons Staatsutopie, die sich am Begriff der Gerechtigkeit orientiert und einen Gegenentwurf zu den realen Verhältnissen darstellt, gesteht nur dem Nährstand der Bauern und Handwerker Eigentum zu. Von den Wächtern (Wehrstand) aus deren Kreis sich die „Philosophenkönige" (Lehrstand) rekrutieren, sollte „keiner irgend eigenes Vermögen" besitzen. Eigenes Land, eigene Wohnung, eigene Vorratskammern, eigenes Gold und Silber dienten nicht der Gemeinschaft, verführten nur dazu, im eigenen Interesse zu handeln und „gegen die anderen Bürger zu freveln"[4]. In den *Nomoi*, seinem Spätwerk, nennt Platon Gesundheit, Schönheit und körperliche Stärke die drei höchsten menschlichen Güter; Reichtum nennt er erst an vierter Stelle und fügt ihm die Einschränkung hinzu: „wenn er der Weisheit nachfolgt"[5] und das richtige Maß besitzt. Übermäßiger Reichtum verträgt sich nicht mit der Tugend und schafft „Zerwürfnisse und Feindschaften", übermäßige Armut verträgt sich nicht mit der Freiheit und erzeugt „sklavische Abhängigkeiten"[6]. Beide Extreme verhindern ein gutes, menschenwürdiges Leben. Den privaten Besitz von Gold und Silber möchte Platon überhaupt verbieten. Herrscher müssen darauf achten, dass „die Bürger so glücklich und so befreundet untereinander" leben, „wie möglich", deshalb haben sie Sorge zu tragen, dass das Eigentum nicht allzu ungleich verteilt ist und der Reiche höchstens „das Doppelte, Dreifache, ja Vierfache"[7] besitzt wie der Arme.

Hatte Platon das Eigentum der *Idee* der Gerechtigkeit untergeordnet, so betrachtet es Aristoteles als Teil der *Realität* des guten Lebens, also nicht als Problem der theoretischen, sondern der praktischen Philosophie. Dabei unterscheidet er strikt zwischen *oikonomía*, deren Ziel die Erhaltung und Organisation des zum Leben notwendigen Eigentums (Haus, Hof, Acker) ist, und

4 Platon: Politeia, 3.Buch, 416c bis 417b.
5 Platon Nomoi, 1.Buch, 631c.
6 Ebd., 5.Buch, 729a.
7 Ebd., 743c, 744e.

der *chrematistiké*, der Kunst des Gelderwerbs, die auf die grenzenlose Vermehrung des Eigentums ausgeht. Als gerechtfertigt erscheint ihm das Eigentum nur, soweit es dem Zweck des „guten" oder „vollendeten Lebens"[8] untergeordnet bleibt und nicht, wie bei der Kunst des Gelderwerbs, zum Selbstzweck wird.[9] Allein das gute Leben oder die „Glückseligkeit" werden „wegen ihrer selbst und niemals [wie das Geld] wegen eines anderen [Zwecks]"[10] erstrebt. Sie bilden daher das letzte Ziel menschlichen Handelns.

Im Namen des guten Lebens stellt Aristoteles das private Eigentum zwar nicht in Frage, versucht aber, es mit dem Gemeinwohl zu verbinden. Eigentum bleibt „in der Hauptsache … Privateigentum", soll aber „in gewisser Weise zum Gemeingut gemacht werden"[11] und zwar durch die Tugend der Großzügigkeit. Sie schiebt der Inhumanität, die aus dem Ausschluss der Vielen vom Eigentum des Einen resultiert, einen Riegel vor, indem sie die Vielen zwar nicht am Eigentum, aber doch an der *Nutzung* des Eigentums teilhaben lässt. Großzügig nämlich ist derjenige, der von seinem Eigentum „manches seinen Freunden zur Mitbenutzung überläßt" und es so „zum Gemeingut" macht.[12] Freilich kann Großzügigkeit nicht durch Gesetze erzwungen werden.

Zu einem guten und glücklichen Leben gehören nach Ansicht der alten Griechen nicht nur Gesundheit, Schönheit, Selbstgenügsamkeit, Glück oder die Selbstbestimmung innerhalb der Polis (*praxis*), sondern auch Muße (*scholé*). Damit ist nicht Müßiggang, sondern die „freie Zeit" jenseits der Arbeitszeit gemeint, die nicht vertrödelt, sondern Gesprächen oder dem Nachdenken über Philosophie, der Wissenschaft oder Kunst gewidmet werden soll. Platon vergleicht das in Muße geführte Gespräch unter Freunden mit der Rede im Gerichtssaal. Ersteres ist ein Vorgang unter „Freien", die sich nicht darum kümmern, „ob sie lang oder kurz reden, wenn sie nur das Wahre treffen", letzteres ein Vorgang unter „Knechten", der „immer im Gedränge" stattfindet und nicht über bestimmte Vorgaben hinaus gehen darf.[13] Aristoteles definiert die Muße im Gegensatz zum Spiel. Das Spiel ist „Erholung" von der Arbeit, insofern hat es seinen Zweck noch außerhalb seiner selbst. Dagegen hat die

8 Aristoteles: Politik, 1252b30.
9 Ebd., 1257b20 ff.
10 Aristoteles: Nikomachische Ethik, 1097b1. Vgl. 1094a1ff.
11 Aristoteles: Politik, 1263a25.
12 Ebd., 1263a30ff.
13 Platon: Theaitetos, 172c ff.

Muße, die fern jeder Arbeit und Erholung etwa der „betrachtenden Tätigkeit des Geistes“ gewidmet ist, „keinen anderen Zweck ... als sich selbst“[14]. Mehr als das Spiel gehört die Muße folglich zum „guten Leben“ und ist insofern ein unverzichtbarer Bestandteil des Humanismus.

Gegensätzliche Beurteilungen der Sklavengesellschaft. Kein Zweifel: Der griechische (Geistes-) Humanismus konnte sich nur auf der materiellen Grundlage der Sklavenarbeit und der durch sie ermöglichten Muße der „Freien“ ausbilden. Ist daraus aber eine Rechtfertigung der Sklaverei und der damit verbundenen Inhumanität der Verhältnisse abzuleiten? „Ohne Sklaverei kein griechischer Staat, keine griechische Kunst und Wissenschaft“, heißt es lapidar bei Engels. Auf den ersten Blick verstörend erscheint dagegen seine nachfolgende Aussage, der zufolge „die Einführung der Sklaverei ... ein großer Fortschritt war“[15]. Verständlich wird diese Aussage erst durch den Zusatz „unter den damaligen Umständen“, d. h. unter der vorausgehenden orientalischen Despotie. Erst durch den Umstand, dass ein Mensch durch seine Arbeit mehr produzieren konnte, als er selbst zum Leben benötigte, erst durch eine fortgeschrittene Arbeitsteilung und eine Steigerung des gesellschaftlichen Reichtums hatten Einige das Privileg, sich ganz der Kunst oder der Wissenschaft widmen und die Werke des (Geistes-) Humanismus schaffen zu können. Natürlich war die Sklaverei für Engels ein Übel, aber ein *geschichtlich notwendiges* und *zeitlich begrenztes* Übel, das mit der Entwicklung der Produktivkräfte (und veränderten Formen des Eigentums) überwunden werden muss, so dass immer weiteren Kreisen der Gesellschaft die Möglichkeit eines menschenwürdigen Lebens offensteht.

Ganz anders fällt das Urteil von Nietzsche aus, der die antiken Sklaven mit den modernen Lohnarbeitern gleichsetzt und den Begriff des Humanismus ganz auf den (Geistes-) Humanismus einschränkt. Für ihn gehört das Sklaventum *„zum Wesen der Kultur“*. Es ist die immerwährende und unaufhebbare Voraussetzung einer jeden höheren Kultur, womit der Humanismus auf alle Zeit das Vorrecht einer geistigen Elite bleibt. „Damit es einen breiten tiefen und ergiebigen Erdboden für eine Kunstentwicklung gebe“, so Nietzsche in seiner Frühschrift *Der griechische Staat*, „muß die ungeheure Mehrzahl [der Menschen]

14 Aristoteles: Nikomachische Ethik, 1176b28 ff. und 1177b4 ff.
15 Engels: Anti-Dühring, MEW 20, S.168.

im Dienste einer Minderzahl *über* das Maaß ihrer individuellen Bedürftigkeit hinaus, der Lebensnoth sklavisch unterworfen sein"[16]. Nur so ist die „bevorzugte Klasse" der geistig Tätigen dem „Existenzkampfe" entrückt" und kann sich in Muße der Produktion und dem Genuss von Wissenschaft und Kunst hingeben.

Von der Muße zur Arbeit als Grundlage des Humanismus. Springen wir von der antiken Philosophie zur Naturrechtslehre des 17. und 18. Jahrhunderts und damit von der Sklavengesellschaft zur Ankündigung der bürgerlichen Gesellschaft, in der sich der Begriff des Eigentums auf grundlegende Weise verändert. Zuerst tritt an die Stelle des Eigentums auch über Menschen das ausschließliche Eigentum über Sachen. (Dass in den Südstaaten der USA oder im zaristischen Russland Sklaverei und Leibeigenschaft bis weit ins 19. Jahrhundert fortbestehen, ist nur aufgrund ihres zivilisatorischen Rückstands zu erklären.) Sodann wird *allen Menschen* das Recht zugesprochen, Eigentum zu erwerben; von einem Privileg der „Freien" wird das Eigentum zu einem Naturrecht Aller. Schließlich wird das Eigentum nicht mehr auf Gewalt (Krieg, Plünderung), sondern auf Arbeit zurückgeführt und gerechtfertigt. Eigentum ist Aneignung der Natur durch Arbeit.

Die Aufwertung der Arbeit findet in der Auffassung des Humanismus einen direkten Niederschlag. Nicht mehr die Muße, die mit der Verachtung der Arbeit einhergeht, gilt nun als der Boden, auf dem der Humanismus erwächst, sondern die Arbeit. Freilich nicht die Zwangsarbeit, die den Menschen sich selbst und den Anderen entfremdet, in der er seinen Körper schindet und seinen Geist ruiniert, sondern die Tätigkeit, in der er seine Fähigkeiten ausbildet und erweitert und sich als Mensch entwickelt. Zuletzt hatte Adam Smith die Arbeit als „Fluch Jehovas" begriffen und ihr die Ruhe und das Nichtstun als Wunschbild entgegengestellt. Bei Hegel wird aus dem „Fluch Jehovas" ein Segen: der Ausgangspunkt der Selbsterkenntnis und Selbstvervollkommnung des Menschen. Hätte er dauerhaft im Garten Eden gelebt, so hätte er sich nicht über die Stufe der Tiere hinaus entwickelt. Nur „das arbeitende Bewußtsein kommt … zur Anschauung des selbständigen Seins *als seiner selbst*" ist in Hegels *Phänomenologie des Geistes* zu lesen.[17] An anderen Stellen seines

16 Nietzsche: Der griechische Staat, KSA 1, S.767.

17 Hegel: Phänomenologie des Geistes, in Werke, a.a.O., Bd.3, S.154. Durch seine Arbeit und die durch sie vermittelte unmittelbare Beziehung auf die Dinge, gewinnt der Knecht

Werks heißt es: Durch „*praktische* Tätigkeit“ nimmt der Mensch „der Außenwelt ihre spröde Fremdheit“ und erlangt auf diese Weise ein „Bewußtsein von sich [selbst]“[18]. Oder: „Bildung“ ist die „*Arbeit* der höheren Befreiung“[19]; sie liegt dem „ganzen Geschäft der Weltgeschichte“[20] zugrunde, in der sich der Mensch selbst als ein freies Wesen hervorbringt.

Klarer noch und nicht nur auf die Arbeit des Geistes bezogen, begreift Marx die körperliche Arbeit nicht nur als „Prozeß zwischen Mensch und Natur“, in dem sich der Mensch die Natur in der für sein Leben brauchbaren Form aneignet. Indem er die Natur außer ihm verändert, verändert er zugleich seine eigene Natur, „entwickelt die in ihr schlummernden Potenzen und unterwirft das Spiel ihrer Kräfte seiner eigenen Botmäßigkeit“[21].

Das „rechte Maß“ des Eigentums. Durch Arbeit bringt sich der Mensch nicht nur selbst hervor, er erwirbt auch Eigentum, ohne das ein menschwürdiges Leben nicht möglich ist. Hierbei existieren, wie schon Platon und Aristoteles wussten, zwei Extreme, da zu wenig Eigentum die freie Entwicklung des Menschen ebenso behindert, wie zu viel. Wer zu wenig besitzt, leidet an Hunger, Not, Einschränkungen und sozialer Desintegration. Wer zu viel besitzt, den treibt die Sorge vor Verlust oder die Gier nach immer mehr, so dass er, wie Fafner in Wagners *Ring des Nibelungen* zum Diener seines Eigentums wird. Wo aber liegt die rechte Mitte oder der Punkt, an dem das Eigentum als Bedingung menschlicher Entwicklung in sein Gegenteil umschlägt?

Auf den Naturzustand mit seiner Agrarwirtschaft bezogen, gibt John Locke darauf eine doppelte Antwort. Nach der einen Seite liegt der Grenzpunk in der *Endlichkeit des Raumes* (die aber im 17. und 18. Jahrhundert noch keine entscheidende Rolle spielt): das private Eigentum an Grund und Boden darf nicht so weit gehen, dass andere Menschen davon ausgeschlossen werden und keine Möglichkeit haben, ihr Leben durch Arbeit zu erhalten. Nach der anderen Seite liegt der Grenzpunkt in der *Endlichkeit der Bedürf-*

nicht nur Selbständigkeit, sondern auch die Überlegenheit über seinen Herrn, der sich nur durch den Knecht vermittelt auf die Dinge bezieht, also nicht arbeitet, sondern nur genießt (ebd., S.150ff.).

18 Vorlesungen über die Ästhetik, ebd., Bd.13, S.51.

19 Grundlinien der Philosophie des Rechts, § 187, ebd., Bd.7, S.344.

20 Vorlesungen über die Philosophie der Geschichte, ebd., Bd.12, S.39f.

21 Marx: Das Kapital, MEW 23, S.192.

nisse: Der Mensch darf sich nur „*soviel Land*“ aneignen, d. h. bepflügen, bepflanzen oder bebauen, „soviel er von dem Ertrag [für sich und seine Familie] verwerten kann“[22]. In seiner durchwegs christlichen und auf Zitate der Bibel gestützten Argumentation stellt Locke die Erde mit allen ihren Tieren, Pflanzen und Früchten als Geschenk Gottes an alle Menschen und damit als deren *gemeinsames Eigentum* dar. Gott hat „*die Erde den Menschenkindern* … gemeinsam gegeben“, heißt es in Psalm 115, Vers 16. In Psalm 8, Vers 7, heißt es ergänzend, Gott habe den Menschen „zum Herrn“ oder Eigentümer über seiner „Hände Werk“ gemacht. Lockes Theorie verbindet beide Aussagen: Durch seine Arbeit, d. h. durch die Bearbeitung des Bodens, die Veredelung von Pflanzen oder die Domestizierung von Tieren, fügt der Mensch der ihm von Gott gegebenen Erde etwas hinzu, das er ganz für sich in Anspruch nehmen darf. Er hat nicht nur „ein *Eigentum* an seiner eigenen *Person*“, sondern auch am „Werk seiner Hände“[23]. Durch die Arbeit wird das ursprüngliche Gemeineigentum in Privateigentum überführt, das Privateigentum gerechtfertigt. Zugleich wird es aber mit dem Verbot versehen, nichts dem Verderb zu überlassen und wegzuwerfen. „Nichts ist von Gott geschaffen worden, damit die Menschen es verderben lassen oder vernichten.“[24] Wer sich mehr aneignet als er genießen kann, verübt Diebstahl am Gemeinbesitz. Das private Eigentum ist somit durch die Größe der unmittelbaren Lebensbedürfnisse begrenzt.

Ausweitung des Eigentums durch die Geldwirtschaft. Solange die Menschen im Naturzustand leben, erklären sich die (geringen) Größenunterschiede des Eigentums durch die Unterschiede des Fleißes oder der Begabung der Menschen. Von Natur, so Locke, sind die Menschen zwar gleich, durch „*Alter oder Tüchtigkeit*“, „*hervorragende Talente* und *Verdienste*“ aber gewinnen manche Menschen einen „gerechten Vorrang“ vor anderen.[25] „Gerecht“, weil die Ungleichheit des Eigentums durch die Ungleichheit des Arbeitseinsatzes gerechtfertigt ist und auch, weil die ungleiche Größe des Eigentums nicht über das Maß hinausgeht, was persönlich konsumiert wird. Eine Änderung, die

22 John Locke: Zweite Abhandlung über die Regierung (1690), mit einem Kommentar von Ludwig Siep, Frankfurt/M. 2007, § 32, S.33.
23 Ebd., § 27, S.30.
24 Ebd., § 31, S.33.
25 Ebd., § 54, S.49.

zugleich den Naturzustand aufhebt und in den Gesellschaftszustand überführt, tritt erst mit der „*Erfindung des Gelds*" ein. Zum einen können nun die Dinge, die durch Arbeit produziert und selbst nicht konsumiert werden, gegen Geld getauscht werden, so dass sie nicht mehr verderben. Zum anderen ist das Geld ein Ding, das selbst nicht verdirbt und also gehortet oder investiert werden kann. Das Gesetz, nach dem jeder Mensch nur so viel Eigentum besitzen darf, wie er selbst zu seinem unmittelbaren Nutzen gebrauchen kann, wird durchbrochen. Geld ermöglicht, „mehr zu haben, als der Mensch benötigt", da es „weder abnutzt noch verdirbt"[26].

Vor allem aber setzt es den Geldbesitzer in die Lage, Knechte und Mägde einzustellen und zu bezahlen. Deren Arbeit erzeugt zwar ebenfalls Eigentum, das aber nicht ihnen selbst gehört, sondern demjenigen, der sie eingestellt hat. Der Torf, den der Knecht sticht, so Lockes Beispiel, wird dem Eigentum des Herrn zugeschlagen. Mit der Geldwirtschaft beginnt somit ein Prozess, der den Unterschied des Eigentums und die Gegensätze von Arm und Reich immer weitertreibt.

Gegensätzliche Bewertungen des Natur- und des Gesellschaftszustands. Thomas Hobbes hatte den Naturzustand als „Krieg aller gegen alle" beschrieben, als einen Zustand, in dem der „der Mensch des Menschen Wolf" ist.[27] Dagegen begreift Locke den Naturzustand als einen „Zustand des Friedens, des Wohlwollens, der gegenseitigen Hilfe und Erhaltung"[28], mithin als einen Zustand der Humanität; allerdings als einer noch ungesicherten, prekären Humanität, da ohne eine übergeordnete und von allen anerkannte Autorität, die in Streitfällen entscheidet, Frieden und Wohlwollen leicht in ihr Gegenteil umschlagen können. Der Vertrag, der bei Hobbes und Locke gleichermaßen den Naturzustand beendet, besitzt infolgedessen verschiedene Bedeutungen. Hobbes feiert ihn, der den Krieg aller gegen alle beendet und den Menschen in eine friedliche und gesicherte Zukunft führt, als einen Akt des Fortschritts. In Lockes Urteil vermischen sich hingegen Positives und Negatives. Das erste Ziel des Staats und seiner Gesetze ist es *nicht*, „die Freiheit abzuschaffen oder einzuschränken, son-

26 Ebd., § 37, S.37.
27 Thomas Hobbes: Leviathan (1651), Kap.13 und 14, Stuttgart 1974 u.ö., S.112 bis S.129.
28 John Locke: Zweite Abhandlung über die Regierung, a.a.O., § 19, S.24.

dern *sie zu erhalten und zu erweitern*"[29]. Das ist ein Fortschritt. Das zweite, große und „*hauptsächliche Ziel*" des Staats aber ist der Schutz und die Erhaltung des Eigentums[30], womit die in der Folge der Geldwirtschaft eingetretenen Gegensätze des Eigentums stabilisiert und vertieft werden. Das *humane* Anliegen des ersten Ziels wird durch die *inhumanen* Konsequenzen des zweiten Ziels konterkariert. Während der Staat die Menschen vom *möglichen* Zwang und der Gewalttätigkeit anderer (im vorausgehenden Naturzustand) schützt, übt er selbst (im Gesellschaftszustand) *reellen* Zwang und *tatsächliche* Gewalt aus, um die Eigentümer vor den Übergriffen der Nicht-Eigentümer zu schützen. An die Stelle der ungesicherten, prekären Humanität des Naturzustands tritt die gesicherte, stabilisierte Inhumanität des Gesellschaftszustands. Der „Krieg aller gegen alle", womit Hobbes den Naturzustand kennzeichnete, wird bei Locke, unter dem Schirm des Gesetzes und der formellen Gleichheit der Menschen, zum Wesensmerkmal des Gesellschaftszustands: zum Konkurrenzkampf unter den Eigentümern bzw. dem Kampf zwischen Eigentümern und Nichteigentümern.

Eigentum als „Urrecht" des Menschen. Wie die beiden Ziele des Staats, die Freiheit „zu erhalten und zu erweitern" (mithin den Bürgern ein humanes Leben zu garantieren) und das Eigentum zu „schützen" (womit die Freiheit und Humanität durch die Vertiefung der Kluft zwischen Arm und Reich untergraben wird) vereint werden sollen, bleibt bei Locke ungelöst. Vor dem gleichen Problem stehen späterhin auch Johann Gottlieb Fichte und Hegel. Wie kann der Staat seinen Bürgern ein menschenwürdiges Leben ermöglichen, ohne das Privateigentum aufzuheben, das doch die Würde derjenigen beschädigt, die keines haben?

Humanität ist für Fichte gleichbedeutend mit Freiheit, Freiheit mit selbstbestimmter Tätigkeit oder Handlung. Diese aber setzt Eigentum voraus, denn Eigentum eröffnet und erweitert den Spielraum der Handlungen. „Ich habe das Eigenthumsrecht beschrieben", so schreibt er im *Geschlossenen Handelsstaat*, „als das ausschliessende Recht auf *Handlungen*, keineswegs auf *Sachen*"[31]. In diesem

29 Ebd., § 57, S.51.
30 Ebd., § 124, S.104; vgl. § 87, S.73.
31 Johann Gottlieb Fichte: Der geschlossene Handelsstaat (1800), in Werke, hg. von Immanuel Hermann Fichte, Bd.3, Berlin 1971, https://gallica.bnf.fr/ark:/12148/bpt6k266830/f452.item, S.401. Dazu Hans Georg v. Manz: J. G. Fichte. Eigentum als Handlungsmöglichkeit, in Andreas Eckl und Bernd Ludwig: Was ist Eigentum, München 2005, S.148 ff.

Sinne spricht Fichte in seiner *Grundlage des Naturrechts nach Prinzipien der Wissenschaftslehre* vom „Urrecht" des Menschen auf Eigentum. Zuerst bezieht sich dieses Urrecht auf das Eigentum des eigenen Leibes und die Selbstbestimmung körperlicher Bewegung. Es ist das „absolute Recht" eines jeden, „in der Sinnenwelt *nur Ursache* zu seyn (schlechthin nie Bewirktes)"[32]. Weiterhin beinhaltet das Urrecht das Recht auf das Ergreifen (Okkupation) und die Bearbeitung (Formierung) von Sachen, das Recht der „Unterordnung [der Sachen] unter unsere Zwecke"[33], wodurch sich jeder Mensch über den eigenen Körper hinaus Eigentum erwerben kann. Schließlich spricht Fichte von einem Urrecht auf die „Fortdauer der Person", d. h. auf Selbsterhaltung. Jeder soll „von seiner Arbeit" und dem Eigentum, das er sich durch sie erwirbt, auch leben können. Damit ist nicht nur die Befriedigung der materiellen Grundbedürfnisse gemeint, sondern (wie im späteren Werk über die *Rechtslehre* deutlich wird) auch das Recht der freien Entfaltung seiner Anlagen.

Freilich sind die genannten Urrechte „blosse Fiction"[34], solange die Menschen nicht in Gemeinschaft leben und ihre individuellen Willen nicht durch einen „Staatsbürgervertrag" und speziell durch einen „Eigenthumsvertrag" und einen „Schutzvertrag" vereint und somit anerkannt haben, dass ihre Urrechte durch die Urrechte ihrer Mitbürger begrenzt sind. In diesen Verträgen verspricht jeder „nicht nur … sich selbst des Angriffs auf das Eigenthum eines Jeden zu enthalten, sondern noch überdies, es gegen den möglichen Angriff jedes *Dritten* ihm schützen zu helfen"[35].

Der Staat als Garant eines Mindestmaßes an Humanität. Über Locke geht Fichte insofern hinaus, als er den Staat mit seinen Gesetzen nicht nur als Instanz begreift, die das Eigentum schützt, sondern auch in die Pflicht nimmt, seinen Bürgern ein ausreichendes Maß an Eigentum zuzusichern, das ihnen erlaubt, von ihrer Arbeit leben zu können und ihnen so ein Mindestmaß an Humanität zu garantieren. „Jeder muss *von seiner Arbeit* leben können."[36] Erfüllt der Staat (d. h. das durch Vertrag vereinte Bürgertum) seine Pflicht

32 Fichte: Grundlage des Naturrechts nach Prinzipien der Wissenschaftslehre (1796/97), § 10, in Werke, hg. von Immanuel Hermann Fichte, Bd.3, a.a.O., S.113.

33 Ebd., § 11, S.117.

34 Ebd., § 9, S.112.

35 Ebd., § 17, S.198.

36 Ebd., S.213.

nicht, so ist auch der verarmte Bürger nicht mehr gezwungen, sich an den Eigentumsvertrag zu halten. „Sobald … jemand von seiner Arbeit nicht leben kann, ist ihm das, was schlechthin das Seinige ist, nicht gelassen, der Vertrag ist also in Absicht auf ihn völlig aufgehoben", er ist „von diesem Augenblick an nicht mehr rechtlich gebunden, irgend eines Menschen Eigenthum anzuerkennen"[37]. Da jeder „sein Bürgerrecht nur insofern und auf die Bedingung" besitzt, dass „alle Staatsbürger von dem Ihrigen leben können", schließt der Bürgervertrag ein „absolutes Zwangsrecht auf Unterstützung"[38] mit ein. Die Garantie eines Mindestmaßes an Humanität ist somit keine Barmherzigkeit, sondern ein Recht, das jedem Bürger zusteht und eingefordert werden kann.

Das Grundrecht auf persönliche Entwicklung. Mit der Zusicherung eines Mindestmaßes an Eigentum, auf das Recht auf Arbeit und Selbsterhaltung ist die Fürsorgepflicht des Staats gegenüber seinen Bürgern aber noch nicht abgegolten. Es genügt nicht, dass „jeder … von seiner Arbeit leben können"[39] muss; die Ansprüche des Bürgers gegenüber dem Staat gehen, wie Fichte in seiner späteren *Rechtslehre* ergänzt, darüber hinaus. Der Staat hat auch dafür Sorge zu tragen, dass dem Bürger nach der Arbeit noch „Kraft und Zeit und Raum (und) Recht für frei sich aufzugebende Zwecke", für „freie Muße zu beliebigen Zwecken"[40] und somit für *„Bildung"* übrig bleibt. Neben dem Recht auf bloße Selbsterhaltung steht dem Bürger also auch das Recht auf freie Entwicklung der Persönlichkeit zu, was wiederum die Einrichtung *„allgemeiner Bildungseinrichtungen für alle"* mit einschließt.

Eigentum als das *„Dasein* der Person". Ebenso wie Fichte sieht auch Hegel den Staat in der Pflicht, die durch die Gegensätze des Eigentums verursachte Inhumanität auszugleichen und mit dem Ziel des „Wohlergehens" aller Bürger zu intervenieren. Dabei hält er ebenso wie Fichte an der Institution des Privateigentums fest, allerdings nicht als einem „Urrecht" des Menschen, sondern als dem *„Dasein"* der Person oder Persönlichkeit, denn

37 Ebd.
38 Ebd.
39 Johann Gottlieb Fichte: Rechtslehre. Vorgetragen von Ostern bis Michaelis 1812, hg. und mit einer Einleitung versehen von R. Schottky, Hamburg 1980, S.43.
40 Ebd., S.46 und S.53.

erst durch das Eigentum gewinnt die Idee der Person Realität. Eigentum ist das Bei-sich-selbst-Sein in den Sachen, über die die Person frei verfügen kann und damit die „erste Weise der Freiheit"[41]. Es ist für Hegel eine Frage der Gerechtigkeit, „daß jeder Eigentum haben solle", aber nicht, dass das Eigentum aller gleich sein soll. Gleichheit des Eigentums wie es Platon für die Bauern und Handwerker vorsieht, wäre für ihn sogar ein „Unrecht", da die Größe des Eigentums „vom Fleiß abhängt"[42], also von der Quantität der verausgabten Arbeit.

Die im Zusammenhang mit dem Humanismus interessanteren Ausführungen Hegels stehen nicht im ersten Teil seiner *Rechtsphilosophie* über das „abstrakte Recht", sondern im dritten über die „Sittlichkeit" und speziell im Abschnitt über die „bürgerliche Gesellschaft". Darin ist (wie schon ausgeführt) der abstrakte Eigentumsbegriff aufgehoben und durch Geld, Arbeitsteilung, Tausch, „Staatsökonomie" und „Rechtspflege" vermittelt und konkretisiert. Die bürgerliche Gesellschaft garantiert, wie es dort heißt, „die *ungestörte Sicherheit der Person und des Eigentums*"[43], zugleich aber weist sie infolge der ungleichen Verteilung des Eigentums eine Reihe humanitärer Defizite auf. Genau genommen wird sie als *Ort der Inhumanität* vorgestellt.

Die erste Besitznahme als Weg in die humanitäre Katastrophe. Der Staat schützt das Eigentum. Das Eigentum aber spaltet die Gesellschaft in die Extreme übermäßigen Reichtums und übermäßiger Armut, und zerstört damit die Voraussetzung eines friedlichen und auf Konsens und Humanität gerichteten Zusammenlebens. Zuletzt wird der Staat als Repräsentant der Sittlichkeit gefeiert, dem es gelingt, gerade jene Inhumanität abzumildern, an deren Ursache er durch die Sanktionierung des Eigentums doch festhält. Wäre es nicht aussichtsreicher, gleich die Ursachen zu beseitigen, als die Folgen zu bekämpfen und daran (wie Fichte und Hegel) letztlich zu scheitern? Es ist dies der Weg, den Rousseau und Marx gleichermaßen einschlagen, allerdings mit verschiedenen Interessen und gegensätzlichen Zielvorstellungen.

Mit eindringlicheren Worten noch als Hegel schildert Rousseau den Niedergang aller Humanität in der bürgerlichen Gesellschaft, die er mit der Ent-

41 Hegel: Grundlinien der Philosophie des Rechts, § 33 und § 33 Zusatz, a.a.O., S.91.
42 Ebd., § 49 Zusatz, S.114.
43 Ebd., § 230, S.382.

stehung des Privateigentums als erster Besitznahme beginnen lässt. „Der erste, der ein Stück Land eingezäunt hatte und es sich einfallen ließ zu sagen: *dies ist mein* und der Leute fand, die einfältig genug waren, ihm zu glauben, war der wahre Begründer der bürgerlichen Gesellschaft. Wie viele Verbrechen, Kriege, Morde, wie viel Not und Elend und wie viele Schrecken hätte derjenige dem Menschengeschlecht erspart, der die Pfähle herausgerissen oder den Graben zugeschüttet und seinen Mitmenschen zugerufen hätte: ‚Hütet euch auf diesen Betrüger zu hören; ihr seid verloren, wenn ihr vergeßt, daß die Früchte allen gehören und die Erde niemandem'".[44] Nach der ersten Besitznahme gelang es den Eigentümern und Nutznießern der Ungleichheit, ihr Eigentum durch einen Vertrag zu schützen, zu dem sie die Habenichtse überredeten. Dieser Vertrag, so gaben sie vor, sollte „die Schwachen vor der Unterdrückung" schützen, „die Ehrgeizigen in Schranken" halten und „einem jeden den Besitz dessen sichern, was ihm gehört"[45]. Tatsächlich aber sicherten sie durch diesen Vertrag nur ihr eigenes Eigentum und verstärkten die Ketten, an denen die Anderen lagen.

Solange die Menschen im Naturzustand lebten, lebten sie „so frei, gesund, gut und glücklich, wie sie ihrer Natur nach sein konnten", schreibt Rousseau. Die erste Besitznahme aber und der betrügerische Vertrag zerstörten „die natürliche Freiheit unwiederbringlich", fixierten „das Gesetz des Eigentums und der Ungleichheit für immer" und unterwarfen „um des Profites einiger Ehrgeiziger willen fortan das ganze Menschengeschlecht der Arbeit, der Knechtschaft und dem Elend"[46]. Zuletzt lebte nur noch „eine Handvoll Leute" im Luxus und Überfluss, „während die ausgehungerte Menge am Notwendigsten Mangel"[47] litt. Welche Form die Regierung auch immer annahm, immer war sie darauf gerichtet, diese Ungleichheit zu erhalten.

Unterordnung des Privateigentum unter das Gemeineigentum. Gegen den listenreichen Betrugs-Vertrag, der die Ungleichheit der Menschen in alle Ewigkeit festschreiben wollte, entwickelt Rousseau eine neue Art von Gesellschaftsvertrag, der auf der Grundlage der Gerechtigkeit und des sozialen

44 J. J. Rousseau: Diskurs über die Ungleichheit, übersetzt und erläutert von H. Meier, Paderborn u. a. [4]1997, S.173.
45 Ebd., S.215f.
46 Ebd., S.195 und S.219.
47 Ebd., S.271f.

Konsenses eine neue Form der Humanität begründen sollte. Wer allerdings vermutet, die scharfe Kritik, die er im *Diskurs über die Ungleichheit* am Privateigentum übt, münde im *Gesellschaftsvertrag* in die Forderung, das Privateigentum abzuschaffen und zum Gemeineigentum des Naturzustands zurückzukehren, sieht sich getäuscht. Rousseau hält darin nämlich am Privateigentum fest, bezeichnet den Abschluss des Gesellschaftsvertrags (ganz im Gegensatz zu seinen Äußerungen im *Diskurs*) sogar als einen „glücklichen Augenblick“, weil der Mensch dadurch ein „Eigentumsrecht auf alles [erwirbt], was er [vorher nur] besitzt“[48], da die Gemeinschaft (oder der Staat) ihm sein Eigentumsrecht garantiert. Allerdings unterwirft er das Privateigentum einer doppelten Beschränkung. Zum einen sollte es (wie schon bei Locke) in seiner Größe begrenzt sein: je nachdem, was durch eigene Arbeit bewältigt werden kann und „zum [eigenen] Unterhalt nötig“ ist.[49] Zum anderen sollte es (im Gegensatz zu Locke) trotz der privaten Verfügung Teil des Gemeineigentums bleiben. Das Recht, welches „jeder einzelne auf sein besonderes Grundstück besitzt“, wird dem Recht, das „dem Gemeinwesen auf alle [Grundstücke] zusteht, untergeordnet“[50]. Der rechtmäßige Eigentümer des ganzen Landes oder Staatsgebiets ist und bleibt somit die Gemeinschaft oder der Staat. Der einzelne Bürger besitzt sein „Privateigentum“ nur als eine Art Lehen; er ist nur ein „Verwahrer des Staatsgutes“[51].

Als Treuhänder oder Sachwalter des Gemeineigentums wird der „Privateigentümer“ dazu verpflichtet, die Gemeinschaft nach allen Kräften zu fördern und zu unterstützen. „Eigentum verpflichtet“ ist kein bloßer moralischer Appell. Es ist vielmehr das unbedingte Anrecht, das die Gemeinschaft an den Einzelnen besitzt, dem sie ihr Eigentum als Lehen übertragen hat. Zweifellos besitzt die Gesellschaft, die Rousseau in seinem *Gesellschaftsvertrag* entwirft, ein höheres Maß an Humanität, als die bürgerliche Gesellschaft, die er darin kritisiert. Aber um welchen Preis? Durch die Ablehnung der Akkumulation von Eigentum, die Verurteilung der Geldwirtschaft und der Verwandlung von Geld in Kapital entsteht das Bild einer vor-bürgerlichen Gesellschaft: einer Gesellschaft, die sich dem industriellen Fortschritt

48 J. J. Rousseau: Der Gesellschaftsvertrag, Stuttgart 1975 u.ö., 1.Buch, 8.Kap., S.23.
49 Ebd., 1.Buch, 9.Kap., S.25.
50 Ebd., S.27.
51 Ebd., S.26.

gegenüber verweigert und das auf Landwirtschaft und Handwerk fundierte Leben zur Norm erhebt. Rousseau propagiert die Humanität einer ländlichen Idylle.

Vermeintliche Humanität der anarchistischen Föderation. Pierre-Joseph Proudhon möchte die Unmenschlichkeit der bürgerlichen Gesellschaft durch eine Sozialreform aus der Welt schaffen, die dem Prinzip der Gerechtigkeit Geltung verschafft. Auch für ihn liegt die letzte Ursache der bestehenden Ungerechtigkeit in der ungleichen Verteilung des Eigentums. Verfügen die Einen über ein großes Eigentum ohne dass sie selbst arbeiten, so erleiden Andere, obwohl sie arbeiten, Not und Elend. Wenn Proudhon das Eigentum „Diebstahl" nennt, so meint er damit vor allem das industrielle Eigentum, das auf der Ausbeutung fremder Arbeit beruht. Die Gerechtigkeit fordert, wie er schreibt, dass jedem nur so viel Eigentum zusteht, wie er selbst erarbeitet hat. In dieser Form wird „Eigentum" auf „Besitz" zurückgeführt und nur als solcher legitimiert. „Das Eigentum ist der Selbstmord der Gesellschaft. Der Besitz ist rechtlich; das Eigentum ist widerrechtlich."[52] Der Eigentümer einer Fabrik stiehlt einen Teil der von den Arbeitern erarbeiteten Werte, schlägt es seinem Eigentum zu und wird auf diese Weise immer reicher.

Wie das Privateigentum lehnt Proudhon aber auch das Gemeineigentum ab, wie es in den kommunistischen Utopien Platons und Babeufs propagiert oder in den urchristlichen Gemeinden praktiziert wurde. Auch der Kommunismus beruht seiner Ansicht nach auf „Unterdrückung und Knechtschaft", d.h. auf der Ungleichheit der Menschen. „Der Kommunismus ist Ungleichheit, aber im entgegengesetzten Sinne als das Eigentum. Das Eigentum ist die Ausbeutung des Schwachen durch die Starken; der Kommunismus ist die Ausbeutung des Starken durch die Schwachen."[53] Wirkliche Gleichheit, Freiheit und Humanität gibt es daher nur in einer anarchistischen Gesellschaft, d.h. in einer Föderation von Handwerkern, Arbeitern oder Gewerbetreibenden, die selbständig und in eigener Regie arbeiten und ihre Arbeitsprodukte gerecht, nach Maßgabe ihres Werts (gemessen in der Zeit der verausgabten Arbeit) austauschen. Sie nämlich verfügen über einen annähernd gleichen Besitz.

52 Pierre-Joseph Proudhon: Was ist das Eigentum? Graz 1971, Nachdruck der Ausgabe Berlin 1890, S.231.

53 Ebd., S.210.

Verwirklicht werden sollte die anarchistische Gesellschaft nicht durch eine Revolution, sondern durch die Vergabe von zinslosen Krediten (durch eine „Tauschbank“) oder den Erwerb von Aktien des eigenen Unternehmens, wodurch die Manufakturen oder Fabriken (und langfristig die gesamte Wirtschaft eines Landes) in den Genossenschaftsbesitz der darin Arbeitenden überführt werden. An die Stelle des bedrückenden Antagonismus von Eigentümern und Habenichtsen könnte damit, so die Vorstellung Proudhons, eine einheitliche Mittelklasse von Kleinbürgern treten, die durch das (säkular gewendete) christliche Gebot der Nächstenliebe und der gegenseitigen Hilfe miteinander verbunden sind. Das *System der ökonomischen Widersprüche*[54] würde auf diesem Weg *innerhalb* und *auf dem Boden* der bürgerlichen Gesellschaft selbst in das System einer solidarischen Gesellschaft überführt werden.

Ganz im Gegensatz zu Proudhon erkennt Marx nicht in der Ungerechtigkeit, sondern in der bestehenden Form der (formalen) Gerechtigkeit die Bedingung unter der sich die Schere von Arm und Reich immer weiter öffnet. Schließlich treten sich auf dem Arbeitsmarkt Kapitaleigner und Arbeiter als „Gleiche“ gegenüber und schließen unter der Voraussetzung der Rechtsgleichheit Verträge. Da der Arbeiter allerdings (seit der „ursprünglichen Akkumulation“) über keine eigenen Produktionsmittel verfügt, kann er nur seine Arbeitskraft zu Markte tragen und als Ware zum Tausch anbieten. Die Arbeitskraft aber hat die Eigenschaft, mehr Werte produzieren zu können, als zu ihrer Erhaltung (in Form von Nahrung, Kleidung, Wohnung etc.) notwendig sind. Sie ist eine „Quelle von Wert“ und zwar „von mehr Wert als sie selbst hat“[55]. Diese Wertdifferenz bildet den Mehrwert, in dem sich die unbezahlte Mehrarbeit vergegenständlicht, den sich der Kapitalist aneignet und, sofern er ihn nicht konsumiert, investiert und also in Kapital verwandelt.

Dialektik der bürgerlichen Gesellschaft. In soziologischer Hinsicht bestimmt Marx die bürgerliche Gesellschaft durch den Antagonismus von Bürger (Kapitaleigner) und Proletarier, in ökonomischer Hinsicht durch die

54 „Système des contradictions économiques“ (1846) ist das zweite Hauptwerk Proudhons, das Marx in seiner Schrift „Das Elend der Philosophie“ (1847) einer scharfen Kritik unterzogen hat.

55 Marx: Das Kapital, MEW 23, S.208. Vgl. ebd., S.231.

kapitalistische Produktionsweise, die diesen Antagonismus hervorbringt und vertieft. Rousseaus und Proudhons Kritik der bürgerlichen Gesellschaft orientierte sich im Wesentlichen an der Vergangenheit, d. h. an den (vermeintlich) glücklicheren Zuständen, bevor die große Industrie entstand und der Monopolisierung zustrebte. Marx und Engels Kritik ist dagegen auf die Zukunft und die Aufhebung der bürgerlichen Gesellschaft gerichtet. Auch sie klagen die Inhumanität der bürgerlichen Gesellschaft an, die mit ihrer „egoistischen Berechnung" alle „persönliche Würde in Tauschwert aufgelöst" und die „rührend-sentimentalen" Beziehungen zwischen den Menschen „auf ein reines Geldverhältnis zurückgeführt"[56] hat. Zugleich anerkennen sie aber, dass das Bürgertum „in der Geschichte eine höchst revolutionäre Rolle gespielt", die moderne „große Industrie", den Weltmarkt und damit die Voraussetzung ihrer Aufhebung geschaffen hat.[57] Die bürgerliche Gesellschaft mit ihren „schlechten Seiten"[58] ist also nur ein Durchgangspunkt, eine begrenzte geschichtliche Etappe, aus der eine neue kommunistische Gesellschaft entsteht, in der das freie, menschenwürdige Leben nicht mehr das Vorrecht Weniger, sondern das Anrecht Aller ist.

Vergesellschaftung der Produktionsbedingungen. Der entscheidende Schritt des Übergangs ist, wie das *Kommunistische Manifest* präzisiert, „nicht die Abschaffung des Eigentums überhaupt, sondern die Abschaffung des bürgerlichen Eigentums"[59], d.h. des Eigentums an den Produktionsbedingungen. Während das Eigentum „die Grundlage aller persönlichen Freiheit, Tätigkeit und Selbständigkeit", mithin eines selbstbestimmten Lebens bildet, führt das bürgerliche Eigentum in die Abhängigkeit, Unfreiheit und Verelendung gerade jener, die durch ihre Arbeit das bürgerliche Eigentum erschaffen. Schon vor dem *Kapital*, in den *Philosophisch-ökonomischen Manuskripten*, spricht Marx von der zunehmenden Entmenschlichung des Arbeiters unter den Bedingungen des bürgerlichen Eigentums. Die Exploitation seiner Arbeitskraft hat zur

56 Marx/Engels: Manifest der Kommunistischen Partei, MEW 4, S.465.

57 Ebd., S.464. In *Die Entwicklung des Sozialismus von der Utopie zur Wissenschaft* ergänzt Engels: „Die Spaltung der Gesellschaft in eine ausbeutende und eine ausgebeutete, eine herrschende und eine unterdrückte Klasse war die notwendige Folge der früheren geringen Entwicklung der Produktion" (MEW 19, S.224) und hat somit (für einen gewissen Zeitraum) eine geschichtliche Berechtigung.

58 Marx: Das Elend der Philosophie, MEW 4, S.140f.

59 Marx/Engels: Manifest der Kommunistischen Partei, MEW 4, S.475.

Folge, dass „der Arbeiter … um so ärmer [wird], je mehr Reichtum er produziert". Er wird „eine um so wohlfeilere Ware, je mehr Waren er schafft". „Mit der *Verwertung* der Sachenwelt nimmt die *Entwertung* der Menschenwelt in direktem Verhältnis zu. Die Arbeit produziert nicht nur Waren; sie produziert sich selbst und den Arbeiter als eine *Ware*."[60] Die „Verwirklichung der Arbeit erscheint … als *Entwirklichung* des Arbeiters"; er produziert „Wunderwerke für die Reichen", aber „Entblößung" für sich selbst, „Schönheit" und „Geist" für die Andere, „Verkrüppelung", „Blödsinn" und „Kretinismus" für ich selbst.[61] Durch seine Arbeit entfremdet sich der Arbeiter nicht nur von der Natur, von seinen Mitmenschen und sich selbst, sondern zuletzt auch noch von seinem *Gattungswesen als Mensch.*

Um den *„völligen Verlust* des Menschen" zu überwinden und die *„völlige Wiedergewinnung des Menschen"*[62] einzuleiten, steht dem Proletariat in dessen entmenschter Existenz sich die entmenschte Existenz der ganzen Gesellschaft konzentriert, nur ein Weg offen: die „Auflösung der Gesellschaft" durch die Aufhebung des bürgerlichen Eigentums und die Vergesellschaftung der Produktion. Mit der Emanzipation des Arbeiters vollzieht sich die Emanzipation des Menschen. Erst wenn der „vergesellschaftete Mensch" oder die „assoziierten Produzenten" die Produktionsbedingungen unter ihre gemeinsame Kontrolle gebracht, ihre Arbeit (ihren Stoffwechsel mit der Natur) „mit dem geringsten Kraftaufwand und unter den ihrer menschlichen Natur würdigsten und adäquatesten Bedingungen vollziehn", beginnt das „Reich der Freiheit". Allerdings, wie Marx hinzufügt, nur „in diesem Gebiet", denn die Arbeit, die die zum Leben notwendigen Produkte produziert, bleibt immer ein „Reich der Notwendigkeit". Erst jenseits davon „beginnt die menschliche Kraftentwicklung, die sich als Selbstzweck gilt"[63]: das „wahre Reich der Freiheit" und der Humanität auf Grundlage der freien oder Mußezeit.

Globale Ungleichheit des Eigentums. Zu einem humanen Leben gehört (in Bezug auf das Eigentum) zweierlei. Erstens muss jeder über genügend Eigentum (Lohn, Vermögen) verfügen können, nicht nur um seine Grundbedürf-

60 Marx: Philosophisch-ökonomische Manuskripte, MEW EB 1, S.511.
61 Ebd., S.512f.
62 Marx: Zur Kritik der Hegelschen Rechtsphilosophie. Einleitung, MEW 1, S.390.
63 Marx: Das Kapital, MEW 25, S.828.

nisse zu befriedigen, sondern, weit darüber hinaus, um in Gemeinschaft mit Anderen seine Anlagen und Fähigkeiten nach allen Seiten hin ausbilden zu können. Dazu gehört die Möglichkeit, Bildungs- und Ausbildungsangebote wahrzunehmen, an kulturellen Veranstaltungen teilzunehmen, Muße zu schöpferischen Tätigkeiten zu haben etc. Zweitens darf das Eigentum der Menschen einer Gemeinschaft nicht allzu weit auseinender klaffen. Nicht nur, weil Glück und Zufriedenheit in jenen Gemeinschaften am größten sind, wo sich die Eigentumsverhältnisse gleichen[64], sondern auch und vor allem wegen der Chancengleichheit ihrer Mitglieder. Diese Gleichheit aber wird durch die neoliberale Wirtschaftspolitik unterminiert, die sich an den Interessen der Industrie orientiert, Steuerentlastung für Reichen betreibt und die Leistungen des Sozialstaats beschneidet. Die Ungleichheit des Eigentums vertieft sich gegenwärtig nicht nur *innerhalb* der Staaten, sondern auch im Verhältnis *zwischen* den Staaten, die durch Steuer-, Sozial- und Umweltdumping miteinander um die Ansiedelung großer Konzerne konkurrieren. Über die globale Entwicklung gibt der Report über *Die weltweite Ungleichheit* Auskunft, der nicht nur eine „demokratische Lücke"[65], sondern darüber hinaus eine *humanitäre* Lücke sichtbar macht.

Wie dieser Report im Detail belegt, hat die Ungleichheit insbesondere seit 1980 weltweit zugenommen, in verschiedenen Geschwindigkeiten. Am rasantesten in Nordamerika, China, Indien und Russland; in Europa verlief der Anstieg etwas langsamer. Weiterhin variiert das Ausmaß der Ungleichheit auch zwischen den verschiedenen Weltteilen. Während in Europa die oberen 10% der Bevölkerung 37% des Nationaleinkommens besitzen, was vergleichsweise noch moderat ist, sind es in China 41%, in Russland 46%, in USA und Kanada 55%, in Subsahara-Afrika, Brasilien und Indien 55%, im Nahen Osten 61%.[66] Infolge des starken Wirtschaftswachstums in China und Indien hat sich die durchschnittliche Lage der ärmeren Hälfte der Bevölkerung stark verbessert. Im globalen Maßstab hat sich an der Ungleichheit dadurch aber nichts geändert: „Der Anteil des weltweit obersten 1% am Gesamteinkommen stieg zwischen 1980 und 2000 von 16% auf 22%, fiel danach jedoch wie-

64 So das Ergebnis der Studie von Kate Pickett/Richard Wilkinson: Gleichheit ist Glück. Warum gerechte Gesellschaften für alle besser sind, Berlin 2009.

65 F. Alvaredo/L. Chancel/Th. Piketty/E. Saez/G. Zucman (Hg.): Die weltweite Ungleichheit. Der World Inequality Report, München 2018, S.11.

66 Ebd., S.13f. Die Zahlen beziehen sich auf das Jahr 2016.

der leicht auf 20%. Der Anteil der weltweit unteren 50% hat sich seit 1980 bei rund 9% eingependelt."[67]

Ursachen der Ungleichheit. Die Hauptursache der zunehmenden Ungleichheit ist der ganz normale kapitalistische Produktionsprozess, der sich mit der Entwicklung der Produktivkräfte (der Digitalisierung, der Künstlichen Intelligenz etc.) immer mehr beschleunigt, d.h. die private Aneignung und Akkumulierung des gesellschaftlich produzierten Mehrwerts. Es ist der Vorgang, den Marx mit dem Begriff der Ausbeutung bezeichnet hat. Hinzu kommen eine Reihe weiterer Ursachen, wie die (unter dem Einfluss neoliberaler Wirtschaftspolitik voran getriebene) Privatisierung des öffentlichen (staatlichen) Eigentums – eine Entwicklung, die auch in den post-sozialistischen Staaten stattgefunden hat. Weiterhin die wachsende Kluft zwischen den Spitzengehältern der Manager und den normalen Arbeitslöhnen bzw. den „Mindestlöhnen" Prekär-Beschäftigter sowie die Absenkung der Spitzensteuersätze für die Reichen und die Absenkung der sozialstaatlichen Leistungen für die Ärmeren. Schließlich die Möglichkeit, zusätzliche Gewinne aus der „Preisfestsetzungsmacht"[68] quasi-monopolistischer Unternehmen zu erzielen.

Die Frage der Gerechtigkeit. Neben der Forderung der Angleichung des Eigentums steht die Frage der Gerechtigkeit, wodurch seine Verteilung geregelt werden soll. John Rawls *Theorie der Gerechtigkeit* definiert die Gerechtigkeit als „Fairness" bei der „Festlegung von Grundrechten und -pflichten sowie der richtigen Verteilung" von Gütern.[69] In einer quasi-vertragstheoretischen Situation (einem fiktiven Urzustand) und unter dem „Schleier der Unwissenheit" (ohne Kenntnis der eigenen Interessen und Stellung innerhalb der Gesellschaft) treffen die Menschen in freier und rationaler Weise Entscheidungen über die Grundordnung ihrer Gesellschaft. Die „wichtigsten Arten der gesellschaftlichen Grundgüter" sind dabei „Rechte, Freiheiten und Chancen sowie Einkommen und Vermögen."[70] Bei aller Hochachtung und Zustimmung möchte

67 Ebd., S.19.

68 Joseph Stiglitz: Der Preis des Profits. Wir müssen den Kapitalismus vor sich selbst retten, München 2015, S.77f. In abweichender Bedeutung von Marx bezeichnet Stiglitz diesen Vorgang als „Ausbeutung".

69 John Rawls: Eine Theorie der Gerechtigkeit, Frankfurt/M. 1975, S.22.

70 Ebd., S.112.

Amartya Sen der Rawlsschen Ausrichtung des Begriffs auf die Gerechtigkeit „im Hinblick auf Institutionen" nicht folgen und ergänzt ihn durch einen anderen Begriff „im Hinblick auf Leben und Freiheit der betroffenen Menschen"[71]. Im Unterschied zu ihm orientiert er seine *Idee der Gerechtigkeit* nicht am Besitz von Grundgütern, sondern an den (angeborenen) Anlagen und Fähigkeiten der Menschen. Gerechtigkeit wird damit als die faire Verteilung der Möglichkeit definiert, die eigenen Anlagen und Fähigkeiten zu entwickeln. „Wenn ich … Rawls' Motiv für die Ausrichtung auf Grundgüter richtig verstehe", schreibt Sen, „dann möchte ich behaupten, dass ein Wechsel von Grundgütern zu Verwirklichungschancen keine grundsätzliche Abkehr von Rawls' Programm wäre, sondern nur eine Adjustierung der Strategie der praktischen Vernunft"[72]. Mit seiner Forderung nach Gleichheit der Entwicklungschancen, die nicht nur, aber wesentlich auch vom Eigentum abhängt, steht Sen dem Humanismus näher als Rawls. Sein Befähigungs- oder Verwirklichungsansatz (*capability approach*) liegt seit 1990 dem (von Mahub ul Haq ausgearbeiteten) „Index der menschlichen Entwicklung" (*Human development Index*) der Vereinten Nationen zugrunde, der als Wohlstands- und Entwicklungsindikator der Beurteilung von Staaten dient. In ihm sind Kriterien nicht nur des Bruttonationaleinkommens pro Kopf, sondern auch der Gesundheit, der Lebenserwartung, der Dauer des Schulbesuchs und der Ausbildung enthalten.

Abgrenzung gegen die Theorie des „Humankapitals". Amartya Sens Analysen sind auf die unterentwickelten Länder der „Dritten Welt" zentriert. Sein *capability approach* ist daher vor allen Dingen auf die Befriedigung von Grundbedürfnissen wie Nahrung, Gesundheit oder Schulbildung gerichtet – und auf ein Wirtschaftswachstum, das in der Lage ist, diese Erwartung zu erfüllen. Wird die Entwicklung menschlicher Anlagen und Fähigkeiten dabei nicht den Interessen der Ökonomie untergeordnet? Tatsächlich spricht Sen im Verlauf seines Buches wenig vom „Humanismus", wiederholt dagegen von der notwendigen Entwicklung des „Humankapitals" oder der „Entwicklung der Ressource Mensch"[73]. Zuletzt aber grenzt er sich doch entschieden gegen

71 Amartya Sen: Die Idee der Gerechtigkeit, München ²2020, S.12. Zur ausführlichen Kritik an Rawls vgl. S.80ff.

72 Ebd., S.94f.

73 Amartya Sen: Ökonomie für den Menschen. Wege zu Gerechtigkeit und Solidarität in der Marktwirtschaft, München 2002, S.56, S.115, S.177.

die Instrumentalisierung menschlicher Fähigkeiten ab. Die Verwirklichung „menschlicher Verwirklichungschancen" ist, wie er schreibt, auf die Verwirklichung von „Freiheit" bezogen; der Mensch wird somit auch als *Selbstzweck* anerkannt. Wer den Menschen dagegen als „Humankapital" begreift, betrachtet ihn in erster Linie als *Mittel* der „Produktionssteigerung". Beide Ansätze stehen für Sen allerdings in einer engen Beziehung: Der „Humankapital-Ansatz [ist] in den weiter gespannten Ansatz der menschlichen Verwirklichungschancen zu integrieren"[74]. Anders ausgedrückt: Der Mensch ist Zweck und Mittel zugleich. Der *capability approach* ermöglicht einen vielseitigen Einsatz bei der Arbeit, insofern erhöht er das „Humankapital" der Menschen. Gleichzeitig befähigt er sie aber auch, Zusammenhänge zu begreifen, zu kommunizieren, ihre Interessen wirkungsvoll zu vertreten und sich damit selbst zu bestimmen.

Wenn Sen von „Marktwirtschaft" spricht, meint er selbstverständlich die kapitalistische Marktwirtschaft, die er allerdings mit sozialen Zügen ausstatten will. Weder soll (wie im Neoliberalismus) „alles dem Markt überlassen" werden, noch soll man dem Markt (wie im Sozialismus) „alles entziehen". Dem Staat wird „über den Marktmechanismus hinaus" die Aufgabe der „Sozialpolitik"[75] (etwa der Gesundheitsvorsorge, der Bildung oder der Sozialversicherungen) zugesprochen. Ökonomische „Effizienz" soll auf diese Weise mit sozialer „Fairness" verbunden werden.

Letztlich ist Sens *capability approach* ein Humanismus unter dem Vorzeichen des Kapitalismus. Eine Perspektive darüber hinaus findet sich bei Sen nicht. Nicht geprüft wird insbesondere, ob infolge der zunehmenden Arbeitsteilung oder der wachsenden Kluft zwischen Arm und Reich (auch zwischen verschiedenen Nationen) die Entwicklung menschlicher Anlagen und Fähigkeiten nicht auch behindert oder gar unterbunden wird. Die kapitalistische Marktwirtschaft wird nur als die Lösung eines Problems dargestellt, nicht aber auch als die Ursache des Problems.

Humanismus als Leben in der Gemeinschaft. Wo Sen den *capability approach* zurecht an die Möglichkeit knüpft, „Dinge in Zusammenhang mit anderen zu tun" und „am Leben der Gemeinschaft teilzunehmen"[76], stimmt er nicht nur mit

74 Ebd., S.348.
75 Ebd., S.153.
76 Die Idee der Gerechtigkeit, a.a.O., S.274; Ökonomie für den Menschen, a.a.O., S.94.

Martha Nussbaum, sondern (wie sie) auch mit Aristoteles überein. Der Staat, so Aristoteles, ist „eine Gemeinschaft … zum Zwecke des möglichst besten Lebens", das in der Glückseligkeit (*eudaimonía*) und damit „in der Verwirklichung (*enérgeia*) und vollendeter Ausübung der Tugend besteht"[77]. In Anlehnung an Aristoteles konkretisiert Nussbaum das gute Leben als die Möglichkeit, die „Totalität" menschlicher Fähigkeiten auszubilden.[78] Insbesondere erinnert sie daran, dass Aristoteles die „Glücksgüter" Geld und Eigentum keineswegs als „Werte an sich", sondern nur als Mittel begreift, um Ziele wie das gute Leben in Gemeinschaft mit Anderen zu erreichen, die an sich selbst wertvoll sind.[79] Es erstaunt freilich, dass die Forderung des *capability approach* auch für Nussbaum prinzipiell innerhalb und unter der Voraussetzung des Kapitalismus einlösbar ist. Nicht vielleicht im gegenwärtig-existierenden, neoliberalen, aber doch in einem „gerechten" oder „sozialen" Kapitalismus, in dem die globalisierten Märkte reguliert sind und die Profite der Unternehmen unter Kontrolle stehen. Vernachlässigt wird auch von ihr, dass die Verwirklichung menschlicher Potenziale von politischen und ökonomischen Voraussetzungen abhängt, die diese in erheblichem Maße aber auch einschränken können.[80] Festzuhalten ist auf alle Fälle, dass die Forderungen des Humanismus grundsätzlich an die Überwindung bestehender Vermögens-Ungleichheit gebunden sind.

Maßnahmen gegen die Ungleichheit. Die für den Humanismus entscheidende Frage lautet: Wie lässt sich die gegenwärtige Entwicklung hin zu einer Vertiefung der Ungleichheit stoppen oder besser rückgängig machen? Der autoritäre Sozialismus, der sich 1989 aufgelöst hat und untergegangen ist, bietet offensichtlich keine Perspektive mehr. Aber auch der Kapitalismus, der aus dem „Kampf der Systeme" als Sieger hervorgegangen ist, hat mittlerweile er-

77 Aristoteles: Politik, 7.Buch, 8.Kap., 1328a36ff. Vgl. ebd., 1.Buch, 2.Kap., 1252b29f.

78 Martha Nussbaum: Gerechtigkeit oder das gute Leben, Frankfurt/Main 1999, S.86 und S.91.

79 Vgl. Aristoteles: Nikomachische Ethik, 1.Buch, 3.Kap., 1096a5ff. Vgl. 4.Buch , 8.Kap., 1124a20ff. Ders.: Politik, 2.Buch, 6.Kap., 1265a28ff.

80 Zur Kritik von Sen und Nussbaum vgl. Elmar Treptow: Die widersprüchliche Gerechtigkeit im Kapitalismus, Berlin 2012. Treptow erkennt Nussbaums couragierten Einsatz gegen die weltweite Armut und Diskriminierung ausdrücklich an, kritisiert aber gleichzeitig ihren Versuch, „Aristoteles' Theorie der Entwicklung der Fähigkeiten und der distributiven Gerechtigkeit *direkt, unmittelbar* auf die kapitalistische Gesellschaft anzuwenden" und damit „dem kapitalistischen System und seinen strukturellen Ungleichheiten … Reverenz" zu erweisen (S.273).

heblich an Zustimmung und Glaubwürdigkeit verloren. Schließlich ist er ja die Ursache des Problems wachsender Ungleichheit, die auf immer schärfere Kritik stößt. An Stelle eines „Weiter so" haben verschiedene Ökonomen der älteren (Joseph Stiglitz, Anthony Atkinson) und jüngeren Generation (Thomas Piketty, Emmanuel Saez, Gabriel Zucman u. a.) radikale Reformen vorgeschlagen. Das erklärte Ziel von Stiglitz etwa ist es, den „verzerrten und deformierten Kapitalismus" in einen am „Gemeinwohl" orientierten Kapitalismus zu transformieren.[81] Atkinson macht 15 konkrete Vorschläge, wie die bestehende Ungleichheit durch politische Maßnahmen zurückgefahren werden könnten. Sie reichen von der staatlichen Förderung von Innovationen, die der „menschlichen Dimension" des Arbeitsmarkts und der Erbringung von Dienstleistungen Vorrang einräumen, über die Stärkung der Gewerkschaften, staatlich garantierte Real-Zinsen auf Ersparnisse, die Gewährung eines „Mindesterbes" für alle Volljährigen, progressive Steuern auf alle Einkommen, Erbschaften und Schenkungen (bis 65 %), Erhöhung des Kindergelds bis zur Verpflichtung der Industrienationen 1 % ihres Bruttoinlandsprodukts für Entwicklungshilfe auszugeben.[82] Beiden Autoren halten dabei am Prinzip des Kapitalismus fest. Stiglitz möchte nur dessen „Exzesse zügeln", den Kapitalismus „bändigen", zu den alten Werten des Leistungsprinzips und des fairen Wettbewerbs zurückkehren und so einen „moralischen Kapitalismus"[83] inaugurieren. Wie sehr Atkinson dem Prinzip des Kapitalismus verpflichtet bleibt, davon zeugt sein Bemühen um den Nachweis, dass „zwischen Gleichheit und [wirtschaftlicher] Effizienz" kein „unvermeidlicher Konflikt"[84] existiert, da der Wohlfahrtsstaat die „positiven Anreize" zur Wirtschaftsleistung verstärkt. Die Humanität der Gleichheit wird auf diese Weise mit dem Nutzenkalkül assoziiert, dem Nutzenkalkül sogar untergeordnet.

81 Joseph Stiglitz: Der Preis des Profits, a.a.O., S.215. Schon in seinem vorhergehenden Buch *Der Preis der Ungleichheit* (München 2014) greift Stiglitz den neoliberal gewendeten Kapitalismus an, der „Ungleichheit, Umweltverschmutzung, Arbeitslosigkeit" und *„was am wichtigsten ist,* einen Werteverfall" produziert (S.19). „Die Reichen werden reicher die Armen werden ärmer und ihre Zahl wächst, die Mittelschicht wird ausgehöhlt." (S.36) Auf Grund von „Corgorate-Governance" (S.105ff.) können Topmanager die Höhe ihrer Boni selbst bestimmen. Es wächst das „Rent-seeking", das „Einkommen, das nicht an Leistung geknüpft ist" (S.344).

82 Anthony B. Atkinson: Ungleichheit. Was wir dagegen tun können, Stuttgart 2016. Die im zweiten Teil des Buches (S.151ff.) entwickelten Argumente werden auf S.303 bis 305 und S.388 bis S.390 zusammengefasst.

83 Joseph Stiglitz: Der Preis der Ungleichheit, a.a.O., S.345, S.356.

84 Anthony B. Atkinson: Ungleichheit. Was wir dagegen tun können, a.a.O., S.336.

Der Sozialismus der Zukunft. Im Gegensatz zu beiden Autoren spricht Piketty ausdrücklich von der notwendigen „Überwindung des Kapitalismus" und dem Ziel eines „dezentralen, föderalen, ... demokratischen, ökologischen, ... feministischen" und vor allem „partizipativen ... Sozialismus"[85]. Entsprechend radikaler sind seine Reformvorschläge, auch dort, wo sie denjenigen von Atkinson gleichen. Zum einen sollte demnach allen Menschen der gleiche Zugang zu den Gütern der Grundversorgung (Bildung, Gesundheit, Rente, Wohnen, Umwelt) offenstehen; zum anderen sollte allen Staatsbürgern ein bestimmtes Grundeinkommen garantiert und im Alter von 25 Jahren eine „Mindesterbschaft" von 120.000 Euro ausbezahlt werden, so dass ihnen statt der nur behaupteten Chancengleichheit ein tatsächlich chancengleicher Start ins Leben ermöglicht wird. Finanziert werden sollten diese Leitungen wie Piketty vorrechnet, durch eine progressive Einkommens-, Vermögens- und Erbschaftssteuer, die sich schrittweise der Marke von 80 und 90 % nähert.[86] Zwar propagiert Piketty *expressis verbis* die „Überwindung des Kapitalismus", hält aber doch, ebenso wie Stiglitz und Atkinson, an dessen marktwirtschaftlichen Prinzipien fest. Nicht die Aufhebung des (Privat-) Eigentums ist letztlich sein Ziel, sondern die Erleichterung seiner *Rotation*. „Der von mir erhoffte partizipative Sozialismus beruht auf mehreren Säulen: Bildungsgleichheit und Sozialstaat; ... Sozialföderalismus; nachhaltige und gerechte Globalisierung", vor allem aber „permanente Zirkulation von Macht und Eigentum".[87] Vermieden werden soll insbesondere, dass bestimmte Personen nur deshalb zur Eigentums- und Macht-Elite zählen, weil sie einer privilegierten Familie entstammen und ohne eigene Leistung über ein großes (ererbtes) Eigentum verfügen.

Parallelen zu Hegel. Wer will, kann eine doppelte Parallele zwischen Stiglitz, Atkinson oder Piketty auf der einen und Hegel auf der anderen Seite entdecken. Zum einen wird der Kapitalismus (in seiner gegenwärtigen neoliberalen Form) wie bei Hegel die „bürgerliche Gesellschaft" als Ort der Ungleichheit und Inhumanität dargestellt und kritisiert. Zum anderen wird der Staat aber als eine starke Institution begriffen, der *über* dem Kapitalismus bzw. der „bürgerlichen Gesellschaft" steht und die Macht hat, deren Un-

85 Thomas Piketty: Der Sozialismus der Zukunft, München 2021, S.10.
86 Ebd., S.21, S.23.
87 Ebd., S.28.

gleichheit, deren Ungerechtigkeiten oder „Widersprüche" zu kompensieren. Viel detaillierter als Hegel schlagen Stiglitz, Atkinson oder Piketty dagegen konkrete Maßnahmen vor, die der Staat ergreifen könnte, um dieser Aufgabe gerecht zu werden. Ebenso wie Hegel allerdings unterschätzen sie aber auch die Abhängigkeit des Staats von der Industrie und den Interessen der großen Kapital-Eigner. Nicht zuletzt auch, weil die Staaten infolge der Privatisierung ihres Eigentums und der fortwährenden Spitzensteuersenkungen inzwischen verarmt, z.T. sogar hoch verschuldet sind. Es fehlt ihnen dadurch die Kraft zum gegensteuern, d.h. die Kraft, die großen Eigentümer gesetzlich auf die genannten Transferleistungen zu verpflichten. Die Forderung „Eigentum verpflichtet" mit allen Konsequenzen für die Würde des Menschen bleibt infolgedessen bislang noch ein bloßes Sollen.

Resümee

Als *Epochenbegriff* bezeichnet der Humanismus die Zeit der Renaissance, die von Italien ausgehend im 15. und 16. Jahrhundert auf ganz Europa ausstrahlte. Als *Bildungsideal* meint „Humanismus" dagegen die auf Kenntnis der lateinischen und griechischen Sprache beruhende Aneignung der antiken Kultur mit dem Ziel, die Menschen zu erziehen. Nicht auf den Erwerb nützlicher, berufsmäßig verwertbarer Kenntnisse und Fertigkeiten sollte sich die Erziehung beschränken, sondern auf die Bildung der Persönlichkeit ausgerichtet sein. Durch die Entwicklung aller seiner natürlichen Anlagen sollte der Mensch zu einem „ganzen Menschen" werden und „den Begriff der Menschheit in seiner Person" (Wilhelm von Humboldt) in sich verwirklichen.

Der *reale Humanismus* erweitert das Bildungsideal nach verschiedenen Seiten. Erstens begreift er die Ausbildung der individuellen Potenzen nicht als das Privileg einer Elite, sondern als ein Recht, das allen Menschen zusteht. Zweitens begreift er den Menschen als ein gesellschaftliches Wesen, das erst in der Gemeinschaft mit Anderen die Mittel hat, seine individuellen Anlagen nach allen Seiten hin auszubilden. Drittens entwickelt er seine Vorstellungen von Humanität auf der Grundlage geschichtlicher Voraussetzungen und Möglichkeiten, also nicht als Annäherung an ein an der Antike orientiertes Vorbild. Der Mensch wird nicht als ein *überzeitliches,* sondern als ein *offenes* Wesen gefasst, das sich mit den technischen, wirtschaftlichen oder politischen Entwicklungen der Gesellschaft verändert. Viertens begreift der reale Humanismus die Ausbreitung und Verwirklichung menschlicher Freiheit und Würde nicht als einen geradlinigen Prozess. In Abhängigkeit vom Grad der Naturbeherrschung und dem gesellschaftlichen Reichtum verlief dieser Fortschritt bisher stets auf Kosten einzelner Individuen bzw. ganzer Klassen von Individuen: der Sklaven in der Antike, der Leibeigenen im Mittelalter oder der Lohnarbeiter in der Moderne. Erst in Zukunft, so die Hoffnung, wird sich dieser Fortschritt in solidarischer Gemeinschaft vollziehen. Fünftens schließt der reale Humanismus den „kategorischen Imperativ" mit ein, alle Verhältnisse zu beseitigen, in denen die

Menschen fremdbestimmt sind und daran gehindert werden, ihre Anlagen und Fähigkeiten nach allen Seiten zu entwickeln.

Zweifel an der Verwirklichung des real-humanistischen Programms haben sich oftmals zur Behauptung verdichtet, der Humanismus sei überhaupt veraltet und durch die geschichtliche Entwicklung überholt. Zum einen gründet diese Behauptung auf der Ohnmacht und Wirkungslosigkeit des Humanismus gegenüber der Brutalität und Menschenverachtung, die im Faschismus des 20. Jahrhunderts zur weithin tolerierten Praxis geworden ist. Gerade in Deutschland, deren bürgerliche Bildungsschicht sich auf die humanistische Bildung und das Erbe Goethes und Humboldts berief, konnte diese Praxis ihre barbarischste Form annehmen. Alfred Anderschs *Der Vater eines* Mörders (1980) etwa handelt vom Vater des NS-Massenmörders Heinrich Himmler, dem fein-gebildeten Oberstudiendirektor des Münchner Wittelsbacher Gymnasiums. „Schützt Humanismus denn vor gar nichts?" fragt Andersch im Nachwort seiner Erzählung. Zum anderen liegt der Behauptung vom Ende des Humanismus die Kritik und Verabschiedung der menschlichen Subjektivität zugrunde. Heidegger verweist alle Versuche, das Wesen des Menschen zu bestimmen, ins Reich der Metaphysik. Er verstößt den Menschen aus dem Zentrum der Welt und erniedrigt ihn zum bloßen Gehilfen und „Hirten des Seins". Im Anschluss an ihn spricht Foucault nicht nur vom Verschwinden der Illusion menschlicher Selbstbestimmung, sondern überhaupt vom „Verschwinden" des Menschen „wie am Meeresufer ein Gesicht im Sand"[88].

Eine dritte Ursache für die Zweifel an der Überlebensfähigkeit des humanistischen Programms (wie sie den Ausgang der vorliegenden Überlegungen darstellt) liegt in der Struktur der fortschreitenden Zivilisation: Zunehmende Arbeitsteilung geht mit dem Zwang zur Spezialisierung und Vereinseitigung der Menschen einher; technischer Fortschritt eröffnet die Möglichkeit der genetischen und geistigen Manipulation der Menschen; die Massengesellschaft nivelliert die individuelle Vielfalt und erweitert den Zwang zur Anpassung; im Konsumismus liefern sich die Menschen ihren materiellen Bedürfnissen und damit den Verführungen der Warenwelt aus; durch den Zwang, ihr Eigentum zu schützen und zu vermehren ketten sie sich an eine Macht über die sie aber die Kontrolle verloren haben etc.

88 Michel Foucault: Die Ordnung der Dinge, Frankfurt/M. 1974, S.412, S.462.

Die vorliegende Abhandlung ist der Versuch, die genannten Zweifel zu relativieren. Sie zeigt die Widersprüchlichkeit der genannten Entwicklungen auf, indem sie die Arbeitsteilung nicht nur als Beeinträchtigung, sondern auch als Bedingung eines neuen, erweiterten Humanismus, die Technik in ihren widersprüchlichen Auswirkungen auf das menschliche Leben, die Masse nicht nur als Beeinträchtigung, sondern auch als neue Chance oder die Begrenzung des Eigentums als Voraussetzung des realen Humanismus begreift. Ihr Ziel ist es, nicht nur an die Geschichte des realen Humanismus zu erinnern, sondern auch, ihm eine Perspektive unter den sozialen Bedingungen der Gegenwart aufzuzeigen.

Literaturverzeichnis (Auswahl)

Alvaredo, Facundo u. a.: Die weltweite Ungleichheit. Der World Inequality Report, München 2018.

Anders, Günther: Die Antiquiertheit des Menschen, 2 Bd.e, München [4]2018.

Atkinson, Anthony B.: Ungleichheit. Was wir dagegen tun können, Stuttgart 2016.

Aristoteles: Metaphysik, übersetzt und hg. von F. F. Schwarz, Stuttgart 1970.

Ders.: Politik, übersetzt von F. Susemihl, München [8]1998.

Ders.: Nikomachische Ethik, übersetzt und hg. vom O. Gigon, München 1972 u.ö.

Ders.: Über die Seele, griechisch-deutsch, hg. von H. Seidl, Hamburg 1995.

Barber, Benjamin R.: Consumed! Wie der Markt Kinder verführt, Erwachsene infantilisiert und Demokratie untergräbt, München 2007.

Baumann, Zygmund: Leben als Konsum, Hamburg 2009.

Bayle, Pierre: Historisches und kritisches Wörterbuch. Eine Auswahl, übersetzt und hg. von G. Gawlick und L. Kreimendahl, Hamburg 2003.

Birnbacher, Dieter (Hg.): Ökologie und Ethik, Stuttgart [2]2001.

Bloch, Ernst: Das Prinzip Hoffnung, Frankfurt/M. [6]1979.

Bolz, Norbert: Das konsumistische Manifest, München 2002.

LeBon, Gustave: Psychologie der Massen, Stuttgart [15]1982.

Burke, Edmund: Über die Französische Revolution, übersetzt von F. Gentz, Berlin 1991.

Cancik, Hubert: Entrohung und Barmherzigkeit, Herrschaft und Würde. Antike Grundlagen von Humanismus, in: Richard Faber (Hg.) Streit um den Humanismus, Würzburg 2003.

Cancik, Hubert/Groschopp, Horst/Wolf, Otto Frieder Wolf (Hg.): Humanismus. Grundbegriffe, Berlin 2016.

Canetti, Elias: Macht und Masse (1961), Frankfurt/M. 1992.

Carey, John: Haß auf die Massen, Göttingen 1996.

Cavalieri, Paola/Singer, Peter (Hg.): Menschenrechte für die großen Menschenaffen, München 1994.

Dies.: Die Frage nach den Tieren. Für eine erweiterte Theorie der Menschenrechte, Erlangen 2002.

Childe, Gordon: Der Mensch schafft sich selbst, übersetzt von W. Martini, Dresden 1959.

Cicero, Marcus Tullius: Pro P. Quinctius, in: Die Prozessreden, Lateinisch-deutsch, hg. und übersetzt von Manfred Fuhrmann, Darmstadt 1997.

Ders.: Über den Staat, übersetzt von Walter Sontheimer, Stuttgart o.J.

Cieszkowski, August v.: Prolegomena zur Historiosophie, Berlin 1838.

Cornu, Auguste: Karl Marx und Friedrich Engels, Leben und Werk, Bd. 1, Berlin 1954.

Debord, Guy: Die Gesellschaft des Spektakels, Düsseldorf [2]1974.

Descartes, Renée: Abhandlung über die Methode des richtigen Vernunftgebrauchs (1637), Stuttgart1961.

Diogenes Laertius: Leben und Meinungen berühmter Philosophen, übersetzt von O. Appelt, Hamburg [2]1967.

Duhm, Dieter: Warenstruktur und zerstörte Zwischenmenschlichkeit, Köln [2]1974.

Eckl, Andreas und Ludwig, Bernd (Hg.): Was ist Eigentum?, München 2005.

Epikur: Schriften. Über die irdische Glückseligkeit, übertragen und eingeleitet von P. M. Laskowsky, München o.J.

Faber, Richard (Hg.): Streit um den Humanismus, Würzburg 2003.

Feuerbach, Ludwig: Kleine Schriften, hg. von Karl Löwith, Frankfurt/M. 1966.

Ders.: Das Wesen des Christentums, Stuttgart 1971.

Ferguson, Adam: Versuch über die Geschichte der bürgerlichen Gesellschaft (1767), übersetzt von H. Medick, Frankfurt/M. 1988.

Fichte, Johann Gottlieb: Werke, hg. von I. H. Fichte, Berlin 1971.

Ders.: Rechtslehre. Vorgetragen von Ostern bis Michaelis 1812, hg. von R. Schottky, Hamburg 1980.

Finkielkraut, Alain: Verlust der Menschlichkeit. Versuch über das 20. Jahrhundert, Stuttgart 1998.

Foucault, Michel: Die Ordnung der Dinge, Frankfurt/M. 1974.

Freud, Sigmund: Massenpsychologie und Ich-Analyse (1921), Frankfurt/M. 1967.

Fromm, Erich: Haben und Sein. Die seelischen Grundlagen einer neuen Gesellschaft (1976), München [38]2011.

Gasset, José Ortega y: Der Aufstand der Massen, Stuttgart 1983.

Goethe, Johann Wolfgang v.: Sämtliche Werke, München 1977 (Artemis).

Grober, Ulrich: Die Entdeckung der Nachhaltigkeit, München 2013.

Jaspers, Karl: Die geistige Situation der Zeit, Berlin-Leipzig [4]1932.

Händeler, Erik: Kondratieffs Welt. Wohlstand nach der Industriegesellschaft, Moers 2005.

Harari, Yuval Noah: Homo Deus. Eine Geschichte von morgen, München 2016.

Ders.: 21 Ratschläge für das 21. Jahrhundert, München 2018.

Hauskeller, Michael: Nietzsche. Transhumanism and the Posthuman: A reply to Stefan Sorgner, in Journal of Evolutiom and Technology 21/1 (2009).

Hegel, Georg Wilhelm Friedrich: Werke, Frankfurt/M. 1970.

Heidegger, Martin: Sein und Zeit, Tübingen [16]1986.

Ders.: Über den Humanismus, Frankfurt/M. [12]2012.

Heine, Heinrich: Die romantische Schule, in Werke Bd.5, Berlin-Weimar 1976.

Helvétius, Claude-Adrien: Vom Geist, übersetzt von Th. Lücke, Berlin-Weimar 1973.

Ders.: Vom Menschen, seinen geistigen Fähigkeiten und seiner Erziehung, hg. und übersetzt von G. Mensching, Frankfurt/M. 1972.

Herder, Johann Gottlieb: Briefe zur Beförderung der Humanität, in Werke, hg. von H. D. Irmscher, Bd.7, Frankfurt/M. 1991.

Heß, Moses: Ausgewählte Schriften, hg. von Horst Lademacher, Köln 1962.

Hobbes, Thomas: Leviathan, übersetzt und hg. von J. P. Mayer, Stuttgart 1974.

Hochstrasser, Franz: Konsumismus. Kritik und Perspektiven, München 2013.

Horkheimer, Max/Adorno, Th. W.: Dialektik der Aufklärung (1947), Frankfurt/M. 1971.

Hofstätter, Peter R.: Gruppendynamik. Kritik der Massenpsychologie, Reinbek 1986.

D' Holbach, Paul Thiry: System der Natur, übersetzt von F.-G. Voigt, Frankfurt/M. 1978.

Hornemann, Börries/Steuernagel, Armin (Hg.): Sozialrevolution!, Frankfurt/M. 2017.

Humboldt, Wilhelm v.: Über das Studium des Altertums und des griechischen insbesondere, in Werke, hg. von A. Flitner/K. Giel, Darmstadt-Stuttgart 1960–1981, Bd. II.

Ders.; Rechenschaftsbericht an den König, in Werke, hg. von A. Flitner/K. Giel, Darmstadt- Stuttgart 1960–1981, Bd. IV.

Huxley, Julian (Hg.): Der evolutionäre Humanismus, München 1964.

Ders.: Ich sehe den zukünftigen Menschen. Natur und neuer Humanismus, München 1966.

Illouz, Eva: Der Konsum der Romantik. Liebe und kulturelle Widersprüche des Kapitalismus, Frankfurt/M. 2007.

Janz, Curt Paul: Nietzsche. Biographie, München-Wien [2]1993.

Kant, Immanuel: Grundlegung der Metaphysik der Sitten, in: Gesammelte Schriften, hg. von der preußischen Akademie der Wissenschaften (Akademieausgabe), Berlin 1902ff., Bd. IV.

Ders.: Metaphysische Anfangsgründe der Tugendlehre, in: Gesammelte Schriften, hg. von der preußischen Akademie der Wissenschaften (Akademieausgabe), Berlin 1902ff., Bd. VI.

Klein, Naomi: No Logo. Der Kampf der global Players um Marktmacht, München 2001.

Kondratieff, Nikolai: Die langen Wellen der Konjunktur. Die Essays aus den Jahren 1926 bis 1928, hg. und kommentiert von Erik Händeler, Moers 2013.

Krebs, Angelika (Hg.): Naturethik. Grundtexte zur gegenwärtigen Tier- und ökoethischen Diskussion, Frankfurt/M. 1997.

Kristeller, P. O.: Acht Philosophen der italienischen Renaissance (1964), Weinheim 1986.

Lange, Friedrich Alber: Geschichte des Materialismus und Kritik seiner Bedeutung in der Gegenwart, Frankfurt/M. 1974.

Locke, John: Zweite Abhandlung über die Regierung, übersetzt von H. J. Hoffmann, Frankfurt/M. 2007.

Löwith, Karl: Von Hegel zu Nietzsche. In Sämtliche Schriften, Bd.4, Stuttgart 1988.

Ders. (Hg.): Die Hegelsche Linke, Stuttgart-Bad Cannstadt 1962.

Losurdo Domenico: Nietzsche der aristokratische Rebell, Berlin 2009.

Lukács, Georg: Faust und Faustus, Neuwied-Berlin 1967.

McLellan, David: Die Junghegelianer und Karl Marx, München 1974.

Marx, Karl/Engels, Friedrich: Werke, bis 1989 hg. vom Institut für Marxismus-Leninismus beim ZK der SED, Berlin 1956, ab 1999 in Herausgeberschaft der Rosa-Luxemburg Stiftung (MEW).

Menke, Christoph/Raimondi, Francesca (Hg.): Die Revolution der Menschenrechte, Berlin 2011.

Moleschott, Jacob: Lehre der Nahrungsmittel. Für das Volk, Erlangen [3]1858.

More, Max: The Overhuman in the Transhumanism, in: Journal of Evolution and Technologym 21/1 (2009).

Nefiodow, Leo A.: Der sechste Kondratieff. Wege zur Produktivität und Vollbeschäftigung im Zeitalter der Information, Sankt Augustin [6]2006.

Nida-Rümelin, Julian/Weidenfeld, Natalie: Digitaler Humanismus. Eine Ethik für das Zeitalter der Künstlichen Intelligenz, München 2018.

Nietzsche, Friedrich: Sämtliche Werke, Kritische Studienausgabe (KSA), hg. von G. Colli und M. Montinari, München 1999.

Nussbaum, Martha: Gerechtigkeit oder das gute Leben, Frankfurt/M. 1999.

Oppolzer, Alfred: Handbuch Arbeitsgestaltung. Leitfaden für eine menschengerechte Arbeitsorganisation, Hamburg 1989.

Ott, Konrad/Gorke, Martin (Hg.): Spektrum der Umweltethik, Marburg 2000.

Pasolini, Pier Paolo: Freibeuterschriften. Aufsätze und Polemiken über die Zerstörung der Kultur des Einzelnen durch die Konsumgesellschaft, Berlin 1975.

Pepperle, Ingrid: Junghegelianische Geschichtstheorie und Kunsttheorie, Berlin 1978.

Pepperle, Heinz und Ingrid (Hg.): Die Hegelsche Linke. Dokumente zu Philosophie und Politik im deutschen Vormärz, Frankfurt/M. 1986.

Pico della Mirandola: De hominis dignitate. Über die Würde des Menschen, übersetzt von N. Baumgarten, hg. und eingeleitet von A. Buck, Hamburg 1990.

Pickett, Kate und Wilkinson, Richard: Gleichheit ist Glück. Warum gerechte Gesellschaften für alle besser sind, Berlin 2009.

Piketty, Thomas: Ökonomie der Ungleichheit, München [3]2020.

Ders.: Der Sozialismus der Zukunft, München 2021.

Platon: Politeia, in der Übersetzung von F. Schleiermacher, in Sämtliche Werke Bd.3, Hamburg 1958 u.ö.

Platon: Nomoi, in der Übersetzung von H. Müller, ebd., Bd.6.

Precht, Richard David: Jäger, Hirten, Kritiker – Eine Utopie für die digitale Gesellschaft, München 2018.

Proudhon, Pierre-Joseph: Was ist das Eigentum? Graz 1971, Nachdruck der Ausgabe Berlin 1890.

Rattner, Josef/Danzer, Gerhard: Die Junghegelianer, Würzburg 2005.

Rawls, John: Eine Theorie der Gerechtigkeit, Frankfurt/M. 1975 u.ö.

Reheis, Fritz: Die Resonanzstrategie. Warum wir Nachhaltigkeit neu denken müssen, München 2019.

Riesman, David (in Zusammenarbeit mit Reuel Denney und Nathan Glazer): Die einsame Masse. Eine Untersuchung der Wandlungen des amerikanischen Charakters, Hamburg 1958.

Rousseau, Jean-Jacques: Der Gesellschaftsvertrag, übersetzt von H. Denhardt, Stuttgart 1975.

Ders.: Diskurs über die Ungleichheit, übersetzt und erläutert von H. Meier, Paderborn u.a. [4]1997.

Sartre, Jean Paul: Ist der Existentialismus ein Humanismus? in: Drei Essays, Frankfurt/M. 1975.

Schiller, Friedrich: Über die ästhetische Erziehung des Menschen in einer Reihe von Briefen, in: Werke, Frankfurt/M. 1966, Bd.4.

Schmidt, Alfred: Emanzipatorische Sinnlichkeit. Ludwig Feuerbachs anthropologischer Materialismus, München 1973.

Schmidt-Salomon, Michael: Manifest des evolutionären Humanismus, Aschaffenburg 2005.

Schopenhauer, Arthur: Parerga und Paralipomena, in Werke, hg. von A. Hübscher, Leipzig 1939.

Schumpeter, Joseph A.: Konjunkturzyklen. Eine theoretische, historische und statistische Analyse des kapitalistischen Prozesses, Neuausgabe Göttingen 2008.

Schweitzer, Albert: Kultur und Ethik, München 1960.

Seneca: De clementia, Über die Güte, Stuttgart 1970.

Ders.: Epistulae morales ad Lucilium. Briefe an Lucillus über Ethik, Ditzingen 2018.

Sen, Amartya: Die Idee der Gerechtigkeit, München [2]2020.

Ders.: Ökonomie für den Menschen. Wege zu Gerechtigkeit und Solidarität in der Marktwirtschaft, München-Wien 2000 u.ö.

Singer, Peter: Animals Liberation, New York [2]1990.

Ders. (Hg.): In Defence of Animals, The Second Wave, Oxford 1985.

Sloterdijk, Peter: Regeln für den Menschenpark. Ein Antwortschreiben zu Heideggers Brief über den Humanismus, Frankfurt/M. 2008.

Smith, Adam: Der Wohlstand der Nationen, übersetzt von H. C. Recktenwald, München 1978.

Sorgner, Stefan Lorenz: Nietzsche, the Ovenhuman, and Transhumanism, in: Journal of Evolution and Technology 21/1 (2009).

Spinoza, Baruch: Ethik, übersetzt von J. Stern, Frankfurt/M. 1972.

Steinmann Michael: Die Auslegbarkeit des Menschen. Nietzsche und die Frage nach der Herkunft des Transhumanismus, in: Aufklärung und Kritik 2015/3.

Stiglitz, Joseph: Der Preis des Profits. Wir müssen den Kapitalismus vor sich selbst retten, München 2015.

Ders.: Der Preis der Ungleichheit, München 2014.

Stirner, Max: Der Einzige und sein Eigentum, Stuttgart 1972 u.ö.

Strauß, David Friedrich: Das Leben Jesu, für das deutsche Volk bearbeitet, 2 Bd.e, Leipzig 1864.

Ders.: Der alte und der neue Glaube, Leipzig o.J.

Stroh, Wilfried: Der Ursprung des Humanitätsdenkens in der Römischen Antike, (https://epub.ub.unimuenchen.de/1273/1/senior_stud_2006_11_01.pdf).

Stuke, Horst: Philosophie der Tat. Studien zur „Verwirklichung der Philosophie" bei den Junghegelianern und den wahren Sozialisten, Stuttgart 1963.

Taylor, Frederick Winslow: Die Grundsätze wissenschaftlicher Betriebsführung, Nachdruck der Übersetzung von 1919, München [2]1983.

Tennstedt, Florian: Sozialgeschichte und Sozialpolitik in Deutschland, Göttingen 1981.

Tischler, Wolfgang: Einführung in die Ökologie, Stuttgart u. a. [4]1993.

Treptow, Elmar: Theorie und Praxis bei Hegel und den Junghegelianer, München 1971 http://docplayer.org/61861609-Elmar-treptow-theorie-und-praxis-bei-hegel-und-den Junghegelianern.html.

Ders.: Die erhabene Natur. Entwurf einer ökologischen Ästhetik, Berlin [2]2006.

Ders.: Die widersprüchliche Gerechtigkeit im Kapitalismus, Berlin 2012.

Valla, Lorenzo: De libero arbitrio. Über den freien Willen, hg., übersetzt und eingeleitet von E. Keßler, München 1987.

Ders.: Vom wahren und falschen Guten, Übersetzung und Anmerkungen von O. und E. Schönberger, Würzburg 2004.

Wagner, Richard: Dichtungen und Schriften, hg. von D. Borchmeyer, Frankfurt/M. 1983.

Walter, Stephan: Demokratisches Denken zwischen Hegel und Marx. Die politische Philosophie Arnold Ruges, Düsseldorf 1995.

Weber, Max: Soziologie, weltgeschichtliche Analysen, Politik, hg. von J. Winckelmann, Stuttgart [3]1964.

Wolf, Ursula (Hg.): Texte zur Tierethik, Stuttgart 2008.

Wolgast, Eike: Geschichte der Menschen- und Bürgerrechte, Stuttgart 2009.

Zimmer, Heinrich: Philosophie und Religion Indiens, Frankfurt/M. [8]1994.

Der Autor

Konrad Lotter, geboren 1947, Promotion an der Münchner Ludwig-Maximilian-Universität im Fach Philosophie 1975, (Mit-)Herausgeber des „Widerspruch – Münchner Zeitschrift für Philosophie" seit 1981, Lehrbeauftragter am Institut für Komparatistik und Allgemeine Literaturtheorie der Universität München, Freier Journalist.

Buch-Veröffentlichungen

1984	Marx-Engels-Lexikon (zusammen mit Reinhard Meiners und Elmar Treptow) im *C. H. Beck-Verlag* (München), in zweiter und dritter Auflage im *Papyrossa-Verlag* (Köln). Übersetzung ins Norwegische (2010).
1992	Lexikon der Ästhetik (zusammen mit Wolfhart Henckmann) im *C. H. Beck-Verlag* (München), zweite erweiterte Ausgabe 2004. Übersetzungen ins Tschechische (1995), Spanische (1998), Koreanische (1998/2015) und Japanische (2001).
2000	Schönheit als Glücksversprechen. Anmerkungen zu Stendhal, Heine, Tocqueville, Baudelaire, Nietzsche, Freud und Adorno, im *Salon-Verlag* (Köln).
2012	Über den Fortschritt in der Kunst. Zu einem vernachlässigten Begriff der Ästhetik, im *Verlag Westfälisches Dampfboot* (Münster).
2017	(Alb-) Träume vom ewigen Leben. Das Versprechen der Unsterblichkeit im *Tectum-Verlag* (Baden-Baden)
2021	Anatomie der Gegenwart. Beschleunigung, Nachhaltigkeit, Utopie und Fortschritt aus dem Blickwinkel von Marx im *Mangroven-Verlag* (Kassel)

Aijaz Ahmad

Der Imperialismus unserer Tage

Die globale Offensive gegen die Errungenschaften des 20. Jahrhunderts

Dieses Buch handelt von dem imperialistischen Entwurf unserer Welt und den Besatzungskriegen der USA gegen Afghanistan sowie den Irak. Aijaz Ahmad argumentiert, dass die USA seit dem Ersten Weltkrieg und der bolschewistischen Revolution eine konsequente Politik verfolgt haben, die auf die Zerstörung des Kommunismus, die Niederlage des Nationalismus der Dritten Welt und die Etablierung einer dauerhaften Überlegenheit der USA abzielte. Nach dem Zerfall der Sowjetunion starteten die USA eine globale Offensive, die zum Ziel hatte, die sozialistischen und antiimperialistischen Errungenschaften des 20. Jahrhunderts zunichtezumachen. Gleichzeitig diente diese Offensive dazu, klientilistische Staatsstrukturen in Asien und Afrika zu etablieren und die strategischen Ressourcen der Welt zu monopolisieren.

Außerdem behandelt der Autor eine Reihe verwandter Themen: die völkermörderischen Sanktionen durch die Allianz zwischen den USA und Großbritannien; die heimtückische Rolle der UNO; das doppeldeutige Spiel der EU und den Währungskrieg zwischen Dollar und Euro; die Ölpolitik im Nahen Osten – und viele andere Fragen von grundlegender Bedeutung für das Verständnis des Imperialismus unserer Zeit.

294 Seiten, 25 €, ISBN 978-3-946946-38-0

Am Wolfskopf 30, 34130 Kassel
info@mangroven-verlag.de

www.mangroven-verlag.de
shop.mangroven-verlag.de